Barbara Schaeffer-Hegel
Barbara Watson-Franke (Hrsg.)

Männer Mythos Wissenschaft

Grundlagentexte zur feministischen
Wissenschaftskritik

Centaurus-Verlagsgesellschaft
Pfaffenweiler 1989

Umschlagabbildung:
Paul Delvaux, Pygmalion
© *VG Bild-Kunst, Bonn 1989*

CIP-Kurztitelaufnahme der Deutschen Bibliothek

Männermythos Wissenschaft: Grundlagentexte
zur feministischen Wissenschaftskritik/Barbara
Schaeffer-Hegel; Barbara Watson-Franke (Hrsg.).
- Pfaffenweiler: Centaurus-Verl.-Ges., 1988.
  (Feministische Theorie und Politik; 1)
  ISBN 3-89085-214-9
NE: Schaeffer-Hegel, Barbara [Hrsg.]; GT

ISSN 0933-0305

Alle Rechte, insbesondere das Recht der Vervielfältigung und Verbreitung sowie der Übersetzung, vorbehalten. Kein Teil des Werkes darf in irgendeiner Form (durch Fotokopie, Mikrofilm oder ein anderes Verfahren, ohne schriftliche Genehmigung des Verlages reproduziert oder unter Verwendung elektronischer Systeme verarbeitet, vervielfältigt oder verbreitet werden.

© *CENTAURUS-Verlagsgesellschaft mit beschränkter Haftung, Pfaffenweiler 1988*
Satz: Der Schreibservice. Freiburg i. Br.
Druck: Systemdruck, Berlin

Vorwort

MÄNNER MYTHOS WISSENSCHAFT ist das Ergebnis eines langjährigen Gesprächs zwischen uns beiden: der deutschen feministischen Politologin an der Technischen Universität Berlin Barbara Schaeffer-Hegel und der deutschen feministischen Ethnologin Maria-Barbara Watson Franke am Department for Women's Studies der San Diego Staatsuniversität von Kalifornien.

Angefangen hat das Gespräch, als ich - Barbara Schaeffer-Hegel - im Forschungs-Sommersemester 1980 nach San Diego kam, um den wissenschaftskritischen Disput aufzuarbeiten, mit dem amerikanische Feministinnen ihre sozialwissenschaftlichen Disziplinen und ihre männlichen Kollegen damals konfrontiert hatten. Ich war am richtigen Ort gelandet: In der ersten in der Bibliothek verbrachten Woche stieß ich auf einen Aufsatz der Historikerin Marilyn Boxer, indem diese über das Kursprogramm "Sexism in Social Sciences" berichtete, das am Department for Women's Studies der San Diego Staatsuniversität eingerichtet worden war. Seit 1975 wechseln sich dort Soziologinnen, Psychologinnen, Anthropologinnen, Philosophinnen, Historikerinnen, Politologinnen und/oder Literaturwissenschaftlerinnen bei der Durchführung dieses Kurses ab, der im Rahmen des obligatorischen Grundstudiums für alle College-Studenten regelmäßig angeboten wird. Ziel dieser seit nunmehr 13 Jahren im Lehrangebot verankerten Vorlesung ist es, den Studenten und Studentinnen die die amerikanische Diskussion von Beginn an bestimmende Annahme zu vermitteln, daß Geschlecht ein gesellschaftliches und kein natürliches Schicksal und Zweigeschlechtlichkeit ein gedankliches Konstrukt ist (s. Jay in diesem Band) und daß die wissenschaftliche Betrachtung demzufolge zwischen dem biologischen "Geschlecht", den in den symbolischen Manifestationen einer Gesellschaft ausformulierten sozialen "Geschlechtsrollen" und der individuell angeeigneten "Geschlechtsidentität" unterscheiden muß - wobei zumindest die zweite und dritte Kategorie des Geschlechts gesellschaftlich vermittelt sind (s. Watson-Franke, Weisstein u.a. in diesem Band).

Das Konzept, das wir Frauen in San Diego entwickelt hatten, und die Literatur, mit der wir arbeiteten, betraf genau das Thema und war genau die geistige Nahrung, nach der Barbara Schaeffer-Hegel gesucht hatte. Im steten Kontakt und Gespräch mit Kolleginnen des Fachbereichs Frauenstudien begann für die Berlinerin in San Diego eine für uns beide unvergeßlich produktive Lehrzeit: Monate des intensiven Lesens, Diskutierens, Kennenlernens und der Auseinandersetzung mit den Kategorien und Denkmodellen der Wissenschaftskritik, die in jenem ersten, von Protest und intellektueller Brillanz überschießenden Jahrzehnt der amerikanischen Frauenstudienbewegung von amerikanischen Wissenschaftlerinnen aller Altersgruppen und aller Fachdisziplinen entwickelt worden waren.

Die bei unserer Zusammenkunft in San Diego entstandene Idee, das geplante Buch gemeinsam zu machen, hat sich nur langsam in die Tat umsetzen lassen. Es fehlte an Zeit und an Geld für die Übersetzung der von uns in die engere Wahl genommenen Texte. Schließlich änderte der Verlag, in dem unser Buch zunächst vor mehr als einem Jahr veröffentlicht werden sollte, sein Programm. Trotzdem blieben wir bei unserem Vorhaben, diesen Band zu machen. Die von uns ausgewählten Texte, welche grundlegende Positionen der amerikanischen Frauenforschung markieren, sind z.T. Klassiker der feministischen Wissenschaftskritik geworden, auch wenn sie in der deutschen Diskussion bislang nur in der Sekundärliteratur auftauchen. Mit ihrer Übertragung verfolgen wir aber nicht nur das Ziel, den Grundstock des angelsächsischen feministischen Wissenschaftsdiskurses hierzulande bekannt zu machen, sondern wir wollen den deutschen LeserInnen auch etwas von dem Geist, der Erkenntniseuphorie und der Aufbruchstimmung vermitteln, die Ende der 70er und Anfang der 80er Jahre die amerikanischen Wissenschaftlerinnen beflügelten. Darüber hinaus aber wollten wir ein Buch machen, das es auch der zwar interessierten, aber im Thema noch nicht erfahrenen LeserIn erlaubt, sich durch die Konfrontation mit wissenschaftstheoretischer, aber zugleich doch konkret-anschaulicher Logik die wichtigsten Argumentationen der feministischen Wissenschaftskritik anzueignen. Diese Zielsetzungen erforderten neben einer kritischen Auswahl vor allem große sprachliche Sorgfalt bei der Übertragung und Bearbeitung der Texte für die deutsche Fassung.

MÄNNER MYTHOS WISSENSCHAFT wird durch einen Beitrag von Barbara Schaeffer-Hegel eingeleitet, der u.a. dazu beitragen soll, das Leitmotiv unserer Auswahl und das, was wir den "Mythos" der sozial-wissenschaftlichen Erkenntnis nennen, zu erläutern und in Bezug zu setzen zu den einzelnen Beiträgen des Buches. Danach folgen je zwei Beiträge aus den Disziplinen Geschichtswissenschaft, Ethnologie, Politikwissenschaft, Nationalökonomie, Soziologie, Psychologie und Philosophie. Der jeweils erste dieser fachspezifischen Beiträge soll mit den systematischen Ansätzen der feministischen Kritik in den entsprechenden Disziplinen bekanntmachen, - der zweite diese Kritik an einem konkreten und inhaltlichen Beispiel erläutern. Einen solchen zweiten Beitrag haben wir nur bei Psychologie weggelassen. Carol Gilligans "Die andere Stimme" (1985) und Nancy Chodorows "Das Erbe der Mütter" (1985), die bei deutschen LeserInnen weit verbreitet und bekannt sind, sehen wir als eine solche Konkretisierung feministischer Wissenschaftskritik an, wie wir sie der deutschen wissenschaftlichen Diskussion auch für andere Disziplinen bekanntmachen wollen.

Wir hoffen also, mit unserem Buch eine Art *Reader*, ein Lehrbuch im guten amerikanischen Sinne geschaffen zu haben, das u.a. dazu beitragen soll, daß die Stimme der feministischen Kritik und der "weiblichen" Vernunft auch bei den jüngeren Leserinnen und Lesern gehört und verstanden werde.

Es bleibt uns, den vielen Helferinnen und Mitarbeiterinnen zu danken, die zum Gelingen dieses Bandes beigetragen haben. In erster Linie Renate Stendhal und Erika Wisselinck, denen ganz besonderer Dank gilt für ihre einfühlsamen Übertragungen ins Deutsche; ebenso wie Angela Lorent, Bernd Bayer und Lilian Friedberg.

Ohne die zum Teil mühsamen Recherchen, die Angela Karthaus, Sabina Leichs und Karin Wieland beim Auffinden von Literaturangaben und Originalzitaten geleistet haben, wäre das Unternehmen schwer zu realisieren gewesen. Bei ihnen allen möchten wir uns für die sorgfältige Arbeit und die engagierte Unterstützung bedanken.

In der Hoffnung, daß unserer beider Zusammenarbeit eine tragfähige Brücke zwischen Berlin und Kalifornien gestiftet hat, auf der auch weiterhin ein reger Austausch von wissenschaftlichen Erkenntnissen, Personen und feministischen Freundschaftsbeziehungen stattfinden wird, wünschen wir unserem Buch eine interessierte Leserschaft und seinen Leserinnen und Lesern Spaß, Einsicht und persönlichen Gewinn bei der Lektüre von MÄNNER MYTHOS WISSENSCHAFT.

Berlin und San Diego im Oktober 1988

Barbara Schaeffer-Hegel
Maria-Barbara Watson-Franke

Inhalt

Vorwort   V

Barbara Schaeffer-Hegel
Männer Mythos Wissenschaft. Zur Psychologie und Philosophie
patriarchalen Denkens   1

Geschichtswissenschaft

Joan Kelly-Gadol
Soziale Beziehungen der Geschlechter. Methodologische Implikationen
einer feministischen Geschichtsbetrachtung   17

Joan Kelly-Gadol
Gab es die Renaissance für Frauen?   33

Ethnologie

Maria Barbara Watson-Franke
Die Bedeutung der Geschlechtsidentität in der ethnologischen
Forschung   67

Ruby Rohrlich-Leavitt, Barbara Sykes, Elizabeth Weatherford
Die Aborigines-Frau. Männliche und weibliche Betrachtungsweise
in der Ethnologie   83

Politikwissenschaft

Kathleen Jones (Bulmash)
Der Tanz um den Lindenbaum. Eine feministische Kritik der traditionellen politischen Wissenschaft   99

Lorenne M. G. Clark
Locke und die Frauen. Oder: Wem gehören die Äpfel im
Garten von Eden?   117

Nationalökonomie

Alice H. Amsden
Frauenarbeit und die tautologische Struktur nationalökonomischer Theoriemodelle — 141

Batya Weinbaum, Amy Bridges
Die Kehrseite des Lohnstreifens. Konsumtionsarbeit im Spätkapitalismus — 165

Soziologie

Janet Kohen
Wissenschaftliche Verarbeitungen des Geschlechterverhältnisses und die Mutter-Familie. Eine Kritik der modernen Familiensoziologie — 177

Christine Delphy
Frauen in Untersuchungen zur Sozialen Schichtung — 189

Psychologie

Naomi Weisstein
Frauenpsyche und Männerpsychologie. Über anfechtbare Beweise und männliche Imaginationen von Weiblichkeit — 201

Philosophie

Sandra Harding
Männliche Erfahrungen und die Normen sozialwissenschaftlicher Erkenntnis — 223

Nancy Jay
Geschlechterdifferenzierung und dichotomes Denken — 245

Quellennachweis — 263

Abbildungsnachweis — 264

Männer Mythos Wissenschaft
Zur Psychologie und Philosophie patriarchalen Denkens

Barbara Schaeffer-Hegel

Wenn wir die Beiträge dieses Bandes unter das scheinbare Paradox "Mythos Wissenschaft" stellen und das Mythische der Wissenschaft in Verbindung mit "Männlichkeit" bringen, so bedarf dies einiger Erläuterungen. Schon um dem Verdacht plumper Wissenschaftsfeindlichkeit zu begegnen und um das Mißverständnis auszuschließen, wir sähen die Wissenschaft überhaupt als Fehlentwicklung der menschlichen Kultur und ihre Erkenntnisse allesamt als verwerflich an. Das mit dieser Veröffentlichung verbundene Anliegen ist vielmehr, das wissenschaftliche Denken mit seiner historischen und psychogenetischen Herkunft und mit einigen seiner Systemgrenzen zu konfrontieren, um Selbstreflektion und ein tieferes Bedenken dessen zu unterstützen, was die Wahrheit der Wissenschaft und ihrer Erkenntnisse sein könne und was nicht.

Wissenschaftliche Selbstreflektion findet heute in vielen Disziplinen und vor allem in der Wissenschafts- und Erkenntnistheorie selbst statt. Selten jedoch erstreckt sich diese Reflektion auch auf diejenigen psychischen und historischen Kräfte und Motive, die Wissenschaft als eine der Manifestationen des "patriarchalen Unbewußten und seiner Metaphysik" (Flax, 1983) ausweisen. Gerade hierauf aber nimmt die Kritik der Feministinnen Bezug. Sie versteht Wissenschaft als Teil eines gesellschaftlichen und psychischen Gesamtprozesses, welcher ohne die Zurkenntnisnahme auch der körperlich-emotionalen und daher geschlechtlichen Dispositionen und Arrangements, aus denen heraus sich Wissenschaft entwickeln konnte, und an die sie weiterhin gebunden bleibt, nicht hinreichend verstanden werden kann. Wenn Wissenschaft in diesem Verständnis einem Mythos geschuldet ist und einen Mythos nährt, so bezieht sich dies auf jenen verdrängten, und - am Kriterium Wissenschaft selbst gemessen - unerkannten Untergrund des wissenschaftlichen Denkens, aus dem heraus dieses seine "mythische" Kraft: sein Wahrheitsmonopol und seine Legitimität, bezieht.

Wissenschaft, davon gehe ich aus, ist in unseren hochentwickelten Industriegesellschaften östlicher und westlicher Prägung nach wie vor die "verbindende Wahrheit, in der sich alle verstehen" (Gadamer 1985, S. 19). Nur sie entspricht dem, was Gadamer als das Wesen des Mythos ausmacht, nämlich die Sprache zu sein, die "so erzählt, daß keiner daran auch nur zweifeln mag ... (die) erzählen kann, ohne daß jemand auf die Frage gerät, ob das auch wahr sei" (ebd.); es sei denn, er sei der bessere Wissenschaftler.

Im folgenden möchte ich unter Bezugnahme auf die Geschichte des neuzeitlichen Wissenschaftsverständnisses und auf feministische und rationalitätskritische Untersuchungen einige Aspekte dieses untergründig Selbstverständlichen von Wissenschaft, das ihren mythischen Anteil ausmacht, benennen und erhellen.

1. Die Läuterung des Machtstrebens zur "reinen" Erkenntnis

Kaum einer hat den Geist und den Anspruch der Wissenschaften noch im Vorgriff auf eine erst herzustellende Realität so treffend formuliert wie Sir Francis Bacon, der Vater der experimentellen Naturerkenntnis. Indem er gegen die Art der Entdeckung so bedeutsamer Erfindungen wie der Druckerpresse, der Kanone und des Kompasses polemisiert, über die man aus konkreten Erfordernissen heraus eher zufällig "gestolpert" sei, preist er die unendlichen Möglichkeiten des systematischen Wissens: "Die Überlegenheit des Menschen liegt im Wissen, das duldet keinen Zweifel. Darin sind alle Dinge aufbewahrt, welche Könige mit allen ihren Schätzen nicht kaufen können, über die ihr Befehl nicht gebietet, von denen ihre Kundschafter und Zuträger keine Nachricht bringen, zu deren Ursprungsländern ihre Seefahrer und Entdecker nicht segeln können. Heute beherrschen wir die Natur in unserer bloßen Meinung und sind ihrem Zwang unterworfen; ließen wir uns jedoch von ihr in der Erfindung leiten, so würden wir ihr in der Praxis gebieten", - dann käme das zustande, was Bacon "die glückliche Ehe des menschlichen Verstandes mit der Natur der Dinge" nennt (Bacon 1962, S. 125f.).

Die Motive sind deutlich und in vielfältiger Form auch anderweitig zu finden: Es geht um die Befreiung von archaischen Ängsten vor der gewaltigen Übermacht der Natur. Aber - und das ist entscheidend - nicht etwa in der Form der Annäherung, des Sich-Vertrautmachens, des Verstehens, sondern als Umkehrung des bisher empfundenen Machtverhältnisses, als Domestizierung und Entzauberung der Natur, als ihre Fesselung in ein eheähnliches Verhältnis, ihre Unterwerfung unter den menschlichen Verstand. Sir Francis Bacon hat entscheidend dazu beigetragen, daß sich im 17. Jahrhundert unter verschiedenen Konzepten von Wissenschaft, die damals durchaus konkurrierend und gleichberechtigt nebeneinander bestanden, dasjenige durchzusetzen vermochte, das bis in die neueste Zeit und eigentlich bis heute unser Natur- und Wissenschaftsverständnis bestimmen sollte. Bacon war der erste, der mit unmißverständlicher Deutlichkeit und Konsequenz dazu aufrief, die Natur zu unterwerfen, sie bis in ihre "geheimsten Winkel zu verfolgen" und ihr ihre Geheimnisse zu entreißen. "Die eigene Macht im Heimatland auszuweiten", ist nach Bacon, "vulgär und verderblich". Ein zweites Machtstreben, das expansiv ist und mehr Land und mehr Menschen zu unterwerfen sucht, hat in seinen Augen schon "mehr Würde, ist aber nichtsdestotrotz Habgier". Aber wenn ein Mann danach strebt, "Macht und Herrschaft ... über das Universum zu erlangen und auszudehnen, dann ist sein Ehrgeiz ohne Zweifel eine umfassende und edle Sache", da es das einzige und sichere Mittel sei zur "Wiederherstellung der Macht des Menschen und seine Wiedereinsetzung in die Vorherrschaft, ..., die er im ersten Stadiums seiner Schöpfung einmal hatte" (Bacon, nach Keller 1986, S. 42).

Der Weg ins Paradies führte für Bacon über die Macht des Wissens - und heiligte somit jedwede Form von Gewaltanwendung und Unterwerfung, die geeignet sein würde, dem himmlischen Ziel näherzukommen: "Bin ich doch zu Dir gekommen, daß ich die Natur und alle ihre Kinder gebunden vor Dir führe, damit sie Dir dienen und Du sie zu Sklaven machst" (Bacon 1964).

Was Bacon in seiner glorifizierenden Vision vom Fortgang der Wissenschaften nicht sehen konnte, war, daß einer auf Beherrschung eingestellten Naturerkenntnis und Wissenschaft dieses als Glaube und Hoffnung vorgegebene paradiesische Ziel zunehmend aus dem Blick geraten mußte und keineswegs den Weg bestimmen konnte, den die moderne Wissenschaft und Technikentwicklung dann einschlug.

Der Wunsch nach Beherrschung nämlich kennt keine Inhalte und keine Ziele, die den Prozeß der Erkenntnis steuern könnten, außer die der Beherrschung selbst. Er erscheint daher auch grenzenlos - oder wie Horkheimer und Adorno sagen: totalitär. Weder die Natur, deren Macht gebrochen werden soll, und die nur insofern beachtet wird, als sie Möglichkeiten für eine solche Machtergreifung über sich erkennen läßt, - noch die Vernunft selbst, sind in der Lage, dem Prozeß der Wissenschaft einen Sinn zu geben, wenn sich der menschliche Geist daran macht, alle Instanzen zu beseitigen - auch die ihm selbst gegebenen -, welche ihn daran hindern könnten, seine, wie er meint "legitime" Herrschaft anzutreten. Was aus diesem Prozeß geworden ist, haben Horkheimer und Adorno in ihrer "Dialektik der Aufklärung" in unübertroffener Schärfe auf den Punkt gebracht: "Die Menschen bezahlen die Vermehrung ihrer Macht mit der Entfremdung von dem, worüber sie Macht ausüben. Die Aufklärung verhält sich zu den Dingen, wie der Diktator zu den Menschen. Er kennt sie nur insofern er sie manipulieren kann" (Horkheimer 1969, S. 15). Dem nach außen gerichteten Willen zur Macht und der mit ihm einhergehenden Entfremdung der Natur zum bloßen Objekt der Erkenntnis entspricht die im Inneren des Menschen sich ereignende Entfremdung von der eigenen Natur: von Körper, Gefühl, Sinnlichkeit und lebendiger Bewegung, die Elias als Selbstbeherrschung, als den "Zwang zum Selbstzwang" beschrieben hat. Der Verkennung der nur als Ressource beachteten Natur entspricht die Verkennung des menschlichen Geistes und seiner umfassenden Wahrnehmungsmöglichkeiten, die in der monomanischen Beschränkung auf die Beherrschung der Dinge zu einem selbsttätig ablaufenden, automatischen Prozeß verdinglicht werden, "der Maschine nacheifernd, die er selber hervorbringt, damit sie ihn schließlich ersetzen kann" (Horkheimer 1969, S. 31). Das Prinzip Aufklärung und das Monopol des "wissenschaftlichen" Zugriffs auf Welt und Erkenntnis haben eine Kultur hervorgebracht, welche nur mehr wissenschaftlich gereinigtes "vernünftiges" Denken anerkennt: ein Denken, das sich u.a. durch die Distanz und die Zerstörung seines Objektes bildet - und dabei in sich selbst alle diejenigen Sensoren vernichten muß, welche in anderen Wellenlängen und anderen Formen des Wissens und der Erkenntnis Wahrheit begründen könnten.

Daß die Wahrheit der Wissenschaften die Beherrschung ist, konnte ein Vordenker wie Bacon noch offen aussprechen. Auch handelte es sich bei ihm zunächst nur um die Beherrschung der Natur. Das Wissen um diese Wurzel ging jedoch in dem Maße verloren, in dem die Aufklärung und die von ihr geprägten Wissenschaften ihre historische Chance tatsächlich bekamen und mit dem idealisierten Ziel der Wahrheitsfindung und der "Veredelung des ganzen Menschengeschlechts" (v. Humboldt) sich anschickten, alle Lebensbereiche und alle Erkenntnisformen der wissenschaftlichen *Disziplinierung* zugänglich zu machen: "Für die Bildung im weiteren Sinne ... ist ... jede Erkenntnis, jede Fertigkeit, die nicht durch vollständige Einsicht der streng aufgeführten Gründe, oder durch Erhebung zu einer allgemeingültigen Anschauung ... die Denk- und Einbildungskraft und damit das Gemüt erhöht, tot und unfruchtbar" (W. v. Humboldt 1971, S. 77). Bei aller Warnung vor den Gefahren des Spezialistentums und des bloßen Nützlichkeitsdenkens gingen die Humanisten und allen voran Wilhelm von Humboldt unerschütterlich davon aus, daß bei rechter, d.h. autonomer Organisation der Wissenschaften und bei Beachtung der Forderung nach Universalität und nach stetem interdisziplinärem Austausch die Wissenschaften, wenn sie nur ungehindert sich entfalten könnten, die höchste Form der Menschenbildung hervorbringen würden. Was die Gründungsväter des Wissenschaftsmythos hierbei übersahen, war, daß gerade durch die Befreiung von allen Banden das nur auf sich selbst bezogene Denken zum bloßen Mittel für welche Ziele auch immer verkommen mußte. Die wissenschaftliche Vernunft der Aufklärung trat im Humanismus die Herrschaft an über die herkömmlichen Bildungsmächte: Staat, Religion, Tradition, Volksmund, Aberglaube, Bauernweisheit, Sitte, Moral und Intuition. Da sie sich hierbei unschuldig gab, die eigenen Beherrschungswünsche erfolgreich verleugnete und ihren Säuberungseffekt nicht als Ausdruck ihres Machtstrebens wahrnahm, konnte sie schließlich zum perfekten Handlanger und Wegbereiter auch für solche Mächte werden, die unter Anrufung und Ausnutzung der instrumentellen Vernunft (Habermas) Menschen fabrikgerecht vernichten und Natur systematisch zerstören konnten, ohne auf nennenswerten Widerstand zu stoßen. In der klassischen Kantschen Formulierung ist Aufklärung "der Ausgang der Menschen aus seiner selbst verschuldeten Unmündigkeit ... (und) des Unvermögens, sich seines Verstandes ohne Leitung eines anderen zu bedienen" (Kant 1968, S. 35). Die Abspaltung und Verdrängung der in dieser Aussage enthaltenen Omnipotenzwünsche - welche also außer Kontrolle geraten mußten - und die durch den Verdrängungszwang der Einsichtnahme verborgene Illusion über die Fähigkeit, aus sich selbst heraus Ziele zu definieren, die mehr seien als reine Kalkulation und Mathematik, haben dazu beigetragen, daß sich die Wissenschaften den für andere gesellschaftliche Mächte geforderten Legitimationen entziehen konnten und einen exzeptionellen Freiraum zugesprochen bekamen. Gleichzeitig jedoch macht gerade die illusionierte "Mündigkeit" und die Befreiung von jedweder "Leitung eines anderen" Wissenschaft zu dem, was sie auch ist: zum "reinen" Mittel für jedweden sich durchsetzenden politischen und wirtschaftlichen Zweck, im schlimmsten Fall zum Handlanger der Vernichtung. Der Mythos der Mündigkeit hat wesentlich dazu beigetragen, daß sich die Freiheit der Wissenschaft zu einer lebensgefährlichen Bedrohung für unsere Welt entfalten konnte.

2. Die Verdrängung des Geschlechts

Daß Bacons Auffassung von Wissenschaft sich durchsetzen würde, war zu seiner Zeit alles andere als selbstverständlich. Um die Wende vom 16. zum 17. Jahrhundert war es noch nicht allzulange her, daß künstliche Eingriffe in Gottes heilige Natur als frevlerisch geahndet wurden - nicht nur von der katholischen Kirche. Das Züchten neuer Pflanzen- und Tierarten und das Sezieren menschlicher Körper war verboten, und aus Scheu vor Mutter Natur galt selbst der Abbau von Erzen als unbotmäßiges Eindringen in ihren mütterlichen Schoß (Merchant 1987, S. 5f.).

Die Untersuchungen von Merchant (1987) und Keller (1986), die sich mit der Geburtsstunde des modernen Wissenschaftsmythos beschäftigen, zeigen auf, daß die neue "verbindende Wahrheit" Wissenschaft und der mit ihr einhergehende moderne Naturbegriff in engem Zusammenhang mit der Entwicklung eines neuen Verständnisses von der Beziehung der Geschlechter stehen, das ebenfalls zu Beginn der Neuzeit im 17. Jahrhundert geprägt wurde. Beide Autorinnen nehmen Bezug auf die Tatsache, daß das 16./17. Jahrhundert als eine Zeit dramatischer Auflösungen zu sehen ist. Bedingt durch neue Entdeckungen: des amerikanischen Kontinents, neue Erkenntnisse: daß die Erde nicht Mittelpunkt des Kosmos sei, und neue religiöse Einsichten: daß die Lehre der katholischen Kirche nicht die allein seligmachende sein könne, war die alte Ordnung in jeglicher Hinsicht erschüttert worden. "Zu einundderselben Zeit wich die alte, organische Ordnung der Natur sowohl im Kosmos als auch in der Gesellschaft und im einzelnen Ich" (Merchant 1987, S. 187).

In einer Zeit der Sekten, der Revolten, der vielfältig aufsprießenden Lehrmeinungen, die einhergingen mit z.T. durchaus radikalen Forderungen nach neuen Lebensformen zwischen den Geschlechtern und Freizügigkeit in sexuellen Fragen, setzten sich in Religion, Politik und Wissenschaft diejenigen Strömungen durch, die die mit Überwältigung drohenden Mächte draußen und drinnen im Bild der zum Geschlecht schlechthin stilisierten Frau zusammenbrachten. Mutter Natur geriet in der Wahrnehmung der Zeitgenossen zum unbändig rasenden Weib, das man durch menschliche Kunst gebunden "gänzlich umkehren, verwandeln und in ihrem Innersten erschüttern solle" (Bacon 1783, S. 173). Dem allseitigen Chaos war nur mit klug berechnender Macht, mit Kontrolle und Selbstkontrolle beizukommen (Theweleit 1977, Bd.1, S. 379ff.): im Bereich von Gesellschaft und Politik durch zweckrationale, machtorientierte Strategien: das Beispiel ist Niccolo Machiavelli und seine Schrift *Vom Fürsten*; im Bereich der wilden Natur in der Bezwingung durch experimentelle Wissenschaften; und was das Chaos der Gelüste im eigenen Inneren anbelangte, durch einen Vernichtungskrieg wider die "lüsternen, faulenzenden, fürwitzigen und wankelmütigen Frauenzimmer", wie es eine Schmähschrift von 1650 aus der Zeit der sogenannten "Querelles des Femmes" ausdrückte. Im 16. und 17. Jahrhundert brannten in Europa circa hunderttausend Scheiterhaufen.

Aus der Auflösung der göttlichen Kosmologie erhob sich ein ganz und gar neuer, männlicher Wille zur Macht, der das drohende Chaos durch geschickte, nur von ihm selbst ausgehende und nur durch den Erfolg zu beurteilende Maßnahmen unter seine Kontrolle zu bringen sich anschickte. In der Person der Hexe erschuf sich die dreigesichtige Angst vor dem Chaos die Inkarnation aller der Kräfte, die das Selbst bedrohten und die es daher zu vernichten galt: Die gesellschaftliche Unordnung, die aus der Tollheit und Herrschsucht der Weiber entstand; die Zügellosigkeit der sexuellen Wünsche, die von den Weibern ausging und die, wie man glaubte, den Mann bei jedem Sexualakt, dem "kleinen Tod", um einen Tag seines Lebens brachten; und die Wildheit einer todbringenden Natur, welche die Hexen durch ihren Pakt mit dem Teufel und durch ihre Zauberkünste in ihren Dienst nahmen. Das innere Motiv, das den Hexenverfolgern und den modernen Wissenschaftstheoretikern gemeinsam ist, macht deutlich, daß es keineswegs ein Zufall und auch nicht widersinnig war, daß das Wüten gegen die Hexen ausgerechnet mit dem Entstehen der modernen experimentellen Natur- und Wissenschaftsauffassung einherging und daß die Scheiterhaufen der brennenden Frauen nicht zuletzt von dem Geist angefacht wurden, der sich zu den modernen Naturwissenschaften entfalten sollte. Es blieb den Ahnherren der neuzeitlichen Wissenschaften vorbehalten, Natur zu einer tobenden Megäre zu deklassieren, die es zu bändigen galt, und im gleichen Zuge die Frau zu einer Selbst-losen Naturressource zu degradieren, die als zwar notwendige, aber auch selbstverständliche Gegebenheit dem männlichen Streben zur Verfügung stehen sollte.

Die enge metaphorische Verbindung zwischen Frauenhaß und Naturbetrachtung, die die Triebstruktur des wissenschaftlichen Impetus kennzeichnet, bietet reichhaltig Ansatzpunkte für die Annahme, daß nicht nur das Geschehen selbst - die gesellschaftliche Anordnung der Geschlechterbeziehungen - sondern auch die Art und Weise, wie die Welt, und zwar die soziale *und* die natürliche Welt, wahrgenommen, reflektiert und wissenschaftlich "erkannt" wurde, seit Beginn der Neuzeit von einem durch und durch männlichen Habitus geprägt wird. In ihrem Aufsatz über "männliche Erfahrungsmuster und die Normierung sozialwissenschaftlicher Erkenntnis" untersucht Sandra Harding nach feinsinniger Analyse der von Keller und Merchant wieder zur Diskussion gestellten Geschlechtermetaphorik der frühneuzeitlichen Wissenschaft die Implikationen, die die zugrundeliegenden Motive auf die Struktur sozialwissenschaftlicher Erkenntnisbegriffe haben: Den Theorien und Modellen auch der modernen Sozialwissenschaften haften die Wahrzeichen ihrer Herkunft aus einem auf Trennung, Verdrängung und Kampf gegen Überwältigungsängste basierenden männlichen Geschlechtscharakter in erkennbarer Weise an.

Wenn der geschichtliche Anfang des modernen Wissenschaftsverständnisses vom Kampf gegen das innere und äußere Geschlecht motiviert war, so ist nicht verwunderlich, wenn die philosophische Beschäftigung mit dem "Anfang" vom selben Motiv beherrscht erscheint. Die US-amerikanische Politologin Mary O'Brien hat dies in ihrer Abhandlung *Reproducing Marxist Man* durch die Analyse von Widersprüchen und Ungereimheiten, die Karl Marx in seinem Versuch, die Philosophie vom Kopf auf die Füße zu stellen, unterlaufen sind, in brillianter Weise herausgearbeitet (O'Brien 1979). An mehreren Stellen, vor allem in den philosophischen und ökonomischen Frühschriften hat Marx bekanntlich neben der Notwendigkeit zu essen, die Beziehung zwischen Mann und Frau als den Beginn der Geschichte und als den Akt beschrieben, der die Menschen in dialektische Beziehung zueinander und mit der Natur bringe. "Das unmittelbare, natürliche, notwendige Verhältnis des Menschen zum Menschen ist das Verhältnis des Mannes zum Weibe. In diesem natürlichen Gattungsverhältnis ist das Verhältnis des Menschen zur Natur unmittelbar sein Verhältnis zum Menschen, weil das Verhältnis zum Menschen unmittelbar sein Verhältnis zur Natur, seine eigene natürliche Bestimmung ist" (Marx 1966, S. 97f.). Trotz dieser und anderer Hinweise, hat Marx dann aber nur das "Essen-müssen", daher "Arbeiten- und Produzieren-müssen", daher in "Austausch-mit-der-Natur-und-mit-anderen-Menschen-treten-müssen" zur Dialektik der Geschichte ausgebaut. Obwohl doch das Essenmüssen in den Urzeiten der Geschichte durchaus auch solitär, ohne sozialen Bezug und in einem rein verzehrenden Verhältnis zur Natur absolviert werden konnte. Marx hat schon richtig bemerkt, daß nur der Geschlechterbeziehung die unmittelbare und notwendige Beziehung des Menschen sowohl zur Natur als auch zu einem anderen Menschen immanent ist. Weder beim Essen, noch bei der produktiven Bearbeitung der Natur ist die Beziehung des Menschen zur äußeren Natur zugleich so unmittelbar seine Beziehung zur eigenen inneren Natur und zu einem anderen Menschen wie in der geschlechtlichen Beziehung zwischen Frau und Mann. Die historische Dialektik zwischen Mensch - Natur - Gesellschaft, die Marx dann als die Beschreibung der Dialektik von Arbeit - Natur - Gesellschaft weiterführt, ist also ursprünglich nur im Geschlechtsakt materiell und natürlich angelegt. Sofern ihre Dialektik Folgen hat, ließe sich von der Geschlechterbeziehung - darauf weist O'Brien hin - sehr wohl eine Dialektik der Geschichte entwickeln, zumal die natürliche und materielle Kontinuität der Geschichte zuvorderst in der Kontinuität der Generationen von Menschen materiell existent ist. Diese allerdings, und da liegt nach Auffassung der Autorin der Angelpunkt der Marxschen Verdrängung, wird nicht über die Arbeitskraft von Männern, sondern über die generative Kraft der Frauen hergestellt. In der deutschen Ideologie präsentiert uns Marx daher "das bemerkenswerte Schauspiel von Menschen ..., die essen und arbeiten und neue Bedürfnisse produzieren, ehe sie überhaupt geboren worden sind" (O'Brien 1979, S. 110).

O'Brien entdeckt die Hintergründe für die Blockierung im Denken des Mannes Marx zunächst durch die Anwendung von Marx eigener Definition von "Entfremdung" auf die Rolle des Mannes im Geschlechtsakt: "Jede Entfremdung von sich und der Natur erscheint in dem Verhältnis, ... wie er seine eigene Produktion zu seiner Entwirklichung, ... zu einem ihm nicht gehörigen Produkt (gibt). So erzeugt er die Herrschaft dessen, der nicht produziert auf die Produktion und auf das Produkt. Wie er seine eigene Tätigkeit sich entfremdet, so eignet er dem Fremden die ihm nicht eigene Tätigkeit an" (Marx 1966, S. 83f.). Eine materialistische Analyse des (re)produktiven Geschlechterverhältnisses käme nach O'Brien nicht an der Erkenntnis vorbei, daß das Sich-Einlassen mit seiner eigenen Natur für den Mann die Entfremdung/Enteignung von seinem eigenen Produkt, dem Samen, bedeutet. Die materielle Kontinuität im lebendigen Produktionsprozeß des Menschen ist für den Mann unterbrochen und Vaterschaft nur eine abstrakte Idee. Jeder Mann kann der konkrete Vater des Kindes einer Frau sein. Die Geschichte zeigt nicht nur, so schließt O'Brien, daß Männer unter der Entfremdung gelitten haben, sondern auch, daß sie etwas dagegen unternommen haben: Absprachen und gesellschaftliche Kooperation unter Männern (Laß Du meine Frau in Ruhe, dann laß ich Dir Deine) und Beziehungen zwischen Mann und Frau, die Herrschaftsbeziehungen wurden. Angst des Mannes vor Verlust der Kontinuität? Der Identität? Der Kontrolle über die Dialektik der Geschichte? Oder Angst vor den Zwängen und Abhängigkeiten der eigenen inneren Natur, die hinter der arbeitsamen Dialektik mit der äußeren Natur sehr wohl verheimlicht und verborgen werden kann? O'Brien belegt die apriorische Angst des Denkers Marx vor dem Verlust der Selbstbestimmung, zu der die Anerkennung der Geschlechterbeziehung als einer im ursprünglichen und positiven Sinne dialektischen führen würde, mit einem Zitat aus den Pariser Manuskripten. Marx beschwört dort die totale Abhängigkeit, die einträte, wenn er den Bestand, und schlimmer noch: die Schaffung seines Lebens, einem anderen Menschen verdanke: "Ich lebe aber vollständig von der Gnade eines anderen, wenn ich ihm nicht nur die Unterhaltung meines Lebens verdanke, sondern wenn er (sic!) noch außerdem mein Leben geschaffen hat, wenn er der Quell meines Lebens ist, und mein Leben hat notwendig einen solchen Grund außer sich, wenn es nicht meine eigene Schöpfung ist" (Marx 1966, S. 107). Die Frage nach dem Ursprung des eigenen persönlichen Lebens ertränkt Marx in der Frage nach den Ursprüngen der Menschheit. Mit einem logischen Taschenspielertrick also und durch die abstrakte, ganz und gar nicht materielle Projizierung des "Anfangs" ins Allgemeine, auf immer weiter zurückliegende Ursprünge. Der Beginn der Genealogie verliert sich notgedrungen im Unendlichen: Grund genug, die Frage nach dem Anfang und nach der Produktion des eigenen Lebens als widersinnig auszuschalten.

Also auch bei Marx Angst vor Selbstverlust und Abhängigkeit: Das alte Baconsche Machtstreben! Hinter den Barrieren, die ihm verbieten, das "Geschlechterverhältnis" weiterzudenken und die Marx zur Verleugnung des Vorgangs der stofflichen Produktion des Lebens verleiten, scheint das Motiv deutlich auf. Die theoretische und wissenschaftliche Konsequenz für die marxistische Theoriebildung bestand in der Nicht-Erkennung der eigenständigen politischen Qualität des weiblichen Beitrags zum Gesellschaftsprozeß.

3. Die Wiederkehr des Verdrängten

Wenn es dem Vorhaben "feministische Wissenschaftskritik" darum geht, die unerkannten Selbstverständlichkeiten der verbindenden Wahrheit Wissenschaft bloßzulegen, so folgt das dabei anzuwendende Verfahren durchaus auch Methoden, die die wissenschaftliche Rationalität selbst hervorgebracht hat. Um die Elemente des patriarchalen Wissenschaftsmythos in den psychogenetischen Motiven seiner Autoren oder in den sprachlichen Manifestationen einer Epoche aufzuspüren, reicht es jedoch nicht aus, Ideologiekritik, wie wir es gewohnt sind nur unter dem Aspekt der sozialen Zugehörigkeit und der Klassenlage eines Autors oder Denkers zu betreiben. Ideologiekritik, wenn sie ernst machen will, muß auch die psychische Interessenlage - und das betrifft in unserer Kultur und Zivilisation auf einer verallgemeinerbaren Ebene in Sonderheit die Geschlechtszugehörigkeit und die mit ihr verbundenen Strebungen - in den Blick nehmen, um Wahrheit oder auch nur Schlüssigkeit von Rationalisierung unterscheiden zu lernen. "Die Rationalität der Philosophie (wird) niemals freikommen vom Zweifel, bloße Rationalisierung zu sein, wenn sie nicht vom Wirken unbewußter Motive im Zentrum des Selbstbewußtseins, dem Cogito, sich zu überzeugen bereitfindet." (Böhme und Böhme 1985, S. 106.)

Im folgenden möchte ich einige Beispiele anführen, die verdeutlichen, daß und wie solchermaßen unbewußte und verdrängte Motive in der wissenschaftlichen Begriffs- und Methodenbildung einzelner Disziplinen und in den Untersuchungen einzelner Wissenschaftler in Form von kognitiven Lücken und logischen Widersprüchen zum Vorschein treten und dadurch Rückschlüsse erlauben auf die Thematik des Verdrängten und auf seine Virulenz. Wenn Marx, wie oben ausgeführt, bei der Entwicklung des historischen Materialismus zunächst das Geschlechterverhältnis bemüht, um die Dialektik zwischen Mensch - Natur - Mitmensch (Gesellschaft) zu begründen, und dann in einem nicht mehr reflektierten Sprung auf die Dialektik der Arbeit überwechselt, so hatte diese Verdrängung des Geschlechtes und des weiblichen Teiles der Gesellschaftsproduktion, die O'Brien bei Marx prototypisch untersucht, u.a. nachhaltige Auswirkungen auf die wissenschaftliche und politische Behandlung der Frauenarbeit. Der Beitrag von Alice Amsden in diesem Band weist nach, daß die Theoriemodelle der traditionellen Nationalökonomie nicht in der Lage sind, die mit Frauenarbeit verbundenen nationalökonomischen Phänomene angemessen zu beschreiben, geschweige denn sie zu erklären. Die Widersprüche, in denen sich die Theorie verfängt, ohne sie selbst wahrzunehmen, haben nach Amsden die Funktion, die angesprochenen Phänomene eher rhetorisch zu eleminieren, als sie zu begreifen. Sie haben eine ähnliche Struktur und eine demselben Motiv zuzurechnende Funktion wie die Zirkelschlüsse und Widersprüchlichkeiten, die Lorenne Clark in ihrer Analyse der politischen Theorie John Lockes entschlüsselt. Geht man vom Recht auf Eigentum und von der Sicherung der Freiheit durch die Bindung von Herrschaft an Konsens und Vertrag als den zentralen Anliegen John Lockes aus, so erweist sich die Rolle, die seine politische Theorie den Frauen zuerkennt - und die Clark in Beziehung setzt zu seinen politischen Maximen - als unausrottbarer Widerspruch, um den herum Lockes Argumentationen einen figurenreichen Tanz aufführen, der jedoch in dem Moment den inneren Zusammenhang der Theorie zerstört, in dem Frauen nicht mehr als beliebig verfügbare Dekoration und als Versatzstück für die patriarchalen Interessen betrachtet werden, die Locke mit seiner Theorie verfolgt.

Die methodologischen Aporien und die untergründig patriarchalen Vorweg-Annahmen, durch welche in gesellschaftswissenschaftlichen und empirischen Untersuchungen das Faktum Geschlecht und die wissenschaftliche Bearbeitung der sozialen Position von Frauen systematisch eleminiert werden, werden für die Soziologie in dem Beitrag von Christine Delphy verdeutlicht. Delphys methodenkritische Analyse des Instrumentariums von Untersuchungen zur sozialen Schichtung veranschaulicht besonders eindrucksvoll das Element der "Wiederkehr des Verdrängten", das der patriarchalen Wissenschaft anhaftet. Sie weist nach, daß sich die eigenständigen Produktionsbeziehungen von Frauen, die im soziologischen Instrumentarium keine Berücksichtigung finden, in den verdeckten Mustern als Unlogik und Widersprüchlichkeit der "gereinigten" Kriterien nichtsdestotrotz zum Vorschein treten. Die Soziologie reproduziert also diese weiblichen Produktionsbeziehungen, wenn auch nur unwissentlich, und untersagt sich zugleich durch die Art und Weise ihres methodischen Vorgehens "*ipso facto* eine eigene Klarstellung und Analyse dieser Situation" (S. 199). Das Fazit ihrer Untersuchung lautet: Die nicht reflektierte patriarchale Struktur der Gesellschaft setzt sich gegenüber der von der Soziologie allein beachteten sozio-ökonomischen durch.

Mein letztes Beispiel soll belegen, wie die Wirkungen der Verdrängung des Geschlechts sich noch in dem Versuch bemerkbar machen kann, den Prozeß der Verdrängung selbst kenntlich zu machen. Einer der ergiebigsten Versuche, "das Wirken unbewußter Motive im ... Cogito" nachzuweisen, haben die Brüder Hartmut und Gernot Böhme (1985) in ihrem Buch *Das Andere der Vernunft* vorgelegt. Die erkenntnistheoretische Umkehrung, die den Brüdern Böhme bei der Analyse der Rationalitätsstrukturen Fichtes, Hegels und insbesondere am Beispiel Kants gelungen ist, bringt die Wissenschaftstheorie auf den Weg, auf dem allein vielleicht eine neue und fruchtbare Qualität wissenschaftlicher Erkenntnis möglich sein wird: der Einbeziehung des Subjektes in den Prozeß der Erkenntnis selbst und der Einsicht, daß Subjekt und Objekt der Erkenntnis eingebettet sind in einen Natur und Erkenntnis gemeinsam und umfassend beeinflussenden Prozeß des Lebens, dessen Herkunft und

Entwicklungsgang uns möglicherweise nur immer in einzelnen Phasen und in Teilbereichen erkennbar wird.

Der Brüder Böhme wissenschaftstheoretischer Blick zurück auf die Antriebskräfte der wissenschaftlichen Vernunft, auf die Herkunft des Denkens aus der Psyche, hat eine Fülle überraschenden Materials zutage gefördert, daß "die energetischen Besetzungen, die an kognitive Konstrukte geknüpft sind ... ans Licht treten" läßt (S. 130). Es ist hier nicht der Ort, die Fülle und Feinfühligkeit der Untersuchung Böhmes zu referieren. Sie besteht überwiegend in textimmanenter logisch-rationaler Beweisführung. Fichtes absolut erkennendem Ich, Hegels absolutem Geist und den transzendentalen Kategorien Kants wird ihre Verhaftung an dem, was die Böhmes "das Andere der Vernunft" nennen, und was sie als die Lebendigkeit des Leibes und seines Begehrens identifizieren, aus den Brüchen und offenen Enden der erkenntnislogischen Argumentation nachgewiesen. Dennoch scheint mir, daß die Autoren dem "Phantasma weiblicher Allmacht", das sie am Ende ihrer Untersuchung in eindrucksvollen Worten beschwören, in gewisser Weise selbst aufgesessen sind. Auf der drittletzten Seite ihrer Untersuchung heißt es: "Der latente Homosexualismus der männerbündisch organisierten Gesellschaft, damals wie heute, ist der phantastische Versuch der Männer, miteinander und ohne die Frau alles zu zeugen - auf der Basis der unbewußten und verdrängten Identifikation mit dieser: das Phantasma von Gott-Vater, der keines Weiblichen bedarf, weil er es vernichtet oder sich einverleibt hat. Das Weibliche verkommt zur Sentimentalität der dekorativen Mutter Maria, die unverwandt einen Blick der Beglückung auf den erwählten Sohn wirft" (S. 491).

Dieser Schluß kommt überaus überraschend. Er erscheint als die ins allgemeine erhöhte Bekräftigung des ganz persönlichen Triebschicksals des Immanuel Kant, in welchem die Mutter am Ende der Analyse wie eine dea ex machina auf die Bühne der Beweisführung tritt. Die Mutter, der Kant zeitlebens anhing, wird als die persönliche Ursache seiner besonderen psychischen Konstellation identifiziert. Kant, der das Leben eines A-Sexuellen lebte, kastrierte sich zwar als Mann bzw. als Geschlechtswesen schlechthin, gewann aber - so Böhme und Böhme - durch das Festhalten an der Gebärerin-Mutter, deren Potenz, welche die Endlichkeit der vom eigenen Leib und von den Objekten her begrenzten Zeugungskraft bei weitem übertraf.

Die psychoanalytische Beweisführung des Falles Kant, die die Brüder Böhme präsentieren, ist in jeder Hinsicht eindrucksvoll und überzeugend. Nicht darin liegt das Problem. Wenn das Auftauchen des "Weiblichen" und der patriarchalen Logik zum Abschluß ihrer Untersuchung dennoch befremdet und ebenfalls das "Dekorative", wenn auch eher das einer Gallionsfigur an sich trägt, so deshalb, weil es einen tiefergehenden Bruch in der Argumentation ihrer Untersuchung deutlich hervortreten läßt.

Die Mutter, die da erscheint ist ganz und gar unhistorisch. Ihr Auftritt und ihre so bedeutsame Funktion werden durch die vorangegangene Untersuchung in keiner Weise vorbereitet. Die "Verleugnung und Verkennung des Weiblichen ... und dessen systematischer Ausschluß" (S. 491) findet also auch in der Untersuchung der Böhmes selbst statt, die zwar nahezu alle denkbaren und z.Zt. diskutierten kulturellen Einflüsse, inklusive Diätetik, medizinische Moden und das Leben bei Hof, in Beziehung setzen zur Person und zur Struktur des Werkes der von ihnen untersuchten Philosophen, die jedoch kein Wort verlieren über die gesellschaftliche und psychische Beschaffenheit der Geschlechterverhältnisse, die diese Menschen mit Sicherheit nachhaltig geprägt haben. Das "Andere", das in den Emanationen der Vernunft so vielfältig und differenziert nachgewiesen wird, und das die Böhmes als die qualitativ andere Instanz verstehen, ist nicht etwa ein anderes Ich, ein Du, ein wirkliches Gegenüber von Mensch oder Natur, sondern der eigene Körper und sein Begehren: der Leib des Denkens. In einer programmatischen Feststellung, in der die Autoren selber sprechen, heißt es: "Der Kraft der Vernunft zu vertrauen ist bloß Emphase, wenn der vernünftige Diskurs sich gegen die analytische Reflexion der in seinem Inneren selbst wirksamen dynamischen Besetzungen und mythischen Mächte absperrt. Vernunft ist vernünftig nur, insofern sie dem diskursiv eingeschlossenen Anderen ihrer selbst ins Gesicht schaut" (S. 131). An die Stelle der körper- und sinnenlosen Vernunft ihrer Protagonisten wollen Böhme und Böhme die Vernünftigkeit eines ganzen Menschen setzen: eines Menschen mit Körper und Sinnen und Trieben und Wünschen, - aber die Sinne und Triebe und Wünsche bleiben "diskursiv eingeschlossen" in ihm selbst und führen nur zur Vernunft hin, die sie beeinflussen und die deswegen ihrer gedenken sollte. Zu einem wirklichen *Anderen* führen sie nicht hin. Das kognitive System bleibt geschlossen. An die Stelle des sich der striktesten Sexualzensur unterwerfenden Kant soll ein leibhaftiger, aber eben doch nur ein onanierender Mensch treten - ein Mann, so ist zu vermuten, auf alle Fälle!

Solange das Andere der Vernunft eingeschlossen bleibt und nicht mit eigenem Namen benannt wird, solange beide im Verhältnis der Dichotomie: A gegen Nicht/A - zueinander stehen, besteht der Verdacht, daß sich alte Strukturen mit neuen, wenn auch erweiterten Inhalten wiederholen. Nancy Jay zeigt in ihrer Analyse des dichotomen Denkens auf, in wie grundständiger Weise dieses Denken mit dem patriarchalen Mann-Frau-Verständnis verbunden ist. In der Untersuchung der Böhmes erscheint nach 483 Seiten, auf denen das Wort Frau kaum je vorkommt, das "Phantasma weiblicher Macht" als causa finales in der Form des Mutter-Introjektes. Auch bei ihnen ist für die Frau, hier die Mutter, kein Platz draußen: in Gesellschaft und Geschichte, oder als die "Andere". Sie bleibt "diskursiv eingeschlossen" als die vis movens des patriarchalen Narziß, die er in der Realität vernichtet, bzw. "sich einverleibt" hat.

4. Schlußfolgerungen

Daß die Natur bei Bacon und seinen Nachfolgern als eine Frau angesehen wurde, die es zu zähmen galt, hat die Struktur des naturwissenschaftlichen Denkens und der Technik ebenso nachhaltig beinflußt, wie das, was in dieser Gleichung über Frauen ausgesagt wird, die sozialwissenschaftliche Denkweise bestimmen sollte. Wenn die Natur als Frau, so wird die Frau ab dem 17. Jahrhundert zunehmend als Natur verstanden, als eine Ressource, die aus sich selbst heraus wächst und gedeiht, und für Mann, Kinder und Gesellschaft selbstverständlich zur Verfügung steht. Als "Natur" hat sie keine Geschichte und nichts "Eigenes", was der politischen Wertschätzung und der wissenschaftlichen Betrachtung würdig wäre. Wie wenig der soziale Ort, an dem Frauen angesiedelt sind, und die Leistungen, die sie für die Gesellschaft erbringen, als gesellschaftsfähige Leistungen anerkannt worden sind, wird z.B. durch Johann Gottlieb Fichte augenfällig dokumentiert. Seine "philosophische Deduktion der Ehe", in der Fichte seine frauenfeindliche Philosophie der Geschlechter entwickelt, sind in seinem Werk nicht etwa wie die Philosophie des Staates der "Sittlichkeitslehre" zugeordnet, sondern dem außergesellschaftlichen Naturrecht, dem auch die dem Gesetz des Stärkeren unterworfenen Beziehungen *zwischen* den einzelnen Staaten zugerechnet werden. So, wie die Staaten ein sittlich rechtliches und durch Gesetze geordnetes Leben nach innen - im Verhältnis zu und zwischen den einzelnen Staatsbürgern vorweisen und daneben ein natürliches, vorgesetzliches und im Zweifelsfalle gewalttätiges nach außen, so steht auch jeder Mann in zweierlei Bezügen: als Bürger und Untertan in rechtlich geregelten Verhältnissen zu anderen Männern und zur staatlichen Obrigkeit, und, als Privatmann, in natürlichen, außerhalb der Rechtsordnung stehenden, durch Dominanz und Unterordnung gekennzeichneten Beziehungen zu Frau und Kindern. In den Wissenschaften wird eine vergleichbare Betrachtungsweise darin erkenntlich, daß in den sozialwissenschaftlichen Disziplinen: der Geschichtsschreibung, der Soziologie, in den philosophischen Reflexionen über Staat, Gesellschaft, Natur und Geschichte, den Frauen und ihrer gesellschaftlichen Leistung ebensowenig Rechnung getragen wird, wie der Tatsache, daß es zwei Geschlechter gibt und diese in historisch spezifischer, meist hierarchischer Anordnung zueinander stehen. Frauen sind der natürliche Untergrund dieser Gesellschaft, sie bringen diese zwar hervor und nähren sie, nichtsdestotrotz tauchen sie im wissenschaftlichen Selbstverständnis dieser Gesellschaft bestenfalls als Zierrat, als Ausnahmefrauen, als Anhängsel männlicher Subjekte oder als Sonderforschungsbereich auf.

Feministische Wissenschaftlerinnen haben sich in den letzten beiden Jahrzehnten darangemacht, die Entstellungen nachzuzeichnen, die dieses Wegsehen, das Ausblenden der Frauen und des weiblichen Geschlechts aus der sozialwissenschaftlichen Theorie zur Folge hatte. Der älteste Angriffspunkt der feministischen Wissenschaftskritik betrifft das kulturelle Selbstverständnis, daß diese Gesellschaft von sich selbst hat und immer wieder herstellt.

Wie sehr die Begriffe, in denen wir alle, auch Frauen, ihre gesellschaftliche
Existenz denken und kommunizieren von dem Streben geprägt sind, einen
Teil der eigenen inneren und äußeren kulturellen Welt abzuspalten und als
nicht bedenkens- und erwähnenswert aus dem kulturellen Selbstverständnis
auszuklammern, zeigen im vorliegenden Band in exemplarischer Weise die
Beiträge der Historikerin Joan Kelly-Gadol. Ihre Untersuchung über die
Auswirkungen der "Renaissance" auf das Leben von Frauen zeigt, daß die aus
männlicher Sicht und für die Identität von Männern mit gewisser Berechtigung euphemistisch formulierten Periodisierungsbegriffe der abendländischen
Geschichtsschreibung zugleich den Blick auf eine soziale Realität verstellen,
die für Frauen alles andere als befreiend, fortschrittlich und aufgeklärt war.
In ihrem methodologischen Beitrag über die sozialen Beziehungen der Geschlechter expliziert Kelly-Gadol an drei der wichtigsten theoretischen Bezüge der Geschichtswissenschaften: den Kategorien der sozialen Analyse, den
Theorien des sozialen Wandels und an den Periodisierungsbegriffen wie willkürlich "männlich" und patriarchal das Begriffsvokabular des sozialwissenschaftlichen Erkennens gewählt wurde. Die geheime Logik dieser patriarchalen Willkür, das wird u.a. auch in Cathleen Jones Analyse des neuzeitlichen Politikverständnisses, in Weissteins Attacke gegen die Phantasmen des
"Weiblichen" in der Psychologie und in Kohens Arbeit über den Familienbegriff deutlich, besteht in der Ver-Sicherung einer gesellschaftlichen Realität,
in der sich prototypisch männliche Subjekte als außerhalb der Natur (auch
der eigenen) befindlich verstehen und verständigen, um sich diese als Gegenstände der Erkenntnis (in den Naturwissenschaften) oder als vor-politische
und ungeschichtliche Gegebenheiten (Frauen und die Bereiche der sog. Reproduktion) verfügbar machen zu können (s. Harding in diesem Band).

Wenn in der feministischen Wissenschaftskritik heute von "patriarchaler",
oder verkürzt "männlicher" Wissenschaft die Rede ist, so bezieht sich dies auf
die Ideologiehaftigkeit dieser unreflektierten Welt- und Natursicht. Daß es
Männern schwerer fällt, den unreflektierten Untergrund des Lebens und damit auch des Erkennens: das Geschlechterverhältnis als eine soziale und geschichtliche Kategorie, in den Blick zu nehmen, so liegt dies mit Sicherheit
nicht an ihrer biologischen Geschlechtszugehörigkeit. Die gesellschaftlich
dominierende Form der Geschlechteranordnung ermöglicht es jedoch Männern mehr als Frauen, sie als Ausgangspunkt, als Kräftereservoire und als private Unterstützung zu nutzen - und zu ignorieren. Die treusorgende Frau im
Hause ist dem Mann, also auch dem Wissenschaftler, die Grundausstattung
für seine Unternehmungen in Wirtschaft, Wissenschaft und Weltpolitik. Der
Gesellschaft als Ganzem ermöglicht sie die Entlastung von der Grundsorge
für die alltäglich-zyklische Reproduktion des Lebens, sowie die Konzentration der (Männer-)Kräfte auf die Produktion und Akkumulation von Reichtum, Erkenntnis und Macht (Schaeffer-Hegel 1988, S. 362). Über die angebliche Natürlichkeit und Selbstverständlichkeit dieser als Ressource wirksamen
Beziehung nachzudenken - ob privat oder in der Wissenschaft - würde die
Diskussion über Veränderungen eröffnen. Sie wird von Männern daher eher

gemieden werden. Frauen hingegen, wollen sie die immerwährende Position als nährender Mutterboden aufgeben, haben die Tatsache des Geschlechterbezugs hautnah und überall um sich herum und direkt vor Augen: als innere und äußere Widerstände und als Grenze, die sie selbst nicht überschreiten sollen, die sie inzwischen jedoch mit zunehmender Deutlichkeit als Begrenzung des *männlichen Denkens und Wollens* zu erkennen in der Lage sind.

So wenig wie die Erde eine Scheibe ist und der Mond nur aus seiner sichtbaren Seite besteht, so wenig enthalten die aus männlicher Sicht- und Erfahrungsweise entstandenen Wissenschaften die ganze Wahrheit. Die Antipoden, die Rückseite des Mondes und die natürlich-geschlechtliche Seite des Menschen- und Weltgeschehens, sowie u.a. die Art und Weise, wie beide Seiten zusammenwirken, sind wesentliche Teile des Puzzles Wissenschaft. Sie auszublenden führt die Suche nach wissenschaftlicher Erkenntnis notwendig in die Untiefen patriarchaler Einäugigkeit und Ideologie. Die Beiträge des hier vorgelegten Sammelbandes sollen diese wichtigste Zielsetzung der feministischen Wissenschaften mit nachvollziehbaren Beispielen konkretisieren und verdeutlichen.

Literatur:

Amsden, Alice (1980): The Economics of Women and Work, New York.
Bacon, Sir Francis (1964): "The Masculine Birth of Time", in: Farrington, Benjamin (Hrsg. und Übersetzer), The Philosophy of Francis Bacon.
ders. (1783): Über die Würde und den Fortgang der Wissenschaften, verdeutscht von Pfingsten, Johann Hermann, Pest.
ders. (1962): The Praise of Knowledge, Faksimile-Nachdruck der Ausgabe von Spedding, Ellis und Hearth, 1857-74, London.
Böhme, H. und *Böhme, G.* (1985): Das Andere der Vernunft. Zur Entwicklung von Rationalitätsstrukturen am Beispiel Kants.
Brennan, Theresa and *Pateman, Carole* (1979): "Mere Auxiliarities to the Commonwealth: Women and the Origins of Liberalism", in: Political Studies, Vol. 27, Guildford, S. 183-200.
Brown, Wendy (1987): Where is the Sex in Political Theory?", in: Women and Politics, Vol. 17, Heft 1, Harworth Press.
Flax, Jane (1983): "Political Philosophy and the Patriarchal Unconscious", in: Harding, Sandra and Hintikka, Merill B. (Hrsg.): Discovering Reality, Boston, S. 245-281.
Horkheimer, Max und *Adorno, Theodor* (1969): Dialektik der Aufklärung, Frankfurt a.M.
Humboldt, Wilhelm von (1971): Studienausgabe, Bd. 2: Politik und Geschichte (hrsg. von K. Müller-Vollmer), Frankfurt a.M.
Kann, Mark E. (1983): "Legitimation, Consent and Antifeminism", in: Women and Politics, Vol. 3, Heft 1, Harworth Press.
Kant, Immanuel (1968): Beantwortung der Frage: Was ist Aufklärung, Akademieausgabe, Bd. 8, Berlin.
Keller, Evelyn Fox (1986): Liebe, Macht und Erkenntnis. Männliche oder weibliche Wissenschaft?, München, Wien.

Lange, Lynda (1979): "The Function of Equal Education in Platos Republic and Laws", in: Lange, L. und Clark, L., The Sexism of Social and Political Theory: Women and Reproduction from Plato to Nietzsche, Toronto, S. 3-15.

Machiavelli, Niccolo (1955): Der Fürst, Stuttgart.

Marx, Karl (1966): Ökonomisch-Philosophische Manuskripte, in: ders.: Studienausgabe Politische Ökonomie, Frankfurt a.M.

ders. (1968): MEW, Bd. 3, Berlin.

Merchant, Carolyn (1987): Der Tod der Natur. Ökologie, Frauen und neuzeitliche Naturwissenschaft, München.

O'Brien, Mary (1979): "Reproducing Marxist Man", in: Lange, L. und Clark, L. (Hrsg.), The Sexism of Social and Political Theory: Women and Reproduction from Plato to Nietzsche, Toronto, S. 99-133.

Okin, Susan Moller (1979): Women in Western Political Thought, Princeton, New Jersey.

Pateman, Carole (1980): "Women and Consent", in Political Theory, Vol. 18, Heft 2, Beverly Hills, S. 149-169.

Schaeffer-Hegel, Barbara (1984): "Feministische Wissenschaftskritik: Angriffe auf das Selbstverständliche in den Geisteswissenschaften", in: Schaeffer-Hegel, B. und Wartmann, B. (Hrsg.), Mythos Frau. Projektionen und Inszenierungen im Patriarchat, Berlin, S. 36-60.

dies. (1988): Nachwort in Schaeffer-Hegel, B. (Hrsg.), Frauen und Macht. Der alltägliche Beitrag der Frauen zur Politik des Patriarchats, 2. Aufl. Pfaffenweiler, S. 361-368.

Schrader-Klebert, Karin (1969): Das Problem des Anfangs in Hegels Philosophie, Wien.

Theweleit, Klaus (1977): Männerphantasien (2 Bände), Frankfurt a.M.

Geschichtswissenschaft

Soziale Beziehungen der Geschlechter
Methodologische Implikationen einer feministischen Geschichtsbetrachtung

Joan Kelly-Gadol

Die feministische Geschichtsforschung hat ein doppeltes Ziel: der Geschichte die Frauen und den Frauen die Geschichte zurückzugeben. In den letzten Jahren hat sie zu einer bemerkenswerten Anzahl von Forschungsarbeiten angeregt, sowie Konferenzen und Kurse hervorgebracht, die sich mit den Tätigkeitsbereichen, dem Status und den Ansichten von und über Frauen beschäftigen. Der interdisziplinäre Charakter unseres Interesses an den Frauen hat ebenfalls diese hochwichtige historische Arbeit neu bereichert. Doch es gibt noch einen weiteren Aspekt der feministischen Geschichtsforschung, den es zu berücksichtigen gilt: die theoretische Bedeutung der Implikationen dieser Forschung für die Beschäftigung mit der Geschichte allgemein. In dem Bemühen, die Frauen dem Fundus historischen Wissens hinzuzufügen, hat die feministische Geschichtsforschung die Theorie neu belebt, indem sie die konzeptionelle Basis historischen Forschens erschüttert hat. Sie erreichte dies dadurch, daß sie drei der grundlegenden Anliegen historischen Denkens problematisierte: 1) die Periodisierung, 2) die Kategorien der sozialen Analyse und 3) die Theorien über den sozialen Wandel.

Da sich diese drei Probleme zur Zeit alle in heftiger Entwicklung befinden, kann ich lediglich Vorschläge machen, wie sie fruchtbringend angegangen werden könnten. Wenn ich dies tue, möchte ich dabei eine Prämisse herausarbeiten, die gewissermaßen die Grundidee des feministischen Bewußtseins ist und die in den Konzepten zu jedem der drei Problembereiche zum Ausdruck kommt: nämlich, daß die Beziehung zwischen den Geschlechtern eine gesellschaftliche und keine natürliche ist. Diese Sichtweise stellt die Grundidee dar, die in allen drei Fällen traditionelle Denkweisen umstößt.

Die Periodisierung

Wenn wir uns erst einmal an die Geschichte gewandt haben, um die Situation der Frau zu verstehen, dann setzen wir damit bereits voraus, daß diese Situation durch gesellschaftliche Umstände bedingt ist. Die Geschichte, wie wir sie anfangs vorfanden, schien diese Voraussetzung jedoch nicht zu bestätigen. Durch alle historischen Epochen hindurch waren die Frauen meistenteils von der Kriegsführung, der Akkumulation von Wohlstand, der Gesetzgebung, von

Regierung, Kunst und Wissenschaft ausgeschlossen. Männer, in ihrer Eigenschaft als Historiker, betrachten genau diese Aktivitäten als zivilisationsschaffend. Entsprechend gab es eine Geschichte der Diplomatie, der Ökonomie, der Staatsgründungen, der politischen und der kulturellen Entwicklung. Wenn Frauen dabei überhaupt in Erscheinung traten, dann hauptsächlich als Ausnahmen; es waren solche Frauen, von denen es hieß, daß sie so rücksichtslos waren, sich so ausdrückten, oder so dachten, als wären sie Männer. Die feministische Geschichtsforschung machte diese Vernachlässigung wieder gut, indem sie von Anfang an davon ausging, daß es nicht genug ist, kompensatorische Geschichtsschreibung, wie wir es nennen, zu betreiben. Wir wollten nicht die Geschichte der hervorragenden Frauen, obwohl auch diese einen ihnen angemessenen Platz erhalten müssen. Auch sollte es zu keiner weiteren Unterteilung des historischen Denkens führen, zu einer Geschichte der Frauen neben der Geschichte der Diplomatie, der Ökonomie etc. Alle diese Bereiche haben Auswirkungen auf die Geschichte der Frauen gehabt. So kam die feministische Geschichtsforschung, wie schon die feministische Anthropologie dazu, sich hauptsächlich auf den Status von Frauen zu konzentrieren. Ich verwende "Status" hier durchgehend in einem erweiterten Sinn und beziehe mich dabei auf den Ort und die Macht der Frau, das heißt, auf die Rollen und Positionen, die Frauen in der Gesellschaft innehaben, wenn wir sie mit denen der Männer vergleichen.

Für die Geschichtsforschung bedeutet dies, Epochen oder Bewegungen großen sozialen Wandels daraufhin zu untersuchen, ob sie das Potential der Frau freisetzen oder unterdrücken, also auf die Bedeutung solcher Zeiträume für die Förderung sowohl "ihrer" als auch "seiner" Menschlichkeit. Sobald wir dies tun und also von der Voraussetzung ausgehen, daß Frauen im vollen Sinne zur Menschheit gehören, erhält die Epoche oder die Serie von Ereignissen, mit denen wir uns beschäftigen, einen völlig anderen Charakter und eine völlig andere Bedeutung, als ihr normalerweise zugesprochen wird. Was sich nämlich tatsächlich zeigt, ist ein recht durchgängiges Muster von relativem Statusverlust für Frauen genau in den Zeiten des sogenannten Fortschritts. Da diese dramatischen neuen Perspektiven, die sich aus dem Wechsel des Betrachterstandpunktes ergeben, bereits diskutiert worden sind, werde ich mich hier kurz fassen. Lassen Sie mich nur auf eines hinweisen: Wenn wir Fouriers berühmten Ausspruch - daß die Emanzipation der Frauen ein Index der allgemeinen Emanzipation eines Zeitalters ist - anwenden, dann erfährt unser Verständnis von sogenannten fortschrittlichen Entwicklungen, wie etwa die klassische Zivilisation der Athener, die Renaissance und die Französische Revolution eine verblüffende Neubewertung. Aus der Perspektive der Frauengeschichte bedeutete der "Fortschritt" in Athen für die Frauen der Staatsbürger das Konkubinat und die Inhaftierung im Gynaeceum. Im Europa der Renaissance bedeutete er die Domestizierung der Bürgerin und die Eskalation der alle Klassenschranken übergreifenden Hexenverfolgung. Die französische Revolution ihrerseits nahm die Frauen ausdrücklich von ihrer Freiheit,

Gleichheit und "Brüderlichkeit" aus. Plötzlich sehen wir diese Epochen mit einer neuen, einer doppelten Optik - und jedes Auge sieht ein anderes Bild. Bis jetzt ist nur eine dieser Sichtweisen von der Geschichtsschreibung repräsentiert worden. Gleichgültig wie diese Epochen bewertet worden sind, es geschah immer aus der parteilichen Perspektive von Männern. Insbesondere die liberale Geschichtsschreibung, die in allen drei Epochen Stadien der fortschrittlichen Verwirklichung einer individualistischen Sozial- und Kulturordnung sieht, hält ausdrücklich daran fest - ohne allerdings den Augenschein zu berücksichtigen -, daß die Frauen ebenso wie die Männer von diesen Fortschritten profitiert haben. In der Forschung zur Renaissance zum Beispiel, haben sich fast alle Historiker damit zufrieden gegeben, Frauen genau so zu plazieren, wie Jacob Burckhardt sie sich 1890 vorgestellt hatte: "dem Manne gleichgestellt". Für eine Epoche, die in ihrem Bemühen, eine weltliche Kultur nach klassischem Vorbild zu restaurieren, die Hierarchie der sozialen Klassen und die Hierarchie der religiösen Werte zurückwies, gab es ihrer Meinung nach das Problem der Gleichberechtigung überhaupt nicht: "Von einer aparten, bewußten 'Emanzipation' ist gar nicht die Rede, weil sich die Sache von selber verstand" (Burckhardt, Bd. 2, S. 119).[1] Nun stimmt es tatsächlich, daß ein paar Dutzend Frauen dem humanistischen Stand der Kultur, den die Renaissance anstrebte, entsprechen konnten; bemerkenswert ist jedoch dabei, daß *nur* ein paar Dutzend Frauen dies konnten. Wenn wir das Problem weiterverfolgen, so wird uns bewußt, daß es gar keine "Renaissance" für die Frauen gab - zumindest nicht zur Zeit der Renaissance. Ganz im Gegenteil gab es eine deutliche Rückentwicklung in der Bewegungsfreiheit und der Macht von Frauen. Überdies ist diese Rückentwicklung eine Folge genau derjenigen Fortschritte, für die die Epoche bekannt ist (Kelly-Gadol 1976 sowie folgender Beitrag in diesem Band; Bell 1976; King 1977; Casey in Carroll 1976; Zimmermann 1986).

Es ist das Verdienst der feministischen Geschichtsschreibung, diese allgemein akzeptierten Bewertungen historischer Epochen ins Wanken gebracht zu haben. Sie hat uns von dem Irrtum befreit, daß die Geschichte der Frauen dieselbe wie die der Männer ist und daß wichtige geschichtliche Wendepunkte für das eine Geschlecht dieselben Auswirkungen haben wie für das andere. Einige Historikerinnen gehen sogar so weit zu fordern, daß wegen der besonderen Beziehung der Frauen zur "Reproduktion" die Geschichte, zumindest die Geschichte der Frauen, umgeschrieben und neu periodisiert werden müsse, entlang solchen Wendepunkten, die Geburt, Sexualität, Familien-

---

[1] Mit Ausnahme von Ruth Kelso, "Doctrine for the Lady of the Renaissance" (Urbana: University of Illinois Press, 1956) wird diese Sichtweise von jeder Arbeit, die sich mit der Frau in der Renaissance befaßt, geteilt, ausgenommen von zeitgenössischen feministischen Historikerinnen. Auch Simone de Beauvoir und natürlich auch Mary Beard sahen die Renaissance als Fortschritt für die Lebensumstände von Frauen, obgleich Burckhardt selbst herausstellte, daß die Frauen, über die er schreibt, "nicht an das Publikum dachten; sie mußten vor allem bedeutenden Männern imponieren und deren Willkür in Schranken halten" (Burckhardt, ebda.).

struktur etc. beeinflußt haben. Unter diesem Gesichtspunkt bezeichnet Juliet Mitchell die Entwicklung der modernen Empfängnisverhütung als "welthistorisches Ereignis" - obwohl die Logik ihres Gedankengangs, und auch die meines eigenen, gegen eine Periodisierung protestiert, die primär an Veränderungen der Reproduktion geknüpft ist. Die Gefahr bei dieser Art von Kriterien ist, daß die psychosexuelle Entwicklung und die Familienstrukturen von den allgemeinen sozialen Veränderungen ausgegrenzt oder daß die kausalen Zusammenhänge völlig verkehrt werden. Deshalb sehe ich in ihnen eine potentielle Isolierung der Frauengeschichte von den bislang gültigen Hauptströmungen des gesellschaftlichen Wandels.

Mir scheint ein anderer Aspekt in der Art und Weise, wie Frauen-Geschichtsschreibung mit dem Problem der Periodisierung umgeht, von größerer Bedeutung zu sein; nämlich daß sie stärker darauf ausgerichtet ist, *Beziehungen* aufzuzeigen. Sie bezieht die Geschichte der Frauen auf die der Männer und geht dabei ähnlich vor wie Engels, als er in "Der Ursprung der Familie, des Privateigentums und das Staates" an allgemein gesellschaftlichen Entwicklungen die institutionellen Gründe für den Fortschritt des einen Geschlechts und die Unterdrückung des anderen nachwies. Wenn Periodisierung so verstanden und eingesetzt wird, können die traditionellen Einteilungen recht gut beibehalten werden - und sollten es auch, solange sie sich auf die wichtigen strukturellen Veränderungen in der Gesellschaft beziehen. Was jedoch die Bewertung dieser Veränderungen anbetrifft, müssen wir berücksichtigen, daß diese sich auf Frauen anders als auf Männer ausgewirkt haben. Inzwischen wissen wir, daß diese Auswirkungen so verschieden sein können, daß sie einander de facto widersprechen und daß solche Widersprüche gesellschaftlich bedingt sind. Wenn Frauen von den Wohltaten der ökonomischen, politischen und kulturellen Fortschritte, die in gewissen Epochen erzielt wurden, ausgeschlossen waren, bedeutet dies, daß sie andere historische Erfahrungen machen als Männer. Wir sollten daher gerade auf diese "Fortschritte" achten, wenn wir nach den Ursachen für die Trennung zwischen den Geschlechtern suchen.

Das Geschlecht als gesellschaftliche Kategorie

Zwei Überzeugungen werden in diesem komplexeren Verständnis von Periodisierung vorausgesetzt: erstens, daß Frauen eine spezifische soziale Gruppe sind, und zweitens, daß die Unsichtbarkeit dieser Gruppe in der traditionellen Geschichtsschreibung nicht der Natur der Frau zugeschrieben werden kann. Diese Annahmen, die aus einem feministischen Bewußtsein stammen, haben Auswirkungen auf ein weiteres, damit verwandtes Grundkonzept der Geschichtsschreibung dadurch, daß sie das Geschlecht als eine Kategorie des gesellschaftlichen Denkens einführen.

Der Feminismus hat deutlich gemacht, daß die schlichte Tatsache, eine Frau zu sein, eine besondere Art von gesellschaftlicher und damit historischer

Soziale Beziehungen der Geschlechter

Erfahrung mit sich bringt, wenngleich die genaue Bedeutung von "Frau" im historischen oder gesellschaftlichen Sinn noch nicht so ganz klar ist. Was sind die Ursachen dafür, daß die Frau als "das Andere" gilt, und wodurch wird diese Situation historisch fortgesetzt? Das "Rotstrumpf-Manifest" von 1969 behauptete, "Frauen sind eine unterdrückte Klasse", und bezeichnete die Beziehungen zwischen Männern und Frauen als Klassenbeziehungen sowie die "Geschlechterpolitik" als die Politik der Klassenherrschaft. Die fruchtbarste Konsequenz aus dieser Konzeption von Frauen als einer gesellschaftlichen Klasse war, daß marxistische Feministinnen wie Margaret Benston und Sheila Rowbotham die Klassenanalyse auf die Frauen ausdehnten (Benston 1970; Rowbotham 1973). Für sie liegen die Ursachen für den minderwertigen Status der Frau durch die Geschichte hindurch in den ökonomischen Verhältnissen begründet, da Frauen als soziale Gruppe in fast allen Gesellschaften eine besondere Beziehung zur Produktion und zum Besitz haben. Die persönlichen und psychologischen Folgen des minderwertigen Status können als Ausfluß dieser besonderen Beziehung zur Arbeit gesehen werden. Wie Rowbotham und Benston jedoch deutlich machen, ist es *eine* Sache, die Methoden der Klassenanalyse auf die Frauen auszudehnen, aber eine ganz andere, Frauen als Klasse zu *definieren*. Frauen gehören gesellschaftlichen Klassen an, und die neuen Forschungen zur Geschichte der Frauen und des Feminismus haben dies bestätigt, z.B. indem sie zeigen, wie die erste Welle der feministischen Bewegung in nicht-sozialistischen Ländern durch die Klassenschranken zerrüttet und gesprengt wurde und wie die feministische Bewegung im sozialistischen Feminismus ausdrücklich dem Klassenkampf untergeordnet worden ist.[2]

Obwohl sich demnach Frauen sehr wohl die Interessen und Ideologien der Männer ihrer Klasse zu eigen machen können, liegen sie als Gruppe dennoch quer zum männlichen Klassensystem. Ich würde zwar der Behauptung widersprechen, daß Frauen aller Klassen in allen Kulturen und zu allen Zeiten einen zweitrangigen Status innegehabt haben, doch es gibt gewiß genügend Beweismaterial, daß dies normalerweise, wenn auch nicht überall der Fall gewesen ist. Von Anbeginn der Zivilisation und damit auch der Geschichte - im Unterschied zu den prähistorischen Gesellschaften - ist die gesellschaftliche Ordnung eine patriarchale gewesen. Aber macht dies die Frauen zu einer Kaste, einem erblich minderwertigen Stand? Auch diese Vorstellung hat ihren Nutzen, ebenso wie die ihr verwandte Konzeption von Frauen als einer Minderheitsgruppe, die aus dem Erfahrungsbereich der schwarzen Amerikanerinnen stammt (Hacker 1952 und 1972; Degler 1975). Das Gefühl von "Anderssein", das beide Vorstellungen festhalten, ist wichtig für unser historisches Bewußtsein von Frauen als einer unterdrückten gesellschaftlichen Gruppe.

---

2   Thema der Zweiten Berkshire Konferenz zur Frauengeschichte im Oktober 1974 in Radcliffe war: "Clara Zetkin und Adelheid Popp. Die Entwicklung des feministischen Bewußtseins in der sozialistischen Frauenbewegung - Deutschland und Österreich, 1890-1914" (s. Honeycutt 1975/76).

Als Konzepte des historischen Verstehens sind jedoch die Vorstellungen von Kaste und Minderheitengruppe, wenn sie auf Frauen angewandt werden, nicht produktiv. Warum sollte diese Mehrheit eine Minderheit sein? Und warum haben die Mitglieder dieser besonderen Kaste, anders als bei anderen Kasten, nicht alle dieselbe Rangordnung innerhalb der Gesellschaft? Zweifellos können wir die Minoritätenpsychologie der Frauen, wie auch ihren Kastenstatus und ihre Quasi-Klassenunterdrückung auf die eine Eigenschaft zurückführen, die die Frauen allgemein auszeichnet, nämlich ihr Geschlecht. Jeder Versuch, die Frauen in sozialen Kategorien einzuordnen, der diese grundlegende Tatsache bagatellisiert, muß scheitern und den Weg für geeignetere Konzepte freimachen. Gerda Lerner, die allen solchen Versuchen eine Absage erteilt hat, drückt es so aus: "Alle Analogien - Klasse, Minorität, Gruppe, Kaste - sind eine Annäherung an die Stellung der Frauen, ohne daß ihnen eine adäquate Definition gelänge. Frauen sind eine Kategorie für sich: eine angemessene Analyse ihrer gesellschaftlichen Position in der Gesellschaft verlangt nach neuen Konzepten und Methoden" (Lerner 1970). Kurz, Frauen müssen als Frauen definiert werden. Wir sind der gesellschaftliche Gegensatz, nicht einer Klasse, Kaste oder einer Mehrheit - denn wir sind die Mehrheit -, sondern eines Geschlechts: dem der Männer. Wir sind ein Geschlecht. Und dies bedeutet nicht, daß wir mütterlich sind oder uns den Männern unterordnen müssen, es sei denn als Forderung einer sozialen Rolle, die wir als solche, d.h. aber als "gemachte" und aufgezwungene, erkannt haben.

Die anfängliche Faszination der Frauenforschung ist zum Großteil auf die Entdeckung zurückzuführen, daß die zuvor angenommenen "natürlichen" Bedingungen in Wirklichkeit von Menschen geschaffen waren, - sowohl die gesellschaftliche Ordnung wie auch die theoretischen Beschreibungen und Begründungen dieser Ordnung. Beispiele dieser Art ideologischen Argumentierens gehen zurück bis zur Geschichte Evas, aber auch die Sozialwissenschaften haben gleichermaßen als Mythenproduzenten funktioniert und das Patriarchat bestärkt (Wortis 1971; Gough 1971).

Die Historiker konnten nicht für sich in Anspruch nehmen, über ein besonderes Wissen bezüglich der "natürlichen" Rolle und Beziehung der Geschlechter zu verfügen, aber sie waren sich völlig sicher, was diese Ordnung war oder doch sein sollte. Die Geschichtsschreibung tendierte dazu, sie einfach zu bestätigen. In Bryans Lexikon der Maler und Kunststecher von 1904 steht über die Renaissancekünstlerin Propertia Rossi: "eine Dame aus Bologna, bekannt vor allem als Bildhauerin und Schnitzerin, die aber auch Kupferstiche herstellte, und Zeichnen und Entwerfen bei Marc Antonio lernte. Es heißt von ihr, sie sei bekannt gewesen um ihrer Schönheit, ihrer Tugend und ihres Talents willen, und sie sei schon früh, im Jahre 1530, an den Folgen einer unerwiderten Liebe gestorben. Ihre letzte Arbeit war ein Flachrelief über Joseph und Potiphars Frau!" (Bryan, Bd. 4, S. 285). Ein Ausrufezeichen beendet die Eintragung wie ein Rippenstoß, der wohl andeuten soll, daß die schöne Dame "natürlich" vom Thema der unglücklichen Liebe völlig absorbiert war. Die Geschichtsschreiber *wußten* einfach, warum es keine großen

Künstlerinnen gab. Deshalb stellte dies auch kein historisches Problem dar, bis die feministische Kunsthistorikerin Linda Nochlin es zu einem Problem machte - indem sie weniger die angeborene Talente als vielmehr die institutionellen Bedingungen untersuchte, auf denen die künstlerische Tätigkeit basiert (Nochlin 1971).

Als die Frage nach der Stellung der Frau offensichtlich wurde, und die männlichen Historiker, unter ihnen H. D. Kitto, sich erhoben, um "ihre" Gesellschaft zu verteidigen, in diesem Fall die griechische, kam ihnen die natürliche Ordnung der Dinge erneut zu Hilfe. Wenn es den Athenerinnen nicht gestattet war, frei umherzugehen, geschah das dann nicht deshalb, weil ihre Konstitution einfach zu zart für die Belastungen war, die das Reisen in jenen Tagen auferlegte? Wenn sie keine Rolle im politischen Leben spielten - die Tätigkeit, die für die Griechen die Quelle der Menschenwürde war - war es dann nicht deshalb so, weil es beim Regieren um Angelegenheiten ging, "die unvermeidlicherweise nur Männer aus ihren eigenen Erfahrungen heraus beurteilen und durch eigene Anstrengungen ausführen konnten" (Kitto 1962)?

Unser Bemühen, den griechischen Beitrag zum gesellschaftlichen Leben und Bewußtsein zu verstehen, verlangt eine angemessene Darstellung der Lebenserfahrung der Frauen. Die Ordnung der Geschlechter, wie sie durch die Institutionen von Familie und Staat geformt worden ist, bedarf nicht nur der geschichtlichen Würdigung, sondern muß im Zentrum der historischen Untersuchung stehen. Dies, so denke ich, ist ein zweiter wichtiger Beitrag, den die Frauen-Geschichtsschreibung zur Theorie und Praxis der Geschichtsschreibung allgemein geleistet hat. Wir haben aus dem "Geschlecht" eine Kategorie gemacht, die für die Analyse der sozialen Ordnung ebenso grundlegend ist wie andere Klassifikationen, etwa Klassen- oder Rassenzugehörigkeit. Für uns ist die Beziehung der Geschlechter, ebenso wie die der Klassen oder Rassen, eher sozial als natürlich definiert, mit einer eigenen Entwicklung, die sich entsprechend den Veränderungen des sozialen Gefüges entfaltet. Da die Beziehung der Geschlechter in die soziale Ordnung eingebettet ist und von ihr geformt wird, muß sie stets in eine Untersuchung dieser Ordnung einbezogen werden. Unser neues Verständnis der Periodisierung reflektiert eine Bewertung der geschichtlichen Veränderung aus weiblicher wie aus männlicher Perspektive. Wenn wir die Geschlechtszugehörigkeit als eine soziale Kategorie verstehen, bedeutet das, daß unser Konzept des geschichtlichen und des sozialen Wandels um die Veränderungen in den Beziehungen der Geschlechter erweitert werden muß.

Für mich ist die These von der gesellschaftlichen Beziehung der Geschlechter, die den Kern der begrifflichen Weiterentwicklung darstellt, sowohl neuartig als auch zentral für die feministische Forschung und für die Untersuchungen, zu denen sie angeregt hat. So fragt die Kunsthistorikerin Carol Duncan im Hinblick auf die moderne erotische Kunst, "von welcher Art Mann-Frau-Beziehungen darin ausgegangen wird". Sie findet, daß Beziehungen von Herrschaft und Unterdrückung sich in dem Maße verschärft haben, in dem sich die Ansprüche der Frauen nach Gleichberechtigung durchsetzen konnten (Duncan 1973 und 1975). Michelle Zimbalist Rosaldo, Mitherausgeberin einer Sammlung von Studien feministischer Anthropologinnen, spricht von der Notwendigkeit für die Anthropologie, einen theoretischen Kontext zu entwickeln, "in dem die gesellschaftlichen Beziehungen der Geschlechter untersucht und verstanden werden können" (Rosaldo 1974, S. 17). In der Tat beschäftigen sich alle Artikel dieser Gemeinschaftsarbeit mit verschiedenen Ausprägungen der Geschlechterordnung - patriarchalen, matrilokalen und sonstigen - der Gesellschaften, die sie untersuchen. In der Kunstgeschichte, der Anthropologie, der Soziologie und der Geschichte betonen Studien zum Status der Frauen den gesellschaftlichen und den integrativen Aspekt der Geschlechterbeziehungen. Die Aktivitäten, die Macht und die kulturelle Bewertung von Frauen können nur im Zusammenhang eines Beziehungsgefüges eingeschätzt werden; durch Vergleich und im Kontrast mit den Aktivitäten, der Macht und den kulturellen Bewertungen der Männer und in bezug auf die Institutionen und gesellschaftlichen Entwicklungen, die die Geschlechterordnung geformt haben. Um diesen Punkt abzuschließen, möchte ich aus der Rede von Natalie Zemon Davis zitieren, die sie auf der zweiten Konferenz zur Frauen-Geschichtsschreibung in Berkshire im Oktober 1975 gehalten hat:

> "Mir scheint, wir sollten uns sowohl für die Geschichte der Frauen als auch für die der Männer interessieren und nicht ausschließlich über das unterdrückte Geschlecht arbeiten; so wie ein Experte für Klassenfragen ja auch nicht nur über Bauern arbeiten kann. Unser Ziel ist, die Bedeutung der *Geschlechtszugehörigkeit* in der Vergangenheit zu verstehen. Unser Ziel ist auch, die Bandbreite der Geschlechterrollen und der sexuellen Symbolik in verschiedenen Gesellschaften und Epochen zu entdecken und herauszufinden, welche Bedeutung sie für die Aufrechterhaltung der gesellschaftlichen Ordnung oder bei ihrer Veränderung hatten" (Davis 1975/76).

Theorien des sozialen Wandels

Wenn zum Verständnis der menschlichen Geschichte Geschlechterbeziehungen ebenso notwendig sind wie Klassenbeziehungen, dann muß herausgearbeitet werden, wie der Zusammenhang zwischen den Veränderungen der Klassenstruktur und der Geschlechterbeziehungen aussieht. Dafür sollten wir uns mit den signifikanten Veränderungen befassen, die die Rollen von Männern und Frauen im Zuge der grundlegenden Veränderungen der Produktionsformen erfahren haben. Ich möchte hier kein einfaches sozioökonomisches Schema propagieren. Eine Theorie des gesellschaftlichen Wandels, die die Geschlechterbeziehung einschließt, muß jedoch bedenken, wie allgemeine Veränderungen der Produktionsformen die Produktion innerhalb der Familie beeinflussen und formen und damit auch die jeweiligen Rollen von Männern und Frauen. Sie muß gleichzeitig auch die Gegenströmungen berücksichtigen: die Bedeutung des Familienlebens und der Beziehung der Geschlechter für die psychischen und gesellschaftlichen Strukturen.

Das Studium von Veränderungen in den sozialen Beziehungen der Geschlechter ist neu, sogar wenn wir es bis Bachofen, Morgan und Engels zurückverfolgen. Insbesondere Engels wies als einer der ersten auf den sozialen Charakter der Beziehung zwischen Frau und Mann hin, obwohl ihn nur eine einzige Veränderung in dieser Beziehung interessierte, die allerdings die wichtigste war: der Übergang zum Patriarchat bei der Entwicklung von der Sippe zur Zivilisation, und die Überwindung des Patriarchats mit der Ankunft des Sozialismus. Seine Analyse der Unterordnung der Frauen mit dem Aufkommen des Privateigentums und der Ungleichheit der Klassen ist die Hauptgrundlage der heutigen feministischen Forschung. Engels hatte kaum Einfluß auf die Geschichtsforschung, mit der Ausnahme einiger sozialistischer Theoretiker wie August Bebel und Frauengeschichtsforscherinnen wie Emily James Putnam und Simone de Beauvoir. Jedoch tendieren neuere Überlegungen zu den gesellschaftlichen Ursachen des Patriarchats dazu, seine Vorstellungen von der gesellschaftlichen Beziehung der Geschlechter zu bestätigen. Gewisse Schlußfolgerungen, die ihrerseits neue Wege für historische und anthropologische Untersuchungen öffnen, können jetzt schon aus diesen neueren Arbeiten gezogen werden. Eine davon ist, daß "die gesellschaftliche Position der Frau nicht immer, nicht überall und nicht in jeder Hinsicht der des Mannes untergeordnet gewesen ist" (Sacks 1974, S. 207; Leacock 1972). Ich zitiere eine Anthropologin, da das historische Beweismaterial für andere als patriarchale Geschlechterordnungen wesentlich spärlicher ist. Das wichtigste Kriterium, das sich aus den anthropologischen Studien zur Geschlechterordnung ergibt, ist die Frage, ob und wie weit die häuslichen und die öffentlichen Tätigkeitsbereiche voneinander getrennt sind. Obwohl sich die Begriffsbestimmungen von "häuslich" bzw. "öffentlich" von einer Kultur zur anderen unterscheiden und die Trennungslinien entsprechend anders gezogen werden müssen, ergibt sich ein konsistentes Muster, wenn Gesellschaften auf einer Skala dargestellt werden, an deren einem Ende die häuslichen und öffentlichen Tätigkeiten eher vermischt sind und an deren anderem Ende scharf zwischen häuslichen und öffentlichen Tätigkeiten getrennt wird.

Dort wo familiäre Tätigkeiten mit öffentlichen oder gesellschaftlichen zusammenfallen, ist der Status der Frauen dem der Männer vergleichbar oder ihm sogar überlegen. Dies stimmt weitgehend mit den Ideen von Engels überein, da in diesen Fällen die Subsistenz- und Produktionsmittel gemeinsamer Besitz sind, und ein gemeinschaftlicher Haushalt das Zentrum sowohl des familiären wie auch des öffentlichen Lebens ist. Darum sind in Gesellschaften mit geringer Produktion für den Tauschhandel und mit wenig Ausbildung von Privateigentum und Klassenunterschieden Ungleichheiten zwischen den Geschlechtern am wenigsten auffällig. Die Rollen der Frauen sind so vielseitig wie die der Männer, obwohl es Unterschiede in den Rollenverteilungen gibt; Autorität und Macht sind eher unter Frauen und Männern aufgeteilt, als daß sie von einer männlichen Hierarchie verwaltet wären. Frauen haben in solchen Kulturen einen hohen Status; Frauen und Männer haben vergleichbare sexuelle Rechte.

Über die geschlechtliche Teilung der Arbeit in solchen Gesellschaften läßt sich kaum mehr sagen, als daß die Gesellschaften, die an diesem Ende der Skala stehen, die Tendenz zeigen, Frau/Kind oder Frauen/Kinder-Gruppierungen einerseits und männliches Jagd- und Kriegsverhalten andererseits auszubilden. Diese "natürliche" Arbeitsteilung, wenn es das ist, ist jedoch nicht zwingend. Das heißt, Männer können sich wie Frauen um die Kinder kümmern und Haushaltspflichten erfüllen, und Frauen können wie Männer auf die Jagd gehen. Die gesellschaftliche Organisation der Arbeit und die Rituale und Werte, die daraus erwachsen, dienen nicht dazu, die Geschlechter zu trennen und dem einen Herrschaft über das andere zu verleihen. Genau das aber tun sie am anderen Ende der Skala, wo die häuslichen und die öffentlichen Ordnungen deutlich voneinander getrennt sind. Auf der gesamten Skala sind die Frauen weiterhin aktive Produzentinnen (und müssen es weiterhin sein, bis es bedeutenden Reichtum und Klassenungleichheit gibt), jedoch verlieren sie zunehmend die Kontrolle über das Eigentum, die Produkte und sich selbst, in dem Maße wie der Mehrwert und das Privateigentum sich entwickeln und der gemeinschaftliche Haushalt zu einer privaten ökonomischen Einheit, einer Familie (erweiterte oder Kernfamilie) wird, die der Mann repräsentiert. Die Familie selbst, der Bereich der Frauenarbeit, wird einer breiteren öffentlichen Ordnung unterstellt, die von einem Staat regiert wird, der tendenziell die Domäne der Männer ist. Dies ist das allgemeine Muster, wie es die historischen oder zivilisierten Gesellschaften zeigen.

Bewegen wir uns die Skala in dieser Richtung entlang, wird deutlich, daß die Ungleichheit der Geschlechter an die Kontrolle des Eigentums gebunden ist. Dabei ist es interessant zu beobachten, daß in einigen Gesellschaften Klassenungleichheiten in geschlechtsbezogenen Formulierungen zum Ausdruck gebracht werden. Zum Beispiel können bei den Ibo, bei den Mbuti und bei den Lovedu Frauen, die über Eigentum, zum Beispiel Vieh verfügen, dieses als Brautschatz benutzen, um damit "Ehefrauen" zu kaufen, die ihnen dienen (Rosaldo/Lamphere 1974, S. 149 und 216). In diesem Beispiel scheint es so, als wären Geschlecht und Klasse ausgetauscht; aber eigentlich kommt darin zum Ausdruck, wie sich Geschlechts- und Klassenbeziehungen voneinander unterscheiden. Obwohl das Eigentum eine Klassenungleichheit zwischen diesen Frauen schafft, sind es dennoch die "Ehefrauen", das heißt, Frauen als Kollektiv, die einen eigentumslosen Dienststand darstellen und einer häuslich bestimmten Arbeit, einschließlich Gartenarbeit, zugeordnet werden.

Wie entsteht diese Verknüpfung der Frau mit der häuslichen Arbeit, und welche Formen nimmt diese an? Dieser Prozeß ist eines der zentralen Probleme, mit denen die feministische Anthropologie und Geschichtsschreibung konfrontiert ist. Ihrem Selbstverständnis entsprechend verwirft sie traditionelle und biologistische "Gründe" für die Definition der Frau als häuslichem Wesen. Die Privatisierung der Kinderaufzucht und der Hausarbeit und die Geschlechtstypisierung dieser Arbeit sind gesellschaftliche, nicht natürliche Prozesse. Ich schlage deshalb vor, daß wir bei der Untersuchung dieses Problems weiterhin die *Eigentumsverhältnisse* als die grundlegenden und bestimmenden Faktoren der geschlechtlichen Arbeitsteilung und der Geschlechterordnung beachten. Je mehr sich die häuslichen und öffentlichen Domänen voneinander entfernen, umso deutlicher zeigen sich Arbeit und damit Eigentum in einer zweifach unterschiedenen Gestalt. Da gibt es die Produktion für die Lebenserhaltung und die Produktion für den Austausch. Wie immer auch das produktive System einer Gesellschaft organisiert ist, es funktioniert, wie Marx festgestellt hat, als kontinuierlicher Prozeß, der sich selbst reproduziert: seine materiellen Mittel und Werkzeuge, die daran beteiligten Menschen, und die gesellschaftlichen Beziehungen, in denen diese leben. Als kontinuierlicher Prozeß (was Marx unter Reproduktion verstand) schließt die produktive gesellschaftliche Arbeit auch die Fortpflanzung und die Sozialisation der Kinder ein, die ihre Plätze innerhalb der sozialen Ordnung finden müssen.[3] Ich denke nun, daß die Beziehung der Geschlechter durch die Art und Weise geformt wird, in der die Arbeit der Fortpflanzung und Sozialisation im Verhältnis zu solcher Arbeit organisiert ist, die zu Produkten für die Subsistenz und/oder den Tausch führt. Zusammenfassend für das Patriarchat als allgemeine gesellschaftliche Ordnung bedeutet dies, daß Frauen, was die Erhaltung und Produktion neuer Mitglieder der gesellschaftlichen Ordnung betrifft, Eigentum der Männer sind, daß diese Produktionsbeziehungen in der Organisation von Sippe und Familie zum Ausdruck kommen und daß andere Formen von Arbeit, wie die Produktion von Gütern und Dienstleistungen für den unmittelbaren Gebrauch gewöhnlich, wenn auch nicht immer, an diese pro-

---

3   In "Frauenbewegung, Frauenbefreiung" nennt Juliet Mitchell (in Weiterentwicklung eines früheren Aufsatzes die Kategorien der Reproduktion/Produktion als diejenigen, unter denen die Geschichte von Frauen betrachtet werden müsse. Dies entspricht in etwa der Kategorisierung "privat/öffentlich", nur daß Mitchell Sexualität und Sozialisation als zwei weitere, die Gesellschaft ordnende Funktionen hinzuzählt, welche nicht der Reproduktion zugeordnet werden können, obgleich sie dies im Kapitalismus sind. Ich glaube, wir müssen Sexualität und Sozialisation in jeder Untersuchung über Geschlechterordnungen berücksichtigen: Wie sind die Beziehungen zwischen Liebe, Sexualität und Ehe gesellschaftlich organisiert: für Frauen und Männer, heterosexuell und homosexuell, und wer, welche Altersgruppe, welches Geschlecht, sozialisiert welche Gruppen von Kindern und gewährleistet, daß sie ihren Platz in der gesellschaftlichen Ordnung und auch ihre Geschlechtsrolle finden? Auch glaube ich, wie Juliet Mitchell, daß die Beziehungen zwischen den in der Gesellschaft vorherrschenden Produktionsweisen und den Formen von Reproduktion, Sexualität und Sozialisation von entscheidendem Einfluß sind. Jedoch tauchen Probleme auf, weniger in der Anwendung dieses Schemas als im Gebrauch der Terminologie, - insbesondere, wenn vorkapitalistische Gesellschaften untersucht werden. Weder kulturelle noch politische Aktivitäten haben einen klar definierten Platz in der Kategorie "Produktion", den ihnen aber z.B. die Begriffspaare privat/öffentlich, oder Familie/Gesellschaft eröffnen. Ein weiterer Grund, weshalb ich die Begriffe Familie/Gesellschaft oder privat/öffentlich bevorzuge, ist, daß die Begriffe Produktion/Reproduktion dazu tendieren, die biologische und die soziale Reproduktion zu vermengen. Dies verdeckt die wesentliche produktive Arbeit der Familie und die Eigentumsbeziehungen zwischen Ehemann und Ehefrau (Kelly-Gadol 1975/76; Vogel 1973).

kreativen und sozialisierenden Funktionen gebunden sind (Rowbotham 1973; O'Laughlin 1974).

Ungleichheiten zwischen den Geschlechtern wie auch zwischen den Klassen werden in diesem Schema auf Eigentumsbeziehungen und Arbeitsformen zurückgeführt, doch gibt es zwischen ihnen offensichtliche Unterschiede. In der öffentlichen Domäne, mit der ich die gesellschaftliche Ordnung meine, die aus der Organisation des allgemeinen gesellschaftlichen Wohlstandes und der Arbeit erwächst, überwiegen die Klassenungleichheiten. Für die Beziehung zwischen den Geschlechtern ist die Kontrolle oder der Mangel an Kontrolle über das Eigentum, wodurch die Menschen in Besitzer und Lohnarbeiter unterschieden sind, nicht bedeutend. *Bedeutend* ist jedoch, ob die Frauen *beider Klassen* gleiche Beziehungen zu Arbeit und Besitz haben wie die Männer derselben Klasse.

Andererseits sind im Haushalt oder der Familie, wo in historischen, durch Privateigentum charakterisierten Gesellschaften jegliches Eigentum ruht, die Ungleichheiten zwischen den Geschlechtern eklatant, quer zu den Klassenlinien. Wesentlich für die häusliche Beziehung ist, daß die Frauen der Familie, wie die Leibeigenen im feudalen Europa, sowohl Eigentum *sind* als auch Eigentum haben können:

> "Ein Eheweib, das nach heiligen Gesetzen mit einem Manne verbunden ist, solle alle Habe und alle Opferungen mit ihm gemein haben... Dieses Gesetz nötigte die verheirateten Weiber, die keine andere Zukunft hatten, sich einzig nach der Lebensart ihres Gatten zu bequemen, und die Männer, ihre Gattin als eine notwendige und unentbehrliche Sache zu behalten. Denn ein ehrbares und in allen Stücken dem Manne gehorsames Weib war, ganz wie der Mann, des Hauses Gebieterin. Starb der Mann, so erbte sie an seinem Vermögen wie eine Tochter... Verfehlte sie sich aber in Etwas, so war er, der Beleidigte, ihr Richter und Herr über die Größe der Strafe (Dionysius von Halikarnaß, Bd. I, Buch 2, S. 184f.)."[4]

Ungeachtet der Klassenzugehörigkeit und ungeachtet des Eigentums (obwohl dadurch die Situation in interessanter Weise modifiziert wird) sind Frauen im Hinblick auf den prokreativen und sozialisierenden Aspekt der produktiven gesellschaftlichen Arbeit für gewöhnlich das Eigentum von Männern gewesen. Frauen sind Teil der Produktionsmittel in der Arbeitsweise der privaten Familie.

Kurz gesagt, das Patriarchat ist zu Hause zu Hause. Die private Familie ist sein eigentlicher Bereich. Doch sind die historischen Formen, die es ausgebildet hat, ebenso wie sein eigentlicher Ursprung auf die Produktionsweise der Gesellschaft zurückzuführen. Die Ordnung zwischen den Geschlechtern ändert sich mit der allgemeinen Organisation von Arbeit und Eigentum, weil da-

---

4   Milton dehnt die Besitzverhältnisse zwischen Ehemann und Ehefrau auf das Paradies aus, wo Eva von Adam besessen wird und das erste Beispiel von Privatbesitz darstellt: "Gesegnete Liebe, geheimnisvolles Gesetze, wahrer Ursprung des menschlichen Geschlechts, einziges eigentümliches Gut in dem Paradiese, wo sonst alle Dinge gemein gehabt wurden..." (Milton 1965, S. 182).

durch sowohl die Familie als auch die öffentliche Domäne geformt wird, und sie entscheidet, auf welche Weise sich die Geschlechter einander annähern oder voneinander entfernen.

Diese Beziehungen zwischen dem häuslichen und dem öffentlichen Leben erklären viele der unerwarteten Gegensätze und Widersprüche, die durch unser neues Verständnis historischer Epochen zur Erscheinung kommen. Durch das Verwischen der Grenzlinien zwischen Familie und Gesellschaft wurden Geschlechtsungleichheiten um einiges verringert, einschließlich der doppelten Moral, beispielsweise für feudaladlige Frauen, ebenso wie für die Frauen in fortgeschrittenen kapitalistischen Gesellschaften. Vor dem Aufstieg des Staates war der Status der feudalen Edelfrau hoch, denn der Familienstand *war* der öffentliche Stand ihrer Klasse; und das Umfeld der politischen Macht von Frauen umfaßte auch die Kirche, wo aristokratische Frauen über einen eigenen Bereich verfügten. Auch heute, da die Funktionen des Privathaushaltes - die Kinderbetreuung, die Produktion von Nahrung und Kleidung, Säuglingspflege und so weiter - zunehmend gesellschaftlich organisiert sind, findet eine neue Annäherung der beiden Domänen statt. Frauen können wieder außerhalb des Haushaltes arbeiten und sich zusammenschließen, und die Teilung der Arbeit nach Geschlechtern, obwohl sie noch längst nicht überwunden ist, erscheint zunehmend irrational.

Wo die häuslichen und öffentlichen Bereiche jedoch auseinander gerissen worden sind, machten sich die Geschlechterungleichheiten deutlich bemerkbar, ebenso wie die Forderung nach weiblicher Keuschheit und nach Prostitution. So geschah es im Athen der klassischen Epoche, wo die private Haushaltswirtschaft die Produktionsgrundlage darstellte, und die gesellschaftliche oder öffentliche Ordnung der Polis aus vielen solchen Haushalten bestand, die ihr untergeordnet waren und von ihr regiert wurden. Die Ehefrauen der Bürgerschaft waren auf den Haushaltsstand beschränkt, auf die Produktion legitimer Erben und die Überwachung der häuslichen Produktion durch Sklaven, welche Güter und Dienstleistungen für den Gebrauch herstellten. Obwohl sie zur Aufrechterhaltung des politischen Lebens benötigt wurden, gehörten die Ehefrauen nicht unmittelbar dazu und nahmen auch nicht daran teil; und unabhängige Frauen, die aus dem häuslichen Rahmen und seinen Eigentumsverhältnissen herausfielen, fielen auch aus der öffentlichen Ordnung heraus. Ganz ähnlich war die Situation der Mittelklassenfrauen im modernen Europa, obwohl hier die kapitalistische Warenproduktion den häuslichen Bereich verließ und sich gesellschaftlich organisierte. Der Kapitalismus brachte es fertig, nach einem anfänglichen, beinahe mörderischen Anschlag gegen die Arbeiterfamilie, diese zu einer Ergänzung der gesellschaftlichen Produktion zu machen. Die Familie der modernen Gesellschaft ist zu dem Ort geworden, in dem die Arbeiterklasse produziert und ausgebildet wird. Dies ist wohl der eigentliche Grund, warum die Frauen als unterbezahlte Gelegenheitsarbeiterinnen dienen und ihre Gehälter gewöhnlich durch die sexuelle Beziehung zu einem Mann, innerhalb oder außerhalb der Familie, ergänzen müssen. Die Familie ist auch dazu benutzt worden, dem von seinen

Substistenzmitteln entfremdeten Arbeiter durch den Privatbesitz an einer Ehefrau einen Ausgleich anzubieten.[5]

Dies ist die institutionell verfügte Rolle der Familie im Kapitalismus gewesen, und die Frauen der besitzenden wie der arbeitenden Klassen, die Frauen sowohl in als auch außerhalb der Familie bekamen ihr äußeres und inneres Leben durch die kapitalistische Struktur der gesellschaftlichen Beziehungen vorgeformt.

Eines der wichtigsten Anliegen bei der Untersuchung der gesellschaftlichen Beziehung zwischen den Geschlechtern ist ganz gewiß der politische Aspekt. Die Interessen zu verstehen - nicht nur die persönlichen der Männer, denen durch die Aufrechterhaltung einer ungleichen Geschlechterordnung Bedienung zuteil wird - ist an sich schon befreiend. Es löst eine uralte Ungerechtigkeit aus dem blinden Wirken gesellschaftlicher Kräfte heraus und stellt sie in das Reich des Willens. Darum wenden wir uns der Organisation der gesellschaftlichen Produktivkräfte zu, wenn wir die Form und die Struktur der häuslichen Ordnung verstehen wollen, an die Frauen in erster Linie angebunden gewesen sind.

Doch die Frauengeschichtsforschung öffnet uns auch die andere Hälfte der Geschichte, indem sie Frauen als Handelnde betrachtet und die Familie als eine produktive und gesellschaftliche Kraft. Die neuartigste und aufregendste Aufgabe im Studium der sozialen Beziehungen der Geschlechter liegt noch vor uns, nämlich uns bewußt zu machen, daß wir alle, Männer und Frauen, durch die Arbeit des häuslichen Standes, an den die Frauen in der Hauptsache gebunden gewesen waren, ursprünglich zu humanen und sozialen Geschöpfen geworden sind. Das Wesen dieses Standes und die Struktur seiner Beziehungen ordnen unser Bewußtsein, und mit Hilfe dieses Bewußtseins beginnen wir, unsere Welt wahrzunehmen und ihr eine Bedeutung zu geben. Das Verhältnis der historischen Bedeutung von Frauen, Familie und Geschlechterbeziehung für die Gesellschaft dient Zielen, deren politische Relevanz nicht so unmittelbar offensichtlich ist, die aber im strengen Sinne feministisch genannt werden können. Denn wenn gezeigt werden kann, daß die historische Konzeption der Zivilisation die psychosozialen Funktionen der Familie enthält, dann können wir mit diesem Verständnis darauf bestehen, daß jede Neuorganisation der Gesellschaft im Hinblick auf mehr Gerechtigkeit die Neuorganisation der Familie einbeziehen muß - und zwar alle möglichen kollektiven und privaten Familien, die nicht auf Besitzverhältnissen basieren, sondern persönliche Beziehungen sich frei verbindender Menschen sind.

Aus dem Amerikanischen von Angela Lorent

---

5 Dies ist eine von Rowbothams zentralen Aussagen in "Woman's Consciousness, Man's World" (Middlesex, 1973). Sie sollte zur Entwicklung der Themengebiete "Psycho-historische Studien" und "Studien zur Familiengeschichte" führen, wie sie veranschaulicht werden von Horkheimer 1936; Reich 1970; Hunt 1972; Zaretsky 1973; Chodorow 1974; Ariès 1975. Eine ausgezeichnete Zusammenfassung über die bisherige historische Forschung dieser Blickrichtung gibt Stone 1974.

Literatur:

Ariès, Philippe (1975): Geschichte der Kindheit. München, Wien.
Arthur, Marilyn, Renate Bridenthal, Gerda Lerner, Joan Kelly-Gadol (1976): "Conceptual Framework", in: Women's History. Bronxville, N.Y.: Sarah Lawrence Publication.
Bell, Susan G. (1976): "Christine de Pizan. Humanism and the Problem of a Studious Woman", in: Feminist Studies III, 3/4, S. 173.184.
Benston, Margaret (1970): The Political Economy of Women's Liberation. New York: Monthly Review reprint.
Bryan's Dictionary of Painters and Engravers (1904). London: Geo Bell.
Burckhardt, Jacob (1913): Die Kultur der Renaissance in Italien. 2 Bände. Leipzig.
Casey, Kathleen (1976): "The Cheshire Cat: Reconstructing the Experience of Medieval Woman", in: Berenice Carroll (Hrsg.), Liberating Women's History. Urbana: University of Illinois Press, S. 224-299.
Chodorow, Nancy (1974): "Family Structure and Feminine Personality", in: Rosaldo/Lamphere, Women, Culture and Society, Stanford University Press, S. 43-67.
Davis, Natalie Z. (1975/76): "Women's History in Transition: The European Case", in: Feminist Studies III, 3/4, S. 83-103.
Degler, Carl N. (1975): Is there a History of Women? Oxford: Clarendon Press.
Dionysius von Halikarnaß (1827): Die Urgeschichte der Römer, übersetzt von G.J. Schaller. Stuttgart.
Duncan, Carol (1973): "Virility and Domination in Early 20th-Century Vanguard Painting", Artforum 12, S. 30-39.
dies. (1975): "The Esthetics of Power", in: Joan Semmel (Hrsg.), The New Eros. New York: Hacker Art Books.
Flexner, Eleanor (1978): Hundert Jahre Kampf, hrsg. von Gisela Boch. Frankfurt a.M., 1978.
Gough, Kathleen (1971): "The Origin of the Family", in: Journal of Marriage and the Family 33, S. 760-771.
Hacker, Helen M. (1951/52): "Women as a Minority Group", in: Social Forces 30, S. 60-69.
dies. (1972): Women as a Minority Group: Twenty Years Later. Pittsburgh: Known Inc.
Honeycutt, Karen (1975): "Clara Zetkin", in: Feminist Studies III, S. 131-144.
Horkheimer, Max (1936): Autorität und Familie. Paris.
Hunt, David (1972): Parents and Children in History. New York: Harper and Row.
Kelly-Gadol, Joan (1975/76): Rezension Sheila Rowbotham, in: Science and Society 39, Nr. 4, S. 471-474.
dies. (1976): "Notes on Women in the Renaissance and Renaissance Historiography", in: Marilyn Arthur et.al. (Hrsg.), Conceptual Frameworks in Women's History. Bronxville, N.Y.
Kitto, H.D. (1962): The Greeks. Baltimore.
Leacock, Eleanor (1972): Einleitung zu Engels Origin of the Family, Private Property and the State. New York: International Publishers.
Lerner, Gerda (1970): "The Feminists: A Second Look", in: Columbia Forum 13, Herbst, S. 24-30.
Milton, Johann (1965): Episches Gedicht von dem verlorenen Paradies. Deutsche Übersetzung Stuttgart, 1965.
Mitchell, Juliet (1981): Frauenbewegung, Frauenbefreiung. Berlin, 1981.
Nochlin, Linda (1971): "Why have there been no Great Women Artists?", in: Art News 69, Nr. 9, S. 22-39 und S. 67-71.
O'Laughlin, Bridget (1974): "Meditation on Contradiction: Why Mbum Women Do Not Eat Chicken", in: Rosaldo/Lamphere (Hrsg.), Women, Culture and Society. Stanford University Press, S. 301-320.

Redstockings-Kollektiv (1970): "Redstockings Manifesto", in: Robin Morgan (Hrsg.), Sisterhood is Powerful. New York: Random House, S. 533-536.
Reich, Wilhelm (1974): Die Massenpsychologie des Faschismus. Frankfurt a.M.
Rosaldo, Michelle Zimbalist and *Louise Lamphere* (Hrsg.) (1974): Women, Culture and Society. Stanford University Press.
Rowbotham, Sheila (1973): Woman's Consciousness, Man's World. Middlesex: Pelican Books, 1973.
Sacks, Karen (1974): "Engels Revisited", in: Rosaldo/Lamphere (Hrsg.), Women, Culture and Society. Stanford University Press, S. 207-222.
Stone, Lawrence (1974): "Different Modes of Historical Inquiry", in: New York Review of Books 21.
Vogel, Lise (1973): "The Earthly Family", in: Radical America 7, S. 9-50.
Wortis, Rochelle P. (1971): "The Acceptance of the Concept of Maternal Role by Behavioral Scientists: Its Effects on Women", in: American Journal of Orthopsychiatry 41, S. 733-746.
Zaretsky, Eli (1973): "Capitalism, the Family and Personal Life", in: Socialist Revolution, Nr. 13, 14 und 16.
Zimmermann, Margarete (Hrsg.) (1986): Christine de Pizans Buch von der Stadt der Frauen, Berlin.

Gab es die Renaissance für Frauen?

Joan Kelly-Gadol

Eine der Aufgaben der weiblichen Geschichtsforschung besteht darin, die herkömmlichen Schemata der geschichtlichen Periodisierung in Frage zu stellen. Wenn wir Geschichte unter dem Aspekt der weiblichen Emanzipation betrachten, entdecken wir, daß Ereignisse, die als Befreiung von natürlichen, sozialen oder ideologischen Zwängen für die Entwicklung der Männer förderlich waren, gänzlich andere und sogar entgegengesetzte Auswirkungen auf die Frauen hatten. Ein gutes Beispiel dafür ist die Renaissance. In dem Zeitraum von etwa 1350 bis etwa 1530 war Italien dem übrigen Europa weit voraus. Gründe dafür waren die frühe Herausbildung regelrechter Staaten, die Entwicklung einer Ökonomie des Handels und der Manufaktur, auf die sich diese Staaten stützten, sowie die Tatsache, daß sich die Sozialstrukturen hier bereits über den Feudalismus und selbst das Zunftwesen hinausentwickelten. Diese Entwicklungen bedeuteten die Neuorganisierung Italiens nach modernen Gesichtspunkten und schufen die Voraussetzungen für die sozialen und kulturellen Ausdrucksformen, für die dieses Zeitalter bekannt ist. Doch auf die Frauen hatten diese Entwicklungen derart entgegengesetzte Auswirkungen, daß es eine Renaissance für Frauen nicht gegeben hat - zumindest nicht während der "Renaissance". Der Staat, der Frühkapitalismus und die von ihnen geprägten sozialen Beziehungen drückten den Frauen je nach ihrer gesellschaftlichen Stellung auf unterschiedliche Weise ihren Stempel auf. Was jedoch überrascht, ist die Tatsache, daß die Gesamtheit der Frauen besonders in den das italienische Stadtleben beherrschenden Schichten eine Beschneidung ihres gesellschaftlichen und persönlichen Spielraums erfuhr, wie die Männer sie (im Fall des Bürgertums) nicht, beziehungsweise (im Fall des Adels) nur in abgeschwächter Form erfuhren.

Bevor ich diesen Punkt ausführe, der der weitverbreiteten Ansicht widerspricht, die Frauen der Renaissance seien den Männern gleichberechtigt gewesen[1], müssen wir klären, wie sich die Ab- oder Zunahme von Freiheiten für Frauen überhaupt feststellen oder gar messen läßt. Um die relative Be-

---

1 Die traditionelle Ansicht, in der Renaissance hätte Gleichheit zwischen Frauen und Männern geherrscht, geht auf Jakob Burckhardts "Klassiker", seine *Kultur der Renaissance in Italien* (1860) zurück. Diese Ansicht hat sich ihren Weg auch in die meisten allgemeinen Geschichtsbetrachtungen von Frauen gebahnt, z.B. in Mary Bears *Women as Force in History* (1946), Simone de Beauvoirs *Das andere Geschlecht* (1949) und Emily James Putmans *The Lady* (1910), wenngleich die letztere das Thema auf sensible und subtile Weise behandelt. Das Vorurteil der Gleichheit findet sich auch in den meisten geschichtlichen Untersuchungen über die Renaissancefrau; die beste davon ist Rodocanachi (1922). Eine bemerkenswerte Ausnahme stellt Ruth Kelson (1956) dar, die herausfand, daß es eine solche Gleichheit nicht gab.

schränkung (oder Erweiterung) von Machtbefugnissen der Renaissancefrauen zu beurteilen und die Qualität ihrer historischen Erfahrung einzuschätzen, erscheinen mir folgende Kriterien als besonders geeignet:

1. die Regulierung der *weiblichen Sexualität*;
2. die *ökonomischen und politischen Rollen* der Frauen, d.h. die von Frauen geleistete Arbeit im Vergleich zu der der Männer; der Zugang von Frauen zu Besitz und politischer Macht, sowie die Erziehung und Ausbildung, die zur Erlangung von Arbeit, Besitz und Macht nötig sind;
3. die *kulturellen Rollen* der Frauen bei der Herausbildung der Wertvorstellungen der Gesellschaft und der dazu nötige Zugang von Frauen zu Ausbildung und Institutionen;
4. die *Ideologie der weibliche Rolle*, insbesondere das Geschlechtsrollenkonzept, wie es in den symbolischen Produkten der Gesellschaft - ihrer Kunst, Literatur und Philosophie - herausgestellt und angepriesen wird.

Zu dem letzten Kriterium, den ideologischen Zeugnissen, sind zwei Anmerkungen nötig. Erstens ist festzustellen, daß sich eine Fülle von Erkenntnissen aus ihnen ableiten läßt. Literatur, Kunst und Philosophie einer Gesellschaft geben uns direkten Aufschluß über die Einstellungen ihrer herrschenden Schicht gegenüber den Frauen. Gleichzeitig geben sie uns aber auch indirekten Aufschluß über unsere übrigen Beurteilungskriterien: die sexuellen, ökonomischen, politischen und kulturellen Aktivitäten von Frauen. In dem Maße, wie Bilder und Darstellungen von Frauen auf wirkliche Geschehnisse Bezug nehmen, können wir etwas über soziale Realitäten aus ihnen entnehmen. Andererseits sind die Bezüge zwischen der Geschlechtsrollenideologie und der Realität, die wir zu beurteilen versuchen, äußerst komplex und nur schwer zu fassen. Ideologische Auffassungen können von eher vorschreibendem als beschreibendem Charakter sein; sie können eine Situation beschreiben, die bereits überholt ist, oder aber sie können das Verhältnis zwischen den Geschlechtern rein symbolisch ansprechen und sich gar nicht primär auf Frauen und auf die Geschlechtsrollen beziehen. Um die historische Bedeutung von Veränderungen des Geschlechtsrollenkonzepts zu beurteilen, müssen wir solche Veränderungen folglich mit allem, was wir über die Entwicklung der gesamten Gesellschaft wissen, in Verbindung bringen.

Ich werde mich in dieser Arbeit mit Veränderungen des Geschlechtsrollenkonzepts - insbesondere im Hinblick auf die Sexualität befassen, um herauszufinden, was sie über die Renaissancegesellschaft und die Stellung der Frau in ihr aussagen. Dabei stellt die Denkweise der Renaissance auf den ersten Blick insofern ein Problem dar, als sie sich nicht einfach kategorisieren läßt. Ihre Vorstellungen von der Beziehung zwischen den Geschlechtern reichen von einer relativ komplementären Auffassung der Geschlechtsrollen in der Literatur (die sich mit höfischen Sitten, Liebe und Erziehung befaßt) über patriarchalische Konzepte in Schriften über die Ehe und die Familie bis zu einer annähernd ebenbürtigen Darstellung der Geschlechtsrollen in frühen utopistischen Sozialtheorien. Doch unser Versuch, eine Geschichte der Geschlechtsrollenkonzepte zu rekonstruieren und sie mit der tatsächlichen Situation der Frauen in Verbindung zu bringen, muß an dieser Vielfalt nicht notwendigerweise scheitern. Zu diesem Zweck müssen wir das historische Material nur nach den gesellschaftlichen Gruppen ordnen, auf die es sich bezieht: im ersten Fall auf die höfische Gesellschaft, auf die Adelsschicht der kleinen Despotenstaaten Italiens. Im zweiten Fall auf die bürgerliche Schicht der Patrizier, besonders in Republiken wie beispielsweise Florenz. Im dritten Fall schließlich ist die den Frauen zugestandene relativ ebenbürtige Position in utopistischen Sozialtheorien (und in den verwandten reformatorischen Bewegungen unterer Bevölkerungsschichten) das Resultat einer umfassenden Kritik an der frühen modernen Gesellschaft und an allen Herrschaftsstrukturen, die sich auf Privateigentum und Besitzkontrolle gründen. Ist diese Unterscheidung erst einmal gemacht, liefert uns jede dieser Materialgruppen ein und dieselbe Geschichte. Jede enthüllt auf ihre Weise bestimmte neue Zwänge, unter denen die Frauen der Renaissance zu leiden hatten, während das familiäre und politische Leben im Übergang von der mittelalterlichen Feudalgesellschaft zum modernen Staat umstrukturiert wurde. Die Quellen, die die Interessen des Adels und des Bürgertums spiegeln, bezeugen dies mittels eines doppelten Indexes. In fast allen literarischen Werken - mit gewissen bemerkenswerten Ausnahmen wie z.B. Boccacio und Ariosto - wird Keuschheit als weibliche Norm etabliert, und die Geschlechterbeziehung wird zu einer Beziehung weiblicher Abhängigkeit und männlicher Dominanz. Die bürgerlichen Schriften über Erziehung, häusliches Leben und Gesellschaft stellen die extremste Verneinung der weiblichen Unabhängigkeit dar. Es sei hier nur angedeutet, daß sie scharf den minderwertigen häuslichen Bereich der Frauen von dem überlegenen öffentlichen Bereich der Männer trennen. Damit bewirken sie eine regelrechte "Renaissance" der Wertvorstellungen und Praktiken des klassischen Athens mit seiner Fesselung der städtischen Ehefrau ans Haus (Xenophon 1956; Alberti 1962; Arthur 1977). Die höfische Renaissance-Literatur, die wir untersuchen werden, stand den Frauen wohlwollender gegenüber. Aber selbst hier ergibt die Analyse einiger repräsentativer Werke dieses Genres eine neuartige Unterdrückung der affektiven Erfahrungen der adligen Frau im Gegensatz zu dem breiten Erfahrungsspektrum, das ihr in der mittelalterlichen Literatur zugestanden worden war, und wir finden auch einige der sozialen und kulturellen Gründe dafür. Dante und Castiglione, die eine im 11. und 12. Jahrhundert in der Provence mit höfischer Liebesliteratur begonnene literarische Tradition fortsetzen, wandelten die mittelalterlichen Konzeptionen von Liebe und Adel um. An dem von ihnen geformten Liebesideal läßt sich ablesen, welch unterlegene Position die Renaissancefrau im Vergleich mit ihrem männlichen Partner und im Vergleich mit ihrer mitteralterlichen Vorgängerin in der Geschlechterbeziehung innehatte.

Die Edelfrau des Mittelalters und die Liebe

Die mittelalterliche höfische Liebe in ihrer engen Bindung an die herrschenden Werte des Feudalismus und der Kirche gewährte in einen besonderen Weise Raum für den Ausdruck sexueller Liebe durch Frauen. Natürlich kamen nur aristokratische Frauen aufgrund ihrer Abstammung zu ihrem sexuellen und affektiven Recht. Wenn ein Ritter ein Bauernmädchen begehrte, ermutigte ihn der Theoretiker der "Kunst der höfischen Liebe" im 12. Jahrhundert, Andreas Capellanus, "ohne Zögern zu nehmen, was du suchst, und sie mit Gewalt zu umarmen" (Capellanus 1924). Doch einer Edelfrau gegenüber "betrachtet ein wahrer Liebhaber allein das als gut, was seiner Ansicht nach seiner Geliebten gefällt". Denn wollte die höfische Liebe (die Minne) als edles Phänomen gelten, so mußte die Beziehung zwischen den Liebenden von einer wesentlichen Freiheit getragen sein. Die Minne erweiterte daher die soziale Beziehung des Vasallentums metaphorisch auf die Liebesbeziehung - den "Treueeid", den Maurice Valency zu Recht "das ausschlaggebende formale Prinzip des gesamten Konzepts" der Minne nennt (Valency 1941, S. 146). Eine der beiden vom Feudalismus hervorgebrachten Hauptformen abhängiger Sozialbeziehungen - der *liens de dépendance*, wie Marc Bloch sie nennt - war das Vasallentum, die militärische Beziehung zwischen dem Ritter und seinem Herrn. Diese Beziehung zeichnete sich (in ihren Anfängen) dadurch aus, daß der Eintritt in das Abhängigkeitsverhältnis freiwillig war. Zu einer Zeit, als jeder Mann bei irgendeinem anderen in Diensten stand, waren Dienstverhältnisse innerhalb der Aristokratie durch eben dieses Recht der Freiwilligkeit gekennzeichnet, während das Knechtschaftsverhältnis zwischen Leibeigenen und ihren Herren erblich war. So fand in der mittelalterlichen Liebesepik (dem "höfischen Roman") nach einer Liebeserklärung grundsätzlich eine Art Verhandlung statt, die solange währte, bis die frei anerbotene Liebe freie Erwiderung erfuhr. Ein Kuß (wie der Kuß der Huldigung) besiegelte das Bündnis, es wurden Ringe getauscht, und der Ritter trat in den Minnedienst seiner Dame ein. Liebe nach dem Muster des Vasallentums wirkte sich für die aristokratischen Frauen in mehrerer Hinsicht befreiend aus. Zusammen mit der Idee der Freiheit war die Einbeziehung von Verehrung und Gegenseitigkeit in die Vorstellung der heterosexuellen Beziehung ihr wichtigstes Element. Verehrung zeichnete sich nicht durch Beherrschung und Unterwerfung der Frau, sondern durch Dienstbarkeit des Mannes aus und war gleichbedeutend mit Treue und Beständigkeit in diesem Dienst. Sichtbarer Ausdruck dafür sind Schilde und andere Illustrationen, auf denen der Ritter in der rituellen Haltung der Huldigung vor seiner Dame kniet und sie seine Hände mit ihren Händen umschließt. "Eine Dame soll ihren Liebhaber als ihren Freund, nicht als ihren Herrn ehren", schrieb Marie de Ventadour, eine "Troubadoura" oder *trobairitz* (Valency 1941, S. 64). Gleichzeitig brachte die Verehrung eine Gegenseitigkeit von Rechten und Pflichten mit sich, also auch eine Dienstbarkeit der Dame. In einem Roman von Marie de France wollen die Barone der Artusrunde gerade zur Verurteilung eines Ritters schreiten, als dessen Dame zu seinem Beistand auf König Artus' Hof geritten kommt und ihn so erfolgreich verteidigt wie der Oberlehnsherr persönlich! (Lanval, S. 41). Gegenseitigkeit - oder Ergänzung - kennzeichnete die Beziehung der Dame zu ihrem *ami* (die beliebteste Bezeichnung für "Liebhaber" und bezeichnenderweise ein Synonym für "Vasall").

Die Beziehung zwischen Ritter und Dame stand in starkem Widerspruch zu den patriarchalen Familienbeziehungen innerhalb derselben gesellschaftlichen Schicht. Die Anhänger der Minne hielten die Liebe von der Ehe frei, da sie sich ihrer Unvereinbarkeit mit den herrschenden Familien- und Eheverhältnissen bewußt waren. "Wir können hier keine andere Entscheidung als die der Gräfin von Champagne verkünden, die doch ausgesprochen hat, daß es unter Eheleuten keine wahre Liebe gäbe", schrieb Andreas Capellanus (1924, S. 320). Mit ihrer Wahl freier und gegenseitiger heterosexueller Beziehungen außerhalb der Ehe mißachteten die Dichter und Theoretiker der Minne die nahezu universelle Forderung der patriarchalischen Gesellschaft nach Keuschheit der Frau im Sinne ihrer strikten Bindung an das Ehebett. Die Gründe und sogar die einfache Tatsache dieser Wahl sind lange Zeit umstritten gewesen, doch die Ideen und Wertvorstellungen, die diese Art von außerehelicher Liebe rechtfertigen, sind eindeutig. Da die Ehe eine arrangierte Beziehung war, haftete ihr in den Augen der Aristokratie der Makel der gesellschaftlichen Notwendigkeit an. Und während die Feudalgesellschaft die Ehe verachtete, wie sie eben obligatorische Pflichten überhaupt verachtete, tat die Kirche ihrerseits das gleiche, indem sie die Ehe nicht als "religiösen", sondern als minderwertigen Zustand ansah, der nur einer natürlichen Notwendigkeit abhalf. Noch dazu begünstigte die Kirche das Ideal der Minne auf einem tiefen Gefühlsniveau. Zwar nahm sich die höfische Liebe das Vasallentum als Strukturmodell für die Beziehung zwischen den Liebenden, aber die Nahrung für ihre Leidenschaft fand sie in der Verklärung der Liebe durch das Christentum.

Das Christentum hatte die Liebe durch ihre Reinigung von der Sexualität erhöht; daher entfernte sich die höfische Liebe durch ihre Wiedervereinigung von Liebe und Sexualität eindeutig von der christlichen Lehre. Daß sie dadurch die Nachsicht gegenüber dem Ehebruch förderte, wog für sich allein nicht allzu schwer. Die Feudalgesellschaft pflegte alle möglichen kirchlichen Gebote zu übertreten, die ihren Interessen im Weg standen - so zum Beispiel Turnierverbote, das Verbot der Verstoßung von Ehefrauen (Scheidung) oder das der Wiederheirat. Der Ehebruch hatte die Billigung von seiten der Minne nicht einmal wirklich nötig, zumal gerade sie sich als eher zurückhaltende Kraft auswirkte, indem sie die Sexualität (außer in der Ehe) an die Liebe band. In einem "Roman" aus dem 12. Jahrhundert von Chrestien de Troyes liegt Lancelot aufgrund eines von ihm gegebenen Versprechens mit einer wunderschönen Frau im Bett, doch "nicht ein einziges Mal wendet er den Blick zu ihr oder auf die andere Seite. Er kann ihr kein freundliches Gesicht zeigen. Warum? Weil sein Herz ungerührt bleibt. ... Der Ritter hat nur ein einziges Herz, und diese gehört nicht mehr ihm, sondern ist jemandem anvertraut, so daß er es nicht anderswohin vergeben kann" (Chrestien de Troyes 1974). Eigentlich stellte Lancelots Keuschheit eine stärkere Bedrohung für die christliche Doktrin dar als die Tatsache, daß seine Leidenschaft (für Guinevere) ehebrecherischer Natur war, denn sein Verhalten war eine Rechtfertigung der sexuellen Liebe. Für die mittelalterliche Kirche konnte Sexualität nur dadurch "bloße Sexualität" sein, daß sie in der christliche Ehe der Fortpflanzung zu dienen und allein auf sie gerichtet zu sein hatte. Andererseits vervollkommnet aber die Liebe - als Leidenschaft zum Guten - das Individuum; daher richtet sich die Liebe laut Thomas von Aquin im Grunde auf Gott (Thomas von Aquin 1955, Bd. 10, S. 101). Genau wie ein Geistlicher verschmähte Lancelot zwar die bloße Sexualität, aber er tat es zugunsten der sexuellen Liebe. Er setze sich über die christliche *Lehre* hinweg, indem er Liebe mit Sexualität verband. Aber indem er seine Liebe als demütige Berufung, als Leidenschaft (Passion) erfuhr, fand er sich in voller Übereinstimmung mit der christlichen *Empfindung*. Seine Liebe, wie aus Chrestiens Geschichte klar hervorgeht, war ebenso heilig wie sexuell: "Dann stand er vor dem Bett der Königin. Er betet sie an und kniet vor sie nieder, denn an keine Heiligenreliquie glaubt er so sehr. Die Königin aber streckt ihm die Arme entgegen und umarmt ihn; sie zieht ihn eng an ihre Brust, und so hat sie ihn zu sich ins Bett gezogen. Sie bereitet ihm den schönsten Empfang, den sie ihm nur bereiten kann. ... Lancelot hat nun alles, was er sich wünscht. ... Beim Aufstehen war er ein wahrer Märtyrer. ... Beim Fortgehen hat er, zu dem Zimmer gewendet, das Knie gebeugt und sich ganz so verhalten, als stünde er vor eiem Altar" (S. 237).

Es ist schwierig abzuschätzen, welche Rolle das Christentum bei dieser Bejahung von Gefühlen und bei der Beachtung seelischer Zustände gespielt hat, die die mittelalterliche Dichtung und Erzählkunst kennzeichnen. Die Tränen und das Händeringen, die seelischen Nöte und Wirrnisse des Liebesgenres sollten gleichwohl in der Renaissance mit der Wiedereinsetzung klassischer Formen der Zurückhaltung verschwinden. Was die Minne mit Sicherheit an das Christentum band, war neben ihrer positiven Haltung zum Gefühl die Kultivierung entschieden "romantischer" Gefühlszustände. Im christlichen Europa erhielt die *Leidenschaft (Passion)* eine positive, spirituelle Bedeutung, die von der klassischen Ethik und der klassischen erotischen Gefühlswelt geleugnet wurde. Die höfischen Liebenden der Minne waren zu einer Leidenschaft bekehrt, die von Stund an ihr Leben bestimmte und beherrschte und um derentwillen sie alle Leiden bereitwillig ertrugen. Sie suchten nämlich - wie die religiösen Liebenden - nach einem intensiveren emotionalen Zustand, als ihn das gewöhnliche Leben bot.

Sie suchten die Ekstase, und dies verlangte heldenhafte Disziplin, asketischen Gleichmut und Ehrenhaftigkeit. Die Liebe mit ihren Prüfungen befreite sie vom Alltäglichen, vom gewohten Einerlei und machte sie zu einer über die Konventionen der Ehe und der Gesellschaft erhabenen Elite.

Aus einerseits religiösen Gefühlen und andererseits feudalistischen Wertvorstellungen entstand somit eine <u>Konzeption der leidenschaftlichen Liebe,</u>

die es aufgrund ihrer angestrebten Gegenseitigkeit erforderte, daß auch die Frauen an dieser Leidenschaft, an dieser außerehelichen sexuellen Liebe teilhatten. Im mittelalterischen höfischen Roman litt auch die Dame. Sie litt (in einem anderen Roman von Marie de France) "mehr Schmerzen um die Liebe als je eine Frau gelitten hat". Als eifersüchtig behütete Gemahlin eines alten Mannes war sie von der Schönheit ihres Ritters vom ersten Augenblick an hingerissen. Ihre Liebe zu ihm ließ ihr keine Ruhe mehr, und "franc et noble" (d.h. frei) wie sie war, schenkte ie ihm nach seiner Liebeserklärung ihren Kuß und ihre Liebe - und "noch viele andere, Liebenden wohlbekannte Zärtlichkeiten mehr", während sie ihn auf ihrer Burg versteckt hielt. Diese sexuelle Gegenseitigkeit ist in der Literatur der höfischen Liebe so geläufig, daß man die Ansicht nicht ernst nehmen kann, es habe sich dabei um eine Art Madonnenkult gehandelt, bei dem eine zurückhaltende jungfräuliche Edelfrau den Vollzug der Liebe verschmähte. Dieser Zustand trat erst später ein, als die höfische Liebe im späten Mittelalter und in der Renaissance ihre Umwandlung erfuhr. Bezeichnend für das 12. Jahrhundert waren vielmehr Belange, wie sie in den Fragen der provenzalischen *iocs-partitz*, jenen bei Hof beliebten poetischen Fragespielen über die Liebe (die die soziale Realität von fiktiven Liebestribunalen als Gesellschaftsspiel widerspiegeln), zum Ausdruck kamen: "Muß eine Dame für ihren Liebhaber genausoviel tun wie er für sie?" Oder: "Ein Mann erfährt, daß seine Frau einen Liebhaber hat. Die Frau und ihr Liebhaber bemerken, daß er es weiß. Wer von den dreien ist in der größten Bedrängnis?" (Crane 1920, S. 10f.). Entsprechend hielt Andreas Capellanus Unterschiede zwischen "reiner" und "gemischter" Liebe für rein zufällig und nicht wesentlich. Für ihn entstanden beide derselben Regung des Herzens, und je nach den äußeren Umständen konnte die eine leicht in die andere übergehen. Schließlich verlangte der Ehebruch gewisse Vorsichtsmaßnahmen, aber das änderte nichts an der im wesentlichen erotischen Natur der "reinen" Liebe. Diese ging "bis zum Kuß, zur Umarmung und zum maßvollen Liebeskontakt ohne Bekleidung, nur die letzte Erfüllung sparte sie aus" (Capellanus 1924). Wenn wir die sexuelle Natur der Minne, ihren freiwilligen Charakter und die nichtpatriarchale Struktur ihrer Beziehungen betrachten, stellt sich die Frage nach ihrer Bedeutung für die Lage der Frau im Feudalismus. Die Minne präsentiert nämlich ohne Frage eine ideologische Befreiung der sexuellen und affektiven Kräfte der Frau, die eine gesellschaftliche Entsprechung haben muß. Es soll damit nicht die fruchtlose Frage aufgeworfen werden, ob dergleichen Liebesbeziehungen tatsächlich existiert haben oder reine literarische Erfindungen sind. Die eigentliche Frage, um die es im Hinblick auf die Ideologie geht, ist vielmehr die, was eine außereheliche Liebesbeziehung zum *gesellschaftlichen Ideal* einer Gesellschaft erheben konnte - eine Beziehung, die Frauen aus freien Stücken eingingen und die trotz ihrer Gegenseitigkeit die Frauen zu den Schenkenden machte, während die Männer den Dienst taten. Welche sozialen Bedingungen begünstigten dieses besondere Verhaltensmuster gegenüber den üblicheren, Keuschheit und Abhängigkeit der Frau fordernden Konventionen? Niemand wird wohl bestreiten, daß die Minne als Verhaltensmuster weit verbreitet war. Aristokraten jeden Ranges und beiderlei Geschlechts verfaßten Minnesänge und "Romane", und diese wurden fast überall im mittelalterlichen Europa auf höfischen Zusammenkünften gesungen und vorgetragen. Dies konnte nur geschehen, wenn Ideen dieser Art die männlich beherrschte soziale Ordnung nicht gefährdeten, sondern stützen. Zwar konnte das Liebesmotiv als ein Ideal angesehen werden, das den Institutionen der Kirche und des aufstrebenden feudalistischen Königtums radikal entgegengesetzt war - und genauso wurde z.b. Gottfried von Strasburgs *Tristan* (1210) auch gesehen. Aber im allgemeinen bedrohte die Minne in ihren Anfängen die christliche Empfindung oder den Feudalismus nicht mehr als das Rittertum, das etwas von dem moralischen Wert eines "Sakraments" und eine gewisse Zurückhaltung in den Kriegsberuf einbrachte. Die höfische Liebe zelebrierte zwar die Sexualität, aber sie bereicherte und vertiefte sie mittels des christlichen Begriffs der Passion. Der Ritter betrog zwar nicht selten seinen Herrn, um der Gemahlin seines Herrn zu dienen, aber er übertrug damit das feudalistische Ideal freiwilliger gegenseitiger Dienste auf diese Beziehung. Und die leidenschaftliche Liebe führte zwar zum Ehebruch, aber gerade dadurch wurde sie zur notwendigen Voraussetzung und zum Verstärkungsfaktor der politischen Ehe. Die Literatur der Minne zog es vor, Spannungen zwischen der höfischen Liebe und anderen gesellschaftlichen Werten zu übergehen, statt sie zu betonen, und der Grund hierfür weist über die Literatur hinaus. Er liegt im Bereich der Institutionen, denn zwischen den sexuellen und affektiven Bedürfnissen der Frauen und den Interessen der aristokratischen Familie, die von der Feudalgesellschaft wie von der Kirche als Grundpfeiler der sozialen Ordnung angesehen wurde, bestand echte Übereinstimmung (oder zumindest kein Widerspruch). Die Faktoren, die hier in Betracht gezogen werden müssen, sind auf der einen Seite Eigentum und Macht und auf der anderen Seite die Illegimität der Nachkommen. Der Feudalismus als ein System privater Jurisdiktion band Macht an Landbesitz, und er erlaubte Frauen sowohl die Erbschaft wie auch die Verwaltung feudalistischer Besitztümer.[2] Weibliche Erbrechte kamen den Bedürfnissen der umfangreichen Landbesitzerfamilien oftmals entgegen, wie ihre unermüdlichen Anstrengungen zur Sicherung dieser Rechte für ihre weiblichen Angehörigen bezeugen. Diese Machtbefugnis der Frauen hat wenig mit einem ritterlichen Entgegenkommen der feudalistischen Gesellschaft zu tun. Aber die Tatsache, daß Frauen sowohl gewöhnliche Lehen wie auch ausgedehnte Grafschaften besitzen - und die damit verbundene herrschaftliche Macht nach eigenem Gutdünken ausüben - konnten, hat ritterliches Verhalten sicherlich gefördert. Die Untreue von Eleanor von Aquitanien als Frau des Königs von Frankreich hätte andernorts und zu anderer Zeit, sagen wir im England Heinrichs des VIII., herbe Konsequenzen haben

---

2   Wie Marc Bloch hervorhob, wurden die großen französischen Fürstentümer, die keine persönlichen Militärdienste von ihrem Inhaber erforderten, als erste an Frauen gegeben, wenn männliche Erben fehlten (Bloch 1982).

können. Eleanor von Aquitanien ging jedoch eine neue Ehe mit dem späteren König Heinrich dem II. von England ein, beziehungsweise, um genau zu sein, eine neue Verbindung, die seine Interessen als Plantagenet mit ihrem weiten, sich um die Provence gruppierenden Herrschaftsgebiet verband. Frauen übten außerdem während der Abwesenheit ihrer kriegführenden Ehemänner die Macht aus. Der Hof unterstand zu solchen Zeiten der Herrin: Sie verwaltete die Güter und beaufsichtigte die dem Herrn schuldigen Vasallendienste. Sie *war* der Herr - wenn auch eher in seinem als in ihrem eigenen Namen -, außer wenn sie verwitwet war und keine Söhne hatte. Im religiösen Bereich übten Äbtissinnen entsprechende weltliche wie geistliche Rechtshoheit über weite Gebiete aus, wobei sie kraft ihres Amtes immer autonom waren.

Aufgrund dieser sozialen Realität behielt die mittelalterliche Gesellschaft den Gebrauch der mütterlichen Namensgebung bei. Hierin offenbart sich die Position der Frau als Landbesitzerin und Verwalterin großer Güter besonders in der Zeit der Kreuzzüge (Herlihy 1962; Morris 1973). Es erklärt auch die Nachsicht des Mannes für die Zerstreuungen seiner Frau, solange sie die nötige Diskretion wahrte. Sein wichtigstes Ziel, ein Lehen zu erwerben und zu halten, benötigte ihre Unterstützung und vielleicht sogar ihr Erbe. Wie Emily James Putnam es ausdrückt: "Vielleicht wäre es paradox zu behaupten, einem Edelmann wäre die Sicherheit seines Besitzers wichtiger als die Legitimität seines Sohnes, aber sicher ist, daß sich der relative Wert dieser beiden Dinge verschoben hatte" (Putnam 1970, S. 118). Tatsächlich zeigt die höfische Literatur ausgesprochenes Desinteresse an dem Problem unehelicher Kinder. Wenngleich die Edelfrauen in den "Romanen" fast alle verheiratet sind, treten sie nur selten in Begleitung von Kindern auf, und schon gar nicht scheinen sie sich in ihrem Leben und Lieben von Kindern stören zu lassen. Gründe für das Desinteresse an der Illegitimität der Nachkommen waren die Doktrin der Trennung von Liebe und Ehe (die die arrangierte Ehe stabilisierte), die politische Rolle der Frauen und die Unteilbarkeit der Lehen. Zumal im 12. Jahrhundert Erbschaftsformen aufkamen, die zur Absicherung der großen Adelshäuser den ältesten Sohn begünstigten, bedeuteten die Ansprüche jüngerer Söhne und Töchter keine Bedrohung für den Familienbesitz. Die expansiven, ausbeuterischen Adelsfamilien des 11. und 12. Jahrhunderts konnten sich außerdem mühelos uneheliche Angehörige leisten. Für die Feudalgesellschaft bedeuteten sie keine Schwächung der Familie, sondern vielmehr eine Quelle der Stärke bei Heiratsallianzen und im Krieg.

Aus all diesen Gründen konnte die christliche Feudalgesellschaft das Ideal der höfischen Liebe befürworten. Wahrscheinlich kann sich eine Ideologie, die sexuelle Gleichheit duldet, nur behaupten, wenn sie 1. keine bedeutende Institution der patriarchalen Gesellschaft, auf die sie sich gründet, in Gefahr bringen kann, und 2. Männer, die Herrscher innerhalb der herrschenden Ordnung, ihren Nutzen von ihr haben. Diese Forderungen hat die höfische Liebe zweifellos erfüllt. Aber daß sich eine solche Ideologie tatsächlich entwickeln konnte, ist auf eine andere Eigenart der feudalistischen Gesellschaft zurückzuführen, nämlich auf die kulturelle Aktivität der Frauen. So sehr die höfische Liebe auf die Bedürfnisse der Männer einzugehen schien, indem sie diese Bedürfnisse thematisierte und verfeinerte, während sie gleichzeitig das Bewußtsein ihrer selbst in gesellschaftlicher Hinsicht (als Adlige) thematisierte, so sehr tat sie dies - und mehr noch - auch für Frauen. Sie gewährte Frauen Liebhaber, die eher ebenbürtige Partner als Unterdrücker waren, und sie gab ihnen eine Ideologie zur Rechtfertigung des Ehebruchs - etwas, das Männer in der patriarchalen Gesellschaft selten nötig haben, wie die übliche Doppelmoral beweist. Wie zu erwarten, finden wir daher tatsächlich, daß diese Ideen und Wertvorstellungen, die den besonderen Interessen der Frauen so gut entsprechen, von ihnen selbst geformt wurden.

In erster Linie waren Frauen Mitautorinnen der Literatur der höfischen Liebe, eines Hauptzweigs der Literatur jener Ära. In der Kultur des klassischen Griechenlands oder Roms war es Frauen unmöglich gewesen, eine derartige Rolle einzunehmen. Die bemerkenswerte Ausnahme von Sappho beweist nur, daß einzig Frauen in der Lage waren, der weiblichen sexuellen Liebe poetische Stimme und Status zu verleihen. Einzig das mittelalterliche Europa nahm diese Stimme als wesentlichen Bestandteil seines kulturellen Ausdrucks an. Die mindestens zwanzig bekannten provenzalischen *trobairitz*, deren berühmteste die Gräfin Beatrice de Die ist, huldigten der Liebe der Troubadour-Tradition ebenso vollständig und frei wie jeglicher Mann:

> Charmanter, sanfter und schöner Freund,
> wann hab' ich dich endlich in meiner Gewalt?
> Könnt' ich nur eine Stunde lang neben dir liegen
> und dich liebevoll umarmen -
>
> Wisse, daß ich fast alles gäbe,
> um dich an meines Mannes Stelle zu sehn,
> aber nur unter der einen Bedingung:
> daß du schwörst, mir meine Wünsche zu erfüllen.
> (Bogin 1976)

Marie de France drückte in ihren *lais* ähnliche erotische Gefühle aus. Ihre kurzen, oftmals ehebrecherischen, immer aber sexuellen Liebesgeschichten haben Friedrich Heer (1977) dazu geführt, die Dichterin (zusammen mit Chrestien de Troyes und Gautier d'Arras) in den Rang eines der "drei genialen Dichter" zu erheben, die den *höfischen Roman* des 12. Jahrhunderts schufen. Diese beiden Genres - der höfische Roman und die Lyrik (Minnesang) -, zu denen Frauen auf so bedeutende Weise beitrugen, bilden den Hauptteil der höfischen Liebesliteratur.

Zusätzlich zu ihrem direkten schöpferischen Ausdruck des Konzepts der höfischen Liebe förderten Frauen dessen Entwicklung und Verbreitung als Patroninnen und durch gesellige Veranstaltungen an ihrem Hof. Sie unterstützten die Troubadoure und/oder trugen Gedichte und "Romane" selbst vor, und sie veranstalteten jene fiktiven Liebestribunale, auf denen Fragen der Liebe entschieden wurden, wobei gewöhnlich "Königinnen" den Vorsitz führten. Dies galt für Frauen des niederen Adels ebenso wie für Frauen des Hochadels. Doch große Edelfrauen wie zum Beispiel Eleonore von Aquitanien oder Marie de Champagne, Eleonores Tochter aus ihrer ersten Ehe mit Ludwig VII. von Frankreich, waren in der Lage, ihre Höfe zu entscheidenden kulturellen und gesellschaftlichen Zentren zu machen und dadurch eine beherrschende Rolle in der Gestaltung der Anschauungen und Gepflogenheiten ihres Standes zu spielen. Eleonore, die Enkelin von Wilhelm von Aquitanien, dem ersten historisch bekannten Troubadour, förderte die Dichter und die provenzalische Empfindungsweise an ihrem Hof in Anjou. Als sie die königliche Gemahlin Heinrichs II. wurde, brachte sie die Literatur und die Verhaltensregeln der höfischen Liebe mit nach England. Als sie von Heinrich getrennt an ihrem Hof in Poitiers lebte, übermittelten sie und ihre Tochter Marie die Kunst der höfischen Lebensart einer Anzahl junger Frauen und Männer, die sich später in verschiedenste Teile Frankreichs, Englands, Siziliens und Spaniens verstreuten und dort die herrschende Adelsschicht bildeten. Einige der bekanntesten Autoren der höfischen Liebesliteratur gehörten diesen Kreisen an. Bernart von Ventadorn, einer der hervorragendsten Troubadoure, besang in seinen Gedichten keine andere als Eleonore. Marie de France stand in Verbindung mit dem Hof Eleonores und Heinrichs II. Eleonores Tochter, Marie de Champagne, war die Patronin sowohl von Andreas Capellanus, ihrem Hofgeistlichen, als auch von Chrestien de Troyes, und es ist gut möglich, daß sie für das eindeutig sexuelle, ehebrecherische Verhalten hauptverantwortlich ist, das die Edelfrauen in den berühmten Werken dieser beiden Autoren genießen. Chrestien de Troyes ließ wissen, er verdanke seiner "Herrin von Champagne" "Stoff und Sinn" seines Lancelot, der sich in dieser Hinsicht tatsächlich stark von seinen früheren und späteren Romanen unterscheidet. Und in *De remedio* von Andreas Capellanus mag der verblüffende Schlußteil, in dem er die sexuelle Liebe und die Frauen ablehnt, mehr gewesen sein als ein rein rhetorischer Tribut an Ovid: eine Reaktion auf die Zwänge von Maries Gönnerschaft (Kelly 1937).

Es scheint, als hätten die Frauen im Feudalismus an ihren Höfen wie in der Literatur bewußt Druck ausgeübt, um das höfische Liebesideal zu gestalten und ihm zur Durchsetzung zu verhelfen. Dies konnten sie jedoch nur, weil sie reale Macht besaßen. Denselben Frauen, die kulturelle Rollen als Künstlerinnen und Patroninnen der höfischen Liebe einnahmen, waren bereits politische Rollen übertragen worden, die ihnen ein gewisses Maß an Unabhängigkeit und Macht zusicherten. Sie waren in der Lage, Autorität auszuüben, und taten es auch - nicht nur über die abhängige bäuerliche Bevölkerung ihrer Ländereien, sondern auch über ihre eigenen Vasallen und/oder die ihres Mannes.

Die höfische Liebe, die außerhalb der Institution der patriarchalischen Ehe florierte, verdankte sowohl ihre Möglichkeit als auch ihr Modell der herrschenden politischen Institution des feudalistischen Europas, die es zuließ, daß auch Frauen echte Vasallendienste geleistet wurden.

Die Edelfrau der Renaissance: Politik und Kultur

Die bestimmten wirtschaftlichen und politischen Machtverhältnisse, die die kulturellen Aktivitäten adliger Frauen im Feudalismus begünstigt hatten, fanden in der Renaissance keine Entsprechung. Im 14. Jahrhundert waren die politischen Einheiten Italiens schon fast durchgängig souveräne Staaten, die in Mißachtung legaler Ansprüche keine Oberherren mehr anerkannten und das Vasallentum nicht mehr unterstützten. Ihre Adelsschicht verfügte über Vermögen, nicht aber über herrschaftliche Macht; über Landbesitz, nicht aber über die Rechtshoheit. In Nord- und Mittelitalien gab es tatsächlich kaum noch einen Adelsstand im europäischen Sinne. Bis zur Krönung Karls V. zum römisch-deutschen Kaiser im Jahre 1530 gab es in Italien keinen König, der die Interessen eines "legitimen" Adelsstandes, welcher qua Geburt traditionelle Vorrechte besaß, geschützt (und damit eingeschränkt und kontrolliert) hätte. Wenn daher das städtische Bürgertum diese Ansprüche nicht außer Kraft setzte, tat es irgendein Despot, der gewöhnlich vorgab, im Namen des Adels zu handeln, es in Wirklichkeit aber nur in seinem eigenen Interesse tat. Anders als die bürgerlichen Republiken hielten sich diese Fürsten weiterhin eine militärische Landbesitzer-"Klasse" mit adligem Dünkel, deren Mitglieder ihr jedoch zunehmend als bloße Krieger und zur Dekoration ihrer Höfe dienten. Der Renaissance-Aristokrat, der weder die unabhängige politische Macht der feudalistischen Rechtshoheit noch den gesetzlich garantierten Status des herrschenden Standes genoß, diente folglich einem Despoten oder aber wurde selbst Despot.

In diesem sozialpolitischen Kontext übten Frauen sehr viel seltener politische Macht aus als in Feudalgesellschaften oder selbst in den traditionellen monarchischen Staaten, die sich aus dem Feudalismus entwickelten. Die beiden Giovannas von Neapel - beide unabhängige Königinnen - sind ein gutes Beispiel für diese monarchische Herrschaftsform. Die erste von ihnen, die 1343 ihre Herrschaft über Neapel und die Provence antrat, wurde 1356 zusätzlich Königin von Sizilien. Ihr Großvater, König Robert von Neapel (aus demselben Haus von Anjou und der Provence, das auf Eleonore und Heinrich Plantagenet zurückgeht), konnte Giovanna als rechtmäßige Erbin einsetzen. Auf ähnliche Weise wurde Giovanna II (1414), nach dem Tod ihres Bruders, Königin von Neapel. Kurz, in Neapel konnten Frauen des Herrscherhauses Macht ausüben - nicht nur aufgrund ihrer Fähigkeiten, sondern weil das Prinzip der Gesetzmäßigkeit des Adelsstatus zusammen mit der feudalistischen Tradition weiblichen Erbrechts weiterhin in Kraft blieb.

Im Gegensatz dazu herrschte in Norditalien Caterina Sforza über ihr kleines Herzogtum nach für die Renaissance typischer Art und Weise auf der alleinigen Grundlage der machiavellischen Prinzipien *fortuna* und *virtù* (geschichtliche Umstände und Willenskraft). Ihr Aufstieg folgte genau wie der ihrer gesamten Familie dem Renaissancemuster persönlicher und politischer Illegitimität. Sie kam 1462 als uneheliche Tochter von Galeazzo Maria Sforza zur Welt, der das Herzogtum Mailand geerbt hatte. Die herzögliche Macht

Gab es die Renaissance für Frauen? 45

Agnolo Bronzino, **Ritratto di Laura Battiferri**

Agnolo Bronzino, Ritratto di Laura Battiferri (Ausschnitt)

Gab es die Renaissance für Frauen?

Agnolo Bronzino, Ritratto di Ugolino Martelli (Ausschnitt)

Agnolo Bronzino, Ritratto di Ugolino Martelli

der Sforzas war erst jungen Datums: sie stammte aus dem Jahr 1450, als Francesco Sforza, der uneheliche Sohn eines Kondottiere, der selbst ein berühmter Kondottiere war, die Kontrolle über das Herzogtum übernahm. Als sein Sohn und Erbe, Caterinas Vater, nach zehnjähriger tyrannischer Herrschaft ermordet wurde, übernahm ein anderer Sohn, Ludovico, das Herzogtum, zunächst als Regent für seinen Neffen (Caterinas Halbbruder), dann als regelrechter Usurpator. Ludovico förderte aus Eigennutz Caterinas Interessen. Er verheiratete sie mit 15 Jahren an einen Neffen von Papst Sixtus IV., um die Allianz der Sforzas mit der Familie Riario zu stärken, unter deren Kontrolle damals das Papsttum stand. Der Papst schnitt aus päpstlichen Domänen einen Staat für Caterinas Mann heraus und machte ihn auf diese Weise zum Grafen von Forli. Außerdem ernannte er ihn zum Herzog von Imola, das Caterina mit in die Ehe gebracht hatte. Der Papst starb jedoch 1484, Caterinas Mann wurde 4 Jahre darauf ermordet - und sie selbst traf die Entscheidung, den besonderen Hindernissen, die das Italien der Renaissance dem Machtstreben von Frauen in den Weg legte, die Stirn zu bieten.

Schon vorher einmal, als ihr Mann schwer krank in Imola lag, hatte Caterina durch einen Gewaltritt nach Forli - einen Tag vor ihrer Niederkunft - einen unmittelbar bevorstehenden Anschlag verhindern können. Inzwischen 26 Jahre alt, hielt sie nun nach der Ermordung ihres Mannes zusammen mit einem treuen Schloßverwalter die Zitadelle von Forli gegen ihre Feinde, bis Ludovico ihr aus Mailand Verstärkung schickte. Sie siegte und brachte es fertig, ihre Gegner, die ihre sechs Kinder als Geiseln hielten, einzuschüchtern; dann trat sie die Regentschaft für ihren kleinen Sohn an. Ihr Herrschaftsanspruch als Regentin war jedoch widersinnig. Er gründete sich auf die bloße Anhäufung von Macht, die sie höchstpersönlich ausübte, und bis zum Schluß mußte sie immer von neuem das ganze Maß an Geschick, Durchsetzungsvermögen und unersättlichem Ehrgeiz aufbringen, das ihr anfangs erst zur Macht verholfen hatte. Und doch reichte selbst ihr kriegerischer Geist nicht aus. In dem despotischen Klima der Renaissance, wo Morde, Überfälle und Invasionen an der Tagesordnung waren, blieb Macht eng an Militärgewalt gebunden. Als Caterina 1500 durch die Absetzung ihres Onkels Ludovico ihrer Mailänder Unterstützung beraubt war, mußte sie sich der aussichtslosen militärischen Überlegenheit Cesare Borghias ergeben und wurde nach ihrer heldenhaften Verteidigung Forlis entmachtet.

In dieser statischen und zugleich unstabilen politischen Situation sind die Töchter der Familien Este, Gonzaga und Montefeltro sehr viel typischere Repräsentantinnen der Frauen ihres Standes als Caterina Sforza. Ihr Zugang zur Macht ist indirekt und provisorisch und entspricht damit der gesellschaftlichen Erwartung. Baldassare Castigliones Beschreibung der "Hofdame" in seinem Handbuch für den Adel stellt diesen Geschlechtsrollenunterschied klar heraus. Einerseits erscheint die Edelfrau der Renaissance als ebenbürtige Entsprechung des Edelmannes, des Höflings. Sie besitzt die gleichen geistigen Qualitäten wie er und ihre Erziehung entspricht der seinen. Sie lernt dasselbe - oder sagen wir besser, fast dasselbe - wie er: "Kenntnisse in Literatur, Musik und Malerei ... und zu tanzen und feiern ..." (Castiglione 1963, S. 18).

Für die adlige Frau wie für den adligen Mann ist Kultur gleichbedeutend mit einer vielseitigen Ausbildung, die nicht nur dazu dient, anderen zu gefallen, sondern auch, die eigene Persönlichkeit zu entwickeln. Aber für die Frau wird die Bemühung zu gefallen zur Hauptbeschäftigung und zum höchsten Ziel. Während Castiglione den Waffendienst als Hauptaufgabe des Höflings bezeichnet, soll die Frau "in allen Dingen höchst anmutig sein und jede Person, die ihr begegnen wird, mit ihr geziemenden Einfällen und Scherzen schicklich unterhalten" (Castiglione 1963, S. 252).

Eine bemerkenswerte Konsequenz der Tatsache, daß die Renaissanceedelfrau zu gefallen hat, ist Castigliones Forderung an sie, bestimmte "ihr nicht geziemende" Tätigkeiten wie das Reiten und den Umgang mit Waffen zu unterlassen. Zwar befaßt er sich nach seinem eigenen Worten nicht mit der Königin, die zur Herrschaft aufgerufen werden könnte, sondern mit der "Hofdame". Aber seine Ästhetisierung der weiblichen Rolle, seine Auffassung, daß ihre Weiblichkeit wesentlich in ihrem Charme liege, bedeutet, daß Aktivitäten wie Reiten und geschickter Umgang mit Waffen sich nun auch für die Frauen der herrschenden Familien nicht mehr schickten. Elisabetta Gonzaga, die idealisierte Herzogin in Castigliones *Das Buch vom Hofmann* entsprach in ihrem wirklichen Leben weitgehend diesem normativen Porträt einer Frau ihres Standes. Reiten und Waffenhandwerk hatten tatsächlich keine Bedeutung für sie. Der Erbe ihres Herzogtums von Urbino wurde noch zu Lebzeiten ihres Mannes bestimmt, und es war dieser Adoptiverbe, der 1508 die Macht antrat - und nicht die siebenunddreißigjährige, kinderlose und somit von allen Mutterpflichten freie Witwe. Da Elisabetta von jeglichem Zugang zur Macht ferngehalten wurde, hatte sie für die damit verbundenen Geschäfte und Genüsse entsprechend wenig Sinn. Ihre Briefe drücken nichts von der Freiheit und Kühnheit aus, die Caterina Sforza und Beatrice d'Este beim Reiten und Jagen entwickelten. Im Ganzen gesehen fehlte es ihr an Geist. Ihre Korrespondenz zeigt sie als Erwachsene von eben der Dozilität, zu der sie von ihren ersten Lehrern erzogen worden war. Auf Gegnerschaft in ehelichen und politischen Angelegenheiten reagierte sie mit Fassung, aber sie widersetzte sich nie. Sie wirkte auf ihren Vater, Bruder und Gatten besänftigend ein und zog es selbst in Castigliones Beschreibung ihres Hofes vor, sich den Konventionen zu fügen, statt diese selbst zu bestimmen und zu gestalten.

Die Unterschiede zwischen Elisabetta Gonzaga und Caterina Sforza sind groß, und doch entsprach die Persönlichkeit sowohl der einen wie der anderen der Situation der Renaissance mit ihrer einsetzenden Staatsentwicklung und sozialen Mobilität. Elisabetta, die weder ein uneheliches Kind noch der Abkömmling einer ungebundenen Kondottiere-Familie war, wurde ganz in Castigliones Sinne so erzogen, daß ihr die für eine despotische Herrschaft nötigen kriegerischen Haltungen und Fähigkeiten fernlagen. Sie sollte keine Fürstin werden, sondern einen Fürsten heiraten. Und so lenkte ihre Erziehung sie - wie die meisten anderen Töchter der herrschenden Familien auch -

auf die kulturellen und gesellschaftlichen Funktionen am Hof hin. Die Edelfrau, die einen Renaissancefürsten heiratete, wurde zur Patronin. Sie gab Kunstwerke in Auftrag, gewährte Geschenke für ihr gewidmete literarische Werke und zog Künstler und Dichter an ihren Hof. Aber der Hof, den diese mit ihrer Anwesenheit schmückten, gehörte nicht ihr, sondern ihrem Mann, und die von ihnen repräsentierte Kultur verherrlichte seine Fürstlichkeit - besonders wenn seine Herkunft keinen ausreichenden Grund dafür zu bieten hatte. So mochte die Renaissanceherrin an Castigliones idealisiertem Hof zu Urbino im Jahre 1508 zwar eine ästhetisch bedeutsame Rolle spielen, aber selbst Castiglione versagt ihr eindeutig jene ebenbürtige, wenn nicht gar überlegene Position im gesellschaftlichen Diskurs, die ihr die mittelalterliche höfische Literatur zugestanden hätte. Während Castiglione die rund fünfzehn männlichen Mitglieder des Hofes sorgfältig namentlich aufführt, läßt er nur vier Frauen zu den abendlichen Unterhaltungen zu, die die zweitwichtigste Beschäftigung bei Hof waren (die wichtigste war das Waffenhandwerk, von dem er die Frauen gänzlich ausschließt). Von diesen vier Frauen läßt er nur zwei als Gesprächspartnerinnen gelten. Herzogin Elisabetta und ihre Begleiterin, Emilia Pia, ergreifen wenigstens das Wort, während die anderen beiden nur einen Tanz zum Besten geben. Sie äußern sich allerdings nur zu dem Zweck, das Gespräch durch bestimmte Fragen und Spielvorschläge zu "lenken". Zur eigentlichen Diskussion tragen sie nichts bei, und an einem bestimmten Punkt befreit Castiglione sie denn auch ganz von dieser unbedeutenden Rolle:

> "Nachdem Signor Gaspar dieserart gesprochen hatte, gab Signora Emilia der Madonna Constanza Fregosa ein Zeichen, da sie in der Sitzordnung die nächstfolgende war; diese bereitete sich schon auf ihre Worte vor, als die Frau Herzogin aber plötzlich sagte: Da Signora Emilia sich nicht mit der Erfindung eines Spieles abmühen will, wäre es nur recht und billig, daß auch die anderen Damen an dieser Bequemlichkeit teilhätten und für diesen Abend ebenfalls von solcher Mühe ausgenommen wären, zumal hauptsächlich Herren anwesend sind, so daß keine Gefahr besteht, es möchte an Spielen fehlen" (Castiglione 1963, S. 24).

Kurz, die Männer besorgen das Gespräch allein, und der anschließende Dialog über höfische Manieren und die Liebe wird, wie zu erwarten, nicht nur von den Männern bestritten, sondern obendrein in ihren eigenen, männlichen Interessen geführt.

Der Widerspruch zwischen der angeblichen Ebenbürtigkeit von adligen Frauen und Männern in *Das Buch vom Hofmann* und der rein dekorativen Rolle, die Castiglione ganz selbstverständlich den Frauen zuteilt, verrät einen entscheidenden Wandel sowohl in der Erziehung und Kultur als auch in der Politik. Den italienischen Renaissancehöfen stand nun nicht nur ein Mann als Herrscher vor, sie waren auch nicht mehr die einzige Schule des Adels, und die Herrin diente nicht mehr als Schiedsrichterin über die kulturellen Funktionen, die der Hof nach wie vor erfüllte. Obwohl die Frau nur noch eine beschränkte kulturelle und gesellschaftliche Rolle spielte, büßte sie ihren Einfluß auch noch in dieser Rolle ein, als ein weltliches Ausbildungssystem spezielle Kenntnisse zu verlangen begann, die als Vorrecht einer Klasse professioneller Lehrer galten. Die Söhne des Renaissanceadels verfolgten ihre militärische und diplomatische Ausbildung zwar noch in den Diensten irgendeines hohen Herrn, aber ihre nichtmilitärische Ausbildung nahmen sie nicht mehr bei einer Edelfrau, sondern bei einem humanistischen Lehrer oder an einem Kolleg. <u>In gewisser Weise bescherte der Humanismus den Frauen - wie der gesamten Kultur - einen Fortschritt. Er eröffnete den adligen Töchtern genau wie den Söhnen lateinische Textkunde und klassische Bildung.</u> Aber <u>gerade diese Entwicklung, die gewöhnlich als Zeichen der Gleichheit zwischen den (adligen) Frauen und Männern der Renaissance angesehen wird</u> (Ong 1959; King 1977), <u>bewirkte zwangsläufig eine weitere Verminderung des Einflusses der Frau auf die höfische Gesellschaft. Sie bewirkte, daß die Töchter genau wie die Söhne männlicher kultureller Autorität unterstellt wurden.</u> In der mittelalterlichen Aristokratie hatten die Töchter zwar keine derartige Schulung genossen, aber dafür waren sie am Hof einer großen Dame aufgezogen worden. Nun formten die Lehrer ihrer Brüder ihre Weltanschauung - männliche Lehrer, die als Humanisten Minne und Rittertum zugunsten einer klassischen Kultur mit all ihren patriarchalen und frauenfeindlichen Vorteilen verdrängten.

Die humanistische Erziehung adliger Frauen in der Renaissance ist eine Erklärung dafür, weshalb sie sich mit ihren mittelalterlichen Vorgängerinnen in der Gestaltung einer ihre eigenen Interessen berücksichtigenden Kultur nicht messen konnten. Die Frauen der Familien Este, Sforza, Gonzaga und Montefeltro gingen in ihrer Patronage in Übereinstimmung mit den neuen kulturellen Werten weit über Literatur und Kunst der Liebe und der höfischen Sitten hinaus, aber die Werke, die sie in Auftrag gaben, kauften oder sich widmen ließen, weisen keinerlei konsequenten Bezug zu ihren Interessen als Frauen auf. Selbst in der Erziehung und Ausbildung von Frauen machte sich kein fördernder Einfluß von ihrer Seite bemerkbar. Die einzige bedeutende Ausnahme in dieser Hinsicht war Battista da Montefeltro, der eine der wenigen wissenschaftlichen Abhandlungen gewidmet ist, die für die humanistische Bildung von Frauen eintrat. Mit Übernahme der universalistischen Weltanschauung ihrer humanistschen Lehrer scheinen die Renaissancearistokratinnen jegliches Bewußtsein ihrer besonderen Interessen als Frauen vergessen zu haben, während gleichzeitig männliche Autoren wie Castiglione, die die Sitten der Renaissancearistokratie aufzeichneten, für Männer schrieben. So führte die Verbindung von kultureller und politischer Abhängigkeit in Italien dazu, daß sich die Rollen von Frauen und Männern bei der Entwicklung der neuen Verhaltensregeln für den Adel vertauschten. Die mittelalterliche höfische Ritterlichkeit ("Höfischkeit" bzw. Höflichkeit, Anm. d.Ü.), wie sie in den frühesten Regelbüchern, in "Romanen" und Liebesrichtlinien dargelegt wurde, erzog den Mann in erster Linie dazu, seiner Dame zu Gefallen zu sein. Im 13. und 14. Jahrhundert tauchten in französischen und italienischen Regelbüchern erste, noch dazu streng patriarchalisch geprägte Verhaltensregeln für Frauen auf. Aber erst als in der Renaissance die höfischen Sitten und die Liebe neu formuliert wurden, trat klar zutage, wie im Kontext des frühen modernen Staates von Männern bestimmt wurde, was damenhaftes Verhalten war. Damit nahm das Verhältnis zwischen den Geschlechtern seine moderne Form an - und diese war nirgends deutlicher sichtbar als in der Liebesbeziehung.

Die Renaissance der Keuschheit

Sobald die Literatur der Minne und ihre Wertvorstellungen Italien erreichten, erfuhren sie eine Abwandlung zur Asexualität hin. Das beste Beispiel für diese erste Art der Aufnahme der höfischen Liebe ist Dante. Seine *Vita Nuova* in dem "süßen neuen Stil" (*dolce stil nuovo*) der Toscana des ausgehenden 13. Jahrhunderts preist noch die Liebe und das edle Herz: "Amore e'l cor gentil sono una cosa". Die Liebe erscheint noch als Huldigung und die Dame als Frau eines anderen. Aber der Liebhaber in Dantes Gedichten ist seltsam gehemmt. Er behindert sein eigenes Begehren, indem er die Vereinigung mit seiner Geliebten nicht einmal mehr als Ziel der Liebe zuläßt. "Welchen Sinn hat denn Eure Liebe zu Eurer Dame, wenn Ihr ihre Gegenwart nicht ertragen könnt?", möchte eine Edelfrau von Dante wissen. "Sagt es uns, denn gewiß muß das Ziel einer solchen Liebe außergewöhnlich (*novissimo*) sein!" (Dante Allighieri 1964, Gedicht 18). Neu und ungewöhnlich ist es in der Tat, denn Dante gesteht, er wolle die Freude, die ihm der Gruß seiner Geliebten einst bereitet habe, von nun an in sich selber suchen: "in Worten, die meine Dame preisen". Doch selbst das ist eigentlich noch zu viel gesagt, denn Dantes Worte beschwören Beatrice weder wirklich herauf, noch streben sie ihre Hingabe an. Beatrice bleibt schemenhaft und distanziert, denn im Brennpunkt der Dichtung steht nun voll und ganz der subjektive Pol der Liebe. Es ist das Innenleben - *sein* Innenleben, was Dante zum Thema macht. Seine Liebesgedichte spiegeln einen geistigen Wettkampf (den er bald darauf in seiner *Göttlichen Komödie* zur Seinslehre ausbauen sollte) zwischen widerstreitenden Zuständen der verliebten Dichterseele.

Diese Art Traumwelt gibt auf ihre Weise eine allgemeine Veränderung wieder, von der die Liebesliteratur erfaßt wurde, als ihre gesellschaftlichen Grundlagen ins Wanken gerieten. Für den Norden erinnert der *Rosenroman* (de Loris und de Meun 1979) daran, daß die Troubadourtradition Ende des 13. Jahrhunderts auszutrocknen begann, als sich die feudalistische Gesellschaftsordnung auflöste, beziehungsweise sich durch die wirtschaftliche Aktivität des städtischen Bürgertums und die Entstehung des modernen Staates verwandelte. In der Provence bezeichnete sich Guirant Riquier nach dem Albigenserkreuzzug und der Unterwerfung des französischen Südens unter Kirche und Krone bezeichnenderweise als der letzte Troubadour. Mit der Klage, "kein meisterliches Können wird bei Hof geringer geschätzt als die schöne Kunst des Liedes", gab er die sexuelle Liebe zugunsten der himmlischen auf und versicherte, er trete in den Dienst der heiligen Jungfrau ein (Goldin 1973, S. 325). Der späten Aufnahme und Umarbeitung der Troubadourtradition im Florenz des ausgehenden 13. Jahrhunderts haftet dementsprechend etwas Archaisches an. Eine konservative, aristokratische Nostalgie durchzieht Dantes Liebesgedichte ebenso wie seine politischen Ideen. In seinen Gedichten fand das neue gesellschaftliche Leben der Bürgergemeinschaft zwar nur wenig positiven Widerhall, aber Florenz konnte immerhin den gesellschaftlichen Inhalt der feudalistischen Erfahrung aus ihnen entnehmen. So wurde aus dem Liebhaber als Ritter und *trobairitz* ein Dichter-Gelehrter. Die Erfahrung eines Lebens in ständiger Suche und Wanderschaft machte scholastischen Interessen, sowie der Unterscheidung und Klassifizierung von Gefühlszuständen Platz. Die höfische Zelebrierung der nach dem Modell des Vasallentums geformten und in geheimen Zusammenkünften genossenen Minne wurde zum privaten Austausch von Gedichten, welche die geistigen Auswirkungen einer unerfüllten Liebe analysierten.

Mit dem tatsächlichen Verschwinden der gesellschaftlichen Welt des Hofes und seiner ihm vorstehenden Edelfrau verschwand auch die Sexualität, und die Frauen in diesen Gedichten lösten sich physisch auf. Die Damen in den höfischen Romanen und Troubadourgedichten mögen stereotyp blond, ehrlich und gerecht gewesen sein, aber ihre Autoren wollten sie als körperlich und gesellschaftlich "wirklich" verstanden wissen. In den Liebesgedichten zunächst von Dante, dann von Petrarca und Vittoria Colonna, die Dantes Tradition fortsetzten, könnte die Geliebte genauso gut tot sein - und sie ist es tatsächlich bei allen drei Autoren! Die Frauen in ihren Gedichten haben keine sinnvolle, reale Existenz, und der Grund dafür ist nicht nur der, daß ihrer affektiven Erfahrung die Stimme fehlt. Dies würde für die Troubadourdichtung genauso gelten, da Lyrik im Unterschied zum Roman nur die Gefühle des liebenden Ichs ausspricht. Die Unwirklichkit der Geliebten in der Renaissancedichtung hat mehr mit der *Qualität* der Gefühle des liebenden Ichs zu tun. Die früheren, Gegenseitigkeit und Austausch unter den Liebenden fördernden gesellschaftlichen Beziehungen existieren nicht mehr, und infolgedessen fällt der Liebhaber in eine narzißtische Erfahrung zurück. Die Dantesche Geliebte löst nur noch Gefühle aus, die kein äußeres, körperliches Ziel mehr kennen, bzw. diese Gefühle haben ein transzendentes Ziel, für das die Geliebte nur noch die Vermittlerin darstellt. In beiden Fällen entledigt sich die Liebe der Sexualität. Und die Rolle der Geliebten als Vermittlerin ist tatsächlich in doppeltem Sinne asexuell, wie die *Göttliche Komödie* beweist. Die Geliebte zeigt nicht nur keinerlei sexuelle Reaktion auf den Geliebten, sondern die Gefühle, die sie in ihm weckt, verwandeln sich obendrein in eine spirituelle Liebe, wodurch die ganze Beziehung zum bloßen Symbol oder zur Allegorie wird.

In dem Maße, wie die Werke von Dante, Petrarca und Boccaccio das 15. Jahrhundert der Renaissance griechischer und römischer Kunst und Literatur einleiteten, verlor allerdings selbst diese schemenhafte Art von Liebeslyrik noch merklich an Interesse. Besonders die florentinischen Humanisten übernahmen nur die klassische Seite der Gedanken ihrer Vorfahren - die Seite, die dem öffentlichen Interesse diente. Sie wollten von der Herrschaft der Liebe über das menschliche Leben genauso wenig wissen wie von der Innerlichkeit und Zurückgezogenheit des frommen, gelehrten oder liebeskranken Dichters. Dante zum Beispiel war in den Augen seines Biographen Lionardo Bruni in erster Linie Bürger. Der humanistische Kanzler von Florenz, Bruni, stellte Dante als modernen Sokrates hin, als gleichzeitig politisch einflußreiche Persönlichkeit, häuslichen Menschen und Rhetor - kurz, als Musterbeispiel für die neue "Polis" (Thompson und Nagel 1972). Fragen der Liebe und Sexualität wurden im bürgerlichen florentinischen Humanismus überhaupt nur im Zusammenhang mit der Institution der Familie aufgegriffen. In diesem Kontext entwickelte sich das bürgerliche Geschlechtsrollensystem: dem Mann wurde der öffentliche Bereich zugewiesen und der Patrizierfrau das Haus; von ihm wurden soziale Tugenden erwartet und von ihr Keuschheit und Mutterschaft. Die Humanisten des bürgerlichen Florenz wollten mit der alten aristokratischen Tradition relativer gesellschaftlicher und sexueller Gleichheit nichts zu tun haben. Doch in den kleinen italienischen Despotenstaaten und - gegen Ende des 15. Jahrhunderts unter dem fürstlichen Lorenzo de Medici - behielten die Traditionen und die Kultur des Adels selbst in Florenz weiterhin ihre Bedeutung. Castigliones *Das Buch vom Hofmann* und in seinem Gefolge der Großteil der Renaissancewerke nahmen die Themen der Liebe und Ritterlichkeit für ihre eigene höfische Gesellschaft auf und paßten sie ihren zeitgenössischen gesellschaftlichen und kulturellen Bedürfnissen an. Der weiblichen Sexualität wurden allerdings auch in diesem Milieu, inmitten der eigentlichen Tradition der höfischen Literatur, neue Zwänge aufgelegt. Castiglione, der bedeutendste Wortführer der Renaissance in Fragen der Liebe, der Sitten und der Lebensart, behielt in seiner Theorie der Liebe beide Grundzüge Dantes bei: die Trennung der Liebe von der Sexualität und die Allegorisierung des Liebesthemas. Darüber hinaus erweiterte er das Geschlechtsrollenkonzept der Aristokratie um einige patriarchale Auffassungen von der Beschränkung der Rolle der Frau auf die Familie, die durch den bürgerlichen Humanismus gerade wieder zu Ehren gekommen war.

Wie wir gesehen haben, förderten Castiglione und seine gesellschaftliche Klasse offen eine Konzeption der Geschlechterergänzung. Einer der Gründe dafür war, daß eine Aristokratie, die keinerlei Arbeit verrichtete, entsprechend wenig an eine geschlechtsspezifische Arbeitsteilung dachte. So konnte Castiglione den vom *Rosenroman* ausgelösten spätmittelalterlichen "Frauenstreit" (*querelle des femmes*) wieder aufnehmen und die Debatte über die Würde der Frau eher zu ihren Gunsten führen. Einem in seiner Eitelkeit gekränkten Frauenfeind, Gasparo, legt Castiglione Aristoteles' und Aquinas Auffassung von der Frau als unvollkommenem Mann in den Mund; er kritisiert, daß Plato eine so geringe Meinung von Frauen hatte, obwohl er ihnen in *Die Republik* gestattet hatte zu regieren; und er lehnt Ovids Liebestheorie als nicht "sanft" genug ab. Bemerkenswerterweise widerspricht er Gasparos bürgerlichem Begriff von der ausschließlich häuslichen Rolle der Frau. Doch zum Ausgleich für all das stellt er in *Das Buch vom Hofmann* eine schicksalshafte Verbindung zwischen Liebe und Ehe her. Ein Anzeichen für die verstärkte patriarchale Weltanschauung des Renaissanceadels ist die Erwartung, daß die Liebe im gewöhnlichen emotionalen und sexuellen Sinn zur Ehe führt und auch auf die Ehe beschränkt bleibt - zumindest für die Frau.

Das Thema ist, wie alle anderen in dem Buch, in ein Streitgespräch eingebettet. Es gibt Argumente dafür und dagegen, aber die gültige Meinung steht letztlich außer Frage. Wenn überhaupt, dann soll die ideale höfische Edelfrau jemanden lieben, den sie auch heiraten kann. Und wenn sie verheiratet ist und das Unglück es will, daß "der Haß des Gatten oder die Liebe eines anderen sie zur Liebe verleiten, [soll sie] dem Liebhaber nichts anderes als ihr Herz schenken, ihm aber niemals ein sicheres Zeichen der Liebe geben, weder mit Worten noch mit Gebärden oder auf eine andere Weise, woraus dieser ihrer sicher sein könnte" (Castiglione 1963, S. 306).

Hinsichtlich der Beziehungen zwischen Liebe, Sexualität und Ehe, die das bürgerliche Europa später zu einer familiären Einheit verschmelzen sollte, nimmt *Das Buch vom Hofmann* folglich eine eigenartige Übergangsposition ein. Für Castiglione, wie für die Liebestheoretiker der Renaissance insgesamt, sind Liebe und Ehe untrennbar. Diese Einstellung gründet sich auf die allgemeine Abhängigkeit der adligen Frauen und auf das Wiederaufleben ebenso klassischer wie bürgerlicher patriarchaler Wertvorstellungen in Zusammenhang mit der Familie. Aber obwohl Castiglione dieselben Realitäten der politischen Ehe und des Zölibats vor Augen hat, die bereits die mittelalterliche Aristokratie geprägt hatten, steht die Liebe außerhalb der Institutionen weiterhin im Zentrum seines Interesses. Allerdings bricht er auch in diesem Punkt mit der höfischen Liebestradition. Sein Konzept ist einerseits ein neuplatonischer Begriff der spirituellen Liebe und andererseits die Doppelmoral (Thomas 1959; Perella 1969; Hunt 1967).

Besonders aufschlußreich in dieser Hinsicht ist Castigliones Bild des Liebhabers. Glaubte er, seine Verdrängung der weiblichen sexuellen Liebe wäre eher zu rechtfertigen, wenn er die neue Theorie einem Geistlichen, dem 1539 zum Kardinal erhobenen Pietro Bembo, in den Mund legte und es vorzog, ihn die Liebe eines alternden Höflings statt die eines jungen Ritters erörtern zu lassen? Jedenfalls placiert Bembo diesen Liebhaber, in Anlehnung an Platos Definition der Liebe als Streben nach Schönheit, auf einer hierarchischen Skala zwischen Sinnlichkeit ("unten") und Intellekt ("oben"). So wie die Vernunft zwischen der körperlichen und der geistigen Ebene vermittelt, so kann der durch die sichtbare Schönheit seiner Geliebten erregte Mann sein Begehren über sie hinaus auf die wahre, verstandesmäßig erfaßbare Quelle ihrer Schönheit lenken. Er kann sich allerdings auch der Sinnlichkeit zuwenden. In diesen Irrtum verfallen erwartungsgemäß die jungen Männer, erklärt Bembo in der neuplatonischen Sprache des florentinischen Philosophen Marsilio Ficino:

> "Da sie (die Seele) sich aber im irdischen Gefängnis eingeschlossen findet, und, während ihr das Amt der Regierung des Körpers auferlegt ist, der geistigen Betrachtung beraubt wird, kann sie von sich aus die Wahrheit nicht klar erkennen. Sie muß daher, um Kenntnis von den Dingen zu erlangen, die Grundsätze von den Sinnen erbetteln und glaubt ihnen infolgedessen, beugt sich ihnen und läßt sich durch sie führen, vor allem wenn sie so viel Kraft haben, daß sie sie gleichsam dazu zwingen" (Castiglione 1963, S. 388).

Eine Verirrung der Seele führt zur sexuellen Vereinigung (nur offenbar mit der Herrin des Hofes nicht!). Die bevorzugte Art der Liebe, zu der man durch ein höheres Bewußtsein gelangt, benutzt die Liebe der Edelfrau als Stufe auf dem Weg zu jener Liebe, die allein der allumfassenden Schönheit gilt. Der Liebhaber steigt dabei von der bewußten Wahrnehmung seines eigenen, auf Schönheit reagierenden menschlichen Geistes zur bewußten Wahrnehmung des allumfassenden Intellekts auf, der allumfassende Schönheit in sich birgt. Hier findet seine Seele "in einen Engel verwandelt" die Glückseligkeit in der göttlichen Liebe. Die Liebe kann sich somit zu einem ontologisch edlen "Happy-End" erheben, und die Schönheit der Frau, die eine solche Bewußtseinserhöhung bewirkt, kann metaphysischen Status und Würde erlangen. Aber Liebe, Schönheit und die Frau, mit der ästhetischen Gestalt von Botticellis "Venus" und mit kosmischer Bedeutung versehen, sind in dieser Erhöhung in Wirklichkeit ihrer Körperlichkeit, Sexualität und Leidenschaft beraubt. Der einfache Kuß des Minnedienstes wird zu einem verfeinerten Seelenkuß:

> "Es beseligt ihn daher, seinen Mund mit dem der geliebten Frau zu vereinen, nicht um sich zu irgendeinem unehrenhaften Begehren treiben zu lassen, sondern weil er fühlt, daß dieses Band den Seelen einen Weg eröffnet" (Castiglione 1963, S. 401).

Und statt die Liebe einzuleiten, beendet der Kuß nun den körperlichen Kontakt, zumindest für den Geistlichen und/oder den alternden Höfling, der eine veredelnde Erfahrung sucht - und für die ihrer Rolle als Dame verpflichtete Frau.

Empfänglich wie Castiglione immer noch für die mittelalterlichen Liebesanschauungen ist, diskutiert er immerhin das Thema der Doppelmoral. Seine männlichen Sprecher weisen daraufhin, daß Männer die Regeln aufstellen, die ihnen selbst, nicht aber den Frauen sexuelle Freiheit einräumen, und daß die Sorge um legitimen Nachwuchs keine Rechtfertigung für diese Ungleichheit sei. Da dieselben Männer behaupteten, sie seien tugendhafter als die Frauen, müßten sie sich auch leichter zurückhalten können. In diesem Fall wären "die Kinder dann nicht mehr oder minder rechtmäßig ... Denn mögen die Frauen auch unzüchtig sein, wenn nur die Männer enthaltsam wären und nicht in die Unzucht der Frauen einwilligten, dann könnten diese untereinander und ohne andere Hilfe doch nicht zeugen" (Castiglione 1963, S. 283).

Aber all dies wird in dem Buch durch ein Übermaß an mahnenden Geschichten über die weibliche Keuschheit wieder aufgewogen, und in dem Dialogteil, der jungen Männern Nachsicht in der sinnlichen Liebe gewährt, erhebt sich keine Stimme zugunsten der jungen Frauen, die doch nach Ansicht der Zeit als Jugendliche und als Frauen der sinnlichen Liebe doppelt "geneigt" sein mußten.

Natürlich ist dies ersteinmal nur Theorie. Aber denken wir an die konkreten Beispiele: Eleonore von Aquitanien, die mitten auf einem Kreuzzug den Bettgefährten wechselt - oder aber Elisabetta Gonzaga, die sich von den Konventionen ihres eigenen Hofes derart einengen läßt, daß sie sich keinen Geliebten nimmt, obwohl ihr Gatte impotent ist! Natürlich gibt Elisabetta Castigliones schönstes Beispiel ab: "Unsere Herzogin, die mit ihrem Ehemann fünfzehn Jahre lang wie eine Witwe gelebt hat..." Bembo dagegen hatte in den Jahren vor seiner Ernennung zum Kardinal mit Donna Morosina zusammen gelebt und war der Vater ihrer drei Kinder. Aber wie ihr Leben auch im einzelnen ausgesehen haben mag - nach der neuen Ideologie ergänzte eine vergeistigte, edle Liebe die außerehelichen Erfahrungen des Mannes, die der Frau definierte sie. Für Frauen war Keuschheit an den Renaissancehöfen zur Konvention und damit zum Ausdruck zweier sich ergänzender Tatsachen geworden: einerseits wollten die herrschenden Institutionen der italienischen Gesellschaft im 16. Jahrhundert die außereheliche Sexualität der höfischen Liebe nicht dulden, und andererseits konnten die Frauen, die innerhalb dieser Institutionen einen relativen Machtverlust erlitten hatten, die Institutionen nicht mehr ihren Bedürfnissen entsprechend beeinflussen. Die Legitimität der Nachkommen spielte hierbei eine bedeutsame Rolle. Selbst die höfische Liebe hatte eine gewisse Rücksicht auf sie (und den Wunsch der Frauen, Schwangerschaften zu vermeiden) genommen, indem sie den Vollzug des Geschlechtsakts zugunsten romantischer und sexueller Spiele einschränkte. Aber jetzt, wo die kulturelle und politische Macht fast ausschließlich in den Händen der Männer lag, wurde die Norm weiblicher Keuschheit zum Ausdruck für die Interessen des Renaissanceadels, der sich in eine neue Situation als abhängiger Erbadel hineinbewegte.

Diese veränderte Situation der Aristokratie erklärt sowohl Castigliones allgemeine Beliebtheit als auch den von ihm propagierten Wandel der Liebesbeziehung. *Das Buch vom Hofmann* beschwört eine wohlgesittete Lebensweise, die einer abhängigen Aristokratie ein Gefühl von jener Selbstgenügsamkeit, inneren Macht und Kontrolle verleihen konnte, die sie im realen wirtschaftlichen und politischen Sinn nicht mehr besaß. Aus diesem Grund verbreitete sich dieses populäre Buch im 16. und 17. Jahrhundert von Italien aus quer durch Europa. Es spielt zwar im Jahr 1508 am Hof von Urbino, aber Castiglione begann in Wirklichkeit erst rund zehn Jahre später mit der Niederschrift. 1528 wurde es veröffentlicht - nach der Plünderung Roms und zu einer Zeit, als sich die Fürstentümer Italiens und Europas stärker als im 14. und 15. Jahrhundert zu gleichen begannen. Die Monarchen Europas, die ihre Staaten zunehmend konsolidierten und zentralisierten, sicherten die Privilegien ihres Adels und beseitigten gleichzeitig die feudalistische Macht (Braudel 1973; Ventura 1964; Stone 1965). Entsprechend festigte sich die Situation des italienisches Adels allmählich, als das ganze Land unter die Hegemonie Karls V. fiel.

Im Verlauf des 16. Jahrhunderts begannen neue Gesetze in Italien die Zugehörigkeit zum Stand des Erbadels zu beschränken und zu regulieren, was auf der Stelle ein neues Interesse an legitimer Nachkommenschaft und Blutsreinheit erweckte. Castigliones Forderung nach weiblicher Keuschheit entsprach teilweise diesem besonderen Interesse. Seine Theorie der Liebe als geschlossene Einheit entsprach der allgemeinen Situation des Renaissanceadels. In seiner Abhandlung über die Liebe, zu deren Sprecher er Bembo machte, nahm der gegenüber der Liebesbeziehung dieselbe psychische Haltung ein wie gegenüber der politischen Situation. Er benutzte sogar die Liebesbeziehung als Symbol, um seine Ansicht über die politischen Beziehungen zum Ausdruck zu bringen.

Die veränderten Zeiten, auf die sich Castiglione in seiner Einleitung bezieht, erfuhr er selbst als Zeiten der Knechtschaft. Das Hauptproblem für den italienischen Adel im 16. Jahrhundert war - genau wie für den englischen Adel unter den Tudors - der Gehorsam. Wie einer von Castigliones Höflingen es ausdrückt, erbaten die Adligen von Gott vor allen Dingen gute Herren, "denn wenn man die Herren einmal hat, muß man sie zwangsläufig erdulden, wie sie sind" (Castiglione 1963, S. 137). Diese Umwandlung vom aristokratischen Dienst zum Staatsdienst ließ Castigliones Leitidee eines Adels der Höflinge entstehen, und sie bestimmte die Form seiner Liebestheorie in eben dem Sinne, in dem Bembos alternder, leidenschaftsloser Höfling in seiner verstandesbetonten Liebe das Thema des ganzen Buches auf den Nenner bringt: wie man durch innere Distanz das eigene Selbstbewußtsein, das durch den Verlust unabhängiger Macht bedroht ist, aufrechthalten kann. Die Seele in ihrem irdischen, der Höfling in seinem gesellschaftlichen Gefängnis verzichten freiwillig auf die Macht der Selbstbestimmung, die ihnen in Wirklichkeit schon verweigert wird. Sie verzichten darauf, eine derartige Macht überhaupt zu wollen. "Wenn so die Flamme erlischt, erlischt auch die Gefahr" (Castiglione 1963, S. 398).

In der Liebe wie im Dienst bewahrt der Höfling seine innere Unabhängigkeit, indem er dem Verlangen nach wirklicher Liebe und wirklicher Macht aus dem Weg geht. Er läßt es nicht zu, Liebe oder Macht zu berühren, beziehungsweise sich davon berühren zu lassen. "Um nun ... die Schönheit ohne Ungemach zu genießen, ist es nötig, daß der Hofmann mit Hilfe der Vernunft das Verlangen ganz vom Leibe abkehrt und nur der Schönheit allein zuwendet, sie, soweit es ihm nur gelingen will, in der ihr eigenen Reinheit und Einfachheit betrachtet und in der Einbildung alles Irdischen entkleidet" (Castiglione 1907, Buch IV, S. 176). Er mag das Objekt seines Liebesdienstes anstarren, er mag ihm lauschen, aber damit erreicht er auch schon die Grenzen der eigentlichen körperlichen Beziehung und verwandelt die Schönheit seiner Dame oder die Macht seines Fürsten in eine reine Idee. Während ihm damit die "Betrübnis und Unbill" unmöglicher Leidenschaften erspart bleiben, liebt und dient er auch nur einem Bild. Der Höfling leistet Gehorsam, aber er gehorcht einer von ihm selbst geschaffenen Wirklichkeit:

> "Er wird weder den Schmerz des Abschieds, noch den der Trennung erdulden müssen, weil er seinen kostbaren Schatz stets im Herzen eingeschlossen bei sich trägt, und weil sich seine Einbildungskraft im Geiste ein viel schöneres Bild dieser Schönheit [und der Macht seines Fürsten] entwerfen wird, als sie in Wahrheit ist" (Castiglione 1907, Buch IV, S. 177).

Folglich kann der Höfling gleichzeitig dienen und nicht dienen, lieben und nicht lieben. Er kann sogar die Erleichterung des Nachgebens erfahren, indem er einen geheimen Liebesdienst "als Schritt" nutzt, um zu einem sublimeren Verständnis des Dienens aufzusteigen. Die Betrachtung der in der eigenen Seele entdeckten allumfassenden Idee erregt in ihm ein gereinigtes Verlangen zu lieben, zu dienen und sich mit der intellektuellen Schönheit (oder Macht) zu vereinen. So wie seine Liebe seine Seele über die besondere Schönheit seiner Geliebten hinaus zum allumfassenden Konzept führt, so trägt die Liebe zu jener verstandesmäßig erfaßbaren Schönheit (oder Macht), von der er in Augenblicken eine Spur in sich selbst erfaßt, seine Seele über sein Selbst und über seinen besonderen Intellekt hinaus in den allumfassenden Intellekt. In gänzlich vergeistiger Liebe (oder einer vergeistigten Auffassung des Dienens) entflammt, "erkennt die Seele" dann "... alles Erkennbare und erblickt ohne Schleier oder Wolke das weite Meer der reinen göttlichen Schönheit und nimmt es in sich auf und genießt jene höchste Glückseligkeit, die unfaßbar für die Sinne ist" (Castiglione 1963, S. 406). Was lehrt diese halbmystische Abhandlung anderes, als daß der Höfling durch "wahren Dienst" aus der Festung seiner inneren Unabhängigkeit und Distanz ausbrechen, zur reinen Idee der Macht aufsteigen und sich ihr ergeben kann? Was wird sein Dienst damit anderes als ein frei gewählter Gehorsam, den er zur höchsten Tugend erklären kann? Sowohl in der sublimierten Hinnahme oder Resignation wie in der inneren Distanz zu den Tatsachen beschreibt Bembos Abhandlung über die Liebe beispielhaft die Beziehung zwischen Subjekt und Staat, zwischen Gehorsam und Macht, die das ganze Buch durchzieht. In der Tat sah Castiglione die Macht des Monarchen genauso wie die durch Bembo gepriesene Schönheit der Hofdame als Symbol für Gott: "So wie am Himmelgewölbe die Sonne und der Mond und die andern Gestirne der Welt wie in einem Spiegel eine gewisse Gottesähnlichkeit dartun, so nähern sich auf der Erde am meisten dem Bilde Gottes die guten Fürsten (Castiglione 1907, Buch IV, S. 125). Wenn daher die Menschen "von Gott Fürsten unterstellt werden", wenn sie ihrem Fürsten unterstehen wie Seinem Bild - was kann dann Höheres daraus erfolgen als tugendhaftes Dienen, als die gereinigte Erfahrung des (Gottes-)Dienstes?

Daß in dieser Theorie die Dame dem Fürsten entspricht und auf das Podest der neuplatonischen Liebe gestellt wird, maskiert und verrät gleichzeitig die neue Abhängigkeit der adligen Renaissancefrau. In einer durchstrukturierten Hierarchie von Oben und Unten scheint es, als stünde der Höfling in ihren Diensten. Aber diese Liebestheorie macht in Wirklichkeit sie zur Dienenden - und zum Symbol dafür, wie sich eine Herrschaftsbeziehung umkehren läßt, so daß es denkbar erscheint, daß auch der Fürst den Interessen seines Höflings dient. Die Renaissancedame wird nicht um ihrer selbst willen begehrt und geliebt. Passiv und keusch geworden, vermitttelt sie dem Höfling nur noch die ungefährliche Transzendenz einer andernfalls erniedrigenden Notwendigkeit. Auf symbolischer Ebene bringt Castiglione also den Höfling dazu, sowohl sie als auch den Fürsten zu beherrschen; und auf der realen Ebene gibt er indirekt die tatsächliche Beherrschung der Edelfrau durch den Höfling zu, indem er ihn in seinem Verhältnis zum Fürsten "Frauenart" annehmen läßt. Castiglione mußte sich gegen die Verweichlichung des Höflings zur Wehr setzen, sowohl gegen entsprechende Vorwürfe als auch dagegen, daß das Aussehen mancher Höflinge tatsächlich "so weich und weibisch war, wie viele es zu haben sich bemühen, die sich nicht nur die Haare kräuseln und die Augenbrauen auszupfen, sondern sich dazu mit allen ... Mittelchen anstreichen ... Sie scheinen beim Gehen, Stehen und jeder anderer ihrer Bewegungen so zart und matt zu sein, daß ihre Glieder im Begriff sind, sich voneinander zu lösen. Sie bringen ihre Worte derart betrübt hervor, daß ihr Geist in jedem Augenblick zu verlöschen droht" (Castiglione 1963, S. 44f.)

Doch die engsitzende Kleidung des Renaissanceedelmannes offenbarte den Höfling genauso, wie Castiglione ihn sich wünschte: "in guter Verfassung und wohlgestaltet an Gliedern" (Castiglione 1963, S. 45). Seine Kleidung betonte seine Anmut und dasselbe bewirkte seine nonchalante Lässigkeit - die neue Art der Selbstdarstellung, bei der man "beim Sprechen oder Lachen oder Sichanpassen so tut, als ob man auf nichts achte" (Castiglione 1963, S. 54). Attraktiv und formvollendet sein, ohne daß es einen angeblich kümmert; anderen gefallen, sie bezaubern, und das auf ganz lässige Art: Wie besorgt um den eigenen Eindruck und wie sehr unter der Maske verborgenen muß das wahre Selbst da sein! Und wie geschickt im Manipulieren: Wenn der Höfling etwas von seinem Herrn erbittet, so "wird er taktvoll die rechte Zeit beachten und anständige und vernünftige Dinge fordern; er wird seine Bittschrift, indem er die Teile fortläßt, von denen er weiß, daß sie mißfallen können, und indem er mit Geschicklichkeit die Schwierigkeiten erleichtert, so anlegen, daß der Herr sie ihm stets gewähren ... wird" (Castiglione 1963, S. 131). Kurz, wie sehr nach Frauenart - oder Abhängigenart, denn darin wurzelt das Gleichnis!

Die Übernahme von Verhalten und Kleidung der Frau durch den Höfling des 16. und 17. Jahrhunderts bedeutet in keiner Weise größere Gleichheit zwischen ihnen. Sie spiegelt eher die allgemeine Umstrukturierung der gesellschaftlichen Beziehungen. Die Renaissanceedelfrau geriet in zunehmende Abhängigkeit von den Männern, je mehr das feudalistische System von Selbständigkeit und Gegenseitigkeit dem modernen Staatswesen wich. Die neue Lage erbrachte dem gesamten Adel einen Verlust. Daher die Abhängigkeitshaltung des Höflings, seine Sorge, einen gefälligen Eindruck zu machen, und seine Notlösung, "zu erkennen, was dem Fürsten gefällt, und ... sich ihm anpassen zu können" (Castiglione 1963, S. 130).

Aber für die Edelfrau bedeutete die Entmachtung der Aristokratie durch den Staat einen doppelten Verlust. Der Möglichkeit unabhängiger Macht beraubt, wie die vereinten Interessen des Standes und des Feudalsystems sie einigen Frauen im Mittelalter zugesichert hatten und wie sie von den Staaten des frühen modernen Europas noch teilweise bewahrt wurden, geriet besonders die italienische Edelfrau in eine fast totale Abhängigkeit von ihrer Familie und von ihrem Mann. Und diese Abhängigkeit erlitt sie in eben dem Augenblick, wo sie die beherrschende Position in der weltlichen Kultur ihrer Gesellschaft verlor.

Die Liebestheorie an den italienischen Höfen entwickelte folglich dieselbe Gleichgültigkeit gegenüber den Interessen der Frau, wie sie der Höfling in seiner Selbstgenügsamkeit als ihr Liebhaber entwickelte. Im Unterschied zur mittelalterlichen höfischen Liebe duldete diese Liebestheorie die Doppelmoral. Sie zwang die Edelfrau zur Keuschheit und zu der einzig der Fortpflanzung dienenden Sexualität der politischen Ehe. Desgleichen wurde ihr Körper in schwere, kostspielige Roben gezwängt und verborgen, um den gesellschaftlichen Rang ihres Mannes zur Schau zu stellen. Die Frau als Person erfuhr in dieser Liebesbeziehung eine derartige Entfremdung, daß bezweifelt wurde, ob sie überhaupt fähig sei zu lieben. Die Frage, die am Ende des *Buchs vom Hofmann* aufkommt - "ob Frauen der göttlichen Liebe ebenso fähig sind wie die Männer oder aber es nicht sind" (Castiglione 1963, S. 412) - gehört unverbrüchlich zu einer Liebestheorie, die sich nicht auf Gegenseitigkeit, sondern auf der Vermittlerrolle der Frau aufbaut. Die Schönheit der Frau erweckt zwar Liebe, aber der Liebende, die aktiv wirkende Kraft ist der Mann. Und die Frage bleibt am Ende des *Buchs vom Hofmann* unbeantwortet, weil den Wortführern der Renaissanceliebe im Grunde genommen Frauen und Liebe völlig gleichgültig waren.

Während die höfische Liebe sich der sozialen Beziehung des Vasallentums bedient hatte, um ein aufrichtiges Interesse an der sexuellen Liebe in erfahrbare Wirklichkeit umzusetzen, bewegten sich Castiglione Gedanken genau in die entgegengesetzte Richtung. Er ging in der Allegorisierung der Liebe ebenso weit wie Dante: die Beziehung zwischen den Geschlechtern diente ihm als Symbol der neuen politischen Ordnung. Seine Liebestheorie reflektiert damit die sozialen Realitäten der Renaissance. Die Tatsache, daß der Frau das Recht und die Macht zu lieben verweigert wurde und daß sie sich in das passive, dienende "Andere" verwandeln mußte, paßt zum Selbstbild des Höflings - zu jenem Selbstbild, das Castiglione zu stärken suchte. Die symbolische Beziehung zwischen den Geschlechtern spiegelt also die neuen gesellschaftlichen Beziehungen innerhalb des Staates, ähnlich wie die höfische Liebe ein Abbild der feudalistischen Beziehung gegenseitiger persönlicher Abhängigkeit war. Aber die Renaissanceliebe spiegelt außerdem die tatsächlichen Bedingungen der Abhängigkeit, unter denen die Edelfrau im Zuge der Staatsbildung zu leiden hatte. Wenn der Höfling, um den Fürsten zu gefallen, sich ihm gegenüber in derselben Weise verhielt, wie es die Frau dem Höfling gegenüber tat, dann deshalb, weil Castiglione die Geschlechterbeziehung genauso verstand und in dieselben Begriffe faßte wie die politische Beziehung: als Beziehung zwischen Diener und Herrn. Der Edelmann litt unter dieser Beziehung nur im öffentlichen Bereich. Die Edelfrau, der eine freiwillige, gegenseitig befriedigende Liebesbeziehung versagt wurde, litt auch im persönlichen Bereich darunter. Obendrein ordnete Castigliones Liebestheorie - im Gegensatz zu der von ihr verdrängten Minne - die Liebe als solche den öffentlichen Interessen des Renaissanceedelmannes unter. Castiglione führte die Geschlechterbeziehung als Abhängigkeits- und Herrschaftsbeziehung ein, aber er tat es, um die politische Beziehung und die mit ihr verbundenen Probleme zum Ausdruck zu bringen und mit ihnen fertigzuwerden. Der einst von der gesamten Feudalgesellschaft geschätzte persönliche Wert der Liebe wurde von nun an mehr und mehr der Dame überlassen. Seinen eigentlichen Bund schloß der Höfling mit dem modernen Fürsten.

Zusammenfassend läßt sich sagen, daß eine neuartige Trennung zwischen persönlichem und öffentlichem Leben spürbar wurde, als der Staat die Renaissancegesellschaft herauszubilden begann. Mit dieser Trennung trat auch im Renaissanceadel die moderne Geschlechterbeziehung auf den Plan (Rosaldo und Lamphere 1974). Auch die adligen Frauen wurden nun aus dem öffentlichen Bereich - der Wirtschaft, Politik und Kultur - ausgeschlossen. Und obwohl sie nicht so vollständig in dem privaten Bereich von Haus und Familie verschwanden wie ihre Patrizierschwestern, bekamen sie ihren Verlust an politischer Macht in Form von neuen Zwängen in ihrem persönlichen wie gesellschaftlichen Leben zu spüren. Die eher klassischen als mittelalterlichen Vorstellungen von Liebe und Sitte in der Renaissance waren ein fast ausschließlich männliches Produkt. Sie brachten die neue Unterordnung der Frauen unter die Interessen ihrer Ehemänner und ihrer Verwandtschaft zum Ausdruck und dienten als Rechtfertigung für die Entfernung der Frauen aus der "undamenhaften" Position von Macht und erotischer Selbstbestimmung. Die Fortschritte Italiens in der Renaissance - seine kapitalistische Wirtschaft, seine Staaten und seine humanistische Kultur - bewirkten sämtlich die Verwandlung der Edelfrau in ein ästhetisches Wesen: in ein dekoratives, keusches und von ihrem Mann wie auch vom Fürsten, also doppelt abhängiges Objekt.

Aus dem Amerikanischen von Renate Stendhal

Literatur:

Alberti, Leon B. (1962): Über das Hauswesen (ital.: Della Famiglia), übersetzt von Walther Kraus. Zürich/Stuttgart: Artemis.
Andrews, Marian (Pseudonym Christopher Hare) (1904): The Most Illustrious Ladies of the Italian Renaissance. New York: Scribner's.
Aquin, Thomas von (1955): Summa theologica, Gemeinschaftsverlag F.H. Kerle/Heidelberg und Verlag Styria/Graz, Wien, Köln.
Arthur, Marilyn (1977): "'Liberated' Women: The Classical Era", in: Bridenthal, R./Koonz, Claudia, Becoming Visible. Boston u.a.: Houghton Mifflin Company, S. 60-89.
Beard, Mary (1946): Woman as Force in History. New York: MacMillan.
Beauvoir, Simone de (1968): Das andere Geschlecht. Reinbek bei Hamburg: Rowohlt.
Bell, Susan H. (1976): "Christine de Pizan", in: Feminist Studies, 3 (Spring/Summer 1976), S. 173-184.
Bloch, Marc (1982): Die Feudalgesellschaft. Berlin: Propyläen Verlag.
Bogin, Meg (Hrsg. und Übers.) (1976): The Women Troubadours. New York/London: Paddington Press.
Braudel, Fernand (1973): The Mediterranean World. London: Routledge & Kegan Paul.
Breisach, Ernst (1967): Caterina Sforza: a Renaissance Virago. Chicago: University of Chicago Press.
Burckhardt, Jakob (1860): Die Kultur der Renaissance in Italien, Gesammelte Werke in 10 Bänden, 1955-59. Stuttgart: Schwabe.
Capellanus, Andreas (1924): Des königlichen fränkischen Kaplans Andreas drei Bücher über die Liebe, übertragen und herausgegeben: Hans M. Elster. Dresden: Paul Aretz.
Cartwright, Julia (1903): Isabella d'Este. 2 Bände. New York: Dutton.
dies. (1899): Beatrice d'Este.
Casey, Kathleen (1976): "Reconstructing the Experience of Medieval Women", in: Caroll Berenice, Liberating Women's History. Urbana: University of Illinois Press, S. 224-249.
Castiglione, Baldassare (1963): Das Buch vom Hofmann. Bremen: Schünemann.
ders. (1907): Der Hofmann. 3 Bände. Leipzig: G. Müller. (Alte Ausgabe mit vollständigem Text.)
Chojnacki, Stanley (1974): "Patrician Women in Early Renaissance Venice", in: Studies in the Renaissance, 21, S. 176-202.
Crane, Thomas F. (1920): Italian Social Customs of the Sixteenth Century. New Haven: Yale University Press.
Crestien de Troyes (1974): Lanzelot, Hrsg. Helga Jauss-Meyer. München: Wilhelm Fink Verlag.
Dante Alighieri (1964): La Vita Nuova. Das neue Leben, Livorno 1843. Frankfurt a.M.: S. Fischer Verlag.
Goldin, Frederick (Übers.) (1973): Lyrics of the Troubadours and Trouvères. New York: Doubleday.
Gregorovius, Ferdinand (1982): Lucrezia Borgia. München: Beck Verlag.
Heer, Friedrich (1977): Mittelalter. Vom Jahr 1000 bis 1350. München: Kindler Verlag.
Herlihy, David (1962): "Land, Family and Women in Continental Europe, 701-1200", in: Traditio, 18, S. 80-120.
ders. (1971): "Some Psychological and Social Roots of Violence in the Tuscan Cities", in: Violence and Civil Disorder in Italian Cities, 1200-1500. Lauro Martines (Hrsg.). Berkeley: University of California Press, S. 129-154.
Hunt, Morton (1967): The Natural History of Love. New York: Funk & Wagnalls.
Kelly, Amy (1937): "Eleanor of Aquitaine and Her Courts of Love", in: Speculum, 12 (Januar 1937), S. 3-19.

Kelly-Gadol, Joan (1976): "Notes on Women in the Renaissance", in: Conceptual Frameworks in Women's History. Bronxville/New York: Sarah Lawrence Publications.
Kelso, Ruth (1956): Doctrine for the Lady of the Renaissance. Urbana: University of Illinois Press.
King, Margaret L. (1977): "The Religious Retreat of Isotta Nogarola (1418-1466)", in: Signs, Winter 1977. Chicago: University of Chicago Press.
Lanval, Les Lais de Marie de France (o.J.): Hrsg. Paul Tuffrau. Paris: L'Edition d'Art H. Piazza, S. 41.
Loris, Guillaume de und Meun, Jean de (1976, 1978, 1979): Der Rosenroman. München: Wilhelm Fink Verlag.
Morris, Joan (1973): The Lady was a Bishop. New York and London: Collier and MacMillan.
Perella, N.J. (1969): The Kiss Sacred and Profane: An Interpretive History of Kiss Symbolism. Berkeley: University of California.
Putnam, Emily J. (1970): The Lady. Chicago: University of Chicago Press.
Rodocanachi, E. (1922): La Femme italienne avant, pendant et après la Renaissance. Paris: Hachette.
Rosaldo, Michelle Z. und Lamphere, Louise (Hrsg.) (1974): Women, Culture and Society. Stanford: Stanford University Press.
Rossi, Vittorio (1933): Il Quattrocento. Mailand: F. Vallardi.
Ong, W. (1959): "Latin Language Study as a Renaissance Puberty Rite", in: Studies in Philology, 56, S. 103-124.
Stone, Lawrence (1965): The Crisis of the Aristocracy, 1558-1641. Oxford: Clarendon Press.
Thomas, Keith (1959): "The Double Standard", in: Journal of the History of Ideas, 20, S. 195-216.
Thompson, David und Nagel, Alan F. (Hrsg.) (1972): The Three Crowns of Florence: Humanist Assessments of Dante, Petrarca and Boccaccio. New York: Harper & Row.
Trollope, T.A. (1859): A Decade of Italian Women, 2 Bände. London: Chapman & Hall.
Valency, Maurice (1941): In Praise of Love: An Introduction to the Love-Poetry of the Renaissance. New York: MacMillan.
Ventura, A. (1964): Nobiltà e popolo nella società Veneta. Bari: Laterza.
Xenophon (1956): Die sokratischen Schriften, Memorabilien, Symposium, Oikonomikos, Apologie, hrsg. von Ernst Bux. Stuttgart: Kröner Verlag.

Ethnologie

Die Bedeutung der Geschlechtsidentität in der ethnologischen Forschung

Maria-Barbara Watson-Franke

Die Ethnologie nimmt eine besondere Stellung in der Diskussion über die patriarchale Diskriminierung nach Geschlecht ein, da uns ihre Ergebnisse mit den Varianten menschlichen Verhaltens und Erlebens bekannt machen, die die Relativität geschlechtsgebundener Kulturnormen offensichtlich werden lassen. Von der Objektivität ihrer Forschungsergebnisse und von der Exaktheit ihrer Methoden hängt daher in besonders hohem Maße die Überzeugungskraft der Argumente ab, die in der allgemeinen Diskussion über die Bewertung von sexistischen bzw. patriarchalen Grundlagen unserer Kultur ausgetauscht werden. Inwieweit die Ethnologie erfolgreich darin ist, das Leben von Frauen und Männern aus kulturvergleichenden Perspektiven korrekt zu interpretieren, wird letztlich von den Daten bestimmt, die von Wissenschaftlern zusammengetragen werden. Das Sammeln von Daten, einer der wichtigsten Prozesse in der ethnologischen Forschung, beginnt mit den Fragen, die wir uns selbst und unseren Informanten stellen.

Slocums Forderung, neue Fragen zu formulieren (1975, S. 49), gewinnt hier an Bedeutung, denn Art und Inhalt der gesammelten Information bestimmen die weiteren Schritte der Forscher und damit die endgültigen Forschungsresultate: nämlich das Ordnen und Interpretieren, sowie das Zusammenfügen, und schließlich das Verallgemeinern der Daten zu Modellen, die wiederum die Basis zum Sammeln neuer Daten bilden, indem sie das Denken der Forscher in vorbestimmte Richtungen lenken und zu erneuter Fragestellung anregen. Das bedeutet, daß bereits die Umstände, Bedingungen und Voraussetzungen des Datensammelns das Gesicht der Ethnologie prägen.

Von den zahlreichen Variablen, die diesen komplexen Vorgang bestimmen, wollen wir im folgenden eine herausstellen, *die Geschlechtsidentität*[1], und uns auf das Beispiel des Datensammelns in einer bestimmten Kultur be-

---

[1] "Geschlecht" bezieht sich hier auf den biologischen Aspekt der menschlichen Existenz und wird synonym für den amerikanischen Terminus "sex" wie in "sex-role" benutzt. "Geschlechtsidentität" - als allgemeiner Ausdruck des Selbst- und Weltverständnisses - und "Geschlechtsrolle" - als der dynamische Aspekt dieses Verständnisses - bezeichnen den kulturellen Aspekt und werden synonym für die amerikanischen Termini "gender" und "gender-role" benutzt (Janssen-Jureit 1979). Zwischen diesen Termini zu unterscheiden ist von größter Wichtigkeit, wenn wir davon ausgehen, daß unser Leben nicht so stark von biologischen Fakten als von den kulturellen Antworten auf biologischen Gegebenheiten bestimmt wird.

schränken. *Feldforschung*, wie dieser Vorgang genannt wird, ist nicht *eine* Methode, sondern stellt ein ganzes Bündel von Forschungsstrategien dar (Pelto 1970). Die wichtigsten, die hier näher behandelt werden sollen, sind: Teilnehmende Beobachtung, Interview mit Haupt-Informanten, Sammeln von Lebensgeschichten, Interviews und Fragebögen. Während Pelto eine Vielzahl möglicher Fehlerquellen, welche Ethnologen bei der Anwendung dieser Methoden beachten sollten, zur Sprache bringt, übersieht er die Bedeutung der Geschlechtsidentität, trotz seiner bemerkenswerten Beobachtung, daß "American women seem better than men at recalling details of clothing, colors and features of decoration and adornment" (1970, S. 92).

Im folgenden soll daher deutlich gemacht werden, daß das Geschlecht ein sehr wichtiger Faktor ist, der nicht unterschätzt werden darf. Kulturelle Definitionen des Geschlechts, d.h. die von einer Kultur akzeptierten Konzepte der Geschlechtsidentität, stellen einen Teil des Wertsystems einer Gesellschaft dar und bestimmen als solche das Selbst- und Weltverständnis jedes Mitgliedes einer Kultur. Werden diese Konzepte ignoriert, geht wertvolle Information verloren, oder es entstehen gravierende Mißverständnisse.

Im folgenden soll näher untersucht werden, wie der Vorgang des Datensammelns bei Anwendung der oben genannten Methoden durch die Konzepte der Geschlechtsidentität beeinflußt wird.

1. Teilnehmende Beobachtung

Eine reichhaltige Literatur befaßt sich mit diesem Thema. Doch ist, wie gesagt, bisher die Bedeutung der Geschlechtsidentität wenig oder gar nicht beachtet worden. Ein kurzer Blick auf die eigene Gesellschaft genügt, um klarzumachen, daß Männer und Frauen, Mädchen und Jungen, nicht immer an allen Ereignissen in gleicher Weise teilnehmen oder diese gleich beobachten, und daß diesbezügliche Unterschiede in der Regel nicht eine Frage der persönlichen Entscheidung, sondern der gesellschaftlichen Regelung sind.

Im Falle der ethnologischen Feldforschung komplizieren sich die geschlechtsgebundenen Diskrepanzen, da ja Ethnologen in der Feldsituation nach den Erfahrungsgrundsätzen und Anforderungen zweier Kulturen leben und handeln: Sie leben in der "anderen" Kultur - die wir im folgenden *Gastkultur* nennen wollen -, welche ihr Forschungsobjekt darstellt, und sie leben in der "eigenen" Kultur - im folgenden *Eigenkultur* genannt -, welche sie durch ihre eigene Person mit ins Feld einbringen. Ein großer Teil des Erfolges eines Feldprojektes hängt damit also von der Fähigkeit der Ethnologen ab, die unterschiedlichen Wertsysteme beider Gesellschaften miteinander zu verbinden. Konflikte zwischen Wertsystemen sind nicht nur eines der großen Forschungsthemen der Ethnologie, sie sind auch Teil des Alltags in der Feldsituation, was sich u.a. als "Kulturschock" bei den Forschern äußern kann. Während diese Schwierigkeiten allgemein bekannt sind, wurde indessen bisher wenig darauf geachtet, inwieweit die Geschlechtsrollen der Beteiligten, d.h.

der Ethnologen und deren Informanten, zur Schaffung dieser Konflikte beitragen. Margaret Mead wies bereits in den dreißiger Jahren (1935) auf die Bedeutung kultureller Varianten in Konzepten der Geschlechtsidentität und -rolle hin, doch haben wir bis heute wenig mit dieser Information angefangen.

Manche Forscher sehen als ideales Ziel die *richtige* Beschreibung einer fremden Kultur, was angeblich durch die *objektive* Haltung des Forschers möglich wird, die sich dieser durch jahrelanges Studium und Training erwirbt, wodurch er Abstand von den Vorurteilen der eigenen Kultur gewinnt. Inwieweit sich Forscher von den Vor-Verständnissen und Vor-Urteilen ihrer eigenen Kultur befreien können, ist indessen eine umstrittene Frage. Whitaker (1978) demonstriert in einer vergleichenden Studie überzeugend, daß verschiedene Forscher (gleichen Geschlechts) aufgrund *ihrer unterschiedlichen Sozialsituation* bei der Beobachtung der gleichen Kultur verschiedene Züge betonten und schließlich zu recht unterschiedlichen Ergebnissen kamen. Wenn wir davon ausgehen, daß die Vorstellungen von den Geschlechtsrollen als Teil des Wertsystems durch den Sozialisationsprozeß vermittelt werden, so ist klar, daß auch diese Konzepte einen Teil des Vor-Verständnisses darstellen, welches Ethnologen in die Feldsituation einbringen und das ihr Verständnis derselben bestimmt (Löffler 1979, S. 16).

Man könnte zunächst meinen, daß es vorteilhaft sei, wenn Gast- und Eigenkultur bezüglich ihrer Vorstellungen über Geschlechtsrollen übereinstimmen. Doch Schwierigkeiten werden bereits erkennbar, wenn wir den konkreten und häufigen Fall annehmen, daß eine Wissenschaftlerin aus einer Männer-orientierten Kultur in einer gleichermaßen patriarchal ausgerichteten Gesellschaft forschen möchte. Diese Untersuchungssituation stellt uns sogleich vor verschiedene Fragen: Verfügen beide Kulturen über die gleichen Mechanismen weiblicher Anpassung an männliche Dominanz? Ist der Ethnologen-Beruf aus der Sicht beider Gesellschaften geeignet, einer Frau optimale Anpassung an die weibliche Rolle zu ermöglichen, wobei wir sowohl ihr Verhalten als Frau in der Gastkultur als auch ihren Forschungsstil als Wissenschaftlerin berücksichtigen müssen. Das heißt, kann sie als forschende Frau den Anforderunen an weibliche Stereotypen genügen? Inwieweit werden solche Forderungen überhaupt gestellt und von wem?

Da Ethnologen häufig in Gesellschaften leben, deren Wertvorstellungen nicht oder nur wenig bekannt sind, und ihre Arbeit eben in der Dokumentation dieser Normen besteht, ist es von größter Wichtigkeit, daß sie sich der Wertvorstellungen ihrer eigenen Gesellschaft voll bewußt sind und daß sie sich selbst ständig daraufhin kritisch überprüfen, ob ihr Verständnis der Gastkultur lediglich eine Reaktion auf ihr eigenes kulturelles Vor-Verständnis darstellt oder ob sie wirklich die Gedanken und Realitäten der Informanten dokumentieren. Selbstkritisches Verhalten gegenüber der eigenen Person und Kultur und die Fähigkeit, Ansichten zu ändern und neu zu formulieren, sind unerläßlich in dieser Phase der wissenschaftlichen Arbeit (Watson-Franke und Watson 1975). Dies ist besonders schwierig, wenn es um die Geschlechtsrolle geht, da sie gewöhnlich als "natürlich" angesehen wird und damit außerhalb des Bereichs der kritischen Selbstreflexion liegt. Weiterhin müssen wir bedenken, daß das Konzept der Geschlechtsrolle nicht nur die Vorstellungen und das Verstehen von Ethnologen und Informanten beeinflußt, sondern auch deren tägliche Handlungen. Das heißt, der technische Ablauf des Feldprojekts ist von diesen Faktoren betroffen. Dies ist in der Ethnologie von besonderer Wichtigkeit, da die Forscher hier im allgemeinen von ihrem Forschungsgegenstand abhängiger sind als z.B. in der Geschichtswissenschaft oder in der Psychologie. Allan Holmberg beispielsweise berichtet (1969, S. xxiv), daß die Siriono ihn nur deshalb "duldeten", weil er jagen und sich somit selbst versorgen konnte und außerdem Medikamente besaß, die für seine Informanten von Interesse waren. Die folgende Geschichte (persönliche Mitteilung von Professor Egon Schaden 1965) ist ein Beispiel dafür, wie die Vorstellungen der Gastkultur über Geschlechtsrollen den Handlungsradius eines Forschers beeinflussen können: Der Ethnologe erreichte am späten Nachmittag ein Dorf im südamerikanischen Dschungel, das für die nächsten Wochen sein zu Hause sein sollte. Da die tropische Nacht nahe war, machte er sich auf den Weg, um Brennholz zu holen, damit ein Feuer unter seiner Hängematte die nächtliche Kühle und die Insekten abhalte. Während er durch das Dorf ging, hatte er das unbestimmte Gefühl, daß etwas nicht in Ordnung sei. Schließlich wurde er von einem Dorfbewohner angehalten, der ihn offensichtlich vom Holzholen abzuhalten suchte. Was geschah hier? Des Rätsels Lösung war, daß sich der Ethnologe nicht gemäß der im Dorf geltenden Geschlechtsrollen verhalten hatte. Feuerholz-Holen galt hier als Frauensache.

In dieser Situation hätte es eine Ethnologin also einfacher gehabt. Läßt sich diese Erfahrung verallgemeinern? Haben Frauen öfter oder etwa immer Vorteile in der Feldsituation? Wenn man die guten und manchmal nicht so guten Ratschläge hört, die Kandidat*innen* der Ethnologie erhalten, dann muß die Geschichte vom Feuerholz Erstaunen erregen.

Im folgenden wollen wir den Versuch unternehmen, die Arbeitssituation von Ethnologen und Ethnologinnen im Feld miteinander zu vergleichen. Mette Bovin (1966) hat darüber bereits in den sechziger Jahren Beobachtungen zusammengetragen, als sie über die Vor- und Nachteile von Männern und Frauen in der Feldarbeit schrieb. Wir wollen hier ihre Überlegungen referieren, um sie dann weiter zu verfolgen und zu entwickeln: Zunächst wollen wir uns dem Ethnolog*en* zuwenden:

Männer haben bestimmte Vorteile im Feld, weil sie in vielen Gesellschaften als die physisch und damit allgemein stärkeren gelten. In zahlreichen Kulturen werden sie für das wichtigere und damit für das mit Autorität ausgestattete Geschlecht gehalten. Diese Einstellung öffnet dem Ethnologen Türen zu wichtigen Ereignissen und Menschen. Allgemein gilt, daß <u>männliche Ethnologen besseren Zugang zu Ereignissen, Vorgängen und Aktivitäten haben, die Männer-spezifisch sind, d.h. als maskulin gelten und/oder von Männern kontrolliert werden.</u> Das folgende Beispiel illustriert diesen Punkt:

Unter den Ureinwohnern Australiens entwickelten die Männer komplizierte Ritualien, die nur ihnen vorbehalten waren. An sakralen Orten - sakral, weil sie in den Mythen der legendären Traumzeit erwähnt werden, welche die Ereignisse schildern, die in den Ritualen wiederbelebt werden - fanden sich die Männer unter Ausschluß der Frauen zusammen. Gegenstand der Riten waren u.a. Initiations- und Fruchtbarkeitszeremonien. Frauen waren weder zu diesen Ritualen zugelassen, noch durften sie die sakralen Orte betreten. Das heißt also, daß die Geschlechtsrollen-Konzepte der australischen Kulturen eine exklusiv-maskuline Sphäre im Religiösen geschaffen hatten. Die meisten Forscher, die sich mit diesem Aspekt der australischen Kulturen befaßten, waren Männer der westlichen Welt, die ebenfalls aus Männer-orientierten Gesellschaften kamen. Weibliche Rituale aus Australien wurden nicht bekannt. Die Forscher arbeiteten entsprechend mit einer einseitig aufgebauten Daten-Sammlung, die als Grundlage für die Theorienbildung über australische Religionen diente. Unter dem Einfluß Durkheimscher Ansichten über prä-industrielle Religionen schufen die in Australien arbeitenden Forscher das Bild vom *sakralen Mann* und der *profanen Frau* (Warner 1937, Rohrlich-Leavitt u.a. in diesem Band).[2]

Dieses Beispiel aus der Ethnologie Australiens zeigt, wie die Verbindung Männer-orientierter Konzepte aus der Eigen- mit denen der Gastkultur zu Mann-betonten Theorien führt, welche uns ein unvollständiges Bild der betreffenden Gesellschaft vermitteln. Es demonstriert klar den Zusammenhang zwischen Datenbasis und Theorie und bringt weiterhin den Nachweis, daß das Wertsystem der Eigenkultur - in diesem spezifischen Zusammenhang präsentiert durch die Theorie Durkheims - der Datensammlung, die für objektiv gehalten wird, Autorität verleiht.

Faktoren, die als Vorteil verstanden werden, können sich indessen auch ins Gegenteil verkehren. Die mit den männlichen Forschern assoziierte größere Stärke und Aggressivität können Angst einflößen und deshalb die Kontaktaufnahme erschweren. In diesem Zusammenhang sei insbesondere an die Machtkonstellation der kolonialen Vergangenheiten erinnert. Allgemein jedenfalls gilt, daß Männer benachteiligt sind, wenn es um die Erforschung Frauen-spezifischer, d.h. weiblicher, und/oder von Frauen kontrollierter Ereignisse, Vorgänge und Handlungen geht. Der russische Forscher Sergei Shi-

---

2   Die Polarisierung der Geschlechter ist ein wichtiger Bestandteil westlichen Denkens, der uns in Aristoteles' Diskursen über die Geschlechter begegnet, aber auch in der Kritik Simone DeBeauvoirs am Konzept des Weiblichen als "Dem Anderen". Die dabei als ungleich angenommene Machtverteilung zwischen beiden Polen wird im westlichen Denken gleichzeitig als Grundlage und als Resultat geschlechtsspezifischer Unterschiede verstanden. Feministische Ethnologinnen, die sich mit der Frage beschäftigten, ob diese Art des Dichotomieen-Bildens als kulturelles Universale angesehen werden darf, kamen zu dem Schluß, daß es sich hierbei um ein bestimmtes Konzept westlicher Prägung handelt (MacCormack und Strathern 1980). Der Beitrag von Nancy Jay in diesem Band beschäftigt sich ausführlich mit dem Zusammenhang zwischen dichotomen Denkmustern und der Geschlechtsrollenwahrnehmung männlicher Philosophen.

rokogoroff, der am Anfang dieses Jahrhunderts Studien unter den Tungusen in Nordost-Asien betrieb, war sich solcher Nachteile voll bewußt und dankt seiner Frau im Vorwort seines Buches dafür, daß sie die Schwierigkeiten seiner Reise mit ihm geteilt und ihm dadurch seine Arbeit erst ermöglicht habe:

> "Mein Dank gilt in erster Linie Madame Shirokogoroff, meiner Frau, die mich trotz der Beschwernisse der Reise und trotz der anstrengenden Lebensumstände, die Expeditions- und Feldarbeit mit sich bringen, begleitet und mich bei der Beschaffung meines Materials unterstützt hat. Ihre Beteiligung an der Expedition hat mir nicht nur erlaubt, meine Materialbasis auszudehnen, sondern hat es auch in vieler Hinsicht erleichtert, mit den Tungus und Manchus, bei denen wir wohnten, freundschaftliche Beziehungen herzustellen. Diese Völker bringen nämlich in der Regel selbst den friedlichsten Forschern, wenn sie ohne Familie reisen, kein Vertrauen entgegen. Darüber hinaus ist es manchmal wirklich unmöglich, ohne die Hilfe einer Frau in das intime Leben eines Volkes vorzudringen" (Shirokogoroff 1966, S. i.).[3]

Diese Feststellung Shirokogoroffs, die ja von grundsätzlicher methodologischer Bedeutung ist, findet nur in einem Vorwort Platz, was einer erheblichen Entwertung dieser wichtigen Beobachtungen gleichkommt. Wir müssen annehmen, daß Shirokogoroff, obwohl er die Problematik und ihre Wichtigkeit fühlt und seiner Frau dankt, - eine emotionale Reaktion -, die strukturellen Implikationen seiner Beobachtungen nicht erkennt, nämlich die Tatsache, daß sich Frauen und Männern unterschiedliche Möglichkeiten im Feld bieten und daß deren gemeinsame Anwesenheit die Qualität der Forschungssituation und -ergebnisse wesentlich verändert. Dabei muß angemerkt werden, daß bis heute selbst so kurze Kommentare über die Art der Zusammenarbeit von Männern und Frauen im Feld in der ethnologischen wissenschaftlichen Literatur selten sind.

Als nächstes wollen wir einen Blick auf die Vor- und Nachteile werfen, die sich für die Ethnologin im Feld ergeben: Frauen werden in vielen Gesellschaften für empfindsamer gehalten als Männer, und gewöhnlich wird von ihnen erwartet, daß sie sich um die Nöte und Sorgen anderer (Kinder und Männer) kümmern: Eigenschaften wie Mitleid oder Einfühlsamkeit erleichtern die Kontaktaufnahme und bewirken, daß Menschen, die mit ihnen ausgestattet sind, oder von denen solche Züge erwartet werden - nämlich Frauen - weniger oder gar nicht gefürchtet werden. Außerdem gilt, komplementär zum spezifischen Vorteil der Männer, daß Frauen eher Zugang zu Ereignissen, Vorgängen und Aktivitäten haben, die als "weiblich" gelten und/oder von Frauen kontrolliert werden.

Das folgende Beispiel, wieder aus der Ethnologie Australiens, demonstriert, wie wichtig die Einbeziehung der weiblichen Erfahrung (als Forscherin und Informantin) für die Theoriebildung ist:

---

3   Dieses und die folgenden englischen Zitate wurden von Barabara Schaeffer-Hegel ins Deutsche übetragen.

Die erste umfassende ethnologische Studie über weibliche Lebenszusammenhänge und Erfahrungen in prä-industriellen Kulturen bezieht sich auf Australien. 1939 publizierte Phyllis M. Kaberry "Aboriginal Woman. Sacred and Profane". Der Titel ihres Buches ist eine kritische Absage an die von Warner und anderen unterstützte These, daß nur der Mann in den australischen Kulturen Zugang zum Religiösen habe. A.P. Elkin würdigte die Bedeutung von Kaberrys Arbeit in seiner Einführung zu ihrem Buch:

> "Dieses Buch enthüllt die große Lücke, die bisher in unserem Wissen über das Leben der Ureinwohner Australiens geklafft hat... Sie (Kaberry) berichtet Tatsachen über das Leben der Frauen, über die wir bisher wenige bis gar keine Kenntnisse hatten und in derem Licht die Autorin neue Interpretationen einiger Aspekte des Eingeborenenlebens liefert. Nehmen wir z.B. die weitverbreitete Überzeugung, daß die Frauen der Ureinwohner bloße Dienstboten oder Sklaven sind, die ihr Leben in Monotonie verbringen und von ihren Ehemännern schändlich behandelt werden. Dr. Kaberry, die lange in engem Kontakt mit den Frauen gelebt hat, ... vermag zu beweisen, ... daß diese frühere Ansicht irreführend ist."

Elkin macht einen kurzen Ansatz, um den Mangel an Daten über Frauen durch die vorherrschenden Auffassungen von Geschlechtsrollen zu erklären, und schreibt:

> "Es gibt Entschuldigungen für diesen Mangel an Informationen über die Frauen der australischen Urgesellschaften. Fast alle Beobachter und Berichterstatter - ob mit oder ohne wissenschaftliche Ausbildung - waren Männer und haben ihre Informationen wie selbstverständlich bei den Männern eingeholt und das Leben der Eingeborenen mit den Augen der Männer betrachtet. Außerdem hat die rigide Trennung, die zwischen den Geschlechtern besteht und die vor allem das religiöse Leben und - wenngleich in geringerem Maße - auch das gesellschaftliche und das wirtschaftliche Leben betrifft, die männlichen Anthropologen veranlaßt, sich mit den Männern und deren Zeremonien zu identifizieren. Damit übernahmen sie ganz allgemein das Tabu, das gegenüber Frauen und gegenüber weiten Bereichen ihres Lebens besteht. Wenn die eingeborenen Männer nichts wissen oder wenn ihre Sicht durch ein Tabu beschränkt wird, so muß der männliche Anthropologe mit Recht davon ausgehen, daß er als Mann das Tabu respektieren muß und daß er nicht mit Gewalt in die Bereiche des anderen Geschlechtes eindringen darf."

Elkin, ähnlich wie Shirokogoroff, bewundert die weibliche Leistung, ist aber unfähig, den nächsten Schritt zu tun, nämlich die strukturellen Veränderungen im Verstehen anzuerkennen, die sich aus dem Einbeziehen der weiblichen Erfahrung ergeben. Er versucht lediglich, die Männer-orientierte Interpretation Warners abzuschwächen und die Ernsthaftigkeit von Kaberrys Definition des Sakralen in Frage zu stellen:

> "Dr. Kaberry kritisiert Warners Verallgemeinerung, die besagt, daß Frauen während ihres Lebens wenig Entfaltungen im Bereich des 'Sakralen' erfahren und daß sie sich überwiegend im Bereich des 'Profanen' bewegen. Und doch glaube ich, daß sie im Grunde mit dem übereinstimmt, von dem ich hoffe, daß es auch Dr. Warners Ansicht

ist, daß nämlich Frauen, weil sie nicht in das Kultleben und in seine Riten, Symbole, Totems und Mythen eingeführt werden, letztlich außerhalb der heiligen Stätten, der Tempel und Kulthütten bleiben müssen." Und: "Dennoch können auch Kaberrys eigene Schlußfolgerungen leicht angreifbar werden, vor allem weil Begriffe wie 'sakral' und 'spirituell' unterschiedlich verstanden werden können... Ich glaube, daß Dr. Kaberry unter 'sakral' Umfassenderes versteht als die meisten Anthropologen - vielleicht auch als Dr. Warner."

Folgen wir Elkin, dann ist der australische Ureinwohner eben nur ein bißchen weniger sakral als Warner ihn sah, aber eben doch noch hinreichend mehr, als seine Ureinwohner-Gefährtin!

Seit Kaberry haben wir eine Reihe von Arbeiten, alle von Frauen, welche das von ihr begonnene neue Bild der australischen Kulturen weiter vervollständigt und ausgebaut hat (Berndt 1950; Reay 1963; Bell 1981).

Ebenso wie die Dokumentation weiblicher Erfahrung in den "männlichen" Sphären (Politik, Religion) auf Schwierigkeiten stößt, ist auch die Erforschung der frauenspezifischen Lebensbereiche problemgeladen. Nur so läßt sich erklären, daß erst 1978 die erste kulturvergleichende Studie über die Geburt als kultureller Prozeß erschien, welche die Frauen in den Mittelpunkt rückt und die Frage nach der Machtverteilung bei den Vorgängen stellt, die im Zusammenhang mit der Geburt eines Menschen stehen (Jordan 1978).

Frauen haben Nachteile in der Feldsituation, wenn es um die Erforschung männerspezifischer und/oder von Männern kontrollierter Ereignisse, Vorgänge und Aktivitäten geht. Da in vielen Kulturen die öffentliche Sphäre, wie die Straße oder der Marktplatz, die Domäne der Männer ist, können sich hier Schwierigkeiten oder zumindest unangenehme Situationen für die Ethnologin ergeben.

Catherine Berndt beschreibt, wie sie mit australischen Frauen zusammen ihr Nachtlager abbrechen muß, um nicht in Konflikt mit der Regel zu geraten, nach der Frauen keinerlei Kontakt mit männlichen Ritualen haben dürfen:

"Frauen und Kinder mußten sich vom Hauptlager entfernen, wenn die Männer ihre heimlich-heiligen Riten begingen. In unregelmäßiger Folge wurden einige Tage und Nächte auf diese Weise zugebracht ... eines abends hatten die Frauen gerade ihre Lager im sandigen Bett des Flusses aufgeschlagen - und machten sich gerade für die Nacht zurecht, als wir in der Stille deutlich den Gesang der Männer hörten. Sofort begann eine fieberhafte Aktivität. Wir schnappten unsere Bündel Feuerholz, die Feuersteinstöcke und soviel wir von den dichtblättrigen Zweigen des Windschutzes tragen konnten und schlugen uns im Halbdunkel das Flußbett aufwärts ... Dann entschieden die Anführerinnen der Frauen, daß wir uns weit genug wegbewegt hatten. Das Feuer wurde wieder angemacht, der Windschutz wieder aufgestellt und wir machten uns für die Nacht zurecht. Als jedoch Geräusche und Gespräche abebbten, trug der Wind den Gesang der Männer von neuem deutlich, wenn auch sehr viel schwächer, zu uns herüber. Dieses Mal setzten sich die Anführerinnen auf und schauten sich mit einem Blick stiller Verzweiflung an. Ein bitterkalter Wind blies das Flußbett herunter und keine der Frauen war willens, nochmals aufzubrechen. Ohne daß ein Wort gesprochen oder - meiner Wahrnehmung nach - auch nur ein Handzeichen gegeben wurde, begannen die Frauen, erst eine und dann die anderen, zu singen. So sangen sie, gerade laut genug, um das Auf und Ab der Männerstimmen zu übertönen, bis endlich der Wind drehte, oder aber die Männer aufgehört hatten, zu singen. Die Frauen hielten inne und horchten. Als sie sicher waren, daß alles still blieb, rollten sie sich neben ihrer Feuerstelle in den Sand und schliefen ein" (Berndt 1965, S. 277).

Während Männer zuweilen weibliche Assistenz erwähnen, wie im oben erwähnten Fall Shirokogoroffs, scheint die umgekehrte Situation nur in Utopia vorzukommen: In Marion Bradleys Roman "The Ruins of Isis" (1978) erreicht ein Ethnologen-Ehepaar eine fremde matriarchale Kultur, in der sich ihre ursprünglichen Rollen ins Gegenteil verkehren. Sie wird die dominierende Projekt-Leiterin, er muß sich mit dem Posten eines Hilfsassistenten begnügen. Die britische Ethnologin Joyce Pettigrew hat in ihrer Diskussion über Feldarbeit bei den Sikhs (Jats) im Punjab (1981) ein vereinzeltes Beispiel gegeben, wie die Arbeit einer Ethnologin durch männliche Präsenz beeinflußt wird. Als Ehefrau eines Jat erhielt sie Eindrücke, die einer Außenseiterin verwehrt gewesen wären. Aus dem gleichen Grunde ist sie aber auch stärker in ihrer Bewegungsfreiheit beeinträchtigt, da ihr Verhalten den Status ihres Mannes und seiner Familie beeinflußt:

"Im ländlichen Punjab ... sind Frauen in der Regel von den Männern getrennt und führen ihr Leben abgeschlossen von ihnen. Der Sitte entsprechend erwartet man von ihnen, daß sie nur bei bestimmten, vorgeschriebenen Gelegenheiten mit Männern sprechen. Wenn sie nicht Purdah praktizieren ... bleiben Frauen doch meistens im Haus, und wenn sie es verlassen, gehen sie mit bedecktem Kopf und mit gesenkten Augen. Der Ruf einer Familie hängt vom Verhalten und der guten Führung ihrer Frauen ab... Mit einem Mann gesehen zu werden, ruiniert den Ruf einer Frau" (Pettigrew 1981, S. 64).

Ihre Bindung zu ihres Mannes Familie verschaffte Joyce Pettigrew einen Vorteil, von dem sie praktisch nicht Gebrauch machen konnte. Pettigrew löste das Problem, indem sie eine delikate Kombination der Geschlechtsrollen-Konzepte aus ihrer eigenen mit denen der Jat-Kultur als Orientierung für ihr Handeln wählte, d.h. die Rollen der "Eingeweihten" mit der der "Außenseiterin" zu verbinden suchte. Ethnologen als geschlechtslose Außenseiter? Die ethnologische Literatur enthält zahlreiche Hinweise, daß es Forscherinnen gelang, die Barrieren der Geschlechtsidentität zu überwinden, wenn sie als "Fremde", als "Außenseiterin" auftraten. Hanna Papanek (1964) beschreibt, wie es ihr möglich war, bei ihrer Feldarbeit in Pakistan exklusiv männlichen als auch weiblichen Ereignissen beizuwohnen. Sie machte unter anderem je nach Bedarf vom Kleidungs-Kodex der Eigen- oder der Gastkultur Gebrauch, um die Grenzen erfolgreich zu überschreiten. So trug sie einen Sari, wenn sie die Räume der in Purdah lebenden Frauen betrat und unterstrich damit ihre Geschlechtsidentität gemäß den lokalen Sitten, aber wechselte in westliche Kleidung, was zum Verwischen ihrer Geschlechtsrolle führte, wenn sie exklusiv-männliche Veranstaltungen besuchte.

"Im Bezugssystem einer Purdah-Gesellschaft gelingt es einer fremden Frau leichter, am Rande des Systems der sozialen Kontrolle zu verbleiben. Dies erlaubt ihr - so paradox es auf den ersten Blick erscheinen mag - sich in der örtlichen Gesellschaft freier zu bewegen" (Papanek 1964, S. 163).

Paradox ist diese Situation indessen keineswegs, denn durch ihre "Fremdheit" wird die Ethnologin aus der Kategorie Frau und aus deren Beschränkungen herausgehoben, was für die Forscherin mehr Bewegungsfreiheit bedeutet. Das ständige Wechseln und Verwischen der Geschlechtsidentität ist natürlich nur in begrenztem Maße möglich und muß als delikater Balanceakt angesehen werden, der schnell ein Ende finden kann. Falls z.B. bei den Frauen der Gastkultur der Eindruck entsteht, daß die Ethnologin nur oder vor allem an männlichen Informanten interessiert ist, wird sie Schwierigkeiten haben, wenn sie die Frauen ansprechen will. Denise Paulme hat dieses Problem in ihrem Buch über Frauen in afrikanischen Kulturen beschrieben:

"Wenn afrikanische Frauen sehen, daß eine fremde Frau Männer des Dorfes um Informationen angeht, indem sie mit ihnen Gespräche beginnt, bestimmte Örtlichkeiten aufsucht und manchmal sogar Zeremonien beiwohnt, die ihnen als Frauen nicht zugänglich sind, zeigen sie zunächst keinerlei Interesse an ihr. Wenn aber ihre Neugier geweckt ist, neigen sie dazu, ironisch und sehr kritisch mit ihr zu verfahren: wie kann eine Frau, deren Aufgabe es doch ist, sich um die Familie und um die Kinder zu kümmern, sich so benehmen und ihre ureigenste Natur verraten? Außerdem, warum sollte man dieser Fremden überhaupt Aufmerksamkeit entgegenbringen, da sie ja doch vom ersten Moment an die Partei der Männer ergriffen hat im ewigen Kampf der Geschlechter, der jederzeit aus banalem oder ernsthaftem Anlaß aufflammen kann? Auf welcher Seite sie ist, darüber gibt es keinen Zweifel. Hat sie nicht der Klage der Männer einfühlsam zugehört und die Vorwürfe sogar aufgeschrieben, die Männer von jeher ihren Frauen entgegengeschleudert haben, so als ob sie erwarteten, daß sich diese wie Dienstboten behandeln ließen? Und wenn die Fremde dann schließlich die Frauen besucht, wird sie mit Zurückhaltung oder gar offener Feindseligkeit empfangen werden, - nicht selten wird es ihr passieren, daß ihre Bemühungen mit einer Weigerung, sie überhaupt zu empfangen, beantwortet werden. Die Beziehung ist von beiden Seiten her mit tiefsitzenden Vorurteilen belastet" (Paulme 1963, S. 1f.).

Wenn wir alle Vor- und Nachteile der Geschlechtsidentität für die *Teilnehmende Beobachtung* zusammenstellen, ergibt sich, daß Frauen in der Regel einen Vorsprung haben, da sie geschlechtsspezifische Restriktionen flexibler handhaben als Männer. Stellt diese größere Rollen-Flexibilität aber nun tatsächlich einen Vorteil für die Ethnologinnen dar? Die Antwort auf diese Frage ist nicht einfach. Wir müssen zunächst davon ausgehen, daß in der Mehrzahl der heute bestehenden Gesellschaften die maskuline Rolle als das Modell menschlichen Handelns angesehen wird. Und da es immer erstrebenswert ist, dem Ideal zu gleichen, werden Frauen, unter großen Einschränkungen *und* natürlich Kosten, männliche Rollen annehmen können, während der umgekehrte Weg den Männern versperrt bleibt oder mit noch größeren Kosten verbunden ist. In der Rolle der Fremden nimmt die Ethnologin eine

Position ein, die sich von der weiblichen entfernt und sich damit der männlichen nähert, dem Ideal der meisten Gesellschaften. Das heißt, daß es der Frau möglich wird, *fast* ein Mann zu werden und durch Annahme dieser neuen Rolle männerspezifische und -kontrollierte Situationen und Vorgänge zu studieren. Dies bedeutet weder größere Bewegungsfreiheit für die Ethnologin als Frau, noch schafft es bessere Bedingungen für die Erforschung der weiblichen Existenz in anderen Gesellschaften. Was hier stattdessen stattfindet, ist die Bestätigung der Macht des männlichen Modells. Gleichzeitig wird klar, warum dem Ethnologen eine vergleichbare Metamorphose nicht möglich ist: Eine Verwischung seiner Geschlechtsidentität würde für ihn ein Sich-Entfernen von der männlichen Rolle, also Abkehr vom Ideal und Annäherung an die weibliche Rolle bedeuten, und das ist in Männer-orientierten Gesellschaften gleichbedeutend mit sozialem Abstieg. Der Mann muß Mann bleiben. Die einzige Variation, die ihm gestattet wird, ist die Dramatisierung seiner Rolle zum Supermann.

Zusammenfassend können wir daher sagen, daß das Konzept der Geschlechtsidentität mit der männlichen Rolle als Ideal und Modell in den meisten Kulturen als soziales Leitbild wirkt. Und es ist nur auf dieser Basis zu verstehen, daß die Vorteile der Ethnologin in der *Teilnehmenden Beobachtung* in Männer-orientierten Gesellschaften nichts anderes als Versuche darstellen, die weibliche Rolle zu verwischen und zur "männlichen aufzubessern". Die Männer-bezogene Ideologie ist gleichfalls über das größere wissenschaftliche Interesse an Männer-spezifischen und -kontrollierten Eregnissen, Vorgängen und Aktivitäten verantwortlich. Aus der Akzeptierung der männlichen Rolle als Modell erklärt sich weiterhin, daß die bisher bestehenden Wissenslücken in bezug auf die weibliche Erfahrung entweder nicht bemerkt oder, wenn entdeckt, nicht ernst genommen worden sind.

Was hier über die Bedeutung der Geschlechtsidentität für die *Teilnehmende Beobachtung* gesagt worden ist, beeinflußt auch die im folgenden besprochenen Methoden, wobei spezielle Faktoren zu berücksichtigen sind, die sich aus der Besonderheit der jeweiligen Methode ergeben.

2. Interview mit Haupt-Informant

Bereits Pelto (1970, S. 95-98) hat darauf hingewiesen, daß das Arbeiten mit *einem* Informanten etliche Schwierigkeiten in sich birgt. Der Männer-orientierte Bias der westlichen Welt hat in diesem Zusammenhang aber noch eine Auswirkung: Haupt-Informanten sind in der Regel Männer. Dabei muß berücksichtigt werden, daß die folgenden Beobachtungen an Bedeutung gewinnen, wenn nicht nur die Eigen- sondern auch die Gastkultur einem Männer-orientierten Modell folgt. Ethnologen suchen sich meist Männer als Informanten aus, weil Männer angeblich mehr wissen und weil in den Führungspositionen einer Gesellschaft gewöhnlich Männer zu finden sind. Männer beherrschen in vielen Kulturen die öffentliche Sphäre, welche gleichzeitig als Kontaktzone mit Fremden dient. Und in Zeiten kulturellen Kontakts und Wandels sind es meist die Männer, welche zuerst die neuen Sprachen lernen und damit den Ethnologen Zugang zu ihrer Kultur ermöglichen. Edwin Ardener (1975) hat auf der Basis dieser Tatsache festgestellt, daß wir ein einseitiges Weltbild gewonnen haben, das uns nur die von Männern geschaffenen Systeme und Symbole sehen läßt. In der Gestalt des männlichen Haupt-Informanten potentiert sich das Problem der "männlichen Informanten" allerdings nur, bringt die Einseitigkeit der Informanten nur stärker ins Blickfeld. Die Konzentration auf männliche Informanten wird nämlich letztlich so lange anhalten, so lange mehr Interesse an der maskulinen Erfahrung besteht als an der von Frauen. Dieser Problemzusammenhang kann auch durch einen größeren Einsatz von Ethnologinnen nicht geändert werden, wenn nicht gleichzeitig die Fragerichtung der Forschungsprojekte geändert wird.

3. Das Sammeln von Lebensgeschichten

Die Bedeutung der *Lebensgeschichte* für die Ethnologie ist ein umfassendes Thema, das an anderer Stelle ausführlich behandelt worden ist (Watson und Watson-Franke 1985). Hier soll ein drastisches Beispiel dafür gegeben werden, wie durch das Ignorieren der Geschlechtsidentität wertvolles Wissen verloren geht. Mein Beispiel ist die Lebensgeschichte der Eskimo-Frau Anauta (Washburne 1940). Die Dokumentation dieser Lebensgeschichte entstand in Zusammenarbeit zwischen der Amerikanerin Heliuz Washburne und Anauta. Es war ein besonderer Glücksumstand, daß Anauta lesen und schreiben konnte und deshalb aktiv an der Gestaltung des Buches beteiligt war. Beide Frauen hatten offensichtlich ein harmonisches Verhältnis zueinander, das eine Sphäre des Vertrauens schuf, welche die Grundlage einer solchen Arbeit sein muß, soll sie Erfolg haben. Für westliche Begriffe ist Anautas Lebensgeschichte sehr ungewöhnlich und gibt uns aufgrund der außergewöhnlichen Umstände Einblick in die Problematik der Geschlechtsidentität in der Inuit-Kultur. Anauta, obwohl ihrem Geschlecht nach weiblich, erhielt sofort bei der Geburt die Position eines männlichen Stammesmitgliedes zugewiesen, da in der Nacht ihrer Geburt ein junger Jäger im Schneesturm umgekommen war. Anauta, in der seine Seele wiedergeboren ist, wird der Mutter des Jägers übergeben. Sie erhält den Namen des jungen Mannes und muß lernen, was in ihrer Kultur von einem Jungen und Mann erwartet wird. Hat sie Schwierigkeiten mit einer Aufgabe, wird sie daran erinnert, daß sie das früher, als sie als Anauta-der-Mann auf der Erde war, bereits erfolgreich bewältigen konnte. Das Leben Anautas böte also die seltene Gelegenheit, grundlegende Probleme der Geschlechtsrollen am Beispiel einer nicht-westlichen Kultur zu studieren. Ihre Kindheit und Jugend werfen viele Fragen auf. Wie z.B. wurde sie mit der männlichen Persönlichkeit, wenn wir ihre Rolle so nennen dürfen, in einem weiblichen Körper fertig? Wie beeinflußte dieser Zwiespalt, falls sie die Situation als solchen empfand, ihr Verhältnis zu ihren Freundinnen, von deren Existenz wir hören. Wie dachte sie über das Konzept der Geschlechtsrollen in ihrer Kultur? Waren sich Anauta und Washburne beide der Wichtigkeit dieser Fragen nicht bewußt? Hätte Anauta nicht spätestens in der Pubertät mit der Problematik ihrer Situation konfrontiert werden müssen? Oder kannte ihre Gesellschaft Mechanismen, die solche Situationen leichter, als das in unserer Kultur der Fall wäre, überwinden ließen? Die Leser bleiben im Ungewissen und werden stattdessen darüber informiert, daß Anauta, Mädchen/Junge, die/der zum Jäger gemacht wurde, heiratet und eine gute Ehefrau und Mutter wird. Obwohl dieser Wandel bei Anauta Gedanken und Situationen hervorgerufen haben muß, die sich von denen einer traditionellen Mustern folgenden Sozialisation unterscheiden, betont das Buch stattdessen einen anderen Konflikt aus Anautas Leben: den Widerspruch zwischen ihrer eigenen Kultur und der Welt der eindringenden Weißen.

Trotz der einführenden Erläuterungen zu dieser Biographie wissen wir außerdem nicht, wie sich das Buch vom ursprünglichen Manuskript und von Anautas eigentlichem Leben unterscheidet. Wir können nicht feststellen, inwieweit Geschlechtsrollen-Konzepte aus Anautas und Washburnes Kulturen die Arbeit der Autorinnen beeinflußten.

4. Das Interview

In der Interview-Situation besteht die Gefahr, daß Ethnologen schon durch die Form ihrer Fragen Meinungen äußern, welche von den herrschenden Konzepten der Geschlechtsrollen ihrer eigenen Kultur bestimmt sind und daß sie diese damit unbewußt auch den Antworten ihrer Informanten beifügen. Diese Gefahr ist besonders dann groß, wenn die Wirkung solcher Rollen-Konzepte nicht erkannt und reflektiert wird. Eines der Grundprobleme hierbei liegt in den methodischen Schwierigkeiten der Fragen selbst begründet. Man muß "richtige" Fragen stellen, d.h. solche, die Sinn ergeben. Doch, so müssen wir uns fragen, nach welchem Maßstab wird darüber entschieden, was wichtig ist? Zunächst ist da das Problem des *Dialogs*. Feministinnen haben, wie die kritischen Theoretiker, auf die Machtverteilung in der Interview-Situation hingewiesen, die einen wirklichen Dialog (das Austauschen von Gedanken und Informationen auf gleicher Ebene) unmöglich macht (Gadamer 1971, S. 306; Oakley 1981). Zum anderen muß die Gesamtstruktur des Interviews berücksichtigt werden. Wertvorstellungen, welche die Rollenkonzepte der Eigenkultur reflektieren, sowie technische Schwierigkeiten und Zeit- und Geldmangel führen dazu, daß voll-strukturierte Interviews favorisiert werden. Das bedeutet, daß die Informanten angehalten werden, die gestellten Fragen zu beantworten, ohne von deren inhaltlichem Einzugsbereich abzuschweifen. Versuche, ein fremdes Wertsystem zu verstehen, zeigen, daß es für Außenstehende schwierig ist festzustellen, welche Fragen auf wichtige Bestandteile des erfragten Zusammenhanges zielen und welche möglicherweise nur marginale

Bereiche erfassen. Dieses Problem ist noch größer, wenn wir weibliche Informanten interviewen, weil die Welt der Frauen bisher weniger Interesse gefunden hat, und wir daher weniger genau wissen, welche Fragen sinnvollerweise zur weiblichen Erfahrung gestellt werden sollten. Daher sind in solchen Situationen *offene* Interviews vorzuziehen, in denen die Informantinnen die ihnen gestellten Fragen beantworten, ohne unterbrochen zu werden.

5. Fragebögen

Diese Methode bereitet die gleichen Schwierigkeiten bezüglich der Fragestellung wie das Interview. Doch wirft der Gebrauch von Fragebögen das Problem des Analphabetentums auf. Ein großer Teil ethnologischer Forschung wurde und wird in Kulturen durchgeführt, die nicht oder erst seit kurzer Zeit eine Schrifttradition kennen. Dabei ist es bei dieser Methode ja gerade wichtig, daß sie einen anonymen Massencharakter hat, indem alle Informanten den Fragebogen selbst und allein ausfüllen können und sollen. Wenn wir bedenken, daß von allen Analphabeten die überragende Mehrzahl weiblich ist (International Women's Year 1975), erkennen wir sofort den begrenzten Wert dieser Methode für Feldarbeit mit Frauen.

6. Schlußfolgerungen

Ethnologische Forschungsarbeit hat weitreichende Konsequenzen für die Formung unseres Weltbildes, da Ethnologen oft die ersten sind und nicht selten die einzigen bleiben, welche mit Geschlechtsrollen in anderen Kulturen bekannt werden und in ihrer eigenen Gesellschaft darüber berichten. Die in vielen Gast- und Eigenkulturen herrschenden Männer-orientierten Vorstellungen können jedoch die Forscher leicht dazu verleiten, eine reine Männerwelt zu studieren, anstatt ein Gesamtbild der Gastkultur zu vermitteln. Während es wissenschaftlich selbstverständlich vertretbar ist, nur eines der Geschlechter zum Gegenstand einer Studie zu machen, leidet die viel zitierte wissenschaftliche Objektivität, wenn Geschlechtsrollen-Konzepte, die nur eines der Geschlechter zum Maßstab nehmen, als allgemein verbindliche menschliche Modelle dargestellt werden. Da dies jedoch die übliche Praxis in den Sozialwissenschaften gewesen ist und noch ist, ging das Wissen um die weibliche Erfahrungswelt meist verloren. Auf solcher Forschung basierende theoretische Modelle sind schief, da sie auf unvollständiger Datengrundlage aufgebaut sind. Die ethnologische Erforschung der australischen Kulturen gibt hierfür ein typisches Beispiel.[4]

---

4   Rohrlich-Leavitt, Sykes und Weatherford setzen sich in dem folgenden Beitrag dieses Bandes ausführlich mit den unterschiedlichen Ergebnissen männlicher und weiblicher Aborigines-Forscher auseinander.

Die Erfahrung zeigt weiterhin, daß das Auslassen der weiblichen Erfahrung nicht nur eine quantitative Frage ist, die sich durch Addieren lösen läßt, sondern daß wir hier einem dialektischen Problem gegenüberstehen, dem wir nur durch die strukturelle Integration beider Lebensbereiche begegnen können: Das heißt, wenn ethnologische Studien Informationen über die Erlebnis- und Gedankenwelt der Mädchen und Frauen einschließen, wird sich das "Gesamt"bild, wie es sich bisher aus der exklusiv maskulinen Sicht bot, ändern - diese neuen Studien machen nicht nur die weibliche Erfahrung sichtbar, sondern lassen auch die männlichen Rollen und die Beziehungen zwischen Männern und Frauen in neuem Licht erscheinen. Unser Weltbild wird sich verändern.

Wir müssen daher die Schlußfolgerungen ziehen, daß eine größere Annäherung an objektive Wissenschaft vom Menschen nur möglich ist, wenn Mensch-Sein Weiblich-Sein *und* Männlich-Sein bedeutet. In einer Welt, in der die Inhalte und die Qualität der Lebenserwartungen und der Verwirklichungschancen so fundamental von der Geschlechtszugehörigkeit geprägt sind, ist es naiv, wenn nicht eine leichtfertige Illusion, vom Menschen als solchem zu sprechen.

Literatur:

Ardener, Edwin (1975): "Belief and the Problem of Women", in: Shirley Ardener (Hrsg.), Perceiving Women. New York: John Wiley & Sons, S. 1-17.

Bell, Diane (1981): Women's Business is Hard Work: Central Australian Aboriginal Women's Love Rituals. Signs 7/2, S. 314-337.

Berndt, Catherine (1950): Women's Changing Ceremonies in Northern Australia. L'Homme. Cahiers d'Ethnologie, de Géographie et de Linguistique.

dies. (1965): "Women and the 'Secret Life'", in: Ronald M. and Catherine H. Berndt (Hrsg.), Aboriginal Man in Australia. Sydney: Angus and Robertson, S. 238-282.

Bovin, Mette (1966): The Field-Worker's Situation. The Significance of the Sex of the Field-Worker for Insights into the Male and Female World. Ethnos 31, Supplement, S. 24-27.

Bradley, Marion Z. (1979): Die Matriarchen von Isis: Ein Science-Fiction-Roman. Bergisch-Gladbach: Bastei-Lübbe Verlag.

Elkin, A.P. (1939): Vorwort zu Phyllis M. Kaberry, Aboriginal Woman. Sacred and Profane. Philadelphia: The Blakiston Co., S. XVII-XXXI.

Gadamer, Hans-Georg (1971): "Replik", in: Theorie-Diskussion. Hermeneutik und Ideologiekritik. Frankfurt a.M.: Suhrkamp, S. 283-317.

Holmberg, Alan (1969): Nomades of the Long Bow. New York: Natural History Press.

International Women's Year (1975): World Conference Documents. E/Conf. 66/3 add. 3, S. 10-15.

Janssen-Jureit, Marielouise (1979): Sexismus. Über die Abtreibung der Frauenfrage. Frankfurt a.M.: Fischer Verlag.

Jordan, Brigitte (1978): Birth in Four Cultures. A Cross-Cultural Investigation of Childbirth in Yucatan, Holland, Sweden and the United States. Montreal: Eden Press.

Kaberry, Phyllis M. (1939): Aboriginal Woman. Sacred and Profane. Philadelphia: The Blakiston Co.

Löffler, Lorenz G. (1979): "Die Stellung der Frau als ethnologische Problematik", in: Eckert, Roland (Hrsg.), Geschlechtsrollen und Arbeitsteilung. Mann und Frau in soziologischer Sicht. München: Beck, S. 15-59.
MacCormack, Carol und *Strathern, Marilyn* (Hrsg.) (1980): Nature, Culture and Gender. Cambridge: Cambridge University Press.
Mead, Margaret (1980): Geschlecht und Temperament in drei primitiven Gesellschaften. 6. Auflage. München: Deutscher Taschenbuchverlag.
Oakley, Ann (1981): "Interviewing Women: a Contradiction in Terms", in: Helen Roberts (Hrsg.), Doing Feminist Research. London: Routledge and Kegan Paul, S. 30-61.
Papanek, Hanna (1964): The Woman Fieldworker in a Purdah Society. Human Organization 23, S. 160-163.
Paulme, Denise (1963): Vorwort zu Denise Paulme (Hrsg.), Women of Tropical Africa. Berekely: University of California Press, S. 1-16.
Pelto, Pertti J. (1978 und 1970): Anthropological Research: The Structure of Inquiry. Cambridge: Cambridge University Press. 2. Auflage (1. Auflage: Harper & Row, Publishers, New York).
Pettygrew, Joyce (1981): "Reminiscences of Fieldwork among the Sikhs", in: Helen Roberts (Hrsg.), Doing Feminist Research. London: Routledge and Kegan Paul, S. 62-82.
Reay, Marie (1963): The Social Position of Women, in: Helen Sheils (Hrsg.), Australian Aborigginals Studies. A Symposium of Papers presented at the 1961 Reserach Conference. Melbourne: Oxford University.
Shirokogoroff, Sergei M. (1966): Social Organization of the Northern Tungus. Oosterhout, N.Br., The Netherlands.
Slocum, Sally (1975): "Woman the Gatherer: Male Bias in Anthropology", in: Rayna R. Riter (Hrsg.), Toward an Anthropology of Women. New York: Monthly Review Press, S. 36-50.
Social Responsibilities Symposium (1968): Current Anthropology 9, S. 391-435.
Warner, William Lloyd (1937): Black Civilization. A Social Study of an Australian Tribe. New York: Harper & Brothers.
Washburne, Heliuz Chandler (1940): Land of the Good Shadows. The Life Story of Anauta, an Eskimo Woman. New York: John Day Company.
Watson, Lawrence C. und *Watson-Franke, Maria-Barbara* (o.J.): Understanding Life Histories: An Essay on Interpretation in Anthropology (Ms.).
diess. (1985): Interpreting Life Histories. An Anthropological Inquiry. New Brunswik, N.J.: Rutgers University Press.
diess. (1975): Understanding in Anthropology: A Philosophical Reminder. Current Anthropology 16, S. 247-276.
Whitaker, Ian (1978): The Personal Equation in Fieldwork: An Assessment of the Work of Robert N. Pehrson (1926-1955). Arctic Anthropology 15, 1, S. 36-57.

Die Aborigines-Frau
Männliche und weibliche Betrachtungsweisen in der Ethnologie

Ruby Rohrlich-Leavitt, Barbara Sykes, Elizabeth Weatherford

Ursprünglicher Zweck dieser Untersuchung war es, die Forschungsergebnisse männlicher und weiblicher Anthropologen über australische Aborigines- bzw. Ureinwohner-Frauen miteinander zu vergleichen, um eventuelle geschlechtsspezifische Unterschiede ausfindig zu machen. Doch schon eine flüchtige Begutachtung der Studien ergab so krasse Unterschiede und Unstimmigkeiten im Umfang wie in der Qualität der Feldforschungsergebnisse, daß wir diese Analyse erweitert haben: wir beziehen nun auch die unterschiedlichen theoretischen und methodischen Ansätze sowie die ihnen zugrunde liegenden Ideologien mit ein (...).[1]

Mit Ausnahme von Daisy Bates (1938)[2] und einigen wenigen anderen Frauen, deren Arbeiten offenbar in Vergessenheit geraten sollten, stammen

---

1 Die im amerikanischen Original folgenden Ausführungen über grundsätzliche methodische Probleme der Geschlechtsbezogenheit anthropologischer Forschung sind hier ausgelassen, da sie in dem Beitrag von Maria-Barbara Watson-Franke systematisch behandelt werden. (Anm. d. Hrsg.)

2 Die folgende, dem vorliegenden Artikel als Anhang beigefügte "Anmerkung" über Schicksal und Werk der Anthropologin Daisy Bates, die jahrzehntelang im australischen Busch gelebt hat, wollen wir unseren LeserInnen nicht vorenthalten:
"Die Forschungsarbeit von Daisy Bates sollte eigentlich eine wesentliche Quelle des Wissens über die australischen Ureinwohner sein, da sie fünfzig Jahre lang bei ihnen gelebt hat. Aber bis heute scheint kein Anthropologe die 94 Folios mit ihren Arbeiten in der National Library von Canberra, Australien, geöffnet zu haben. Obwohl sie derselben Rasse und derselben kulturellen Gruppe angehörte wie die männlichen Ethnologen, die die Aborigines studierten, hat Bates - als Frau - offenbar denselben Frauenhaß zu spüren bekommen, den diese Kollegen gegenüber den Aborigines-Frauen zum Ausdruck brachten. Radcliffe-Brown schrieb vor seiner ersten Expedition nach Australien im Jahr 1910 an Bates, ihre Beschreibung der gesellschaftlichen Organisation der Aborigines repräsentiere 'eine große Anzahl höchst wertvoller Informationen, die für die Arbeit, die wir vorhaben, von immensem Nutzen sein werden' (Salter 1972, S. 135), und er nahm ihr Angebot an, sich an den Expedition zu beteiligen. Trotz ihrer eigenen Armut hatte Bates für die Finanzierung der Expedition an alle erdenklichen Türen geklopft, und sie hatte Radcliffe-Brown bei den Eingeborenengruppen, die sie so gut kannte, eingeführt. Aber kurz nach Beginn der Feldarbeit schloß er sie aus. Dann verschob er die Herausgabe des Manuskripts, das sie ihm anvertraut hatte, bis es schließlich verloren ging. Nach der Veröffentlichung von Radcliffe-Browns ersten Forschungsberichten schrieb Bates an eine Freundin 'Teile meines Manuskripts werden von denen, die Zugang dazu hatten, als ihre Neuentdeckungen veröffentlicht. Du wirst dich sicher noch daran erinnern, daß ich die Ngargalulla im Broome-District schon vor einigen Jahren erwähnt hatte. In einem jüngst erschienenen Bericht sehe ich diese Geist-Babys nun als Mr. A. R. Browns Entdeckung' (ebd., S. 152).

alle Angaben über die australischen Aborigines seit über einem Jahrhundert von ausschließlich männlichen Feldforschern. Das Resultat davon ist ein Bild der australischen Frauen als Wertobjekte in einem männlichen Tauschsystem oder als "bloße Packesel, die ein Leben in Monotonie führen und von ihren Ehemännern beschämend schlecht behandelt werden" (Elkin 1939, S. xxli). Diese Betrachtungsweise hat sich erstaunlich lange gehalten, und noch im Jahr 1964 konnte sich unter dem Titel "Die Tiwis in Nordaustralien" ein Forschungsbericht als "Fallstudie eines Einfluß- und Machtsystems" präsentieren, "das auf einer sonderbaren Währung beruht ...: der Frau. Da die Männer mittels ihrer Kontrolle über die Frauen um Prestige und Einfluß wetteifern, besitzt die Frau den Wert eines raren Gebrauchsartikels" (Spindler 1960, in: Hart und Pilling, S. v).

Kaberry und Goodale bieten jedoch ein völlig anderes Bild der Aborigines-Frau. Sie beschreiben ihre entscheidende ökonomische Rolle und zeigen, daß sich daraus die Art ihrer spirituellen Rolle herleitet. Damit widerlegen Kaberry und Goodale die männliche Ansicht, Frauen seien vom Status der Heiligkeit ausgeschlossen. Denn in den australischen Totemzeremonien spiegelt sich die gesamte gesellschaftliche Organisation, die Frauen und Männer sich gemeinsam in ihrem Kampf um Anpassung an eine schwierige Umwelt geschaffen haben.

Hinsichtlich der geschlechtsspezifischen Arbeitsteilung berichtet Ashley Montagu (1937, S. 23), die Frauen seien nichts als "domestizierte Kühe". Malinowski (1913, S. 278) bemerkt seinerseits, die Frauen würden "von der 'brutalen' Hälfte der Gesellschaft" zu der schwereren Arbeit gezwungen, und er bezeichnet "die Beziehung zwischen einem Mann und seiner Frau in ökonomischer Hinsicht (als) die zwischen einem Herren und seinem Sklaven". Kaberry hingegen zeigt, daß die Arbeit der Frauen weniger beschwerlich ist als die der Männer. Das Jagen über zerklüftete Hügel unter einer glühenden Sonne ist überaus erschöpfend und das Ergebnis oftmals enttäuschend. Die Frauen suchen dagegen in gemächlichem Tempo nach Nahrung, legen Ruhepausen im Schatten ein und schwatzen miteinander, schwimmen in Teichen,

---

1923 nahm Elkin vor Beginn seiner eigenen Expedition mit Bates Kontakt auf. Aber als sie aufgrund ihrer Mittellosigkeit um Unterstützung für einen Gehaltsantrag bei der Regierung bat, erhielt sie lächerliche 20 Pfund, die sie empört zurückwies (ebd., S. 199). Danach scheint Elkin - laut Salter - Bates Versuche durchkreuzt zu haben, zur Erleichterung ihrer Forschungsarbeit eine angemessene Besoldung von seiten der Regierung zu erlangen. Obwohl zahlreiche hohe Beamte der neuen Regierung empfahlen, sie zur Repräsentantin der Aborigines zu berufen, erhielt sie die Stellung nicht. Als Begründung wurden die dabei für eine Frau zu hohen Risiken angegeben. Für eine Frau, die allein unter wilden wie zivilisierten Aborigines gelebt hat, war diese Entscheidung eine bittere Enttäuschung, die noch verschlimmert wurde durch den ihr als Trostpreis verliehenen Titel eines ehrenamtlichen (unbesoldeten!) Protektors (ebd., S. 195).
Daisy Bates blieb dennoch weiterhin produktiv, aber ohne Zweifel hat die Disziplin eine hervorragende Ethnologin in ihr verloren - eine Ethnologin, die unermüdlich betonte: 'Die Eingeborenen-Frage sollte vom Standpunkt der Eingeborenen aus betrachtet werden'" (Bates 1938, S. 25).

um sich zu erfrischen, und schaffen es immer, etwas Eßbares mit zurück zum Lager zu bringen. Frauen tragen die Lasten, wenn die Gruppe auf der Nahrungssuche zu anderen Orten zieht, da die Männer freie Hand für ihre Jagdwaffen brauchen; aber Nomadengruppen reisen mit leichtem Gepäck und die Frauen sind damit nicht überbelastet.

Die Frauen bringen den Großteil der Nahrung für die Familie bei, da die Jagd unvorhersehbar und die von den Männern beschaffte Fleischmenge ungewiß ist. Das Sammeln von Nahrung erfordert Können, Geduld und lückenlose Kenntnis der Umgebung. Die Frauen erlegen aber auch Kleinwild und selbst Känguruhs mit Hilfe ihrer Jagdhunde, die sie sorgfältig und liebevoll großziehen und abrichten. Kaberry schreibt:

> "Zwar war es für sie zwangsläufig, Nahrung zu suchen, doch zogen sie zumindest nicht wie Lasttiere in ängstlichem Gehorsam und dumpfer Resignation dahin. Kein Mann trieb sie an; sie brachen gemeinsam auf, wählten ihre eigenen Wege, und in diesem Bereich ökonomischer Aktivitäten war ihre Macht unbestritten. Wenn es ihnen allein überlassen war, bestimmte Güter zu beschaffen, so war dies auch ein Bereich, in dem sie selbst zu sagen hatten, ihr Können bei älteren Frauen erwarben und keine unangenehme Lehrzeit bei einem strengen Ehemann oder Vater abzuleisten brauchten" (1939, S. 23).

Tatsächlich ist die Arbeit der Frauen nicht zwanghafter als die der Männer. Fleisch gilt als wesentlicher Bestandteil der Nahrung und "seine möglichst lückenlose Beschaffung ist für den Mann eine ebensolche Bürde wie das Suchen nach Wurzeln und Knollen für die Frau" (ebd., S. 25).

Wenn der Mann von einem anstrengenden Tag nach Hause kommt und den Eindruck hat, seine Frau habe ihr Teil nicht getan, fängt er mit ihr Streit an und versucht möglicherweise, sie zu verprügeln, "aber es kann keine Rede davon sein, daß sie eine Bestrafung für ihr angeblich schlechtes Verhalten als Ehefrau unterwürfig hinnimmt" (ebd.). Jede Frau verfügt über ihren Schlagstock, den sie mit großem Geschick handhabt, und wenn ihr Mann bei der Jagd Pech hat oder sie meint, er sei einfach faul, kann es sein, daß sie ihn "nicht nur mit Worten, sondern auch mit dem Stock angreift" (ebd., S. 26). Im Ganzen besteht jedoch eine sehr reale Zusammenarbeit zwischen den Eheleuten, was als "erwartetes und geschätztes Kennzeichen des Ehelebens" gilt (ebd., S. 27). Kaberry wie auch Goodale zeigen, daß Frauen und Männer mitunter gemeinsam jagen oder fischen, wenngleich sie ihrer Tätigkeit im allgemeinen getrennt nachgehen.

Kaberry nimmt an, daß die den größten Teil des Tages während Trennung der Geschlechter ihre Entsprechung in der rituellen Sphäre findet. Aber laut A.O. Elkin stammt "die sowohl im Ökonomischen wie im Rituellen manifestierte Spaltung möglicherweise aus den physiologischen Unterschieden zwischen Mann und Frau (1939, S. xxvi). Mit der verwirrenden Vielfalt kultureller Rollen konfrontiert, retten sich viele westliche Sozialwissenschaftler in die verkürzende Formel: "Anatomie ist Schicksal".

In seinen Überlegungen über die grundlegende Bedeutung der Technologie im Westen versichert William Lloyd Warner (1937, S. 6), die religiös und gesellschaftlich vorherrschenden Rollen der Männer würden ihre technologischen Fähigkeiten widerspiegeln, während die von Frauen angewandten "einfacheren" Techniken geneigt seien, die "Vereinfachung ihrer Persönlichkeit" und ihrer sozialen Rollen zu bewirken und sie von den Totemmysterien auszuschließen. Kaberry zeigt jedoch, daß die Bedeutung der ökonomischen Aktivitäten der Männer sich durch ihre Fähigkeiten nicht erhöht, während mit den von Frauen gefertigten und benutzten Werkzeugen der Hauptteil des Nahrungsbedarfs der Gruppe gedeckt wird. Diesem wesentlichen ökonomischen Beitrag verdanken es die Frauen, daß sie geachtet werden und ihnen eine gerechte und gute Behandlung gesichert ist. Frauen haben das Recht auf eigenen Besitz, und mit vielen der von ihnen angefertigten Gegenstände handeln sie innerhalb des ökonomischen Tauschsystems sowohl mit männlichen wie mit weiblichen Partnern. Mit ihren Partnerinnen tauschen sie außerdem geheime Tanzzeremonien und wenden, genau wie die Männer, gegen unzuverlässige Partner Zaubermittel an.

Viele männliche Forscher, die sich seit 1840 mit den australischen Ureinwohnern befaßten, haben sich lang und breit über das Eheleben der Frauen ausgelassen und dunkle Andeutungen über das schreckliche Schicksal des einem alten Mann ausgehändigten kleinen Mädchens gemacht. "Die Polygamie wird in einer äußerst barbarischen Weise ausgeübt, die sich nicht zur Veröffentlichung eignet", schrieb S. Gason (1879, S. 81). "In diesen zur Heirat befähigten Gruppen können unaussprechliche Dinge geschehen", meinte E.R. Gribble (1940, S. 175f.). Und Malinowski zufolge (1913, S. 101) "hatte der Ehemann ein erklärtes sexuelles Vorrecht auf seine Frau, welches ihm das Privileg, über sie zu verfügen, sicherte." Wie sind wohl diese Gelehrten, die nur wenig Zugang zu Frauen hatten, zu ihren unaussprechlichen Schlüssen gelangt?

Die Behauptung, vorpubertäre Mädchen würden von lüsternen alten Männern vergewaltigt, scheint die unter westlichen Männern weitverbreitete Phantasie des Vater-Tochter-Inzests widerzuspiegeln. Laut Kaberry haben junge Leute beiderlei Geschlechts flüchtige Liebesbeziehungen vor der Ehe - was in Vorklassengesellschaften eine Selbstverständlichkeit ist. Und wenn ein Mädchen schwanger wird, wird der ihr versprochene Ehemann der soziologische Vater des Kindes: eine Art Versicherung für die Mutter. Der vollständige Geschlechtsverkehr - mit einem Geliebten oder mit dem Ehemann - ist allerdings erst nach der Pubertät erlaubt. Der zukünftige Ehemann hält sich vor der Pubertät des Mädchens im Lager ihrer Eltern auf, und in dieser Übergangszeit lernen sich die beiden kennen, so daß das Mädchen sich an ihn gewöhnt hat, wenn es Zeit wird, daß sie in sein Territorium übersiedelt. Sowohl Eltern als auch junge Leute wiesen empört die Idee von sich, ein Geschlechtsverkehr könne vor der ersten Menstruation stattfinden. In den Mythen, die Kaberry bei den verschiedenen Stämmen gesammelt hat, folgt die sexuelle Beziehung stets auf die Menstruation und niemals umgekehrt. Kindbräute sind ein Charakteristikum für patriarchalische Zivilisationen, nicht jedoch für die meisten "primitiven" Gesellschaften!

Die Aborigines-Frau

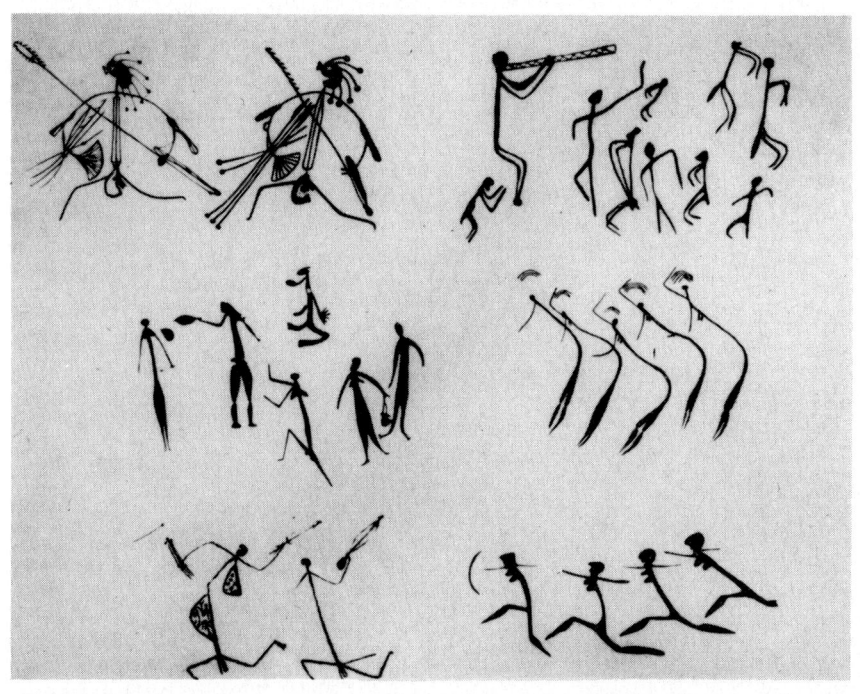

Kakadu Art

Kakadu Art

Die Aborigines-Frau

Kakadu Art

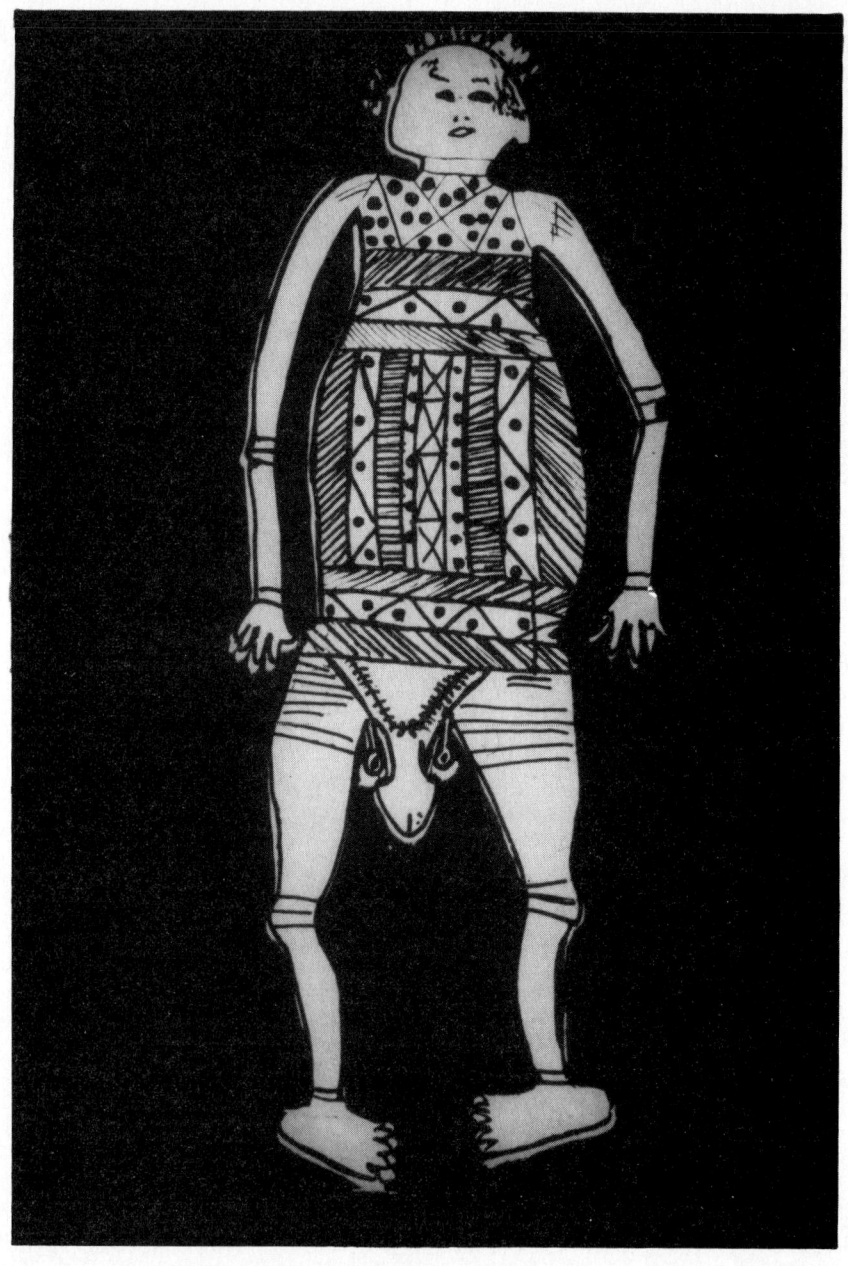

Kakadu Art

Die Aborigines-Frau

Die volle Macht des jüdisch-christlichen Leitsatzes der weiblichen Unreinheit wird von männlichen Anthropologen auf die Aborigines-Frau projiziert. Warner bemerkt dazu (1937, S. 394): "Maskulinität ist untrennbar verwoben mit ritueller Reinheit, und Femininität ist gleichermaßen verknüpft mit dem Konzept der Unreinheit, wobei ersteres das heilige und letzteres das profane Prinzip ist." Laut Warner verbindet der Stamm der Murngin den übergeordneten Status der Männer mit ihrer heiligen Reinheit ebenso wie mit ihrer technologischen Überlegenheit; die Unterordnung der Frau hingegen mit ihrer profanen Unreinheit. Die rituelle Reinheit der Männer werde noch durch ständige Teilnahme an Zeremonien erhöht, die die Männergruppe vereinen, während die untergeordnete Frauengruppe durch ihren Ausschluß von diesen Zeremonien und ihre rituelle Unreinheit vereint werde.

Insofern die Menstruation mit Blut und mit den Genitalien zusammenhängt, werden ihr machtvolle magische Eigenschaften zugesprochen und sie wird von Tabus begleitet. Da geglaubt wird, die Macht des Menstruationsblutes könnte den Männern schaden, gehen ihnen die menstruierenden Frauen unauffällig aus dem Weg. Kaberry berichtet allerdings, die Männer hätten niemals Ekel vor einer menstruierenden Frau ausgedrückt. Sie sprächen von ihr nie als "schmutzig" oder "unrein", und es gebe auch gar kein Wort für "schmutzig", das rituelle Unreinheit beinhalten würde. Besonders bedeutsam ist Kaberry zufolge (1939, S. 238) die Tatsache, daß die Frauen sich selbst niemals als unrein oder die Menstruation als beschämend ansehen, was sie aber - wie die westlichen Frauen - täten, wenn die Männer sie in dieser Weise sähen. Was die Frauen vereint, ist nicht ihre "rituelle Unreinheit" oder ihr Ausschluß von männlichen Zeremonien, sondern ihre wirtschaftliche Zusammenarbeit und ihre Teilnahme an ihren eigenen geheimen Zeremonien.

Männliche Anthropologen bestehen darauf, die Männer hätten alle Heiratsarrangements unter absoluter Kontrolle und träfen diese gänzlich in ihrem eigenen Interesse. Laut Hart und Pilling sind die Frauen Investitionsgüter, Tauschobjekte im Kampf der Männer um die Macht. Die Ansichten des Tiwi-Mannes werden in der Terminologie von Wall-Street-Buchmachern wiedergegeben:

> "Wie in unserer Kultur, wo die erste Million am schwersten zu machen ist, so war in Tiwi die erstversprochene Frau am schwersten zu bekommen. Wenn ein schlauer Vater eine Tochter in einen Zwanzigjährigen investieren wollte und seine Wahl bei dieser Investition auf sie fiel, dann war es wahrscheinlich, daß seine Wertschätzung andere Väter zu einer entsprechenden Investition reizte" (1960, S. 16).

Hart und Pilling verkennen völlig die Vorteile und die Macht, die Frauen in diesem System zukommen. Goodale betont, die Bindung zwischen dem Schwiegersohn und seiner künftigen Schwiegermutter sei "eine der wichtigsten und anhaltendsten gesellschaftlichen Beziehungen, die beide vielleicht jemals haben werden" (1971, S. 52). Als Gegenleistung für das Versprechen ihrer noch nicht geborenen Tochter übernimmt der Schwiegersohn die Verantwortung dafür, die Bedürfnisse und Wünsche seiner Schwiegermutter bis zu ihrem oder seinem Tod zu erfüllen: "Er muß sie mit allen von ihr gewünschten Dienstleistungen oder Gütern versorgen - was heutzutage Kleidung, Tabak, Geld und ähnliches einschließt" (ebd.). Mehr noch, wenn der Schwiegersohn "seiner Schwiegermutter nicht zu ihrer Zufriedenheit dient, kann sie den Vertrag wieder lösen. Der Vater des Mädchens hat nicht das Recht, einen solchen Vertrag zu annullieren" (ebd.). In den Kimberley-Stämmen in Nordwesten Australiens deutet die große Zahl durchgebrannter Paare und irregulärer Ehen auch darauf hin, daß viele junge Frauen die arrangierten Ehen nicht mehr einfach hinnehmen. Zudem haben mit einem alten Mann verheiratete Frauen oftmals einen jungen Liebhaber.

Aufgrund des Altersunterschieds zwischen der australischen Frau und ihren ersten Ehemännern wird sie häufig Witwe und verheiratet sich häufig wieder. Aber genauso wie ältere Männer junge Frauen heiraten, heiraten die Frauen mit zunehmendem Alter immer jüngere Männer und folgen dabei zunehmend ihrer eigenen Wahl. Wenn eine verwitwete Frau ihre Brüder überlebt, haben ihre Söhne offiziell das Recht, ihre nächste Ehe zu arrangieren. Aber selbst Hart beschreibt Tiwi-Frauen als "ausgesprochen lautstarke und ganz schön zähe alte Damen, die sich von niemandem so leicht herumschubsen lassen, auch nicht von ihren erwachsenen, ehrgeizigen Söhnen. Wen sie in ihren alten Tagen noch einmal heiraten würden, darüber hatten sie selbst eine ganze Menge mitzureden" (1960, S. 20). Darüber hinaus arrangieren diese älteren Frauen aber nicht nur ihre eigenen Ehen, sondern laut Goodale auch die ihrer Söhne: "Da sämtliche Verträge auf Tausch beruhen (...), kann es vorkommen, daß die um das Fortkommen ihrer Söhne besorgten Mütter übereinkommen, ihre Söhne zu tauschen!" (1971, S. 57).

Ashley Montagu versichert, überall in Australien gelte die psyiologische Bindung zwischen Mutter und Kind als weit weniger bedeutsam als die zwischen Vater und Kind. Die Arunta-Frau, sagt er, sei das bloße "Medium, durch das sich ein Geist-Kind in ein Baby verwandelt", und der "Beziehung zwischen Vater und Kind" werde weit mehr Bedeutung beigemessen "als der Beziehung, die es zwischen einer Mutter und dem Kind, das sie geboren hat, geben könnte" (1937, S. 74). Dies scheint jedoch eine Projektion typisch patriarchaler Verleugnung der lebensspendenden weiblichen Kraft zu sein.

"Primitive" Völker haben überall auf der Welt hohe Achtung und Ehrfurcht vor den reproduktiven Funktionen der Frau. Besonders unter den Kimberley-Stämmen, zeigt Kaberry, wird die physiologische Beziehung zwischen Mutter und Kind nicht nur als überaus bedeutsam anerkannt, sondern der Mutter wird besondere Achtung und Liebe entgegengebracht. Die schwangere Frau folgt Nahrungstabus, da bestimmte Nahrungsmittel als schädlich für das Kind im Mutterleib gelten. Die Eingeborenen in Süd- und Mittelaustralien glauben, das Individuum erbe seinen Körper, sein Fleisch und sein Blut von der Mutter. Kinder beginnen etwa im Alter von sechs Jahren, zwischen ihrer eigenen biologischen Mutter und "anderen Müttern", z.B. deren Schwestern, zu unterscheiden. Erwachsene Söhne derselben Mutter, aber verschiedener Väter nennen sich gegenseitig "Brüder", und alle Kinder sind eng mit der Gruppe ihrer Mutter verbunden. Die Mutter erhält nicht nur einen Teil der Geschenke, wenn ihr Sohn initiiert wird, sondern auch Geschenke von dem Mann ihrer Tochter, und sie beteiligt sich an den Verhandlungen über die Verheiratung ihrer Tochter. Mütter und ihre verheirateten Töchter besuchen und beschenken sich gegenseitig, und sowohl Söhne wie Töchter kümmern sich um ihre Mutter, wenn sie alt ist.

Ashley Montagu behauptet weiterhin: "Die eigentliche Erfahrung des Gebärens wird als so unbedeutend angesehen und die sozialen Folgen des Ergebnisses der Geburt so stark herausgestrichen, daß erstere sich in obskurem Hintergrund vor den allumfassenden Konsequenzen der letzteren verliert" (1937, S. 72). Ohne Zugang zu den Ritualen, die die kritischen Augenblicke im Leben der Frauen begleiten, hat er dennoch irgendwie die Entdeckung gemacht, daß "bei den Australiern ... das Gebären eine verhältnismäßig leichte Sache für die Frauen ist ... Normalerweise ist weder ein tiefer Eindruck mit dem Gebären verbunden, noch ist es in irgendeiner Weise ein besonderer Höhepunkt" (ebd., S. 73).

Diese Haltung, sagt Kaberry, ist typisch für die Beiläufigkeit, mit der männliche Ethnologen die Geburt und ihre Riten abhandeln. Obwohl die australische Frau ihre Kinder und die aus der Mutterschaft erwachsenen Vorteile genießt, sieht sie Kinder nicht als Grund der Ehe, sondern als deren Folge an. "Wenn sie Kinder in die Welt setzt, verankern diese sie weder fester in einer untergeordneten Stellung, noch schränken sie ihre Tätigkeiten ein" (1939, S. 156). Frauen in Sammler- und Jägergesellschaften legen allerdings bewußt Pausen zwischen ihren Geburten ein. Weit entfernt davon, das Gebären leicht zu nehmen, ist vielen Aborigines-Frauen die Aussicht auf Schmerzen und Schwierigkeiten sowie die Belastung, den Säugling mit sich herumzutragen, unlieb. Sie halten ein entscheidend wichtiges geheimes Ritual ab, um einander die Schwierigkeiten der Geburt zu erleichtern. Goodale berichtet, daß junge Ehefrauen "mehrere Abtreibungen haben können, womit sie die Mutterschaft hinauszögern, um ihr Liebesleben nicht zu stören (1971, S. 145). Und Kaberry verweist darauf, daß "wir das Bestehen eines Mutterinstinkts noch vor der Schwangerschaft oder selbst nach der Empfängnis nicht voraussetzen (können), da so viele Aborigines-Frauen Abtreibungen vornehmen" (1939, S. 157f). Offensichtlich haben die Frauen in "primitiven" Kulturen eine weit größere Kontrolle über ihre Körper und ihre Fortpflanzungsfunktionen als ihre "zivilisierten" Schwestern!

Wenn die Rede auf das spirituelle Leben der Aborigines-Frauen kommt, lassen sich die männlichen Anthropologen die schwersten Verfälschungen zuschulden kommen. Durkheim, Warner und Elkin versichern sämtlich, nur Männer seien heilig und entwickelten sich in punkto Heiligkeit. Doch Kaberry weist darauf hin, daß wenn die Männer wirklich das heilige Element verkörperten, die Frauen diese Tatsache gewiß erkennen und anerkennen würden (ebd., S. 230). Die Frauen betrachten die Männer jedoch nicht als heilig; sie bleiben "in ihrer Haltung den Männern gegenüber bedauerlich profan". Elkin insistiert, die Männer würden im Verlauf ihres geheimen rituellen Lebens trotzdem heilig - gleichgültig ob die Frauen sie als heilig ansähen oder nicht. Aber wenn die eine Hälfte der Bevölkerung der anderen die Anerkennung ihrer Heiligkeit versagt - durch welche magische Autorität wird diese andere Hälfte dann wohl heilig?!

Viele männliche Anthropologen scheinen von den spektakulären Riten der Aborigines-Männer genauso geblendet zu sein wie jedweder Tourist. Während die Frauen zwar an weniger zahlreichen und komplizierten Ritualen teilnehmen, so stehen doch die Zeremonien sowohl der Frauen wie die der Männer in engem Zusammenhang mit ihren jeweiligen Problemen. Genauso wie es den Männern hauptsächlich um männliche Rituale geht, geht es den Frauen prinzipiell um Rituale, die sich auf ihr eigenes Geschlecht beziehen - und männliche Ethnologen neigen dazu, dies als weniger bedeutsames oder exotisches Merkmal des Eingeborenenlebens abzutun. Spencer und Gillen zum Beispiel beschreiben die Frauenriten in einem Kapitel unter der Überschrift: "Eigentümliche Eingeborenensitten" ...

Die patriarchale Gleichsetzung von Frauen mit dem Bösen und Gefährlichen kommt besonders deutlich in Géza Roheims Verächtlichmachung des spirituellen Lebens der Frauen zum Ausdruck:

> "Woraus besteht denn ihre Religion ... Ebensogut könnten wir die Frage in anderer Form stellen: Was sind denn ihre Befürchtungen, ihre Ängste? Denn nur diese Phase der Religion steht Frauen offen. Alle Religionsaspekte, die auch nur die mindesten Hinweise auf eine übernatürliche, die Menschheit stützende Welt ... oder irgendein Identifikationselement enthalten, sind auf die männliche Hälfte der Bevölkerung beschränkt. Für eine Frau bedeutet Religion eine übernatürliche oder halb-übernatürliche Gefahr, sie bedeutet Dämonen ... oder Rachegeister oder fremde Stämme" (1933, S. 259).

Kaberry und Goodale zufolge haben Frauen wie Männer denselben tiefverwurzelten Glauben an ihre Totem-Ahnen, und die ebenbürtige Beziehung zwischen den Geschlechtern spiegelt sich in den Mythen wieder, die die von Anfang an gemeinsame Existenz männlicher und weiblicher Totem-Ahnen beschreiben.

In einem Schöpfungsmythos der Tiwi erschafft eine weibliche Gottheit die Erde, Räume und Tiere, das süße und das salzige Wasser, und eine Göttin ist sowohl die Sonne, die die Hitze des Mittags bewirkt, als auch die Milchstraße in der Nacht. Im Unterschied zu den patriarchalen Schöpfungsmythen, die Männer und Frauen belehren, ein männlicher Gott habe zuerst einen Mann geschaffen, lehren die australischen Frauen einander durch die überlieferten Mythen die Identifikation mit weiblichen Totem-Ahnen, die die Hüterinnen und Schützinnen von Geburt und Menstruation sind.

Wenn ein Mädchen sich der Pubertät nähert, singen die alten Frauen Gesänge, um sie zur sexuellen Reife zu bringen, und genau vor ihrer erster Menstruation vollziehen sie geheime Rituale, um sie auf die Ehe vorzubereiten. Während der ersten Menstruation werden Rituale vollzogen, um das von den anderen abgesonderte Mädchen sicher durch die Periode zu bringen, und die Frauen singen heilige Lieder, die sie eifersüchtig vor den Männern geheimhalten, um den Fluß des Menstruationsbluts zu beenden, Geburten zu erleichtern und Blutstürze zu vermeiden. Nach einer Geburt werden Riten zur Stärkung von Mutter und Kind zelebriert.

In Nordwestaustralien sind die Männer von den geheimen Tanzzeremonien der Frauen ausgeschlossen. Obwohl einige Männer mit diesen Zusammenkünften nicht einverstanden sind, können sie nichts dagegen unternehmen, und die Frauen genießen die Benachteilung die dies für die Männer mit sich bringt. Wie die Männerrituale den Männern, bieten die weiblichen Tanzzeremonien den Frauen Gelegenheit für Späße und Neckereien ebenso wie für Darbietungen, Selbstdarstellung und Unterhaltung. Diese spannungsreichen, lebhaften Veranstaltungen werden von den Frauen mittleren Alters und den Alten organisiert und angeführt. Die bemalten und kostümierten Tänzerinnen benutzen die Boomerangs ihrer Männer und ihre eigenen Schlagstöcke, die für diese Gelegenheit mit magischen Eigenschaften ausgestattet sind, um den Geschlechtsverkehr darzustellen. Viele der bei diesen und anderen Zeremonien von den Frauen gesungenen Lieder betonen die Bedeutung der Klitoris beim Liebesakt. Bei den Kimberley-Stämmen scheint der Mythos vom vaginalen Orgasmus nicht zu existieren...

Mit zunehmendem Alter werden die australischen Frauen selbstbewußter und bringen zunehmend ihre Macht und Autorität zum Ausdruck, aber einige männliche Ethnologen projizieren auf sie die Verachtung und Mißachtung, die älteren Frauen in westlichen Gesellschaften zuteil wird. Hart zum Beispiel nennt die älteren australischen Frauen gewöhnlich "alte Hexen" oder "zahnlose alte Hexen", während er respektvoll von den "machtvollen alten Männern" spricht. Nichtsdestotrotz können auch die männlichen Ethnologen nicht vollständig über den einflußreichen Status der älteren Frauen im Gruppenleben wie auch am Lagerplatz hinwegsehen.

Die älteren Frauen lehren die jüngeren ihre ökonomischen Kenntnisse und Fähigkeiten und leiten die weiblichen Riten und Tanzzeremonien. Kaberry schreibt über sie:

> "Sie sind - gemeinsam mit den alten Männern - die Bewahrerinnen des Mythos, verantwortlich für die Weitergabe von Stammesrecht und Stammesbrauch; und sie gehören zu den Kräften, die die Stabilität und Kontinuität des Stammeslebens ermöglichen" (1939, S. 184).

Die älteren Frauen ergreifen die Initiative, Streit zu schlichten, "wenn Ärger aufflammt und den Frieden bedroht... Imitten des Geschreis und des Gebells der Hunde verschafft sich die Stimme einer alten Frau Gehör und übertönt den Aufruhr, während sie Männern und Frauen unparteiisch ins Gewissen redet" (ebd.).

Wenn wir die Hauptunterschiede zwischen den Studien männlicher und weiblicher Ethnologen zusammenfassen, geht eindeutig daraus hervor, daß

Androzentrismus männliche Gelehrte zu einer ethischen Sehweise führt, die sie für die tatsächlichen Realitäten des Eingeborenenlebens blind macht. Androzentrismus hindert männliche Gelehrte an der Erkenntnis, daß die Eingeborenen die Bedeutung des ökonomischen Beitrags der Frauen vollauf würdigen und daß die Frauen dementsprechend an den übrigen Stammeseinrichtungen beteiligt sind. Androzentrismus verleitet männliche Gelehrte dazu, die Bedeutung von politischer Macht und Technologie für die Eingeborenen zu übertreiben. Androzentristische männliche Gelehrte projizieren auf die Eingeborenen die patriarchale Vorstellung, die physiologischen Unterschiede zwischen den Geschlechtern bestimmten alle geschlechtsspezifischen Rollenunterschiede. Und sie projizieren die patriarchalen Konzepte, die das lebensspendende weibliche Prinzip leugnen, weibliche Unreinheit mit der Menstruation verbinden, auf dem untergeordneten Status von Ehefrau und Mutter bestehen und die Frau mit dem Bösen und Gefährlichen gleichsetzen. Die Bedeutung des rituellen Lebens für die Frauen wird von ihnen ignoriert oder abschätzig beurteilt. Dazu kommt noch, daß androzentrische männliche Gelehrte gleichzeitig Misanthropen sind, denn sie stellen die australischen Männer fälschlich als brutal, dominant und ohne Achtung für das Menschsein der Frauen dar.

Die Ethnolog*innen* hingegen zeigen uns Männer und Frauen, die in ebenbürtiger Partnerschaft zusammenleben, wobei Rechte, Selbstachtung und Würde beider Geschlechter gewährleistet sind. Obwohl Männer in den Beziehungen zwischen den einzelnen Gruppen die politisch bedeutendere Rolle spielen, sind die politischen Einrichtungen nicht sonderlich entwickelt und dienen der Überlebensökonomie, in der die Frauen die zentrale Rolle spielen. Die Ethnolog*innen* zeigen, daß die australischen Frauen vollständige Kontrolle über die Funktionen der Reproduktion besitzen und daß sie weder von den Männern noch von sich selbst als ansteckend, Verderben bringend, unrein, böse oder gefährlich angesehen werden. Die Frauen ziehen denselben Gewinn aus ihren rituellen Erfahrungen, wie die Männer: emotionale Sicherheit in Lebenskrisen und Gelegenheit zu Vorführungen, Unterhaltung und Selbstdarstellung. Und die Ethnolog*innen* offenbaren, daß die australischen Männer besorgte und liebevolle Ehemänner und Väter sind.

Die entscheidende Schlußfolgerung aus den Unterschieden zwischen männlichen und weiblichen Ethnologien ist die, daß viele westliche männliche Anthropologen nicht gewillt oder unfähig sind, ihren vornehmlich androzentrisch und sexistisch geprägten Ethnozentrismus abzulegen. Androzentrismus und Sexismus führen zur Mißdeutung und Verfälschung von Status und Rolle der Frau in nicht-westlichen Kulturen. Doch wenn Status und Rolle der Frau mißdeutet und verfälscht werden, dann unvermeidlich die des Mannes ebenso. Und da die Beziehungen zwischen Männern und Frauen eng ineinandergreifen, führt die Verfälschung der männlichen und weiblichen Rollen zu einer Verfälschung des ganzen gesellschaftlichen Systems.

Diejenigen Anthropolog*innen* hingegen, die sich der Unterdrückung der Frauen in einer androzentrischen Gesellschaft bewußt sind und die ein Gespür für die fehlerhafte männliche Wahrnehmung von Frauen haben, bringen ein doppeltes Bewußtsein in ihre Forschungsarbeit ein, das zu ganzheitlichen, genauen und objektiven Untersuchungen führt. Es sind Frauen wie Kaberry und Goodale, die es schaffen, eine wirklich emisch-ethische Betrachtungsweise zu entwickeln.

Aus dem Amerikanischen von Renate Stendhal

Literatur:

Bates, Daisy (1938): The Passing of the Aborigines. London: John Murray.
Elkin, A.P. (1939): Vorwort zu Phyllis M. Kaberry. Aboriginal Woman: Sacred and Profane. London: Routledge and Kegan Paul.
Gason, S. (1879): "The Dieri", in: The Folklore, Manners, Customs and Language of the South Australian Aborigines. Hrsg. G. Taplin. Adelaide: E. Spiller.
Goodale, Jane C. (1971): Tiwi Wives. Seattle: University of Washington Press.
Gribble, E.R. (1940): Forty Years with the Aborigines. Sydney: Angus & Robertson.
Hart, C.W.M. und *Pilling, Arnold R.* (1960): The Tiwi of North Australia. New York: Holt, Rinehart, and Winston.
Kaberry, Phyllis M. (1939): Aboriginal Woman: Sacred and Profane. London: Routledge and Kegan Paul.
Kaplan, David und *Manners, Robert A.* (1972): Culture Theory. Englewood Cliffs, N.Y.: Prentice-Hall.
Leacock, Eleanor (Hrsg.) (1972): Einleitung zu Friedrich Engels, The Origins of the Family, Private Property, and the State. New York: International Publishers.
Malinowski, Bronislaw (1913): The Family Among the Australian Aborigines. London: University of London Press.
Montagu, M.F. Ashley (1937): Coming into Being Among the Australian Aborigines. London: Routledge.
Roheim, Géza (1933): "Women and Their Life in Central Australia". Journal of the Royal Anthropological Institute 63.
Salter, Elizabeth (1972): Daisy Bates. New York: Coward, McCann & Geoghegan.
Spindler, George D. (1970): Being an Anthropologist. New York: Holt, Rinehart and Winston.
Steward, Julian H. (1970): "Cultural Evolution in South America", in: The Social Anthropology of Latin America. Hrsg. Walter Goldschmidt und Harry Hoijer. Los Angeles: University of California, Latin American Center.
Warner, William Lloyd (1937): A Black Civilization. New York: Harper & Brothers.

Politikwissenschaft

Der Tanz um den Lindenbaum
Eine feministische Kritik der traditionellen politischen Wissenschaft

Kathleen Jones (Bulmash)

> "Hinter uns liegt das patriarchale System; das Elternhaus, mit seiner Leere, seiner Unmoral, seiner Heuchelei, seiner Unterwürfigkeit. Vor uns liegt die Welt der Öffentlichkeit, das Berufssystem... Das eine sperrt uns ein wie Sklavinnen in einen Harem; das andere zwingt uns zum ewigen Tanz um den Lindenbaum, den heiligen Baum, den Baum des Eigentums..."
> (Virginia Woolf, *Drei Guineen*)

Frauen sind sowohl von der Geschichte der westlichen politischen Theorie als auch von der Praxis der westlichen Politik generell ausgeschlossen worden. Die Erklärungen dieser geschlechtsspezifischen Kurzsichtigkeit sind mannigfaltig. Einige gehen davon aus, daß die systematische Beseitigung der Frauen aus dem politischen Diskurs das Werk frauenfeindlicher Gemüter gewesen sei (Deckardt 1983). Andere wenden ein, diese Beseitigung sei Folge einer Epistemologie gewesen, die den Begriff des "Öffentlichen" scharf von dem des "Privaten" unterschied (Sapiro 1981, S. 701-716; Diamond und Hartsock 1981, S. 717-721). Schließlich konzentrierten sich einige KritikerInnen auf die Tatsache, daß in der zeitgenössischen westlichen Politik-Wissenschaft sowohl der beschränkte Forschungsbereich als auch die Voreingenommenheit gewisser Methodologien zur Entwicklung einer sexistischen Wissenschaft beigetragen haben. Die Forschung hat unterstellt, "Frauenfragen" seien politisch irrelevant. Sie hat die Feststellung andersgearter Beteiligungsmuster und -raten als Beweis für die relative politische Apathie von Frauen gelten lassen; und darüber hinaus deren Beschreibungen mit der Erklärung von Geschlechterunterschieden im politischen Verhalten verwechselt (J. Jaquette 1976; Carroll 1979, S. 289-306; Rule Kraus 1974, S. 1706-1723; J.S. Jaquette, S. 147-164; Westkott 1979, S. 422-430; Sapiro 1979, S. 253-265).

Dieser Aufsatz wird epistemologische und methodologische Vorurteile in der traditionellen politik-wissenschaftlichen Forschung untersuchen. Er wird in Betracht ziehen, auf welche Weise das politische Verhalten von Frauen und die politische Relevanz von Frauenfragen entweder ignoriert oder verzerrt worden sind. Er wird die Angemessenheit zeitgenössischer Studien über Frauen und den politischen Prozeß bewerten, und schließlich wird er Vorschläge zur Korrektur der darin enthaltenen konzeptuellen und methodologischen Probleme machen.

Seit den Griechen spiegelt sich der Konsens über die begriffliche Notwendigkeit, die öffentliche von der privaten Sphäre zu unterscheiden, in der klassischen Auffassung wieder, die privaten Bereiche des Haushaltes (als Sphäre der Reproduktion) und der Wirtschaft (als Sphäre der Produktion) müssten dem Reich der Notwendigkeit zugeordnet werden. In diesen Bereichen würden Beziehungen der Über- und Unterordnung daher natürlicherweise dominieren. Im Gegensatz dazu wurde die *Polis* als Sphäre der Freiheit definiert, die in Verhältnissen der Gleichheit beschrieben wurde (Arendt 1961). Da man Frauen eine naturgegebene Verbindung zur privaten Sphäre unterstellte, waren sie von der Praxis der Freiheit, welche das politische Leben bestimmte, von vorneherein ausgeschlossen (Okin 1979). Im Verein mit anderen äußeren Mächten bewirkten diese konzeptuellen Vorurteile in der Folge eine Struktur des politischen Lebens und des Bürgertums, welche Frauen und die Bedürfnisse, mit denen sie assoziiert wurden, vom öffentlichen Leben absonderte (Hartsock 1982, Kap. 8; Saxonhouse 1980, S. 65-82; Slaten 1968). In der Metapher von Jean Bethke Elshtain: Frauen wurden zum Schweigen gebracht, nachdem sie aus dem Vokabular des Politischen ausgeschlossen worden waren (Elshtain 1982, S. 603-621; Elshtain 1981; Griffin 1981).

Diese ideologische Definition der Frau als apolitisches Wesen reflektierte und legitimierte zugleich die bestehende Wirklichkeit der Bezüge von Frauen zum politischen System. Die historische Ausgrenzung der Frauen aus dem öffentlichen Leben, so wurde geltend gemacht, ergab sich aus biologischen Imperativen, kaum aus sozialen Bedingungen. Diese Imperative schienen nicht nur zu verhindern, daß Frauen aktiv an Machtstrukturen teilhatten, sondern ebenso, daß sie diejenigen psychischen Qualitäten und Haltungen entwickelten, die zu den politisch zweckmäßigen gerechnet wurden (Pateman 1970; Gilligan 1984). Sowohl die Schwächung der Bezüge zwischen Privatsphäre und öffentlichem Bereich als auch die politisch-ökonomische Organisation des Haushalts selbst bewirkten die Aufrechterhaltung und Rechtfertigung der gechlechtlichen Ausgrenzung vom Bürgerrecht (Slater 1968; Hartsock 1982). Plato bildet hier sicher die einzigartige Ausnahme von der klassischen Regel des Ausschlusses der Frauen. Doch erreichte er die Integration der Geschlechter nur, indem er Sexualität auf Zeugung reduzierte und private, vertraute familiäre Beziehungen ausräumte. Frauen konnten nur Herrscherinnen sein, insofern ihre Weiblichkeit radikal begrenzt wurde (Okin 1979; Firestone 1975).

In die klassische Definition des Politischen selbst waren also Prämissen eingeschrieben, die die Teilhabe von Frauen am öffentlichen Leben kategorisch verhinderten. Aber auch für die Privatsphäre galten hierarchische, patriarchalische Herrschaftsbeziehungen als naturgegeben. Folglich wurde der Ausschluß der Frauen vom öffentlichen Leben ihrer "natürlichen" Unfähigkeit zugeschrieben, die biologische und ökonomische Unterordnung im

Haushalt zu überwinden.¹ Die Unterscheidung zwischen Herrschern und Beherrschten wurde geschlechtsspezifisch; das Politische wurde, per Definition, zu einer Welt, in der Männer handelten und sprachen.

Die Vorstellungen, die durch die klassische Periode hindurch den politischen Diskurs strukturierten, bauten auf der Unterstellung einer Dichotomie zwischen den öffentlichen und den privaten Bereichen auf (Elshtain 1981). Darüber hinaus war der öffentliche Bereich als Spielraum der Freiheit charakterisiert, in dem die Tyrannei der Natur in Grenzen gehalten werden konnte (Griffin 1981). Da Frauen mit der privaten Shpäre in Zusammenhang gebracht wurden, entstand in der klassischen Tradition nicht nur ein öffentliches Leben ohne Frauen, sondern eines, das sich sogar gegen Frauen und die entwerteten Tugenden der *oikas* richtete. Diese Anti-weibliche ethische Ausrichtung wurzelte in einer Epistemologie und Methodologie die, wenn auch unbeabsichtigt, so doch im Effekt frauenfeindlich war.

Trotzdem hielt sich bei den klassischen Autoren eine Auffassung des Politischen als Teilhabe an einer *sittlichen* Geneinschaft. Sofern also gezeigt werden konnte, daß die für "unvermeidlich" gehaltenen Einschränkungen der Beteiligung (durch Geschlecht, Klasse, etc.) in Wirklichkeit willkürliche waren, blieb innerhalb der klassischen Tradition noch die Möglichkeit bestehen, öffentliche Tätigkeit und die Normen des öffentlichen Lebens umfassender zu bestimmen.² Mit Machiavelli allerdings, wurden die Begriffe des politischen Diskurses und die Normen politischen Handelns ganz und gar von sittlichen Werten geschieden. In dem Maße, in dem Politik nun auf ein zweckdienliches Unternehmen, eine Ausübung von Willen und Macht reduziert wurde, waren Frauen um so mehr vom öffentlichen Leben ausgeschlossen.

Metaphorisch ausgedrückt, war das Politische jetzt die Arena, in der, soweit menschenmöglich, der Fürst (männlich) mit List und Tücke die Launen Fortunas (weiblich) bei der Lenkung menschlicher Geschicke in Schach hielt. Praktisch gesehen, war, da das öffentliche Leben sich nicht nur auf rohe Gewalt oder militärische Macht gründete, sondern von ihr abhängig war, die Beteiligung von Frauen am "militarisierten Bürgertum" (Pocock 1975) ausgeschlossen. Keinesfalls unterschätzt werden darf jedoch die Tragweite der Tatsache, daß Machiavelli Zweckmäßigkeit an die Stelle jeder anderen ethischen Norm zur Rechtfertigung politischen Handelns setzte. Normativ schloß seine

---

1   In der Mythologie reflektierte dieser Ausschluß von Frauen aus dem öffentlichen Leben und die Notwendigkeit, sie an ihrem Platz zu halten, wenigstens teilweise die tiefe Furcht vor weiblicher Macht als chaosverursachend. Sie durchzog die gesamte klassische Kunde. Für eine provokante psychoanalytische Erklärung, siehe: Dinnerstein 1979; auch: Dworking 1974; Daly 1981.
2   Soweit jedoch *öffentliche* Autorität für *moralisches* Handeln und eine *umfassendere* menschliche Identität bestimmend bleibt, kann das Konzept des Politischen nach wie vor von einem Maß der Antipathie abhängen, das sich gegen den *privaten* Bereich und nichtrationale Normen richtet, auch wenn beides nicht mehr ausschließlich mit dem Weiblichen in Verbindung gebracht wird. Vgl. die Diskussion des griechischen Bürgertums als Beherrschung "derjenigen außerhalb der Gemeinschaft", in: Hartsock 1982, S. 202f.

Auffassung einen politischen Betrieb aus, der öffentliche Mitsprache in Begriffen der Gerechtigkeit, der Moral und menschlicher Verhältnisse berücksichtigte, und nicht lediglich das rationale Kalkül politisch stabilisierender Mittel. Moralische Prinzipien verkamen zu "weiblichen", politisch irrelevanten, Werten. Eingebaut in Vorschriften, Qualifikationen und Techniken, die sich aller Prinzipien außer dem der Nützlichkeit entledigt hatten, war Politik ein geschlechtsspezifisch aufgeteiltes Aktionsfeld geworden.

Machiavellis Kalkül der Macht scheint die "Realpolitik" des 20. Jahrhunderts besser zu beschreiben als die liberalen Theorien des Konstitutionalismus im 17. und 18. Jahrhundert. Auch wenn für diese Theorien Entscheidungsgewalt und die Grenzen des öffentlichen Lebens im Grunde *willkürlich* einzurichten waren, wurden Ethik und Politik durch die Tatsache wieder vereint, daß Macht nun Konsens voraussetzte und durch das Naturgesetz begrenzt wurde. Darüber hinaus zwangen die Prinzipien der Theorie vom Gesellschaftsvertrag ihre Vertreter dazu, jede Ansicht zurückzuweisen, nach der die gesellschaftliche Struktur auf einer *natürlichen* Hierarchie von Macht und Vorrecht beruhte.

Bei Hobbes zum Beispiel findet man die Begründung des Konsens an die äußersten Grenzen getrieben. Im Naturzustand existierten alle Individuen in völliger Isolation voneinander, bar jeder sozialen Beziehung. Die Tragweite dieser Prämisse reichte über die politische Sphäre hinaus und betraf die Grundlagen der Macht auf jedem Feld. Der Gedanke, daß Freiheit ein "natürliches" Kennzeichen des einzelnen Menschen sei, war im Grunde "unvereinbar mit patriarchalischer Autorität, gleich ob sie im Staat oder in der Familie ausgeübt wird" (Brennan und Pateman 1978, S. 183).

Nichtsdestoweniger gab es eine grundlegende Ambivalenz in Hobbes Bereitwilligkeit, die Kritik der patriarchalen Ideen auch zu ihrem logischen Schluß zu bringen; und diese ließ ihn dann auch "zur Stellung von Frauen in der Familie und der bürgerlichen Gesellschaft" schweigen. Weil er sich auf patriarchale Auseinandersetzungen über die "natürlichen" Führungsqualitäten von Männern stützte, verschwand die Mutter aus der Familie wie aus der Gesellschaft (Brennan und Pateman 1978, S. 187, 191).[3] Im Ergebnis blieb der Widerspruch zwischen der Grundannahme der liberalen Theorie, welche Autorität als ein Verhältnis aufwies, das durch das Einverständnis freier und gleicher Individuen, ungeachtet ihrer Klasse oder ihres Geschlechts, gestiftet wird, und der Praxis, bestimmte Individuen von diesem Konsens auszuschließen, indem man sie den "natürlichen" Verhältnissen der Unterordnung auf dem Markt und in der Familie zuordnete, unaufgelöst.

Für Hobbes schlossen sich die Rollen der Frau und Mutter und die des Bürgers gegenseitig aus. Bei Locke wurde ihre Unvereinbarkeit mit einer

---

3   Zu einem gewissen Grade resultiert dies daraus, daß er bürgerliche Besitzrechte und die Theorie des "possessiven Individualismus" sowie deren Bindung an patriarchale Familienbeziehungen akzeptierte (MacPherson 1962). Die Einrichtung einer egalitären Familie hätte die patriarchale Struktur des frühen Kapitalismus unterminiert.

deutlichen Unterscheidung der Familienautorität von der politischen Autorität begründet. Locke verankerte diese Unterscheidung in der Entwicklung einer "hypothetischen" Geschichte, die es, obwohl sie auch Angriffe gegen das patriarchale Modell ermöglicht hätte, erlaubte, alle Machtverhältnisse, die auf Klassen- und Geschlechtsunterschieden beruhten, zu festigen und in die bürgerliche Gesellschaft hineinzunehmen (MacPherson 1962; Pateman 1975; Lange in diesem Band). Frauen, wie auch Arbeiter, besaßen keine Individualität, weil es ihnen natürlicherweise an Rationalität fehlte. Mit den ihnen von der Natur bestimmten Rollen konnten sie in der bürgerlichen Gesellschaft nur *vorkommen*, nicht zu ihr *gehören*.

Rousseau erkannte, daß Ungleichheit gesellschafts- und nicht naturbedingt ist. Er betonte sehr nachdrücklich, daß Staatsbürgerschaft eine teilnehmende, sittliche Tätigkeit und nicht ein bloßes Bündel von Rechtsvorschriften sei. Daher ist es ein besonders ironischer Umstand, daß ausgerechnet er übersah, daß es die kulturelle Konstruktion des Weiblichen war, welche die Frau in der Entwicklung öffentlicher Tugenden beschränkte (Elshtain 1981, S. 161). Stattdessen führte Rousseau seine Attacke gegen die Amoral der Marktgesellschaft zu seinem absonderlichem Bemühen um die unbedingte Erhaltung der traditionellen Tugenden von Frauen innerhalb der privaten Shpäre. Da die Welt der Bourgeoisie eine Welt ungehemmten Verlangens, der Habsucht und Gier war, gäbe es nur ein angemessenes Gegenmittel: die Rationalisierung der Begierden, d.h. ihre Abgrenzung und Zähmung in der Privatheit der Familie durch das sittliche Wirken der Frauen als Mütter. Auf dem Kampfplatz der Öffentlichkeit würde der Egoismus des Eigennutzes durch die Autorität des "Allgemeinwillens" gezügelt. Die Männer (sic) tauschten ihre natürliche Freiheit gegen die bürgerliche Freiheit, und das hieß: Anerkennung der praktischen und ethischen Notwendigkeit des "Souveräns" - des zusammengesetzten, gemeinschaftlichen Willens der *männlichen* Bürger, die den Staatskörper ausmachten. Rousseaus Vorstellungen von Souveränität und Bürgertum beinhalteten einen Begriff öffentlicher Pflicht, der viel stärker und anspruchsvoller war als der des auf Eigeninteresse basierenden Staatsbürgertums des klassischen Liberalismus. Doch dieses Konzept war angesichts der erforderlichen Unterordnung und Unfreiheit der Frauen parasitär. Rousseaus moralisches Bürgertum war kompromittiert durch die "Un-Moral" der Herrschaft von Männern über Frauen, auf der es aufbaute (Elshtain 1981, S. 157-163). Die "Notwendigkeit" dieser Herrschaft macht offensichtlich, daß, obwohl Rousseau instrumentalistische Vorstellungen von Staatsbürgerschaft ablehnte, seine Ansichten über Frauen einem instrumentalistischen Paradigma entstammen.

Durch die Betrachtung einiger für die westliche politische Analyse zentraler Kategorien, wie "Politik", "Autorität" und "Staatsbürgerschaft", sowie der liberalen Ideale von Freiheit und Gleichheit habe ich versucht aufzuzeigen, daß ein aufgrund dieser Definitionen erworbenes Verständnis von *politischer Tätigkeit* und von den *normativen Grundlagen des Politischen* Frauen und ihre Interessen von vorneherein aus dem politischen Diskurs ausschließt. Die Autoren, die das Staatswesen als Bereich der Sittlichkeit ansahen, fassten die natürliche "Tugend" von Frauen als Attribut ihrer Rollen auf und machten somit die Entwicklung von Konzepten zur Individualität und Personalität von Frauen unmöglich. Selbst für diese Autoren war die Tugend weiblicher Rollen nur indirekt politisch relevant, d.h. durch ihre Funktion als Sozialisatoren/Erzieherinnen zukünftiger Bürger.

Die von der liberalen Theorie postulierte Abhängigkeit der Entscheidungsgewalt vom Konsens bedrohte zwar die Idee, daß Autorität in irgendeiner Institution von der Natur abgeleitet werden könne, dennoch begrenzte letztlich die individualistische und instrumentalistische Auffassung von Staatsbürgerschaft in der liberalen Theorie eine Ausdehnung des Bürgerrechts auf immer mehr Menschen. Wie Marx an der Französischen Revolution beobachtete, kompromittierte gerade die Blindheit des Liberalismus für die materiellen Bedingungen, welche die Lebenslagen verschiedener *Klassen* von Individuen und ihre Bedürfnisse prägen, die politische Gleichheit, auf die sich der Liberalismus angeblich gründete (Marx, MEW a und MEW b, passim). Im Zugeständnis politischer Rechte an einzelne Bürger, die nur zufällig Frauen waren, ignorierte die liberale Theorie die ganz andere Frage der Repräsentation von Frauen *wegen* ihres Frauseins (Sapiro 1981, S. 702).

Die Ausdehnung politischer und bürgerlicher Rechte auf Frauen als Individuen band diese auf eine Weise in das öffentliche Leben ein, die weder die Struktur noch das Ethos des Politischen veränderte. Selbst Autorinnen wie Mary Wollstonecraft, die für politische und erzieherische Reformen eintraten, die die Stellung einzelner Frauen zu stärken schienen, schwiegen zu jenen anderen, über den Markt hergestellten institutionellen Gegebenheiten, die das Machtgefüge des liberalen Staates zu einem klassenspezifischen machten (Korsmeyer 1976). Obwohl diese Autorinnen die schädlichen Effekte der spezifischen Sozialisationsmuster für Männer und Frauen erkannten, neigten sie dazu, als Modell für die moralische Entwicklung und die Staatsbürgerschaft beider Geschlechter wieder das rational kalkulierende, eigennützige Ego des aufblühenden Kapitalismus heranzuziehen. Abgesehen von ihrer Kritik an der Unterwerfung von Frauen unter ihre Ehemänner, mißlang ihnen folglich weder eine systematische Betrachtung des Einflusses, den die Erfordernisse der Marktgesellschaft auf die sozialen Beziehungen des persönlichen Lebens hatten (Eisenstein 1980, S. 89-112), noch stellten sie sich der Frage, inwieweit instrumentelle Entscheidungsweisen den charakteristischen Interessen, die aus der überwiegenden Verankerung der Frauen in der "weiblichen" Welt des Haushalts entstehen, überhaupt angemessen sind.[4] Die

---

4   Dies soll nicht den Eindruck erwecken, als ob "weibliche Bedürfnisse" auf die Beschäftigung mit Kindererziehung, Gefühlsbanden und anderen Dimensionen des physischen und emotionalen "Überlebens", die mit der Familie und dem persönlichen Leben assoziiert sind, beschränkt wären. Es gibt auch Fragen der Diskriminierung und Ausbeutung am Arbeitsplatz und in der Politik, die Frauen betreffen. Aber diese Probleme können wenigstens teilweise durch traditionelle Interessenpolitik korrigiert werden: verbesserte Löhne und Arbeitsbedingungen, Wahlrecht, etc. Die erstere Gruppe von "Bedürfnissen" und die-

besondere Situation und Qualität "weiblicher Erfahrungen" schien grundlegende Veränderungen in der Reichweite und Dynamik des öffentlichen Lebens zu erfordern; die politische Sprache des Liberalismus zeigte sich dieser Aufgabe nicht gewachsen (Petchesky 1983).

Marx' Kritik an der Dürftigkeit liberaler Demokratietheorien und seine Analyse der sozialen Beziehungen in der "illusionären Gemeinde" der Bourgeoisie boten die Möglichkeit, über diese zwingend widersprüchliche und beschränkte Vision der Politik hinauszugelangen. Es ist im Rahmen dieses Aufsatzes nicht möglich, darauf einzugehen, inwieweit Marx' eigene Analyse der modernen Gesellschaft zur Ausbeutung der Frau adäquat Stellung nimmt. Die Frage ist, ob die Kategorien der Marxschen Analyse für eine epistemologische Grundlage sorgen, von der aus die engen, ausschließenden Parameter der Politik in den klassischen und liberalen Theorien zu überwinden sind.

Was, so fragt Marx, geschieht mit der menschlichen Tätigkeit, dem Ausdruck menschlicher Bedürfnisse und der menschlichen Gemeinschaft in einer Gesellschaft, die auf der Grundlage des Tausches aufgebaut ist? Marx' Antwort analysiert im Detail, wie ein Produktionssystem auf dieser Basis menschliches Tun soweit deformiert, daß das Leben - das nach Marx' Ontologie seinem Wesen nach gemeinschaftlich und auf andere ausgerichtet ist - auf ein bloßes Mittel für das Überleben des Einzelnen reduziert wird (Marx, MEW c und MEGA, passim; Jones Bulmash 1978). Da der Kapitalismus nur Mehrwert erzeugende Aktivität, nämlich Lohnarbeit, würdigt, mißachtet er zudem die inhärente gesellschaftliche Natur aller menschlichen Tätigkeiten wie Kinderpflege, Hausarbeit, ästhetischer und symbolischer "Arbeit", die keinen als Tauschwert bestimmten "Wert" erzeugen. Folglich verleumdet die auf Tausch basierende Produktion den Gedanken eines wesenhaft erotischen, sinnlichen, relationalen und moralischen Handelns des Menschen und betrachtet jede "Arbeit", die "unproduktiv" ist, als wertlos.

Menschliche Bedürfnisse können nur in Form von Klassenwidersprüchen ausgedrückt werden. Politisches Handeln wird so zu einer Art Null-Summen-Spiel: der Vorteil der einen Gruppe ist zwangsweise der Verlust einer anderen.

Überdies ist der Bereich des Politischen durch die Erfordernisse des Marktes eingeschränkt. Da der Markt für die Regulierung und Zuteilung gesellschaftlicher Ressourcen zuständig ist und da er nach dem Gesetz des Mehrwerts verfährt (*mehr* Kapital muß angehäuft und *privat* angeeignet werden, als während der Produktion verbraucht wurde), werden sogar die "Interessen", die artikuliert werden können, bestenfalls auf das Einklagen einer "ausgewogeneren" Lohnverteilung begrenzt. Forderungen, die das auf Tausch beru-

---

jenigen Aspekte der letzteren, die mit den politisch-kulturellen Dimensionen der Arbeitsorganisation zusammenhängen, sprengen die instrumentelle Kooperation als Mittel zur Erreichung gemeinsamer Ergebnisse (Diamond und Hartsock 1981, S. 718; siehe auch: Balbus 1982).

hende System des Wertzuwachses selbst in Frage stellen würden, sind von der politischen, also demokratischen Kontrolle grundsätzlich ausgeschlossen. Man nimmt also an Politik teil als Einzelner im Konflikt mit anderen Einzelnen. Sogar im Zusammenschluß von Menschen, die ihre Ansprüche dem Staat gegenüber durchsetzen wollen, bleibt die wesentliche Tatsache verborgen, daß solidarisches Handeln den Eigeninteressen des Einzelnen dienen soll. Politik wird nicht ein gemeinschaftliches, sondern ein von der Gemeinschaft entfremdetes Tun.

Gegen das Modell der bürgerlichen politischen Ökonomie stellte Marx eine Theorie menschlichen Handelns, des Politischen und der Gemeinschaft, welche die grundlegende Gesellschaftlichkeit menschlicher Existenz anerkannte. Eine Theorie, in der der "Reichtum", den menschliche Tätigkeit "produzierte", nicht-instrumentell gemessen würde. "Reichtum", so argumentierte er, sollte verstanden werden als "die *Universalität* individueller *Bedürfnisse, Fähigkeiten, Genüsse, Produktivkräfte*, etc." und als die Entwicklung einer menschlichen Existenzweise, die er "die Fülle der Individualität" nannte. Politik bestünde aus den Handlungen "vereinigter Individuen", die sich darüber bewußt sind, daß "alle bisherigen Produktionsverhältnisse" - Arbeitsteilung, Technologie, Familienstrukturen, etc. - als "Geschöpfe der bisherigen Menschen [anzusehen sind] und... der Macht der vereinigten Individuen" unterworfen (Marx, MEW 3, S. 68-70). Also wären all diese Verhältnisse einer demokratischen Kontrolle unterzogen, wobei die Wertmaßstäbe an eine reiche Konzeption menschlicher Bedürfnisse gebunden wären, und nicht an ein beschränktes, rationales Kalkül des Tausches und an rein instrumentelle Definitionen menschlichen Handelns.

Gleichzeitig versuchte Marx, die Ideen der Individualität und des "Privaten" gegen ihre Reduktion auf das im Liberalismus entwickelte Modell des besitzorientierten Individualismus zu sichern. Der Kapitalismus strukturierte das Privatleben als Flucht aus einem immer unmenschlicheren öffentlichen Dasein. Soweit das öffentliche Leben die Züge einer "menschlichen" Gemeinschaft annähme, d.h. auf wirklicher Gleichheit und Freiheit gründete, würde der Einzelne darin unterstützt, die Gesamtheit seiner menschlichen Sinne und Gefühle zu entwickeln, und zwar nicht als Eigenschaften eines abstrakten, isolierten, egoistischen Selbsts, sondern im Sinne eines Selbsts in Beziehung zu anderen (Marx, MEW c, passim; Johnes Bulmash 1984; Eisenstein 1981).

Diese Neubestimmung der Begriffe der Politik, des Handelns und der Gemeinschaft, die notwendigerweise ethisch geprägt war und die die unterstellte Teilung des Öffentlichen und des Privaten in zwei radikal isolierte Bereiche in Frage stellte, bot das Fundament für eine Theorie politischen Handelns, in der auch Frauen, "weibliche" Werte und "weibliche" Interessen Platz hatten. Auch wenn Marx selbst diesen erkenntnistheoretischen Rahmen nicht auf die Geschlechterfrage angewandt hat, können seine Kategorien zur Entwicklung einer feministischen Wissenschaftskritik, die sich differenzierter mit den Definitionen von Politik, Macht, Autorität, Gleichheit und Freiheit auseinandersetzt, die zum kategorischen Ausschluß von Frauen und des "Weiblichen" gedient haben, genutzt werden.

Zeitgenössische Forscher in den politischen Wissenschaften, ja sogar viele feministische ForscherInnen, haben die aus der Anwendung traditioneller Konzepte der politischen Analyse entstehenden Zwangslagen ignoriert. Sie haben Methodologien entwickelt, die das politische Verhalten von Frauen im Rahmen einer Begrifflichkeit beschreiben und erklären wollen, die höchstens eine ausschnitthafte und verzerrte Sicht des politischen Lebens gestattet (Lipsitz 1970, S. 142-172). Der verbleibende Teil dieses Aufsatzes soll einen Überblick über die Forschungsergebnisse zeitgenössischer PolitologInnen geben, wobei der Schwerpunkt auf der amerikanischen Schule liegt.

Man kann die Entwicklung der politologischen Forschung über Frauen in Form von drei Stadien beschreiben: Unsichtbarkeit, beschränkte Sichtbarkeit und Sichtbarkeit. Der jahrhundertelange Ausschluß der Frauen von Machtspositionen und vom öffentlichen Leben wiederholte sich bei ihrem Ausschluß aus den meisten politischen Untersuchungen. Mit der augenfälligen Ausnahme von Untersuchungen über bemerkenswerte historische Frauenfiguren - wie Königin Elisabeth, Jeanne d'Arc, Katharina die Große, etc. - ging die Forschung allgemein davon aus, daß das "wissenschaftliche" Studium der Politik unvoreingenommen durchgeführt werden könne unter der Annahme, politisches Verhalten von Frauen sei entweder nicht vorhanden oder irrelevant. Obwohl Frauen tatsächlich auf einzigartige und bedeutende Weise an der revolutionären Umwandlung der modernen Welt teilgenommen hatten, untersuchten Politologen die Dynamik des Fortschritts und des gesellschaftlichen Wandels unter Mißachtung eben dieser Tatsache (Rowbotham 1972). Erst nachdem Frauen das Wahlrecht erhalten hatten, wurde ihre politische Beteiligung ein Thema für Wissenschaftler. Gleichwohl waren, wie Baxter und Lansing bemerkten, viele dieser frühen Studien auf den Versuch beschränkt, die Auswirkungen des Frauenstimmrechts auf die Politik abzuschätzen (Baxter und Lansing 1983, S. 5). Obwohl die Untersuchungen merklich niedrigere Wahlbeteiligung und Wähleraktivitäten bei Frauen zeigten, wurde dies von vielen Wissenschaften nicht als Anzeichen für die Hartnäckigkeit außer-gesetzlicher Behinderungen des Bürgerrechts für Frauen aufgefaßt, sondern vielmehr als ein Beweis, der das Bild von der apolitischen Frau stützte (Bourque und Grossholtz 1974, S. 255-266).

Fast die gesamten 50er und 60er Jahre hindurch gab es entweder gar keine politikwissenschaftliche Forschung über Frauen oder sie beschränkte sich darauf, das Geschlecht als Hintergrund-Variable in der Verhaltensforschung zu behandeln (Lovenduski 1981, S. 83-97). Einzige bemerkenswerte Ausnahme davon war Maurice Duvergers Klassiker von 1955, *The Political Role of Women*. Nichtsdestoweniger blieben die konventionellen Untersuchungen unberührt von Duvergers Analyse und unterstellten weiterhin, das Feld der Politik sei stereotyp männlich. Wenn es Frauen nicht gelang, sich im selben Maße und auf die gleiche Art und Weise wie Männer zu beteiligen, so sah man das nicht als Effekt der sexistisch voreingenommenen Definition des Politischen, sondern als Beleg weiblicher Unzulänglichkeit (Lane 1959; Lipset 1963; McCloskey 1968).

Das große Vorhaben des zweiten, des Stadiums der *beschränkten Sichtbarkeit* ist es gewesen, den sexistischen Ausschluß der Frauen aus der traditionellen Forschung in den politischen Wissenschaften ans Licht zu bringen. Daraus hat sich ein signifikanter, weitgehend von Politolog*innen* erstellter wissenschaftlicher Korpus entwickelt, welcher der Unterstellung, Frauen würden sich bedeutend weniger an Politik beteiligen als Männer, den Kampf ansagte und der eine nicht-sexistische Erklärung der dauerhaften Unterschiede in den politischen Partizipationsmustern in Angriff nahm.[5] In diese Phase gehört auch die Publikation von Arbeiten, die das Verhalten von weiblichen politischen Eliten erforschten und die begannen, den öffentlichen politischen Umgang mit "Frauenfragen" in Betracht zu ziehen.[6]

Trotz des schnellen Zuwachses an wichtigen Arbeiten von und über Frauen, blieb der wissenschaftstheoretische und methodologische Rahmen des größten Teils dieser Forschung den traditionellen Bestimmungen der Politik und des politischen Verhaltens verbunden. Die Arbeiten dieser Phase bestanden im Zusammentragen beträchtlicher Belege für den weiblichen Beitrag zur Politik. Jedoch wandten diese ForscherInnen, wie Gerda Lerners dies analog für die bis dahin entwickelte Frauen-Geschichte feststellte, lediglich Fragen der traditionellen politischen Wissenschaft auf Frauen an, bzw. versuchten, weibliches Verhalten in die Leerstellen der akademischen Politologie einzupassen (Lerner 1979, S. 149). Der offensichtliche Mangel dieser Arbeiten liegt darin, die traditionellen Kategorien der politischen Analyse nicht

---

5   Beispiele für dieses Stadium sind die Beiträge in: Jaquette 1974; in: Prestage und Githe 1977; Goot und Reid 1975; Lovenduski und Hills 1981; und Anderson 1975, S. 439-454. Die vorherrschende Annahme - das "Korsett" - dieser Forschung ist, daß jemandes politische Beteiligung von seiner "Interessen"-lage im politischen System abhängig sei. Das "Interesse" von Frauen mag ansteigen und daher ihre politische Beteiligung, insofern ihre Tätigkeit außerhalb des Hauses zunimmt (z.B. auf dem Arbeitsmarkt), oder als Resultat der Politisierung von Themen, die traditionell im Interesse von Frauen gelegen haben. Nach Lovenduski und Hills sind daher "die Beteiligungsraten von Frauen auf der Ebene der Wahl, der Bewerbung um Ämter und des Eintritts in die politische Elite empfindliche Anzeigen für ihre Position und Interessenlage in einer bestimmten Gesellschaft" (Lovenduski und Hills 1981, S. 3). Sie geben jedoch zu, daß die traditionelle politische Wissenschaft deshalb "in Bedrängnis gerät, wenn es darum geht, die politische Beteiligung von Frauen zu untersuchen", weil ihr eine "dynamische Theorie der Beteiligung" fehlt (ebd., S. 4). Eines der Elemente, das eine solche Theorie aufzunehmen hätte - eine kritische Bestandsaufnahme der Kriterien für politische Aktivität - wird jedoch von diesen Autoren nicht adäquat in Betracht gezogen.

6   Für Eliten-Forschung siehe die entsprechende Aufsätze in: Jaquette 1974; Prestage und Githens 1977; ebenfalls Ausschnitte aus: Lovenduski und Hills 1981. Siehe außerdem: Diamond 1977; Mayo 1977; Kelly und Boutalier 1978; Boneparth 1977, S. 287-300; Kirkpatrick 1974; S. Tolchin und M. Tolchin 1974; Mozey 1978, S. 492-502; und die angeführte Forschung in: Randall 1982. Zu den Untersuchungen über "Frauenfragen" gehören: Boles 1979; Boneparth 1981; Adams und Winston 1980; Brownmiller 1978.

daraufhin befragt zu haben, ob sie für eine Beschreibung bzw. Erklärung der politischen Einstellungen, Verhaltensweisen und "Interessen" von Frauen überhaupt geeignet sind. Stattdessen ist die durchgängige Annahme dieser Forschung gewesen, daß "jene stereotypisierten Eigenschaften, die als männliches Ideal gelten (z.b. Aggressivität, Konkurenzverhalten und Pragmatismus, etc.), zugleich die Normen des politischen Verhaltens überhaupt seien" (Bourque und Grossholtz 1974, S. 229).

Ein Beispiel hierfür ist Susan Welchs Aufsatz "Women as Political Animals? A Test of Some Explanations for Male-Female Political Participation Differences". Welch beabsichtigt, die herrschende Lehrmeinung, "daß sich Frauen weniger an politischen Aktivitäten beteiligen als Männer" (Welch 1977, S. 711), zu überprüfen. Indem sie 13 verschiedene Beteiligungsformen analysiert, findet sie heraus, daß, wenn situative und strukturelle Faktoren kontrolliert werden, "Frauen sich insgesamt im selben Maße beteiligen wie Männer" (Welch 1977, S. 726). Der Antrieb zu diesem Bemühen ist klar: die Theorie zu widerlegen, daß Frauen sich von Männern auf einer Skala der politischen Aktivitäten unterscheiden. Tatsächlich macht Welch deutlich, daß Faktoren wie Beschäftigung außerhalb der Familie und Ausbildung für die Erhellung unterschiedlicher Beteiligungsmuster weit ergiebiger sind als die Variable des Geschlechts. Und doch beschränkt die verborgene Voreingenommenheit dieser Forschung den feministischen Erkenntniswert ihrer Ergebnisse erheblich. Die in dieser Studie und in vergleichbaren Untersuchungen vom Typ der "eingeschränkten Sichtbarkeit" enthaltene Annahme ist, daß *männliche Maßstäbe* der Partizipation zugleich *universelle Normen* der politischen Aktivität sind: Je mehr sich Frauen wie Männer verhalten - Parteimitglieder werden, wählen, zu Kampagnen beisteuern, politische Versammlungen besuchen und für Parteien arbeiten - desto mehr zeigen sie politisches Engagement und Sinn für politische Effizienz.

Die Annahme, daß Quantität (höhere Wahlbeteiligung) das sei, was zähle, und die Übernahme männlicher Normen haben ernstzunehmende Folgen. Erstens ist es viel leichter, das Wahlverhalten und die politische Beteiligung zu messen, als Ziele und Ergebnisse solcher Aktivitäten zu untersuchen. Denn es ist ja durchaus möglich, daß ein Anstieg weiblicher Wählerbeteiligung die Stärkung deutlich frauenfeindlicher politischer Ziele zur Folge haben könnte. Susan Welch stellt eine direkte Beziehung zwischen Klasse, Ausbildung und traditioneller politischer Beteiligung fest; neuere Untersuchungen zum Wahlverhalten legen jedoch nahe, daß traditionelle politische Betätigung mit politischem Konservativismus korreliert (Nie und Verba 1976; Jaquette 1976). Deshalb beschreiben Studien wie die von Welch in Wirklichkeit wohl eher die Entwicklung einer Allianz zwischen Elite-Frauen und Elite-Männern, die gemeinsam ihre Interessen in der Gesellschaft vor den Umverteilungsbedürfnissen von ökonomisch und sozial unterprivilegierten Frauen und Männern schützen müssen.[7] Um die Bedeutung traditioneller Beteiligungsarten von Frauen genauer zu beschreiben, müssen Untersuchungen durchgeführt werden, die die Inhalte und die Ergebnisse der Beteiligung ebenso erforschen wie ihre Rate. Dies verlangt natürlich neben quantitativen die Verwendung qualitativer Methoden, z.B. detaillierter Fallstudien (Jayaratne 1983).

Zweitens übernehmen Forschungsansätze wie der von Welch unkritisch die Konzepte der Beteiligung und die Parameter des politischen Feldes, welche durch Aktivitäten wie Wahl, Wahlkampf, Parteiarbeit, etc. beschrieben werden. Wie oben gezeigt wurde, ist jedoch die Theorie des Staatsbürgertums, die sich in diesen Formen der Beteiligung spiegelt, eindeutig männlich definiert und männlich orientiert. Sie ist unter Auslassung von, wenn nicht im Gegensatz zu den Erfahrungen formuliert worden, die Frauen im Bereich der Öffentlichkeit sowie mit der Fülle von Tätigkeiten in der Privatsphäre machen. Sie nimmt das rational kalkulierende Ego liberaler Interessen-Politik, das die Sprache machtorientierter Zwangsvollstreckung spricht, als Idealtypus. Jede Theorie der Bürgerrechtsbeteiligung muß sich der Frage der politischen Integration von Frauen aus einem begrifflichen Rahmen heraus zuwenden, der Frauen nicht nur "in die Kategorien und Wertsysteme einpaßt, die den *Mann* als das bezeichnende Maß ansehen" (Lerner 1979, S. 151; Norton 1982; Kerber 1982, S. 881). Damit Frauen in der Politik vollständig sichtbar werden können, bedarf es einer Epistemologie, die sich von männlich-orientierten zu weiblich-orientierten politischen Verhaltensweisen, Kommunikations- und Entscheidungsstilen hin verlagert, welche aus den *tatsächlichen* Erfahrungen und Interessen von Frauen abgeleitet sind.

Das Fehlen eines kritischen feministischen Begriffsrahmens führt zu Untersuchungen, die unterschwellig patriarchale Wertvorstellungen stützen. V. Sapiro zum Beispiel argumentiert, daß, wenn Frauen in geringerem Maße politisch involviert gewesen seien, dies daran liegen müsse, daß ihnen die Qualifikationen, Erfahrungen und die Sprache fehlten, die politische Kenntnis und einen Sinn für politische Effektivität erzeugen. Frauen, so schreibt sie, "werden in vielen wichtigen Bereichen, einschließlich der Politik, von Wissen und Erfahrung ferngehalten... Die Sprache der Frauen ist die Sprache derer ohne Einfluß, derjenigen, die ehrerbietig und abhängig sind." Es ist die Ghettoisierung der Frauen in der Privatsphäre, die sie, laut Sapiro, lehrt, "etwas anderes als vollwertige Bürger zu sein" (Sapiro 1983, S. 172). Die Fragen, die Sapiro aufwirft, haben eher mit der Veränderung der Frauen und ihrer Anpassung an das öffentliche Leben zu tun, als damit, die Politik so zu verän-

---

7   Einige Wissenschaftler legen nahe, traditionelle politische Teilnahme als Maß der politischen Kooptation zu verstehen. Die Teilnahme an der Wahl ist ein Akt, der das Vertrauen darauf bezeugt, daß die traditionellen Zugänge des Systems genügen, um die "Interessen" eines Individuums oder einer Gruppe zufriedenstellend wahrzunehmen (vgl. Edelman 1976).

dern, daß sie der Vielfältigkeit und Lebendigkeit weiblicher Stimmen Raum bietet.

Sapiros Programm zur Integration der Frauen würde, um sie für politische Betätigung zu befreien, Veränderungen in der privaten Sphäre erfordern. Aber abgesehen vom auf diese Weise erweiterten Zugriff der öffentlich-politischen Tagesordnung, würde die Einbeziehung von Frauen das politische Terrain im Grunde unverändert lassen (Sapiro 1981, S. 701-716). Andere ForscherInnen haben jedenfalls eingewandt, daß die Vertretung der ureigenen weiblichen "Interessen" es zwingend verlange, die Unangemessenheit und Parteilichkeit der traditionellen Konzepte der politischen Gemeinschaft als instrumenteller Allianz zu erkennen. Sie argumentieren aus einer Warte, welche die weibliche Erfahrung als Grundlage einer alternativen, nicht unterentwickelten Vision des Politischen ansieht. So erklären z.B. Hartsock und Diamond, daß "die über Beziehungen und Abhängigkeiten definierte Existenz der Frauen ... ein gesellschaftliches Verständnis ermöglicht, in dem Dichotomien weniger feindselig, das Alltagsleben mehr geachtet und ein Sinn für Verbundenheit und Kontinuität mit anderen Personen und der natürlichen Welt zentral sind." Die Artikulation und die Integration dieser Vision verlangt die "Entwicklung von komplexeren Kategorien zur Analyse des politischen Lebens" (Diamond und Hartsock 1981). Erforderlich ist auch eine radikale Rekonstruktion des öffentlichen Lebens auf eine Art und Weise, die dem Zwang, das gesellschaftliche Verständnis der Frauen zu entwerten, vorbeugen würde.

Andre Gundar Frank hat die verborgene Voreingenommenheit in anglo-amerikanischer Entwicklungstheorie ausführlich beschrieben. Die Theoretiker des Fortschritts, erklärt Frank, haben nicht erkannt, daß die Geschichte der kapitalistischen Entwicklung zur systematischen Unterentwicklung eines Großteils der Welt beigetragen hat. Stattdessen haben sie argumentiert, daß der Pfad in die Fortschrittlichkeit ein außergewöhnlicher sei, der die Nationen unaufhaltsam zu mehr Gleichheit und Freiheit bringe. Sollten Nationen dieses Ziel verfehlen, so wird ihr Versagen generell durch innere Anpassungsprobleme der jeweiligen Länder selbst erklärt. Hier wird nicht nur die historische Erzeugung internationaler Ungleichheit ignoriert, sondern auch die Gleichsetzung von prä-modernen Gesellschaften mit oppressiven, rückständigen Sozialstrukturen betrieben (Frank 1929, S. 103-113). Darüber hinaus wird die Tatsache übersehen, daß sich die größere Gerechtigkeit in den modernen Staaten aus der Ausbeutung der Mehrheit der Weltbevölkerung ergibt.

Jene ForscherInnen, die behaupten, Frauen hätten nur eine verzerrte, machtlose, unwirksame und stumme Realität, machen sich einer ähnlichen Nachlässigkeit schuldig. Sie vergessen, daß Männer das Territorium der Politik so bestimmt, die Regeln des politischen Diskurses so eingerichtet und den Spielraum politischer Interessen so beschränkt haben, daß die Kraft und Stärke der Frauen nur als ihr Gegenteil gesehen werden konnten (Dinnerstein 1979; Chodorow 1985).

Die Aufgabe einer feministischen politischen Wissenschaft muß es sein, ein neues Vokabular der Politik zu entwickeln, das es möglich macht, die spezifischen und verschiedenen Arten und Weisen zu erfassen, in welchen Frauen Macht gehandhabt, Autorität besessen, Staatsbürgertum praktiziert und Freiheit und Gleichheit in nicht-instrumentellem Modus verstanden haben. Das bedeutet, daß wir Gerda Lerners Rat annehmen, das "Modell der unterdrückten Gruppe" für die Definition weiblicher Rollen aufzugeben, da es zu ausschließlich die Vorstellung betont, daß wegen der Ausgrenzung von Frauen aus dem männlichen politischen Territorium ihre Bewußtseinslagen und Erfahrungen die einer durchgängigen Entfremdung gewesen seien. Gewiß reflektieren die Beschäftigungen, der Status, die Erfahrungen, Rituale und das Bewußtsein von Frauen patriarchale Definitionen und Normen. Aber das ist nicht alles. Wenn auch auf verzerrte Weise, so geben doch die Situationen, in denen sich Frauen befinden, eine andere Perspektive auf die Gesellschaft wieder: den Versuch, Selbstbestimmung und Emanzipation im Angesicht systematischer Unterdrückung zu erreichen und mit einer, wie Carol Gilligan es genannt hat, anderen Stimme zu sprechen (Gilligan 1984).

Ein gutes Beispiel für frauen-orientierte Wiederaneignung der wichtigsten Kategorien der politischen Analyse findet sich in Cynthia Nelsons Besprechung von Studien über Frauen und Macht im mittleren Osten. Konventionelle ethnographische Untersuchungen sind unkritisch von der Annahme ausgegangen, Frauen seien dort in einer privaten, politisch machtlosen Sphäre isoliert. Nelson erklärt dazu, daß solche Beschreibungen von westlichen SozialwissenschaftlerInnen stammen, die "ihre eigenen kulturellen Kategorien der Erfahrungswelt des mittleren Ostens aufgebürdet [haben]. Die ganze Diskussion über 'Macht' in diesen Gesellschaften ist von diesen Kategorisierungen beeinflußt" (Nelson 1974, S. 552). Politische Macht wird in diesen Untersuchungen funktionalistisch bestimmt: als organisierte Anwendung oder Anwendungsmöglichkeit von physischem Zwang zur Erhaltung oder Schaffung einer gesellschaftlichen Ordnung innerhalb eines territorialen Rahmens (Nelson 1974, S. 552). Überdenken wir unsere Vorstellungen von Macht, so daß wir "ihr Charakteristikum eher in einer *bestimmten Art sozialer Beziehung erkennen als in der Verkörperung einer Qualität, die in verschiedenen Typen von Gesellschaftsstruktur institutionalisiert ist*" (Nelson 1974, S. 553; Hervorhbg. K.J.), so ergibt sich eine andere Sicht. In der Tat führt genau die Ausgrenzung aus männlich-beherrschten Institutionen der Macht zur Bildung einzigartiger, weiblich-zentrierter Netzwerke der Macht in der "privaten Sphäre", die keineswegs geringen Einfluß auf öffentliche Angelegenheiten haben; dies wiederum gibt ihnen "beträchtliche informelle Kontrolle über Entscheidungen, die nominell das ausschließliche Vorrecht von Männern sind" (Nelson 1974, S. 558; Jaquette 1976).

Nelsons Analyse enthält eine entscheidende epistemologische Einsicht. Sich auf den Standpunkt der Frau zu begeben und mit ihrem Blick auf die sozialen Welten, in denen sie lebt, zu sehen, verändert unsere Ansicht der vorgeblichen Machtlosigkeit der Frau von Grund auf. Die sozialen Welten der

Frauen in diesen traditionellen Gesellschaften sind von der männlichen Welt isoliert. Aber "die Ausgliederung von Frauen kann alternativ als Ausschluß der Männer von einer Reihe von Kontakten der Frauen untereinander gesehen werden", durch den sie "erhebliche gesellschaftliche Kontrolle" ausüben (Nelson 1974, S. 599).

Zeitgenössische Feministinnen sträuben sich gegen eine solche Ansicht über die Macht der Frauen, weil sie die Forderung zu umgehen scheint, Ungerechtigkeiten zu beseitigen, die Frauen beim Zugang zu den herrschenden Institutionen der Politik diskriminieren (Eisenstein 1981; Jones Bulmash 1984). Wie auch immer, weder das blinde Verlangen nach Zugang noch die unkritische Umarmung des "mütterlichen Denkens" wird uns die feministische Zukunft einläuten. Benötigt wird die Entwicklung von Kategorien der politischen Analyse, die vielseitig und umfassend genug sind, um die Position verschiedener Frauen in verschiedenen politischen Systemen adäquat zu beschreiben (Bourne 1983, S. 20f.). In diesem Licht müssen wir die Leistungsfähigkeit der Perspektive der weiblichen "Desinteressiertheit" und des Ausgeschlossenseins von der Macht dessen, "was immer war", in Betracht ziehen, um informiert und kritisch den Wert der befreienden Vision alternativer sozialer Ordnungen zu bestimmen (Rieves 1982, S. 151, 156; Balbus 1982; West 1976; Hartsock 1982; Jaquette 1983).

Dieser Aufsatz hat ausgeführt, daß der konzeptuelle Rahmen traditioneller politischer Wissenschaft ein verzerrter ist. Es ist gezeigt worden, daß sowohl die traditionelle Forschung als auch ein großer Teil der feministischen Forschung Kategorien der Analyse angewandt haben, die geschlechtergebunden sind. Da sie den begrifflichen Rahmen, der in der westlichen politischen Theorie als universal gültiger entwickelt worden ist, unkritisch akzeptiert haben, haben sie der Tendenz nach gerade die Erkenntnisweise reproduziert, die feministische Forschung unmöglich macht.

Die weiblichen Stimmen zur Bedeutung des Politischen müssen zum Klingen gebracht (und sondiert) werden, wenn Politologie als Disziplin irgendetwas anderes sein soll als eine trübe Wissenschaft. Die Forderung nach anderen Maßstäben und nach anderen Grundwerten wird in der post-nuklearen Welt zum Imperativ. Instrumentelle Vernunft und das berechnende Ego der Politik der Bourgeoisie erscheinen antiquiert und destruktiv im Vergleich zur Bedeutung der spezifischen Qualitäten von Menschen und Gegenständen, wie sie im Leben von Frauen betont worden sind. Daß Effizienz als Grundwert des politischen Verfahrens durch Einfühlung ersetzt werden sollte, erscheint nicht länger naiv. Feministinnen müssen sich der Herausforderung stellen, die alten Kategorien des Politischen aufzugeben und sich auf "die sorgfältige Sichtung bekannter Quellen nach unbekannten Bedeutungen" einzulassen (Lerner 1979, S. 14). Der Begriff des Unterschieds darf nicht vernichtet, sondern muß vielmehr kritisch erneuert werden.

Aus dem Amerikanischen von Bernd Bayer und Barbara Schaeffer-Hegel

Literatur:

Adams, E.T. und *Winston, C.T.* (1980): Mothers at Work. New York: Longman Inc.
Anderson (1975): "Working Women and Political Participation 1952-1972", in: American Journal of Political Science, XIX.
Arendt, Hannah (1961): "What is Authority?", in: Between Past and Future. New York: Viking Press.
Balbus, Isaac (1982): Marxism and Domination. Princeton, N.J.: Princeton University Press.
Baxter, Sandra und *Lansing, Marjorie* (1983): Women and Politics: The Visible Majority. Ann Arbor: University of Michigan Press.
Boles, Janet K. (1979): The Politics of the Equal Rights Amendment: Conflict and Decision Process. New York: Longman Inc.
Boneparth, Ellen (1977): "Women in Campaigns: From Lickin' and Stickin' to Strategy", in: American Political Quarterly, 5, 3, July 1977.
dies. (Hrsg.) (1981): Women, Power, and Policy. New York: Pergamon Press.
Bourne, Jenny (1983): "Towards an Anti-Racist Feminism", in: Race and Class, XXV, 1, Sommer 1983.
Bourque, Susan und *Grossholtz, Jean* (1974): "Politics as Unnatural Practice: Political Science Looks at Female Participation", in: Politics and Society, 4, Winter 1974.
Brennan, Teresa und *Pateman, Carole* (1978): "Mere Auxiliaries to the Commonwealth: Women and the Origins of Liberation", in: Political Studies, XXVII, 2.
Brownmiller, Susan (1978): Gegen unseren Willen. Frankfurt a.M.: Fischer Verlag.
Carroll, Berenice (1979): "Political Science, Part I: American Politics and Political Behavior", in: Signs: Journal of Women in Culture and Society, 5, 2, Winter 1979.
Chodorow, Nancy (1985): Das Erbe der Mütter. München: Frauenoffensive Verlag.
Daly, Mary (1981): Gyn/Ökologie - Eine Meta-Ethik des radikalen Feminismus. München: Frauenoffensive Verlag.
Deckard, Barbara Sinclair (1983): The Women's Movement, 3. Ausgabe. New York: Harper & Row.
Diamond, Irene (1977): Sex Roles in the State House. New Haven: Yale University Press.
dies. und *Hartsock, Nancy* (1981): "Beyond Interests in Politics: A Comment on V. Sapiro's "When are Interests Interesting?...", in: American Political Science Review, 75, 3, September 1981.
Dinnerstein, Dorothy (1979): Das Arrangement der Geschlechter. Stuttgart: Deutsche Verlagsanstalt.
Duverger, Maurice (1955): The Political Role of Women. UNESCO.
Dworkin, Andrea (1974): Women Hating. New York: E.P. Dutton.
Edelman, Murray (1976): Politik als Ritual. Die symbolische Funktion staatlicher Institutionen und politischen Handelns. Frankfurt a.M.: Campus Verlag.
Eisenstein, Zillah (1980): The Radical Future of Liberal Feminism. New York: Longman Inc.
Elshtain, Jean Bethke (1981): Public Man, Private Woman. Princeton, N.J.: Princeton University Press.
dies. (1982): "Feminist Discourse and Its Discontents: Language, Power and Meaning", in: Signs: Journal of Women in Culture and Society, 7, 3, Frühjahr 1982.
Firestone, Shulamith (1975): Frauenbefreiung und sexuelle Revolution. Frankfurt a.M.: Fischer Verlag.
Frank, Andre Gundar (1979): "The Development of Underdevelopment", in: Charles Wilber, Political Economy of Development and Underdevelopment. New York: Random House.
Gilligan, Carol (1984): Die andere Stimme. München: R. Piper Verlag.
Goot, M. und *Reid, E.* (1975): Women and Voting Studies: Mindless Matrons of Sexist Scientism? Beverly Hills: Sage Publications.
Griffin, Susan (1981): Pornography and Silence. New York: Harper & Row.
Hall, Peter Dobkin (1977): "Family Structure and Economic Organizations: Massachusetts Merchants: 1700-1800", in: Haravan (Hrsg.): Family and Kin in Urban Communities: 1700-1900. New York.
Hartsock, Nancy (1982): Money, Sex and Power. New York: Longman Inc.
Jaquette, Jane (Hrsg.) (1974): Women in Politics. New York: John Wiley.

dies. (1976): "Female Political Participation in Latin America", in: Iglitzin und Ross (Hrsg.): Women in the World. Santa Barbara: Clio Books.
dies. (1983): "Weber, the Pluralist, and the Rational Calculus: Women and Power in Modern Political Analysis", präsentiert von: The Annual Meeting of the Western Political Science Association. Seattle, W.A., März 1983.
Jaquette, Jane S. (1976): "Review Essay: Political Science", in: Signs, 2, 1, Herbst 1976.
Jayaratne, Toby (1983): "The Value of Quantitative Methodology for Feminist Research", in: Gloria Bowles und Renate Duelli Klein (Hrsg.): Theories of Women's Studies. London: Routledge and Kegan Paul.
Jones Bulmash, Kathleen (1978): The Marxian Concept of Community. Unveröffentl. Ph.D. Dissertation. CUNY Graduate School.
dies. (1982): Political Theory, 10, 4, September 1982.
dies. (1984): "Dividing the Ranks; Women and the Draft", in: Women and Politics, 4, 2, Winter 1984.
Kelly, Rita M. und Boutalier, Mary A. (1978): The Making of Political Women: A Study of Socialization and Role Conflict. Chicago: Nelson-Hall.
Kerber, Linda (1982): "Women of the Republic", in: Signs, 7, 4, Sommer 1982.
Kirkpatrick, Jeanne (1974): Political Woman. New York: Basic Books.
Korsmeyer, Carole W. (1976): "Reason and Morals in the Early Feminist Movement", in: Gould und Wartofsky (Hrsg.): Women and Philosophy. New York: G.P. Putnam's Sons.
Kraus, Wilma Rule (1974): "Political Implications of Gender Roles: A Review of the Literature", in: American Political Science Review, 68, 4, Dezember 1974.
Krauskopf, Joan M. (1977): "Partnership Marriage", in: Chapman and Gates (Hrsg.): Women into Wives: the Legal and Economic Impact of Marriage. Beverly Hills: Sage Publications.
Lane, Robert (1968): "Political Life (1959)", in: D.L. Sills (Hrsg.): International Encyclopedia of Social Sciences.
Lerner, Gerda (Hrsg.) (1979): "New Approaches to the Study of Women", in: The Majority Finds Its Past. New York: Oxford University Press.
dies. (Hrsg.) (1979): "Placing Women in History", in: The Majority Finds Its Pact. New York: Oxford University Press.
Lipset, S.M. (1963): Soziologie der Demokratie. Neuwied am Rhein: Luchterhand Verlag.
Lipsitz, Lewis (1970): "On Political Beliefs: The Grievances of The Poor", in: P. Green und J. Levinson (Hrsg.): Power and Community: Dissenting Essays in Political Science. New York: Vintage.
Lovenduski, Joni (1981): "Toward the Emasculation of Political Science: The Impact of Feminism", in: Dale Splendor (Hrsg): Men's Studies Modified: The Impact of Feminism of the Academic Disciplines. New York: Pergamon Press.
dies. und Hills, Jill (Hrsg.) (1981): The Politics of The Second Electorate: Women and Political Participation. London: Routledge and Kegan Paul.
MacPherson, C.B. (1962): The Political Theory of Possessive Individualism. Oxford: Oxford University Press.
Marx, Karl (MEGA) (1981): "Grundrisse der Kritik der politischen Ökonomie, 1. und 2. Teil", in: Marx, Engels, Gesamtausgabe, 2. Abtlg., Band 1. Berlin: Dietz Verlag.
ders. (MEW a) (1970): "Zur Judenfrage", in: Marx, Engels, Werke, Band 1. Berlin: Dietz Verlag.
ders. (MEW b) (1969): "Zur Kritik der politischen Ökonomie", in: Marx, Engels, Werke, Band 13. Berlin: Dietz Verlag.
ders. (MEW c) (1968): "Ökonomisch-philosophische Manuskripte 1844", in: Marx, Engels, Werke, Ergänzungsband 1. Berlin: Dietz Verlag.
ders. (MEW d) (1958): "Deutsche Ideologie", in: Marx, Engels, Werke, Band 3. Berlin: Dietz Verlag.
Mayo, M. (Hrsg.) (1977): Women in the Community. London: Routledge and Kegan Paul.
McCloskey, Herbert (1968): "Political Participation", in: D.L. Sills (Hrsg.): International Encyclopedia of Social Sciences.
Mozey, Susan Gluck (1978): "Does Sex Make a Difference? A Case Study of Women in Politics", in: Western Political Quarterly, 40, 4, Dezember 1978.

Nelson, Cynthia (1974): "Public and Private Politics: Women in The Middle Eastern World", in: American Ethnologist, 1, 3, August 1974.
Nie, N.H., Verba u.a. (1976): The Changing American Voter. Cambridge: Harvard University Press.
Norton, Mary Beth (1981): "Review of Liberty's Daughters", in: Signs, 7, 4, September 1981.
Okin, Susan Moller (1979): Women on Western Political Thought. Princeton, N.J.: Princeton University Press.
Pateman, Carole (1970): Participation and Democratic Theory. Cambridge: Harvard University Press.
dies. (1975): "Sublimation and Reification: Locke, Wolin and the Liberal Democratic Conception of the Political", in: Politics and Society, V.
Petchesky, Rosalind (1983): Abortion and Woman's Right to Choose. New York: Longman Inc.
Pocock, J.G.A. (1975): The Machiavillian Moment. Princeton, N.J.: Princeton University Press.
Prestage, Jewel und *Githens, Marianne* (Hrsg.) (1977): A Portrait of Marginality: The Political Behavior of the American Woman. New York: David McKay.
Randall, Vicky (1982): Women and Politics. London: McMillan Press.
Rieves, Nancy (1982): Womankind: Beyond the Stereotypes. 2. Ausgabe. Aldine.
Rowbotham, Sheila (1972): Women, Resistance and Revolution. New York: Vintage Books.
Sapiro, Virginia (1979): "Women's Studies and Political Conflict", in: J.A. Sherman und E. Torton Beck (Hrsg.): The Prism of Sex: Essays in the Sociology of Knowledge. Madison: University of Wisconsin Press.
dies. (1981): "When are Interests Interesting? The Problem of the Political Representation of Women", in: American Political Science Review, 75, 3, September 1981.
dies. (1983): The Political Integration of Women. University of Illinois Press.
Saxonhouse, Arlene (1980): "Men, Women, War and Politics: Family and Polis in Aristophanes and Euripides", in: Political Theory, 8, 1, Februar 1980.
Slater, Philip (1968): The Glory of Hera. Boston: Beacon Press.
Tolchin, S. und *Tolchin, M.* und *Clout, M.* (1974): Women, Power and Politics. New York: Coward, Mclann and Gozhegan.
Welch, Susan (1977): "Women as Political Animals? A Test of Some Explanations for Male-Female Political Participation Differences", in: American Journal of Political Science, XXI, 4, November 1977.
West, Naida (1976): Leadership with a Feminine Cast. San Francisco: Rand & Research Associates.
Westkott, Marcia (1979): "Feminist Criticism of the Social Sciences", in: Harvard Educational Review, 49, 4.
Woolf, Virginia (1987): Drei Guineen. Übersetzt von Anita Eichholz. München: Frauenoffensive Verlag.

Locke und die Frauen
Oder: Wem gehören die Äpfel im Garten von Eden?

Lorenne M.G. Clark

Die Vorstellung, eine Gesellschaft zu erschaffen, die die Gleichberechtigung der Geschlechter garantiert, ist von den meisten politischen Theoretikern niemals in Erwägung gezogen worden. Sie haben die Annahme, daß es eine natürliche Ungleichheit zwischen den Geschlechtern gibt und daß eine zivilisierte Gesellschaft diese aufrechterhalten sollte, unterstützt oder als Axiom vorausgesetzt (Clark 1976). Durch dasselbe Axiom haben die Theoretiker der Familie diese aus dem Rahmen derjenigen Institutionen ausgeschlossen, die als *politisch* gelten. Ungeachtet der zentralen Rolle, die die Familie im Leben der Menschen innehat, schlug man sie dem Reich der bloß *natürlichen* Seinsweisen zu. Die damit verbundene Annahme, daß Frauen und Kinder, die aus theoretischen Gründen der Familie zugeordnet werden müssen, als Bestandteile eines vernunftlosen Naturzustandes mit ruhigem Gewissen ignoriert werden können, reichte den Theoretikern aus, um die Frauen aus dem Bereich der Politik auszuschließen.

Wenn wir bekannte Theoretiker unter diesem Aspekt betrachten, so reicht es nicht aus, zu zeigen, daß sie sexistische Ansichten vertreten. Unsere Absicht ist vielmehr, aufzuzeigen, daß ihre Theorien in eben diesen Axiomen wurzeln und daß die Theorien ein völlig anderes Aussehen hätten, wenn diesbezügliche Annahmen nicht gemacht worden wären. Ziel einer solchen Demonstration wäre der Nachweis, daß sich Theorien, die auf diesen Axiomen aufbauen, nicht als Planungskonzepte für politische Institutionen eignen, die die Gleichberechtigung der Geschlechter garantieren sollen. Es soll aufgezeigt werden, wie und wo sexistische Prämissen in den Werken der wichtigen politischen Theoretiker erscheinen, wie die Theoretiker explizit oder auch stillschweigend mit ihnen umgehen und welche Probleme dies für ihre Theorien aufwirft.

Unter diesem Gesichtspunkt möchte ich untersuchen, in welchem Ausmaß Locke die grundlegenden sexistischen Annahmen vorführt, von denen ich behauptet habe, daß sie die Grundfesten der westlichen politischen Theorie bilden. Die spezifischen Prämissen, die ich als im Zentrum der westlichen Theorie liegend begreife, sind erstens, daß es eine "natürliche" Ungleichheit zwischen den Geschlechtern und eine "natürliche" Überlegenheit des Mannes gibt; zweitens, daß "Reproduktion" kein zentraler Bestandteil des politischen Lebens ist und daher keine besondere Bedeutung für die Gestaltung des menschlichen Lebens hat und drittens, daß die Familie keine politische, sondern eine "natürliche" Institution ist, die außerhalb des politischen Zusammenhangs in einem ahistorischen Naturzustand existiert.

Zusätzlich zu diesen Grundbehauptungen gibt es weitere untergeordnete oder abgeleitete Hypothesen, die einer Untersuchung bedürfen. Zu diesen gehören Fragen, die mit dem Erben und Besitzen von Eigentum in Zusammenhang stehen und die für Locke von besonderer Relevanz sind. Auf welche Weise rechtfertigen Lockes grundlegende Prämissen den Besitz und das Erben von Privateigentum und damit den Erhalt der herrschenden Geschlechter- und Klassenverhältnisse? Ist Privatbesitz an den Mitteln und Produkten zur Reproduktion wie zur Produktion wirklich notwendig, um die Art von politischer Gesellschaft hervorzubringen, die nach Locke nötig ist, um "Frieden ... Sicherheit und ... (das) öffentliche ... Wohl des Volkes" (Locke, II § 131, S. 281)[1] so zu gewährleisten, wie es seiner Meinung nach Ziel der Regierung sein soll?

Die erste Annahme nämlich, daß Ungleichheit zwischen den Geschlechtern existiert, wobei der Mann der Überlegene ist, erscheint bei Locke sowohl implizit als auch direkt ausgesprochen. In der *Ersten Abhandlung* über die Regierung gibt sich Locke bei dem Versuch, Filmers These, nach der Adam kraft Gottes Gesetz über Eva herrsche, zu entkräften, die größte Mühe darzustellen, daß der Zustand, in dem die Frauen Männern untertan sind, nicht in Gesetzen, sondern in der Natur begründet sei: "Ferner ist zu beachten, daß die Worte in Gen. 3, 16, die unser Autor als die ursprüngliche Verleihung der Herrschaft ansieht, weder an Adam gerichtet wurden, noch daß Adam hier überhaupt etwas verliehen worden ist, sondern Eva eine Strafe auferlegt wurde. Und wenn wir annehmen, daß sie, wie es den Tatsachen entspricht, allein an Eva gerichtet waren oder an sie als Repräsentantin aller Weiber, werden sie höchstens das weibliche Geschlecht allein betreffen und keine andere Bedeutung haben als jene Untertänigkeit, in der sie gewöhnlich zu ihren Männern stehen sollten. Ein weiteres Gesetz, die Frau zu solcher Untertänigkeit zu zwingen, auch wenn die Umstände ihrer Stellung oder der Vertrag mit dem Gatten sie davon ausnehmen, ist aber nicht in diesen Worten enthalten. Denn dort steht, daß sie ihre Kinder mit Schmerzen gebären soll, selbst wenn ein Mittel dagegen gefunden werden kann, was ebenfalls ein Teil ihres Fluches bildet" (Locke, I § 47, S. 102f.).

Demnach ist der Zustand der Unterwerfung, in dem die meisten Frauen normalerweise im Verhältnis zu Männern anzutreffen sind, ausdrücklich nicht die Folge eines Gesetzes, oder irgend einer sonstigen Übereinkunft, nicht einmal der der allerhöchsten Konvention, die durch den Willen und die Autorität Gottes festgelegt ist. Vielmehr ist er durch die Strafe begründet, die ihr, und ihr allein, auferlegt worden ist und die darin besteht, daß sie, wie Locke später im selben Abschnitt sagt, "das schwächere Geschlecht" ist und gezwungen, ihre Kinder mit Schmerzen zu gebären.

---

[1] Die Locke-Zitate dieses Aufsatzes sind alle seinen zwei Abhandlungen über die Regierung, deutsche Ausgabe Frankfurt 1977, entnommen. Im folgenden wird bei Zitaten aus diesem Werk in Klammern hinter dem Zitat der Paragraph angegeben, aus dem das Zitat stammt.

Frauen sind demnach von Natur aus schwächer als Männer, und diese Schwäche ist ein direktes Ergebnis ihrer einzigartigen Fähigkeiten zur Reproduktion. Die Tatsache, daß Frauen, und nur Frauen, Kinder gebären können, ist ein natürlicher Nachteil, der zu der natürlichen Ungleichheit zwischen den Geschlechtern führt. Trotz Lockes Auffassung, daß diese Ungleichheit auf die natürlichen Unterschiede der Geschlechter zurückzuführen ist, wird damit die Überlegenheit des Mannes begründet: "Denn obwohl Eva, da sie Helferin bei der Versuchung war und darüber hinaus auch noch die göttlichen Gebote mit übertrat, ihm untergeordnet wurde, und Adam dadurch, daß sie härter bestraft wurde, zufällig eine Überlegenheit über sie erhielt..." (Locke I, § 44, S. 101).

Doch gerade weil es sich um eine natürliche Ungleichheit handelt, kann sie in den seltensten Fällen überwunden werden. Wenn die Frau von adliger Herkunft ist oder über großzügige Mittel verfügt, so können dadurch ihre natürlichen Nachteile ausgeglichen werden, und sie kann sich mit Hilfe dieser Umstände dem Zustand der Unterwerfung entziehen, dem sie ansonsten ausgeliefert wäre: "Will nun jemand behaupten, daß Eva oder sonst eine Frau sündigte, wenn sie ohne jene vielfältigen Schmerzen entbinden würde, mit denen Gott sie bedroht, oder daß eine unserer Königinnen, Maria oder Elisabeth, wenn sie einen ihrer Untertanen geheiratet hätten, durch die Worte der Heiligen Schrift in politische Untertänigkeit zu ihm gelangt wären oder daß dieser dadurch eine monarchische Herrschaft über sie erlangt hätte? Soweit ich sehe, gibt Gott in diesem Text überhaupt keine Autorität, weder Adam über Eva, noch Männern über ihre Frauen, sondern er sagt lediglich voraus, wie das Los der Frau sein werde; wie er es durch seine Vorsehung einrichten werde, daß sie ihrem Gatten untertan seien. Wir sehen auch tatsächlich, daß die Gesetze der Menschheit und die Sitten der Völker es allgemein so geordnet haben, und dafür liegt, wie ich zugebe, eine Begründung in der Natur" (Locke I, § 47, S. 103). Hier erkennt Locke explizit an, daß die Unterwerfung der Frauen unter die Männer durch Gesetz und Sitte kodifiziert ist. Dennoch ist für ihn die Ursache dieser Gegebenheit in der Natur zu suchen, und er kann daher argumentieren, daß sie in einigen wenigen Fällen eine natürliche Last darstellt, die überwunden werden kann.

In Kapitel V der *Ersten Abhandlung* "Vom Herrschaftsanspruch Adams durch die Unterwerfung Evas" will Locke zeigen, daß, obwohl durch die Schöpfung Gottes eine natürliche Basis der Ungleichheit zwischen den Geschlechtern besteht, diese keine Grundlage für die absolute Herrschaft oder die absolute Gehorsamspflicht darstellt, wie Filmer dies für die Beziehung zwischen Untertan und Monarch ableitet. In der Genesis wird nach Locke höchstens "die Unterwerfung der niederen Geschöpfe unter die Macht des Menschen" und "die Untertänigkeit ..., die eine Frau ihrem Gatten schuldet" (Locke, I § 49, S. 105f.) festgelegt. Auf diese Weise stellt er die behauptete Grundlage der Ungleichheit weder in Frage, noch kritisiert er sie, und er schließt sich der Meinung an, daß durch den natürlichen Unterschied zwischen den Geschlechtern der Frau die Verpflichtung entsteht, sich dem Willen und der Autorität ihres Mannes zu unterwerfen; das ist es, was sie ihm schuldet.

In der *Zweiten Abhandlung*, im Abschnitt "Von der väterlichen Gewalt" stellt er fest: "Obwohl ich oben ... gesagt habe, daß alle Menschen von Natur aus gleich sind, kann man doch nicht annehmen, daß ich darunter jede Art von Gleichheit verstehe" (Locke, II § 54, S. 232). Er nennt Alter, Tugend, herausragendes Talent und Verdienst, Geburt, Verschwägerung und Pfründe als Unterschiede, durch die sich einige Menschen Vorrang über andere erwerben können. Anschließend führt er aus, daß keiner dieser Unterschiede, durch die die Menschen in gewissen Hinsichten ungleich sind, der Art und Weise widerspricht, in der sie gleich sind, nämlich "in Hinsicht auf die Rechtsprechung und die Herrschaft des einen über den anderen ..., jenes gleiche Recht, das jeder Mensch auf seine natürliche Freiheit hat, ohne dem Willen oder der Autorität irgendeines anderen Menschen unterworfen zu sein" (Locke, II § 54, S. 233).

Locke leugnet also nicht, daß Unterschiede zwischen Menschen bestehen.[2] Ganz im Gegenteil: Er argumentiert, daß die Gleichheit der Menschen in ihrem Recht auf Autonomie *trotz* dieser Unterschiede besteht. Wie wir jedoch bereits gesehen haben, rechtfertigen die angeblich "natürlichen" Unterschiede zwischen den Geschlechtern trotz allem die natürliche Herrschaft der Männer über die Frauen. Seine explizite Äußerung zu diesem Problem in der *Zweiten Abhandlung* lautet wie folgt: "Deshalb ist es notwendig, daß irgendwo eine letzte Entscheidung gefällt wird, d.h. daß es irgendwo eine Herrschaft gibt. Diese fällt naturgemäß dem Manne als dem fähigeren und stärkeren Teil zu" (Locke, II § 82, S. 250). Die Herrschaft fällt *natürlicherweise* dem Manne zu. Hier betont Locke, daß es eher die natürliche Überlegenheit des Mannes (er ist der "Fähigere und Stärkere") als die natürliche Benachteiligung der Frau ist, die zur rechtmäßigen Herrschaft der Männer über die Frauen geführt hat. Ich stimme hier übrigens mit der Beobachtung von Elrington überein, nach der hieraus folgt, daß das Recht des Ehemannes allein auf seiner überlegenen Körperkraft beruht. Es gibt mehr Ähnlichkeiten zwischen Locke und Hobbes als gemeinhin angenommen werden (Hobbes 1966, Kap.20; Locke, II § 64-76, S. 238-247).

Aus dem bisher Gesagten ergibt sich unmittelbar zweierlei. In der *Ersten Abhandlung* scheint Lockes Argumentation die zu sein, daß die normale Situation der Herrschaft der Männer über die Frauen schlicht eine Folge des natürlichen Nachteils der Frauen ist, - am Ende jedoch schlußfolgert er, daß Ehefrauen eine Gehorsams*pflicht* haben. Demnach besteht hinsichtlich der Konsequenzen, die aus der Tatsache folgen, daß es Unterschiede, natürliche

---

2   Eigenartigerweise schweigt er jedoch darüber, ob es sich dabei um "natürliche" Unterschiede handelt. Betrachtet man die Umstände, die er zitiert, scheint es kaum möglich, sie alle als "natürlich" einzuordnen. Jedenfalls sind die Unterschiede zwischen einzelnen Frauen, die es ihnen ermöglichen, ihre "natürlichen" Nachteile auszugleichen, sozialer und nicht natürlicher Art.

und andere, zwischen einer Person und einer anderen gibt, eine eigenartige Asymmetrie zwischen den Geschlechtern. Sofern es sich nämlich um Unterschiede zwischen einzelnen Männern handelt, hat der Grundsatz des Rechts auf Autonomie Vorrang vor allen Unterschieden, die zwischen ihnen bestehen mögen. Die natürlichen Unterschiede zwischen den Geschlechtern dagegen haben Vorrang vor der Idee eines gleichen Rechtes auf Autonomie für Männer und Frauen. Hier und hier allein rechtfertigt ein natürlicher Unterschied die Dominanz einer Person über eine andere. Zwar kann die Existenz eindeutig nicht-natürlicher Unterschiede zwischen einer Frau und einer anderen die Auswirkungen der weiblichen Minderwertigkeit zuweilen außer Kraft setzen. Außergewöhnliche Frauen können aufgrund von sozialen Vorteilen ihre natürlichen Nachteile überwinden und der Unterwerfung entgehen. Doch normalerweise haben die natürlichen Unterschiede zwischen Männern und Frauen Vorrang vor der Idee der Gleichheit zwischen den Geschlechtern, während Unterschiede zwischen einzelnen Männern den Grundsatz der Gleichheit aller Männer nicht widerlegen.

Es scheint eindeutig festzustehen, daß Locke von einer natürlichen Ungleichheit zwischen den Geschlechtern überzeugt war, davon, daß Männer überlegen sind und daß diese Überlegenheit ihnen gewöhnlich ein Recht auf den Gehorsam ihrer Frauen gibt. Eindeutig scheint auch seine Überzeugung zu sein, daß der Grund für die Minderwertigkeit der Frauen in ihren reproduktiven Fähigkeiten liegt und daß dies ein natürlicher und weniger ein durch Konvention geschaffener Nachteil ist. Es muß jedoch darauf hingewiesen werden, daß die Behauptung, dies sei für Locke der einzige Grund für den minderwertigen Status der Frauen gewesen, recht problematisch ist. Denn es ist keineswegs klar, worin der Zusammenhang zwischen ihren reproduktiven Nachteilen und der "größeren Kraft" der Männer besteht, die für ihn in der *Zweiten Abhandlung* die Autorität des Ehemannes über seine Frau rechtfertigt.

Wie diese Ansichten die Entwicklung seiner Theorie beeinflußt haben, läßt sich sehr gut zeigen, wenn wir ihre Auswirkungen auf seine Ansichten über die Familie und ihre Beziehungen zu den anderen, den politischen Institutionen überprüfen. Durch beide Abhandlungen hindurch setzt Locke voraus, daß der natürliche Ort der Frauen die Familie ist. Die Unterwerfung der Frauen durch die Männer ist die Unterwerfung der Ehefrau durch ihren Gatten. An keiner Stelle beschäftigt er sich mit dem Status der ledigen Frau. Frauen sind für Locke verheiratete Frauen, und entsprechend sind die meisten Frauen den Männern unterworfen. Und die meisten Frauen sind deshalb verheiratete Frauen, weil es der Natur der Frau entspricht, Kinder zu gebären, die alleine zu versorgen sie dann nicht imstande ist (Locke, II § 79-80, S. 248f.). Wenn er sich mit der Rolle der Frauen beschäftigt, stellt er ausdrücklich fest, daß sie als Gefährtinnen für die Männer geschaffen wurden und daß sie nicht in der Lage sind, Kinder ohne die Hilfe der Männer zu gebären und aufzuziehen, zumindest nicht bis alle Kinder, wie er sagt "fähig sind, sich selbst zu helfen und für sich selbst zu sorgen" (Locke, II § 78, S. 248). Es entspricht dem natürlichen Schicksal der Frauen, als Folge ihrer reproduktiven Fähigkeiten, verheiratet und ihren Männern unterworfen zu sein, weil sie zur Versorgung ihrer Nachkommenschaft von diesen abhängig sind. Für Locke stellt demnach die Familie und ihre Autoritätsstruktur ein natürliches Gefüge dar, das im Naturzustand geschaffen wird.

Damit entstand für Locke das Problem, daß er zwischen "politischer" und "natürlicher" Autorität unterscheiden muß. Politische Autorität muß auf Konsens beruhen und muß deshalb verschieden und unterscheidbar sein von der natürlichen Autorität in der Familie, die auf der natürlichen Überlegenheit des Mannes in Bezug auf die Frau basiert, die ihrerseits durch einen natürlichen Unterschied in den reproduktiven Rollen entsteht.

In seiner Darstellung des Ursprungs politischer Gesellschaften räumt Locke ein, daß die meisten zivilisierten Gesellschaften mit der Regierung und der Verwaltung eines einzigen Mannes begonnen haben: "... die Regierung (begann) gewöhnlich mit dem Vater ... Denn der Vater hatte nach dem Gesetz der Natur dieselbe Gewalt wie jeder andere Mensch, alle Verstöße gegen dieses Gesetz nach eigenem Ermessen zu bestrafen. Folglich durfte er die Übertretungen seiner Kinder auch dann noch bestrafen, wenn diese schon zu Männern geworden und ihrer Unmündigkeit entwachsen waren" (Locke, II § 105, S. 265). Dies stellt für Locke ein Zugeständnis dar, denn aus anderen Gründen, die wir sehr gut kennen, war es seine Absicht, das Konzept der patriarchalen Regierung anzugreifen; trotzdem mußte er den historischen Tatbestand zugeben, daß die meisten Regierungen als Formen von väterlicher Macht begannen und damit patriarchale Regierungen waren. Er wollte jedoch vermeiden, die legitime Regierung von der natürlichen Vorherrschaft des Mannes innerhalb der Familie abzuleiten.

Der interessante und wichtige Punkt, den es zu beachten gilt, besteht nun darin, daß Lockes eigener Voraussetzung nach die männliche Vorherrschaft innerhalb der Familie eine natürliche ist. Wenn er davon ausgehen will, daß die Basis für eine legitime Regierung die Zustimmung der Regierten ist, muß er also beweisen, daß die väterliche Macht von der politischen Macht unterschieden werden muß. Da er voraussetzte, daß im Naturzustand die Männer eine natürliche Vorherrschaft über die Frauen ausüben, kann er wohl kaum behaupten, daß die patriarchale Herrschaft auch in der Familie eine künstliche ist und deshalb nicht dazu benutzt werden kann, monarchische Regierungskonzeptionen zu begründen. Dies wäre das glaubwürdigste Argument gewesen. Doch Locke hat es nicht benutzt, und genau darum geht es. Er setzt einfach voraus, daß die Familie und die Machtverteilung in ihr eine natürliche und keine politische Institution ist. Wie noch gezeigt werden wird, *muß* er dies voraussetzen, um zu einer Gesellschaftstheorie zu gelangen, die mit den Prinzipien übereinstimmt, die er für nötig hält.

Im Naturzustand sind die Frauen natürlicherweise benachteiligt, die Männer überlegen, und die Familie entsteht als eine natürliche Institution, die aus den natürlichen Unterschieden zwischen den Geschlechtern hervorgeht. Demnach bezieht sich alles, was er über die Gleichheit im Naturzustand sagt, ausschließlich auf die Männer. Die Männer, und nur die Männer, sind natürlicherweise frei von der Herrschaft des einen über einen anderen. Die große Mehrheit der Frauen befindet sich bereits unter der Herrschaft einzelner Männer, weil sie "natürlicherweise" schwächer und weniger fähig sind. Sie unterliegen den normalen natürlichen Nachteilen, denen alle Frauen unterworfen sind, und besitzen keine der ausgleichenden Vorzüge, die ihre natürlichen Nachteile wettmachen und sie in eine Position versetzen könnten, in der sie sich, um zu überleben, nicht dem Willen und der Autorität eines Mannes anheimgeben müßten. In Lockes hypothetischem Naturzustand gibt es demnach genau so viele Annahmen über unterschiedliche reproduktive Naturen und Beziehungen der Geschlechter wie über verschiedene produktive Naturen und Beziehungen der Männer, die schon so oft und so gründlich untersucht worden sind.[3] Lockes Naturzustand ist schlicht das England des 17. Jahrhunderts ohne die legitime Autorität der Lockschen Gesetze.

Sein Hauptargument in Kapitel IV der *Zweiten Abhandlung* "Von der väterlichen Gewalt" geht dahin, daß die Existenz der väterlichen Gewalt in der Familie nicht zur Rechtfertigung der monarchischen Regierung benutzt werden kann, da die Gewalt, die in der Ausübung der väterlichen Autorität über die Kinder besteht, gleichermaßen zwischen Vater und Mutter aufgeteilt ist. Er legt dar, daß "väterliche" Gewalt im Grunde eine falsche Bezeichnung ist und durch "elterliche" Gewalt ersetzt werden sollte, denn der Ausdruck "väterlich" "...scheint die Gewalt der Eltern über ihre Kinder völlig in die Hand des Vaters zu legen, als ob die Mutter überhaupt nicht daran teilhaben würde. Doch wenn wir einmal die Vernunft oder die Offenbarung befragen, werden wir erkennen, daß ihr ein gleicher Rechtsanspruch zusteht" (Locke, II § 52, S. 231f.). Er geht hier kaum auf die Vorherrschaft des Ehemannes über seine Frau ein; im Zusammenhang mit seinem Angriff auf die Monarchie erscheint ihm dies nicht relevant. Hier geht es ihm darum, daß kein Mann rechtmäßig und ohne Einwilligung über einen anderen herrschen kann, und nicht darum, daß kein Mann rechtmäßig über eine Frau herrschen könne. Er setzte voraus, daß Männer sowohl im politischen als auch im Familienbereich weiterhin Vorherrschaft über Frauen ausüben würden, und fand es deshalb nicht notwendig, die Autorität des Ehemannes über seine Frau in Frage zu stellen.

Es war ihm jedoch wichtig zu zeigen, daß der Vater keine uneingeschränkte Autorität über seine Kinder hat. So stellt er es selbst dar: "...es würde den Vorstellungen jener Männer, die so sehr für die - von ihnen so bezeichnete - absolute Gewalt und Autorität der Vaterschaft streiten, wohl

---

3 Die bemerkenswerteste Bearbeitung enthält C.B. Macpherson (1973). Meine eigene Arbeit ist durch seine Sichtweise sehr beeinflußt worden. Macpherson begreift Locke so, daß dieser von bestimmten Voraussetzungen ausgeht, die er als "natürlich" bezeichnet und die er dann wiederum benutzt, um grobe Ungleichheiten zu rechtfertigen; wogegen die Sache in Wirklichkeit so aussieht, daß er gesellschaftliche Dinge so arrangiert, daß ein angeblich "natürlicher" Zustand der Sachen entsteht. Dies ist in der Tat notwendig, um den Zustand von Ungleichheit, den er für wünschenswert hält, zu legitimieren.

kaum dienlich sein, daß die Mutter irgendeinen Anteil an ihr haben sollte. Und der Monarchie, für die sie eintreten, wäre es eine schlechte Stütze gewesen, wenn schon allein aus dem Namen hervorginge, daß jene grundlegende Autorität, von der allein sie ihre Regierung einer einzigen Person ableiten wollen, nicht einer, sondern zwei Personen gemeinsam beigelegt worden war" (Locke, II § 53, S. 232). Die Familie kann schon deshalb keine Begründung für die Ein-Mann-Herrschaft in der Regierung darstellen, weil die Autorität über die Kinder auf zwei Personen verteilt ist.

Die gemeinsame Autorität der Eltern ist ein Thema, das er erbarmungslos wiederholt. Wenn es gilt, die Autorität über die Kinder, die die Elternschaft legitimiert, zu verunglimpfen, geht er so weit wie eben möglich, um dadurch die monarchische Vorstellung von einer legitimen Regierung zu unterminieren: "Aber welcher vernünftige Grund kann diese Fürsorgepflicht der Eltern gegenüber ihren Kindern zu einer absoluten, willkürlichen Herrschaft des Vaters werden lassen? Denn die Gewalt des Vaters reicht nicht weiter, als ... ihrem Körper Stärke und Gesundheit ... zu verleihen, die seine Kinder dazu in die Lage versetzen, sich und anderen möglichst nützlich zu sein. ... An dieser Gewalt aber hat auch die Mutter, gemeinsam mit dem Vater, ihren Anteil. Ja, diese Gewalt gehört dem Vater so wenig durch ein besonderes natürliches Recht, sondern allein in seiner Eigenschaft als Vormund seiner Kinder, daß er seine Gewalt über sie verliert, wenn er seine Fürsorge für sie aufgibt ... So wenig Macht über seine Nachkommenschaft verleiht einem Manne der bloße Zeugungsakt" (Locke, II § 64-65, S. 238f.). Bloße Vaterschaft begründet gar nichts, sagt Locke. Autorität entwickelt sich nicht aus dem schlichten Tatbestand der Elternschaft, sondern dadurch, daß Verantwortung übernommen wird - und genauso ist es, will er natürlich damit sagen, auch für eine Regierung. Beachtenswert ist hier auch, daß er die Elternrolle als *Fürsorge* verstanden sehen will, was gewiß eher für eine bürgerlich rechtliche als für eine natürliche Beziehung spricht. In seinem Eifer, die Politik zu denaturalisieren, ist er nahe daran, die Familie zu politisieren.

Wir könnten sogar noch etwas weiter gehen. Während er an anderer Stelle gesagt hat, daß die Gewalt eines Ehemannes über seine Frau eine mögliche Form der Macht ist, die ein Mann haben kann (Locke, II § 2, S. 201), möchte er sie hier sowohl von der Gewalt unterscheiden, die ein Vater über seine Kinder hat, als auch von der Macht, die ein Regent über seine Untertanen hat. Nur die letztere ist *politische* Macht. Doch noch wichtiger für unsere Beweisführung: nur die Gewalt eines Vaters über seine Kinder stellt eine Beziehung dar, die überhaupt für Überlegungen herangezogen wird, wie es um die Natur und die Grenzen der politischen Macht bestellt ist. Die Beziehung zwischen Ehemann und Ehefrau, bei der der Ehemann in der übergeordneten Position ist, bedarf keiner Rechtfertigung, wie die Gewalt eines Vaters über seine Kinder. Diese Form der Gewalt entsteht einfach als Ergebnis einer natürlichen Ungleichheit, die, anders als im Falle von Eltern und Kindern, nicht im Laufe der Zeit und mit abgeschlossener Erziehung aufgehoben wird. Es handelt sich um die natürliche Vorherrschaft des einen Geschlechts über das andere.

Demnach hat die Beziehung zwischen Eltern und Kindern mehr Ähnlichkeit mit der Beziehung eines legitimen Herrschers zu seinen Untertanen. Es ist eine beschränkte Gewalt, wobei sich die zeitliche Begrenzung der Herrschaft daraus ergibt, daß die natürlichen Unterschiede allmählich verschwinden. Ganz klar unterscheidet sie sich von der legitimen Staatsherrschaft dadurch, daß die letztere niemals zu einer absoluten Autorität ermächtigt, weil keine natürlichen Ungleichheiten, nicht einmal solche von vorübergehender Natur zwischen den politisch organisierten Personen bestehen: "Diese beiden Gewalten, die politische und die väterliche, sind aber so völlig grundverschieden und unabhängig voneinander, beruhen auf so verschiedenen Grundlagen und sind zu so verschiedenen Zwecken bestimmt, daß jeder Untertan, der ein Vater ist, ebensoviel väterliche Gewalt über seine Kinder hat wie ein Fürst über die seinen. Und jeder Fürst, der Eltern hat, schuldet diesen ebensoviel kindliche Pflicht und Gehorsam wie der armseligste seiner Untertanen den seinen. Deshalb kann die väterliche Gewalt auch nicht den mindesten Teil oder Grad jener Art von Herrschaft enthalten, die ein Fürst oder die Obrigkeit über ihre Untertanen hat" (Locke, II § 71, S. 243f.).

Während also Locke "väterlich" zugunsten von "elterlich" verwirft, unterscheidet er bewußt die "väterliche" Gewalt von der, die ein Ehemann über seine Frau hat. Sowohl die Gewalt eines Vaters über seine Kinder, wie die politische Macht wird von der Gewalt eines Ehemannes über seine Frau, welche sich ja nicht mit der Zeit ändert, unterschieden. Dies ist natürlich kein Argument, das Locke ausdrücklich formuliert hätte, doch es liegt ganz klar seinem Denken zugrunde. Wenn dies nicht so wäre, hätte er seinen Angriff gegen die monarchisch-patriarchale Regierung nicht auf einer Analyse der elterlichen Rolle eines Vaters gegenüber seinen Kindern aufgebaut. Er hätte auch nicht die patriarchale Macht als ausschließlich elterliche Macht konstruiert, sondern hätte die Beziehung zwischen Ehemann und Ehefrau ebenfalls hinzugezogen.

In seinem Eifer, Argumente gegen die monarchisch-patriarchale Regierungsform zu finden, führt ihn seine rudimentäre Anthropologie fast übers Ziel hinaus: "Und was wird aus dieser väterlichen Gewalt in jenem Teil der Welt, wo eine Frau gleichzeitig mehrere Männer hat? Oder in jenen Gegenden Amerikas, wo alle Kinder bei der Mutter bleiben, ihr folgen und ganz unter ihrer Obhut und Fürsorge stehen, wenn Mann und Frau sich trennen, was häufig vorkommt?" (Locke, II § 65, S. 239). Locke zieht zwar nicht die Konsequenz und stellt nicht die behauptete Naturhaftigkeit der Monogamie und der männlichen Vorherrschaft in Frage, doch aus den Andeutungen wird klar ersichtlich, daß er an die wirkliche Existenz einiger "Naturzustände" glaubt, in denen es nicht einmal eine Vorherrschaft des Mannes über die Frau gab.

Es muß also eingeräumt werden, daß es Locke hin und wieder bewußt zu sein scheint, daß die Vorherrschaft des Ehemannes Probleme bei seiner Beweisführung gegen die patriarchale Regierung aufwirft. So führt er zum Beispiel tatsächlich das Argument an, daß die Heirat eine vertragliche Beziehung ist: "Die eheliche Gesellschaft wird durch einen freiwilligen Vertrag zwischen Mann und Frau geschlossen" (Locke, II § 78, S. 248). Er versucht also, die Ehe seinem Bild einer legitimen Regierung so analog wie möglich erscheinen zu lassen. Ebenso wie legitime Autorität auf der Einwilligung der Regierten basiert, so ist die Autorität des Ehemannes über seine Frau durch ihre Einwilligung gerechtfertigt. Auch räumt er ein, daß die Gewalt eines Ehemannes über seine Frau nicht unbegrenzt ist: "Die Gewalt des Ehegatten ist soweit von der Gewalt eines absoluten Monarchen entfernt, daß die Frau in vielen Fällen die Freiheit hat, sich von ihrem Manne zu trennen, wo das natürliche Recht oder ihr Vertrag es erlauben, gleichgültig ob dieser Vertrag nun von ihnen selbst im Naturzustand oder nach den Sitten und Gesetzen des Landes, in dem sie leben, geschlossen wurde. Bei einer solchen Trennung fallen die Kinder dem Vater oder der Mutter zu, je nachdem wie es der Vertrag bestimmt" (Locke, II § 82, S. 250f.). Auch betont er, daß beide Eltern zur Versorgung ihrer Nachkommen verpflichtet sind: "Gott hat die Eltern zu den Werkzeugen seiner großen Absicht gemacht, das Menschengeschlecht und die Lebenschancen für ihre Kinder fortdauern zu lassen, und ihnen die Verpflichtung auferlegt, ihre Nachkommen zu ernähren, zu erhalten und aufzuziehen" (Locke, II § 66, S. 240). Die Monogamie leitet er von dem Sachverhalt ab, daß menschliche Säuglinge mehr nährende Zuwendung benötigen als die Nachkommen anderer Tiere: "Dadurch ist der Vater gezwungen, für diejenigen zu sorgen, die er gezeugt hat, und er steht unter der Verpflichtung, mit derselben Frau länger in ehelicher Gemeinschaft zu leben als andere Lebewesen. Da deren Junge sich schon selbst erhalten können, bevor die Zeit der Zeugung wiederkehrt, löst sich das eheliche Band von selbst und sie sind frei ... " (Locke, II § 80, S. 249).

Demnach ist es offensichtlich die naturgemäße Pflicht eines Vaters, für diejenigen Sorge zu tragen, für deren Entstehung er mitverantwortlich ist, und demnach könnte mit Grund behauptet werden, daß es ein natürliches Recht der Frauen ist, Hilfe bei der Aufzucht ihrer Jungen zu erhalten. Da Locke jedoch davon ausgeht, daß Frauen, wie andere lebend gebärende weibliche Tiere, unfähig sind, selbständig für ihre Nachkommen zu sorgen, ist es klar, daß sie wenig andere Wahl als die Ehe haben, wenn sie sich Kinder wünschen, oder feststellen, daß sie schwanger sind.

In Anbetracht seiner festen Überzeugung, daß nur ausdrückliche Zustimmung eine bindende Verpflichtigung bewirken kann, begreife ich nicht, wie er aus dieser Zustandsbeschreibung einen freiwilligen Vertrag konstruieren konnte. "Es bleibt nur zu erwägen, ob Versprechen, die gewaltsam und ohne Recht erpreßt werden, als Zustimmung angesehen werden können, und wie weit sie bindend sind. Darauf antworte ich: Sie sind überhaupt nicht bindend, weil ich auf alles, was je ein anderer durch Gewalt von mir erlangt, das Recht behalte ... Aus demselben Grunde sollte mir derjenige, der ein Versprechen von mir erpreßt, dieses Versprechen sofort zurückgeben, d.h. er sollte mich von seiner Verpflichtung befreien, oder ich darf es selbst zurücknehmen, d.h.

frei entscheiden, ob ich es erfüllen will oder nicht" (Locke, II § 186, S. 319) und: "Denn welcher Vertrag kann mit einem Menschen geschlossen werden, der nicht Herr seines eigenen Lebens ist? Welche Bedingungen kann er erfüllen? Aber wenn ihm einmal zugestanden wird, Herr seines eigenen Lebens zu sein, dann hat die despotische, willkürliche Gewalt seines Herrn sofort ein Ende. Wer Herr seiner selbst und seines eigenen Lebens ist, der hat auch ein Recht auf die Mittel, es zu erhalten. Sobald daher ein Vertrag eingegangen wird, endet die Sklaverei ..." (Locke, II § 172, S. 310).

Die Zustimmung, die nötig ist, um einen bindenden Vertrag herzustellen, kann nach Locke nur von solchen Individuen gegeben werden, die ihr eigenes Leben kontrollieren, die *Herren* ihres eigenen Lebens sind. Doch wie steht es mit den schwangeren Frauen? Gehen wir mal davon aus - auch wenn es falsch ist - daß Frauen nicht eigenständig für ihren Nachwuchs sorgen können. Wie hat Locke glauben können, daß sie in der Lage wären, die Art von Vertrag einzugehen, die er selbst für nötig hielt, um bindende Verpflichtungen herzustellen? Verträge, die aus freiwilligem Einverständnis hervorgehen, können nur zwischen Gleichberechtigten geschlossen werden, und nur dann, wenn beide Partner aus einer Position gleicher Stärke in Verhandlung treten. Aber wie können Frauen unter den von ihm angenommenen Umständen von Positionen aus verhandeln, die nicht schwach wären? Und wenn die Zustimmung *der Frau* dadurch erzwungen wird, daß ihr angedroht wird, ohne Unterstützung für ihren Nachwuchs zu sein, wenn sie sich verweigere, obgleich ja doch diese Unterstützung ihr natürliches Recht ist, - wie kann dann ein unter solchen Umständen eingegangener Ehe-Vertrag ein bindendes Versprechen darstellen? Handelt es sich doch gewiß um einen Sachverhalt, der auch bei nur elementaren juristischen Kenntnissen in gefählicher Nähe, wenn nicht gar eindeutig in den Bereich der sittenwidrigen Rechtsgeschäfte eingeordnet werden müßte.

Abgesehen davon müssen wir es Locke jedoch hoch anrechnen, daß er überhaupt die Möglichkeit einer vertraglichen Eheschließung gesehen hat, und damit zumindest die Chance für eine gleichwertige Partnerschaft zwischen Mann und Frau offen hält. In § 83 der *Zweiten Abhandlung* geht er sogar so weit, anzudeuten, daß die absolute Autorität des Ehemannes über seine Frau für den eigentlichen Zweck der Ehe, nämlich die Fortpflanzung, nicht notwendig ist, und daß deshalb die ehelichen Verpflichtungen "... in jenem Vertrag, der Mann und Frau zu dieser (ehelichen) Gesellschaft vereinigt, so weit geändert und geregelt werden (könnten), wie es sich mit der Zeugung und Erziehung ihrer Kinder verträgt ..." (Locke, II § 83, S. 251). Bezeichnenderweise spricht er nicht davon, daß ein solcher Vertrag die wechselseitige Autorität regeln *sollte*, lediglich, daß es so sein *könnte*, weil dies nicht im Widerspruch zur Reproduktion und zur Versorgung des Nachwuchses steht.

Leider versäumt es Locke jedoch zu erwähnen, daß die Fortpflanzung höchstens eines der Ziele einer Ehe ist; und während die Gleichwertigkeit von Ehemann und Ehefrau mit dieser Funktion noch vereinbarlich sein mag, ist sie nicht mehr vereinbarlich mit dem, was Locke für die Hauptfunktion der Ehe hält, nämlich zu gewährleisten, daß Eigentum über Generationen hinweg weitergegeben wird. Locke mag versucht haben, die Ehe als freiwilliges, vertragliches Arrangement hinzustellen, das sogar so abgewandelt werden könnte, daß dem Ehemann die absolute Autorität aus den Händen zu winden sei. Dennoch hatte der Ehemann eine Macht über seine Frau, die sie nicht über ihn hatte. Letztendlich ist er der Herrscher, denn er, und er allein, ist fähig, Eigentum zu kontrollieren und zu veräußern. So war es sicherlich der Fall bei den Ehe-"Verträgen", wie sie Locke bekannt waren, und so wird es in der Tat in seiner gesamten Argumentation vorausgesetzt. Eines von Lockes Hauptzielen war die Errichtung einer theoretischen Basis für das absolute Recht des Mannes, sein Eigentum an seine rechtmäßigen Erben weiterzugeben. Eindeutig müßte jede Veränderung von Eheverträgen in Richtung auf eine wahre Gleichberechtigung von Ehemann und Ehefrau auch ein gleiches Recht bezüglich der Verfügung über das Familieneigentum einschließen. Dies jedoch ist offensichtlich mit Lockes Ziel, die ausschließliche männliche Kontrolle über vererbliches Eigentum zu legitimieren, nicht vereinbarlich.

Durch die gesamte *Zweite Abhandlung* hindurch ist für Locke das Familieneigentum stets "sein" Eigentum, obwohl er, wenn es um andere Dinge geht, sehr bemüht ist zu zeigen, daß die Ehefrau ein legitimes Anrecht auf "sein" Eigentum hat. Sie hat das Recht auf Nutzung seines Eigentums vor allen Fremden, die nicht Partner des Ehevertrages sind. Dieser Punkt ist Locke äußerst wichtig, aber nicht etwa, um die Gleichberechtigung der Frauen abzusichern. Er will vielmehr sicherstellen, daß kein absoluter Monarch, Tyrann, Eroberer oder Thronräuber den Besitz des Mannes von seinen legitimen Erben entfremden darf. Um das Prinzip festzulegen, daß die legitimen Erben eines Mannes ein Anrecht auf seinen Besitz haben, auch ungeachtet etwaiger Missetaten des Vaters, bringt Locke jedes greifbare Argument vor. So besorgt ist Locke, die Gewißheit und Legitimität des Erbes abzusichern, daß er sogar der Ehefrau einen rechtmäßigen Mitbesitz am Eigentum zugesteht, allerdings nur *gegenüber Fremden.*

Es geht Locke nicht darum, das Erbteil der Frau oder der Kinder des Mannes zu sichern - bzw. ihr *Recht* auf das Erbe zu behaupten, das gegen den Ehemann/Vater durchgesetzt werden könnte. Ob sie erben oder nicht hängt von der Willkür des Mannes ab. Lockes Absicht ist es vielmehr festzulegen, daß keine Regierung das Recht hat, einen Mann für immer von seinem rechtmäßigen Besitz zu enteignen. Es geht ihm überhaupt nicht darum, eine Basis für das Erbrecht der Ehefrau und der Erben gegen den Ehemann/Vater festzuschreiben, sondern eher darum, die Grundlage für das Erbrecht der Ehefrauen und Erben unter dem Ausschluß aller anderen Personen so fest wie möglich zu verankern. Nicht einfach die Versorgung der Abhängigen ist sein Anliegen, sondern die Unantastbarkeit des männlichen Rechts auf absolute Verfügung über den gegenwärtigen und zukünftigen Gebrauch seines Privateigentums.

Im Kapitel über "Vaterschaft" geht Locke vom ausschließlichen Recht des Mannes aus, über den Familienbesitz zu verfügen. Solange es im Einklang mit seinen Versorgungspflichten gegenüber dem Nachwuchs steht, ist sein Verfügungsrecht unbegrenzt: "Obwohl der Vater über seinen eigenen Besitz nach seinem Gutdünken verfügen kann, wenn die Kinder nicht mehr gefährdet sind, aus Mangel umzukommen ... liegt gewöhnlich doch noch eine andere Gewalt in der Person des Vaters, durch die seine Kinder ihm gegenüber zum Gehorsam verpflichtet sind. Obwohl diese Gewalt ihm mit anderen Menschen gemeinsam ist, der Vater aber in seiner eigenen Familie fast ständig Gelegenheit hat, sie zu beweisen, und es anderswo selten dafür Beispiele gibt oder auch weniger beachtet werden, wird sie in der Welt als ein Teil der väterlichen Gerichtsbarkeit angesehen. Das ist die Macht, die Menschen gewöhnlich besitzen, ihr Vermögen denen zu vermachen, die ihnen am liebsten sind. Denn der Besitz des Vaters ist für gewöhnlich in einem ganz bestimmten Verhältnis, je nach dem Gesetz und der Sitte des jeweiligen Landes, die Erwartung und Erbschaft der Kinder. Dennoch hat der Vater gewöhnlich die Macht, das Vermögen mit mehr oder weniger freigebiger Hand zu vermachen, je nachdem das Verhalten dieses oder jenes Kindes mit seinem Willen oder seiner Gemütsart übereingestimmt hat" (Locke, II § 72, S. 239 und § 65, S. 244).

In dem früher zitierten Abschnitt, in welchem er dem Mann aufgrund seiner natürlichen Überlegenheit an Fähigkeiten und Stärke die letztendliche Herrschaft über die Frau gibt, schließt Locke von dieser Vorherrschaft das aus, was "im Vertrag als ihr besonderes Recht festgelegt worden ist". Das hört sich wundervoll gleichberechtigt an, und - wichtiger noch - gilt auch für "...die Dinge des gemeinsamen Interesses und des *Eigentums*" (Locke, II § 82, S. 250; Hervorhbg. L. Clark). Das klingt so, als sei hier das männliche Vorrecht begrenzt worden, bedeutet in Wirklichkeit jedoch genau das Gegenteil. Mit welcher irdischen oder gar himmlischen Gerechtigkeit wäre es denn zu rechtfertigen, daß die Frau bei Auflösung des Ehevertrags lediglich auf das ein Anrecht haben soll, was sie selbst in die Ehe eingebracht hat? Und auch das nur, falls sie so klug war, es vorher in einen Ehevertrag aufnehmen zu lassen und falls der Mann willens war, diesen Vertrag zu akzeptieren.

Locke wußte sehr wohl, daß die Gebräuche seines Landes den Frauen keineswegs irgendeine Kontrolle über ihr Eigentum gestatteten, ganz gleich, ob sie es vorher als *femme sole* (Frau ohne Ehemann) besessen, oder nach der Eheschließung erworben hatten. Bis 1882, als das erste *Eigentumsgesetz für verheiratete Frauen* verabschiedet wurde, war die Situation so, wie sie Megarry sehr treffend zusammengefaßt hat: "Die Ehefrau hatte kein Recht, *inter vivos* über ihr Eigentum zu verfügen, und hatte, selbst mit Zustimmung ihres Mannes, nicht das Recht, testamentarisch darüber zu bestimmen. Der Ehemann konnte zu Lebzeiten selbständig über ihr Vermögen verfügen, jedoch nicht über den Tod hinaus ... Pachtbesitz oblag allein dem Ehemann, und er konnte darüber zu Lebzeiten verfügen, ohne der Zustimmung seiner Frau zu bedürfen. Er konnte jedoch nicht testamentarisch darüber bestimmen, und mit seinem Tod lebten die Rechte seiner Frau wieder auf ... Rein bewegliches Eigentum oblag dem Ehemann absolut und konnte von ihm durch jedwede Verfügung veräußert werden, sei es *inter vivos*, durch Testament oder durch gesetzliche Erbfolge" (Megarry 1955, S. 538).

Somit besaß der Ehemann ganz gewiß die wirkliche Macht. In Anbetracht des abhängigen Status einer Ehefrau können wir mit gutem Grund fragen, welche Frau im Besitz ihrer geistigen Kräfte überhaupt geheiratet hätte, wenn sie nicht genötigt gewesen wäre. Die Vorstellung, daß Frauen in irgendeiner Weise Herrinnen ihres eigenen Schicksals gewesen wären, und damit in einer Position, um gleichberechtigte Verhandlungen zu führen, ist gewiß eine Fiktion erster Ordnung. Locke ist immerhin der Ansicht, daß der Ehemann eine Art natürlicher moralischer Verpflichtung hat, für die von ihm Abhängigen zu sorgen, und er wäre bereit gewesen, diese in den Kanon der Eigentumsgesetze, für die eine zivilisierte Gesellschaft notwendig war, aufzunehmen. In einer Situation, wie sie zu Lockes Zeit in England herrschte, stellte dies geradezu einen Fortschritt dar, denn, um noch einmal Megarry zu zitieren, "vom 14. Jahrhundert bis 1939 gab es im allgemeinen keine Begrenzung für die Macht eines Erblassers, über sein Eigentum nach Belieben zu verfügen: Aus guten oder schlechten Gründen konnte er seinen gesamten Besitz einer Geliebten vermachen oder einer Wohltätigkeitsorganisation und seine Familie ohne einen Pfennig hinterlassen." Aufgrund der männlichen Erbfolge hatte die Frau nicht einmal ein gesetzliches Recht auf Erbe, außer dem geringen Anteil des Wittums: "Die Nachkommen hatten Vorrang vor anderen Verwandten, die männlichen Nachkommen vor den weiblichen" (Megarry 1955, S. 291 und 316).[4] Doch Lockes Lösung ist lediglich ein karger Rechtsbehelf angesichts der bestehenden Ungerechtigkeiten, und es gibt keine Stelle in Lockes Schriften, die auf seine Überzeugung hingewiesen hätte, daß seine Theorie irgendwelche umfassenden Veränderungen in dieser besonderen Hinsicht nötig gemacht hätte.

Dies ist besonders paradox, wenn man bedenkt, daß für Locke die Ehe in Naturzustand ebenso wie in der zivilisierten Gesellschaft eine Lebenstatsache war. Die moralische Verpflichtung, die Eltern zu achten, existiert, so sagt Locke, egal ob die Kinder noch unter "(dem) Gesetz der Natur oder ... (der) Gesetzgebung ihres Landes" (Locke, II § 66, S. 240) leben. Wichtiger jedoch: die Reproduktion hat keine zivilrechtlichen Konsequenzen und soll sie auch nicht haben. Das Gesetz, sagt Locke, hat kein Recht, Bestimmungen bezüglich der Kindespflicht zu machen. Der Ehemann/Vater herrscht in der Familie kraft der "vollziehenden Gewalt des natürlichen Gesetzes ..., die jeder freie Mensch von Natur aus besitzt", "... kraft jener vollziehenden Gewalt des na-

---

[4] Einer Witwe sprachen die Witwenrechte ein Drittel des Vermögens ihres Ehemannes zur Nutznießung zu, wogegen das Ehrenrecht den Witwer berechtigte, das gesamte Vermögen seiner verstorbenen Ehefrau in seinen Besitz zu übernehmen (Megarry 1955, S. 316). Frauen in England waren schlechter gestellt als schwarze Männer in Amerika: Während der Wert schwarzer Männer mit drei Fünfteln eines weißen Mannes angegeben wurde, waren englische Frauen ganz klar nur ein Drittel eines englischen Mannes wert.

türlichen Gesetzes, zu der er als Mensch berechtigt war" (Locke, II § 74, S. 246); Männer sind "die natürlichen Väter von Familien" (Locke, II § 76, S. 247). Und obwohl aus der Gemeinschaft von Mann und Frau Eltern und Kinder und sogar Herr und Diener entstanden sind, "so kam doch keine von ihnen ... einer politischen Gesellschaft nahe" (Locke, II § 77, S. 248). Demnach ereignet sich all dies im Naturzustand und sollte in der zivilisierten Gesellschaft unverändert bleiben, obwohl ja Locke selbst angedeutet hat, daß es auch anders geordnet werden könnte.

Doch wie sollte sich auch etwas ändern, wenn gleichzeitig immer noch die Hauptaufgabe der Familie erfüllt werden soll, die darin besteht, das Erbe unter der Kontrolle des Ehemannes/Vaters zu bewahren? Locke sagt nichts über die Folgen, die verschiedene Eheverträge auf die Verteilung des Familieneigentums haben würden. Er gibt nicht einmal zu, daß dies überhaupt ein, geschweige denn daß es das wesentliche Ziel der Ehegesetze ist. Bis tief ins 18. Jahrhundert hinein war die Hauptfunktion der Ehe die Erhaltung des Familienbesitzes über die Generationen hinweg, und die Formalität einer echten Heiratszeremonie war im großen und ganzen den besitzenden Klassen vorbehalten. Die Wahl des Ehepartners erfolgte entsprechend den materiellen Interessen, nicht aufgrund von Zuneigung, und was die Ehe zusammenhielt, war die Rücksichtnahme auf Besitz und Stammbaum (Shorter 1983). Der Besitz wurde entlang der Erbfolge weitergereicht, und die war durch den Vater bestimmt. Somit ist die väterliche Autorität unerläßlich, um in dem gesellschaftlichen Rahmen, der Locke vorschwebt, die Bestimmung über die Eigentumsverteilung zu ermöglichen.

Wie wir gesehen haben, bedeutet die Ehe für Locke eine natürliche Verbindung, die im Naturzustand existiert. Doch wenn er, so wie er es tut, die Entstehung der Familie nur im Hinblick auf ihre Vermehrungsfunktion zurückverfolgt, sagt er überhaupt nichts darüber aus, wie im Naturzustand die Autorität des Ehemannes über den Familienbesitz zustande kommt. Demnach bietet er keine explizite Erklärung an, warum das Familieneigentum vom Ehemann/Vater kontrolliert wird; daß dies jedoch eine Tatsache ist, bleibt stets implizit in seiner Argumentation gegenwärtig. Und obwohl er zu bestreiten scheint, daß die Ungleichheit in der Ehe sich notwendigerweise in der zivilisierten Gesellschaft fortsetzen muß, ist es klar, daß sie es tun muß, wenn das Eigentum unter der Kontrolle des Ehemannes/Vaters bleiben soll. Die Ehe wird bereits an dem Punkt, an dem die zivilisierte Gesellschaft beginnt, vorausgesetzt, und demnach auch die patriarchale Kontrolle über das Familieneigentum.

Es ist hochbedeutsam, daß Locke die Möglichkeit von Eheverträgen, die auf der Gleichwertigkeit der Partner basieren, nur im Zusammenhang mit der Kinderaufzucht diskutiert und kein Wort über ihre Bedeutung für die Eigentumsverteilung verliert. Warum er es nicht tut, ist klar. Gleichberechtigung in der Ehe ist nicht mit einem System vereinbar, bei dem die Verteilung von Besitz entlang der väterlichen Abstammung verläuft. Das ausschließliche "Recht" des Mannes, über den Familienbesitz zu verfügen, kann nur dadurch festgelegt und erhalten werden, daß in der Ehe Ungleichwertigkeit besteht, zumindest was den Besitz betrifft. Und ganz gewiß würde niemand behaupten wollen, daß wahre Gleichberechtigung in einem Ehevertrag vorliegt, wenn dieser sich nicht ebenso auf die Kontrolle und Verfügungsgewalt über den Besitz bezieht wie auf die Autorität über die Kinder. Was würde gleiche Autorität über die Kinder überhaupt beinhalten, wenn sie nicht das gleiche Recht von Mutter und Vater einschließt, das Erbteil für jedes der Kinder zu bestimmen? Somit ist für Locke die Ungleichheit des Besitzes zwischen Mann und Frau ebenso fest im Naturzustand verankert und ebenso notwendig in der zivilisierten Gesellschaft wie die Ungleichheit von Besitz zwischen einem Menschen und einem anderen.

Die Ungleichheit der Macht in bezug auf die Kontrolle des Eigentums war kein Ergebnis der zivilisierten Gesellschaft und konnte demnach auch von der zivilisierten Gesellschaft nicht geändert werden, ohne die "natürliche" Methode des Eigentumstransfers zu zerstören. Und diese Methode war die traditionelle Ehe, in der die absolute Autorität über die Verfügung des Eigentums dem Ehemann allein oblag. Daß diese Autorität bestehen bleiben sollte, wird während Lockes gesamtem Argumentationsverlaufs vorausgesetzt. Die Ungleichheit in der Verteilung des Eigentums von einem Menschen zu einem anderen ist, wie wir wissen, bei Locke durch den größeren Arbeitseifer und die größere Umsicht einiger Menschen gerechtfertigt. Darum sollte die daraus resultierende Ungleichheit in der Verteilung durch die gesetzlichen Möglichkeiten der zivilen Gesellschaft geschützt werden. Doch wodurch könnte wohl die Ungleichheit zwischen Ehemann und Ehefrau in bezug auf Kontrolle und Verfügung über das Familieneigentum gerechtfertigt werden? Das wird nicht einmal erwähnt. Doch sind nicht Frauen genau so fähig zur Arbeit wie Männer? Warum sollten sie dann nicht ein Recht auf das Produkt ihrer Arbeit und auf das haben, was sie durch ihre Arbeit gestaltet haben?

Das Problem des Rechts der Frauen auf die Produkte ihrer Arbeit wird nur einmal angesprochen. Im Kapitel "Über die Eroberung" legt Locke fest, daß kein Monarch das Recht hat, einem Mann für immer seinen Privatbesitz zu nehmen, sogar dann nicht, wenn sich dieser Mann ein Vergeben hat zuschulden kommen lassen: "Mag der Eroberer so viel Recht auf seiner Seite haben, wie man nur annehmen kann, er hat kein Recht, mehr an sich zu nehmen, als der Besiegte verwirken konnte. Das Leben der Besiegten ist der Gnade des Siegers ausgeliefert, und der Eroberer kann sich seine Dienste und Güter aneignen, um sich zu entschädigen. Er kann aber nicht die Güter seiner Frau und seiner Kinder an sich nehmen, denn diese hatten ebenfalls einen Rechtsanspruch auf die Güter, die er besaß, und ihren Anteil an seinem Vermögen ... Werde ich besiegt, so ist zwar mein Leben verwirkt und der Gnade des Siegers überlassen, nicht aber das Leben meiner Frau und meiner Kinder. Sie haben den Krieg nicht geführt und ihn auch nicht unterstützt. Ich konnte ihr Leben nicht verwirken, denn es gehörte mir nicht, daß ich es verwirken konnte. Meine Frau hatte einen Anteil an meinem Vermögen; auch diesen konnte ich nicht verwirken. Und meine Kinder, die von mir abstammten, hatten auch ein Recht, aus meiner Arbeit oder meinem Eigentum unterhalten zu werden. Hier liegt also der Fall so: der Sieger hat einen Anspruch auf Wiedergutmachung des erlittenen Schadens, und die Kinder haben einen Anspruch auf das Vermögen ihres Vaters zu ihrem Unterhalt." Im selben Abschnitt stellt er dann weiter fest: "Was nun den Anteil der Frau betrifft, gleichgültig ob eigene Arbeit oder Vertrag ihr einen Anspruch darauf gab, so ist es doch wohl klar, daß der Mann nicht verwirken konnte, was ihr gehörte" (Locke, II § 183, S. 316f.).

Daraus kann man doch gewiß schließen, daß die Arbeit der Frau ihr den Anspruch auf Besitz gibt. Wir haben bereits gesehen, daß die bei der Auflösung der Ehe in der Lage war, ihre vertraglich abgesicherte Kontrolle über das wiederzubekommen, was sie in die Ehe eingebracht hatte. Doch gewinnt sie durch den Ehevertrag auch Zugang zu jenen Werten, die sie durch ihre Arbeit erworben hatte? Hat sie ein Anrecht auf das, was sie während der Ehe durch ihre Arbeit hinzugewinnt? Wenn die Arbeit einen absoluten Anspruch gibt, warum sollte dieser Anspruch dann noch weiter durch einen expliziten Vertrag geschützt werden müssen? Und die dringlichste Frage: Wenn sie durch ihre Arbeit einen Anspruch hat, nach welchen Grundsätzen erhält dann ihr Ehemann Kontrolle über ihren Besitz, *gleichgültig ob ein Vertrag besteht oder nicht?* Und warum sollte ihr nicht ihre Arbeit während der Ehe einen gleichen Anspruch auf Kontrolle der gemeinsamen Güter geben, ob *inter vivos* oder durch Testament?

Selbst wenn man einwenden kann, daß Frauen, ebenso wie Männer, sich im Naturzustand nach Belieben Besitz aneignen und halten können, warum verlieren sie ihn dann in der Ehe, und warum erlischt das Recht auf die Produkte ihrer Arbeit während ihrer Ehe? Natürlich behandelt Locke keine dieser Fragen, geschweige denn, daß er sie beantwortet. Was die Eigentumsrechte verheirateter Frauen und ihren abhängigen Status in der Ehe anbelangt, so setzt er schlicht den Status quo voraus. Aber welche natürlichen Prinzipien könnten denn angeführt werden, da dies doch eine Situation ist, die sich aus dem Naturzustand ergibt und von der zivilen Gesellschaft nicht geändert werden darf?

Ich denke, die Antwort darauf ist nur zu offensichtlich. Weil Frauen weniger fähig und schwächer als Männer sind, eignen sie sich nichts an, oder haben, wenn sie es doch tun, keinen Besitzanspruch. Sie sind natürlicherweise minderwertig, weil schwächer als die Männer, und sind deshalb natürlicherweise deren Herrschaft unterworfen. Sogar die Argumente, die zu ihrem Vorteil gegenüber Fremden vorgebracht werden, sind solche, die nur "wiederaufleben", wenn ihre Ehemänner etwas anstellen, wodurch sie ihrer eigenen Rechte verlustig gehen. Bestenfalls können wir sagen, daß die Rechte der Frauen von den Rechten der Männer abhängen. Sie haben keine unabhängigen Rechte, und der Grund dafür ist, daß sie nicht als unabhängige Personen mit vollen Besitzrechten angesehen werden können, wenn das ausschließliche Recht des Mannes auf Verfügung über den Besitz aufrechterhalten werden soll. Sie sind keine Männer/Menschen, und für sie gilt deshalb das Naturgesetz nicht, welches jeder Person das Recht garantiert, von der Herrschaft irgendeiner anderen Person frei zu sein. Dies wird zu Beginn vorausgesetzt und niemals in Frage gestellt.

Es geht nicht darum, jetzt zu Lockes Verteidigung anzuführen, daß es zuviel von ihm verlangt wäre, den bestehenden Status quo bezüglich Eigentum und Besitz innerhalb der Ehe in Frage zu stellen. Locke war durchaus bereit, die zutiefst verwurzelten Prinzipien der englischen Landgesetze in Frage zu stellen und hat es auch getan.[5] Doch über die Rechte der Frauen hat er kein Wort verloren. Er beläßt sie in der Familie, geboren im Naturzustand und notwendigerweise auch innerhalb der zivilen Gesellschaft belassen, denn selbst ihre Rechte gegenüber Fremden werden mit dem angeblichem Naturgesetz und den Prinzipien begründet, die auf den Naturzustand anzuwenden sind. Demnach akzeptiert er die Annahme einer natürlichen Ungleichwertigkeit zwischen den Geschlechtern, wobei der Mann von Natur aus der Überlegene ist. Der reproduktiven Funktion räumt er keinen Raum im politischen Leben ein; ganz im Gegenteil bringt die Reproduktion nicht mehr Rechte oder Pflichten in der zivilen Gesellschaft hervor, als solche, die bezüglich der Frauen oder Kinder bereits im Naturzustand existieren. Ganz gewiß wird der Reproduktion kein Wert beigemessen, nicht einmal in dem Sinne, daß sie dem Leben des Menschen Bedeutsamkeit verleiht. Im besten Fall ist sie eine natürliche Unvermeidlichkeit, welche natürliche Verpflichtungen für Männer erzeugt, sowohl was die Versorgung ihres Nachwuchses, als auch was die auf Dauer angelegte Lebensgemeinschaft mit ihren Frauen betrifft.

Für die Männer gibt es noch eine implizite Bedeutung der Ehebeziehung, die für Locke auch eine "natürliche" ist. Er beschreibt die Monogamie als notwendige Grundlage für die Kontinuität der Versorgung des Nachwuchses und als Teil der natürlichen Verantwortung der Männer, doch zugleich ist offensichtlich, daß nur die Monogamie Kontrolle und Gewißheit über die Vaterschaft garantiert. Nur wenn ein Mann eine Frau kontrolliert, kann er sich seiner eigenen Beteiligung an ihrem Nachwuchs sicher sein. Diese Funktion der Monogamie ist hochbedeutsam für Locke, aufgrund des Wertes, den er dem Privateigentum beimißt und wegen des absoluten und natürlichen Rechts

---

5 Seit der Eroberung durch die Normannen war die Grundlage des englischen Landrechts, daß aller Grund und Boden der Krone gehört und Individuen diese nur zu Lehen bearbeiten durften. Im 17. Jahrhundert wurde dieses Prinzip mehr und mehr unterwandert. Aus praktischem Grunde gehörte das Land dem Einzelnen, in dem Sinne, daß jedem, der das Land besaß, das ausschließliche Recht zustand, darüber zu verfügen, zumindest bei einigen Besitzformen. Aber das rechtliche Prinzip bestand und besteht tatsächlich bis heute weiter. Rechtlich gehört aller Grund und Boden der Krone. Locke griff diese grundlegende Konzeption des Landrechts in seinen Wurzeln an, indem er einwandte, daß Grund und Boden den Menschen gemeinsam von Gott gegeben worden war. Er versuchte somit, eine Grundlage für individuelles Eigentumsrecht zu errichten und das Recht auf Eigentum statt vom Monarchen von Gott abzuleiten. Es war sein starker Wunsch, der Monarchie Rechte, auch bezüglich Grund und Boden, zu entreißen. Dies war einer der Gründe seiner großen Abneigung gegen die Monarchie.

des Mannes, seinen rechtmäßigen Besitz an seine legitimen Erben weiterzugeben. Zwar wollte Locke dieses natürliche Recht nicht als Begründung für die Entstehung der Regierung anführen, weil dies den Interessen der monarchisch-patriarchalen Regierungstheorieen gedient hätte, jedoch hat er die Existenz dieses Naturrechts niemals in Frage gestellt: "Da sind so viele Zeugnisse gegen die väterliche Souveränität, die beweisen, daß die Regierungen nicht durch das natürliche, auf die Erben übergehende Recht des Vaters begründet wurden, denn unter dieser Voraussetzung hätten unmöglich so viele kleine Königreiche entstehen können" (Locke, II § 115, S. 273). Wenn Bedeutsamkeit für den Mann dadurch entsteht, daß er sich im Eigentum verkörpert, das durch die Zeiten hindurch beständig bleibt, kann er diese Bedeutsamkeit nur erreichen, wenn er sicherstellt, daß diejenigen, auf die der Besitz übergeht, ebenfalls "sein" sind. Somit ist die Gewißheit der Vaterschaft ebenso wichtig für die Bedeutsamkeit seines Lebens wie die Kontrolle über die zukünftige Verfügung seines Privateigentums.

Indem er die Ehe sieht wie er sie sieht, ordnet Locke die Beziehung zwischen Mann und Frau dem Bedürfnis nach Gewißheit des Besitzes unter männlicher Kontrolle unter. Die gesamte Theorie dreht sich darum, dem Mann absolutes Besitzrecht auf das Privateigentum auch über die eigene Lebenszeit hinaus zu garantieren. Seine mageren Überlegungen zur Ehe und zur Beziehung zwischen Eltern und Kindern beziehen sich nur auf deren notwendige Funktion bei der Fortsetzung der Spezies. Es geht ihm um das Recht auf den Körper des Partners, wie es materialistischer nicht denkbar ist. In den Ausführungen über die Beziehung zwischen Eltern und Kindern betont er lediglich die Verantwortungen, die die Elternrolle beinhaltet und ihre Bedeutung, wenn es darum geht, sicherzustellen, daß Söhne mit anständiger Erziehung heranwachsen, so daß sie ihren Verstand so weit benutzen lernen, daß sie verantwortungsvoll die Rechte und Pflichten, die mit Eigentum verbunden sind, übernehmen und ausüben können.

Interessanterweise entspricht Lockes Ansicht über die Hauptfunktion der Ehe als Hüterin des Stammbaums genau der Bedeutung, die die Ehe bis mindestens zum 18. Jahrhundert innehatte. Somit verteidigt Locke hier wie auch anderswo den Status quo: Er unterstützt eine Einstellung zur Ehe, die in ihr vor allem einen Mechanismus sieht, der die Verteilung des Eigentums entlang der durch den Vater bestimmten Abstammungslinien reguliert. Wichtig ist jedoch, daß er nicht dies als die Bestimmung der Ehe bezeichnet, sondern stattdessen betont, daß sie eine notwendige Institution zur Arterhaltung ist. Niemals deutet er auch nur an, daß es ihm nicht eigentlich um die Kontinuität der *Spezies* geht, sondern um die Kontinuität von *individuellen* männlichen Erben, die in der Lage sind, ihre Funktion als die Individuen der Zukunft wahrzunehmen, und auf die das Eigentum individueller Männer übergehen kann.

Das Problem ist nicht nur Lockes Überzeugung, daß diese Methode der Eigentumsverfügung weiterbestehen würde; dies wäre vielleicht noch mit seiner Fantasielosigkeit zu entschuldigen, die ihm mögliche alternative Vorstellungen, Besitz über Generationen weiterzugeben, versagte. Seine Theorie hatte zwei Hauptziele: die Legitimation der Ungleichheit in der Besitzverteilung zwischen einem Mann und einem anderen (oder genauer, zwischen einer Familie und einer anderen) und die Legitimation des männlichen Exklusivrechts, Familienbesitz zu kontrollieren und darüber zu verfügen. Darum ist es nicht lediglich so, daß er die patriarchale Kontrolle des Familienbesitzes als einzigen verfügbaren Mechanismus sah, um die Bestimmung über das Eigentum dauerhaft zu gewährleisten. Für ihn war diese Kontrolle tatsächlich der einzig mögliche Mechanismus, um eines seiner theoretischen Ziele einzulösen.

Somit stellen Ehe und Elternschaft für Locke keine Werte an sich dar. Sie sind lediglich notwendige Werkzeuge, um den männlichen Besitz von Eigentum dauerhaft zu gewährleisten. Doch obwohl es, laut Locke, lediglich Verpflichtung und wechselseitige Rechte sind, die den Ehemann an seine Frau binden, ist solch ein Arrangement doch im Grunde gar kein schlechter Handel, wenn man die Besitzvorteile bedenkt, die sich daraus für den Mann ergeben. Er bekommt alles, was der Frau gehörte, als sie die Ehe einging, wenn es ihr nicht gelingt, dies explizit in einem Vertrag auszuschließen. Jedoch tritt der Vertrag erst bei Auflösung der Ehegemeinschaft in Kraft oder wenn der Ehemann einen Vertrauensbruch begeht. Solange die Ehe besteht, kann er ihre Arbeit als sein Eigentum beanspruchen. All das fällt ihm in diesem Handel zu, und eine Gefährtin erhält er noch obendrein.

Ich komme deshalb zu dem Schluß, daß Lockes Theorie eindeutig sexistische Prämissen enthält. Zu zeigen bleibt, daß dieser Sexismus nicht herausgeschält werden kann, ohne die politische Theorie zu zerstören. Was hat es für Konsequenzen, wenn wir das, was Locke über den Naturzustand und über die zivile Gesellschaft sagt, akzeptieren und davon ausgehen, daß seine Lehre sowohl Männer wie Frauen einschließt? Zunächst einmal, gibt es im Naturzustand keine Heirat, und die Frauen behalten die Kontrolle über das, was sie sich durch ihre Arbeit angeeignet haben. Selbst wenn sie Partnerinnen in (freiwilligen) Eheverträgen werden, behalten sie die Kontrolle über alles, was ihnen bereits gehört, und das Recht, sich die Produkte ihrer zukünftigen Arbeit anzueignen und zu kontrollieren. Demnach haben Männer nicht das alleinige Recht über die Verfügung des Familienbesitzes. Kinder oder irgendwelche andere Menschen können auch direkt von der Frau/Mutter erben.

Doch die entscheidende Auswirkung für Lockes Theorie ergibt sich durch die Frage nach der Kontrolle über die Mittel und Produkte der *Reproduktion*, der reproduktiven, nicht der produktiven Arbeit. Wem gehören die Kinder? Wenn Frauen selbständig in der Lage sind, für sie zu sorgen, weil sie das Recht haben, Besitz anzusammeln und zu kontrollieren, warum sollten sie sich darum kümmern, wessen Kinder sie haben, und warum sollte ihnen das wichtig sein? Und da Kinder die Produkte der einzigartigen Reproduktionsarbeit von Frauen sind, haben doch gewiß die Frauen ein Recht auf ihren Besitz (vorausgesetzt natürlich, daß überhaupt jemand Kinder besitzen sollte). Warum sollten die Frauen Wert darauf legen, irgendeinem besonderen Mann zu versichern, daß das Kind, das sie austragen, sowohl seines als auch das ihre ist? Und wenn wirklich irgend etwas davon abhängt, wie will der Mann sichergehen, daß das Kind, von dem sie sagt, es sei das seine, dies auch wirklich ist? Und wenn es keine Gewißheit der Vaterschaft gibt, wie steht es dann um die Gewißheit des Erbes?

Welchen Sinn hat letztendlich eine Theorie, deren einziges Ziel darin besteht, das individuelle Recht von Männern abzusichern, sich Eigentum anzueignen, es zu besitzen und seine zukünftige Verwendung zu kontollieren, wenn sie sich ihrer Vaterschaft bezüglich ihrer potentiellen Erben doch nicht sicher sein können? Eine Theorie, die dieses Ziel hat, ist an sich schon sexistisch, weil ihr Hauptziel nur dadurch erreicht werden kann, daß die Frauen in minderwertigen und abhängigen Positionen gehalten werden, um die Gewißheit der Vaterschaft und damit die Gewißheit des Erbes zu garantieren. Die ausschließlich männliche Kontrolle über die Mittel und Produkte der *produktiven* Arbeit erfordert auch die Kontrolle über die Mittel und Produkte der *reproduktiven* Arbeit. Wenn also Frieden, Sicherheit und Gemeinwohl der Menschen davon abhängen, daß das Privateigentum einzelner Männer geschützt wird, dann ist der Besitz der Mittel und Produkte der Reproduktion dafür ebenso notwendig wie der Besitz der Mittel und Produkte der produktiven Arbeit.

Locke scheint zu argumentieren, daß die meisten Frauen aufgrund ihres biologischen Nachteils in Bezug auf die Reproduktion der Unterstützung bedürfen und deshalb eine Ehe eingehen, in der sie sich dem Willen und der Autorität ihrer Männer unterwerfen müssen. Seine tiefergründende Argumentation verläuft jedoch so, daß die einzigartigen Fähigkeiten der Frauen in Bezug auf die Reproduktion in *ökonomische und gesellschaftliche Nachteile verwandelt werden müssen*, damit die Frauen in eine Position der Abhängigkeit gegenüber den Männern hineingezwungen werden. Demnach ist ein System von Privateigentum, das von Männern verwaltet und kontrolliert wird, erforderlich, um einen lediglich biologischen Unterschied in einen ökonomischen und gesellschaftlichen Nachteil zu verwandeln und die Kontinuität des Systems sicherzustellen.

Lockes Theorie ist deshalb grundlegend sexistisch, weil sie einen biologischen "natürlichen" Unterschied zwischen den Geschlechtern als Ursache einer "natürlichen" Ungleichwertigkeit behandeln muß, die dann die Stilisierung in einen ökonomischen und gesellschaftlichen Nachteil rechtfertigt. In Lockes Theorie müssen die Frauen *notwendigerweise* als natürlich benachteiligt gelten. Denn ohne diese Zuordnung wären sie nicht von den Männern abhängig. Und wenn sie nicht von ihnen abhängig wären, könnten die Männer nicht die alleinigen Besitzer des Privateigentums sein und hätten keine verläßlich bestimmbaren Erben, an die sie die akkumulierten Früchte ihrer Arbeit weitergeben könnten.

Demnach ist der Eckstein von Lockes Theorie die behauptete natürliche Benachteiligung der Frauen, und das letztendliche Ziel seiner Theorie ist, den biologischen Unterschied zwischen den Geschlechtern in eine sozio-ökonomische Schwäche zu verwandeln. Es gibt überhaupt keinen Grund, warum der biologische Unterschied zwischen den Geschlechtern bezüglich der Reproduktion notwendig zu einem minderwertigen und abhängigen Status der Frauen führen muß. Dies stellt sogar Locke selber fest, wenn er einräumt, daß wohlhabende Frauen nicht dem Willen und der Autorität ihrer Männer unterworfen sind. Der Unterschied zwischen den Geschlechtern im Hinblick auf ihre reproduktiven Funktionen ist ebenso wenig ein "natürlicher" Nachteil wie irgendein anderer Unterschied zwischen Menschen. Zum Nachteil wird er aufgrund von Konventionen, nicht aufgrund der Natur.

Indem Lockes Theorie also leugnet, daß dieser Unterschied ein Produkt von Gesetzen und Konventionen ist, ist sie letztendlich viel fragwürdiger als Filmers Theorie. Denn Locke muß auf einer natürlichen Minderwertigkeit der Frau beharren, die sich angeblich aus dem Nachteil des Gebären-Könnens ergibt, wobei es doch offensichtlich ist, daß dieser Nachteil erst dadurch zustande kommt, daß den Frauen der Zugang zu Besitz und Verfügung über Privateigentum verweigert wird. Dadurch erst werden sie außerstande gesetzt, ihr eigenes Überleben und das Überleben der Kinder, die sie gebären, sicherzustellen.

Es ist offensichtlich, daß die Rolle der Frau in der Reproduktion eine sozio-ökonomische Benachteiligung darstellt. Doch daß es eine rein gesellschaftliche Benachteiligung ist, eine Schwäche, die nicht die "Natur", sondern die Konvention hervorgebracht hat, wird von Locke nirgendwo eingeräumt und muß auch tatsächlich geleugnet werden, um die Gesellschaft entstehen zu lassen, die er für die einzig gerechte hält. Da Locke immer wieder betont, daß der Hauptzweck der Regierung im Schutz des Privateigentums bestehe, und da er durchgehend voraussetzt, daß der Besitz und die Kontrolle dieses Eigentums in den Händen einzelner Männer liegt, ist die Schlußfolgerung, die ich gezogen habe, unvermeidlich. Die Annahme, Frauen könnten ebensogut wie Männer Eigentum selbständig besitzen und verwalten, würde die angeblich natürliche Dominanz des Ehemannes und die Notwendigkeit eines Schutzes des Eigentums- und Vererbungsrechtes schon deshalb außer Kraft setzen, weil dann die Gewißheit über die Vaterschaft entfiele.

Daher muß in Lockes Theorie die reproduktive Fähigkeit der Frauen in ein System von Konventionen eingebunden sein, das eine ökonomische Abhängigkeit schafft. Dies wird dadurch erreicht, daß den Frauen das Recht auf Besitz von und Verfügung über Eigentum als Folge ihrer reproduktiven Funktion verweigert wird. Lockes Argumentation ist im Grunde sehr einfach. Die Rolle der Frauen ist es, den Männern Kinder zu gebären; der Preis für das Gebären von Kindern ist der Verlust der Autonomie, insbesondere das Recht auf Erwerb, Besitz und auf Verfügung über Eigentum. Somit sind Frauen, die Kinder gebären, abhängig von Männern, um ihr Überleben und das Überleben ihres Nachwuchses zu gewährleisten, und sollen es auch sein; obwohl es mit Sicherheit keine Begründung dafür gibt, daß die Fähigkeit zu gebären das Recht auf Eigentum hinfällig macht und dieses Recht nicht vielmehr erzeugen könne. Ebenso sicher ist aber auch, daß diese Rechte notwendig geleugnet werden müssen, damit das System erhalten bleibt, in dem nur die Männer

- und nicht Frauen und Kinder - die Möglichkeit haben, Privateigentum zu akkumulieren. Wenn Eva nicht Adams Eigentum ist, wie kann er dann sicher sein, wer die Nachfahren sind, auf die seine Äpfel rechtmäßig übergehen sollen? Wenn Eva ihre eigenen Äpfel besitzt, warum sollte sie dann Adam gehorchen?

Aus dem Amerikanischen von Angela Lorent

Literatur:

Clark, Lorenne (1976): "Rights of Women", in: J. King-Farlow und W. Shea (Hrsg.): Contemporary Issues in Political Philosophy. New York, S. 49-65.
Hobbes, Thomas (1966): Leviathan. Hrsg. von W. Hennis und H. Maier. Neuwied/Berlin: Luchterhand, Kapitel 20.
Locke, John (1977): Zwei Abhandlungen über die Regierung. Hrsg. und eingel. von Walter Euchner. Frankfurt a.M.: Suhrkamp.
Macpherson, C.V. (1973): Die politische Theorie des Besitzindividualismus. Frankfurt a.M.: Suhrkamp.
Megarry, R.E. (1955): A Manual of the Law of Real Property. London.
O'Brien, Mary (1976): "The Politics of Impotence", in: J. King-Farlow und W. Shea (Hrsg.): Contemporary Issues in Political Philosophy. New York, S. 147-162.
Shorter, Edward (1983): Die Geburt der modernen Familie. Reinbek bei Hamburg: Rowohlt, insbes. Kapitel 2 und 6.

Nationalökonomie

Frauenarbeit und die tautologische Struktur nationalökonomischer Theoriemodelle

Alice H. Amsden

Das Wiederaufleben einer aktiven Frauenbewegung in den 60er Jahren hat unter anderem eine rege Produktion nationalökonomischer Beiträge und Bücher über "Frauen und Arbeit" hervorgebracht. Es gab viel, über das man schreiben konnte, denn es hatte in den Rollen der Frauen sowohl Bewegung als auch Statik gegeben. Eine der besonders dramatischen Veränderungen bestand in der Zunahme des Anteils von Frauen der Arbeiter- und Mittelklasse und vor allem von verheirateten Frauen der Lohnarbeiter. In England gingen 1921 nur 10% der verheirateten Frauen einer bezahlten Arbeit nach. Ihr Anteil stieg um nahezu 22% im Jahre 1951 und erreichte mehr als 42% im Jahre 1971 (U.K. Department of Employment 1974). Ein fast identisches Muster kann man in den USA beobachten: der Anteil der verheirateten Frauen an der Lohnarbeiterschaft betrug im Jahre 1920 9% (ungefähr doppelt soviel wie 1890), 23% im Jahre 1950; 41% im Jahre 1970 und steigt immer noch sprunghaft (U.S. Bureau of the Census 1976). Diese Veränderung in dem Leben verheirateter Frauen spiegelt tiefgehende Umstrukturierungen des ökonomischen und sozialen Lebens der westlichen Welt wider: den Bedeutungsverlust der Landwirtschaft und kleiner Familienunternehmen und den Aufstieg des Monopolkapitalismus; das Eindringen des Kapitalismus in den Haushalt und das Verschwinden von Hausangestellten (Berch 1975; Cowan 1976; Hartmann 1974; Leibowitz 1974); sowie die Entwicklung neuer sozialer Beziehungsformen, die sich unter anderem durch Veränderung der Geburtenrate, der Lebenserwartung und der Scheidungshäufigkeit ausdrücken.

Gleichzeitig mit dieser Veränderung gab es eine Konstante: die kontinuierliche Reproduktion der Ungleichbehandlung der Geschlechter. In der Bibel steht, daß der Wert einer Frau drei Fünftel des Wertes eines Mannes sein soll. Wie viele Jahre auch vergangen sein mögen seit das Heilige Buch geschrieben worden ist, und was auch immer in der Zwischenzeit geschehen sein mag, Frauen verdienen heute noch immer ungefähr 60% dessen, was ein Mann verdient. Nicht weniger unverändert blieb die geschlechtsspezifische Arbeitsteilung: eine große Anzahl Frauen drängt sich immer noch in einer kleinen Zahl von Berufen und Beschäftigungen (Gross 1968). In England beschäftigten 5 von 27 Industriezweigen fast 70% aller weiblichen Arbeitnehmer (Chiplin und Sloane 1976). In den USA konzentrierten sich etwa die Hälfte aller arbeitenden Frauen auf Beschäftigungen, in denen sie 80% oder mehr der ganzen Belegschaft stellten; nur 2% der männlichen Arbeiter waren in diesen Beschäftigungsbereichen zu finden (Zellner 1980; Reagan 1978; Blau und Hendricks 1979).

Die Veränderung der Beteiligung von Frauen am Arbeitsmarkt und die anhaltend niedrige Bezahlung, die sie für ihren Einsatz bekommen, sind die zwei Hauptthemen, auf die Nationalökonomen ihre Aufmerksamkeit konzentriert haben. Ökonomen haben auch angefangen, die Folgen der steigenden Beschäftigungsrate von Frauen auf die Konsumtion, die Einkommensverteilung und die Arbeitslosigkeit zu untersuchen. Die unterschiedlichen Auswirkungen von Konjunkturzyklen auf Männer und Frauen sind ebenfalls analysiert worden.

Obwohl nun die Nationalökonomen über alle diese Hauptthemen unter sich uneins sind, haben sie Meinungsverschiedenheiten selten direkt miteinander ausgetragen. Um das Fehlen dieser Auseinandersetzung ein bißchen zu ersetzen, sollen im folgenden vier Positionen unterschieden und vorgestellt werden: die *neoklassische Theorie,* der *Institutionenansatz,* die *marxistische Theorie* und die *radikale Theorie.* Die Absicht dieses Beitrages ist es, den Lesern und Studenten dabei zu helfen, die unterschiedliche Art und Weise zu erkennen, wie diese vier Positionen spezifische Probleme, in unserem Falle die Frauenarbeit, angehen. Dennoch ist natürlich keines der genannten Paradigmen völlig in sich geschlossen. Auch gibt es manche theoretischen Überschneidungen, besonders zwischen der institutionellen Schule und den anderen. Die vier theoretischen Modelle interessieren sich in gleicher Weise für die gleichen Fragen und doch definiert jede das Problem anders. Deswegen werden im folgenden die Argumente noch einmal rekonstruiert und zusammengefaßt, um eine geschlossene Vorstellung von den Theorieansätzen zu geben. Hierbei sollen die "blinden Stellen" jedes der Modelle direkt angesprochen werden in der Hoffnung, dadurch die kritische Diskussion anzuregen.

1. Die Neoklassische Theorie

Ehe ich in die Diskussion um die Besonderheiten der neoklassischen Theorie in Bezug auf die Beschäftigung von Frauen einsteige, soll eine kurze Erinnerung daran, wie sich die einzelnen neoklassischen Argumente zu einer Theorie zusammenfügen, zum besseren Verständnis vorweggestellt werden.

Die primäre analytische Kategorie der neoklassischen Theorie ist das Individuum. Individuen handeln aus freiem Willen und verhalten sich vernünftig, wenn sie ihren Nutzen maximieren können. Ihr Bemühen um Maximierung ihres Wohlergehens wird jedoch begrenzt. Einkommen und Preise sind die hauptsächlichen Begrenzungen und von daher die Hauptdeterminanten des Verhaltens der Individuen. Da davon ausgegangen wird, daß das Wesen des rationalen Handelns von Individuen in einem Modell abgebildet werden kann, das eine begrenzte Anzahl von universellen ökonomischen Variablen benutzt, wird auch davon ausgegangen, daß dieses Modell unabhängig von der Zeit und unabhängig von sozialen Besonderheiten Gültigkeit habe. Das menschliche Subjekt der neoklassischen Analyse ist eine zeit-, klasse-, rasse- und kulturlose Kreatur, die jedoch, wenn auch ansonsten unspezifiziert, männlichen Geschlechtes ist.

Einkommensveränderungen werden in der neoklassischen Theorie nicht als strukturelle Phänomene verstanden: Quantitative Veränderungen im Einkommen bewirken keine qualitativen Veränderungen. Eher wird davon ausgegangen, daß Veränderungen im Einkommen in kleinen, kaum spürbaren Quanten auftreten, weswegen sich in der Methodologie integrale Rechnungen leicht und häufig finden lassen. Da sich das menschliche Verhalten in Reaktion auf die anonymen Veränderungen des Einkommens ganz allmählich verändert, werden soziale, kulturelle oder ideologische Verhaltenseinflüsse als konstant angenommen. Solche unwesentlichen Einflüsse werden unter "Geschmack" und "Mode" zusammengefaßt, und es wird den Sozialwissenschaftlern überlassen, diese zu erkunden. Da Unterschiede des Verhaltens zwischen Individuen zu einem bestimmten Zeitpunkt überwiegend den Unterschieden im Einkommen zugeschrieben werden, wird unerklärliches Verhalten aus persönlicher Vorliebe entweder als trivial oder als idiosynkratisch angesehen.

Neuerdings wurde argumentiert, daß auch Unterschiede des Geschmacks unter die Einkommen und Preisvariablen subsumiert werden können. Es lohn sich, einen Teil dieses Arguments wörtlich zu zitieren, ehe wir zu unserem spezifischen Thema kommen, weil das Zitat die zentrale Bedeutung der Marktpreise und des Einkommens für das neoklassische Paradigma mit den Worten zweier seiner einflußreichsten Befürworter deutlich macht: "Über Geschmack läßt sich genauso wenig streiten wie über die Rocky Mountains". Beide gibt es, und beide werden auch in den nächsten Jahren da sein, und beide bedeuten allen Menschen dasselbe. Aus der Sicht der klassischen Theorie würde die Erklärung eines ökonomischen Problems durch Unterschiede des Geschmacks zwischen Menschen oder Zeiten das Ende des rationalen Arguments bedeuten: das Problem wird von uns an dieser Stelle denen übergeben, die sich damit beschäftigen, Geschmäcker zu studieren und zu erklären (Psychologen? Anthropologen? Phrenologen? Soziobiologen?). In der von uns bevorzugten Interpretationsweise hat man nichts damit zu tun: um Unterschiede des Verhaltens zu erklären, fährt der Ökonome fort, nach Unterschieden in Preisen oder Einkommen zu suchen (Stigler und Becker 1977).

Ökonomen, die andere theoretische Positionen vertreten, haben begonnen, darüber nachzudenken, ob ein solcher Reduktionismus erfolgreich sein kann, wenn es darum geht, die Realität zu erklären.

Hausarbeit und Lohnarbeit

Im Jahre 1962 bot Jacob Mincer eine Antwort auf die Frage an, warum seit 1890 der Anteil von Ehefrauen am Arbeitsmarkt ständig gestiegen ist. Seine Antwort konzentrierte sich auf die einander widersprechenden Auswirkungen von Einkommen und Preisen auf das Verhalten von Ehefrauen. Der theoretische Rahmen, den Mincer bereitstellte, regte weitere Untersuchungen, zumeist Querschnittsuntersuchungen, über das sogenannte "Ehefrauenphänomen" an.

Mincer versuchte die Widersprüche zu lösen, die die Ergebnisse von Langzeit- und Querschnittuntersuchungen über die Beteiligung von verheirateten Frauen auf dem Arbeitsmarkt boten. Querschnittuntersuchungen zeigten eine umgekehrt proportionale Beziehung zwischen dem Einkommen von Ehemännern und der Bereitschaft zur Lohnarbeit von Ehefrauen. Langzeituntersuchungen zeigten eine proportionale Beziehung zwischen beiden Größen. Mincer argumentierte nun, daß außer dem Einkommen der Ehemänner auch der eigene Lohn einer Frau (der Wert ihrer Arbeitskraft) bestimmend dafür wäre, wie sie ihre Zeit zubringt. Darüber hinaus sei ihre Wahl nicht einfach die zwischen zwei Größen, zwischen Lohnarbeit und Muse, sondern eine zwischen Lohnarbeit, Muse und Hausarbeit. Mincer beobachtete, daß der steigende Wohlstand verheirateter Frauen im XX. Jahrhundert, welcher in ihrem höheren eigenen Barlohn bestand, sie zu bezahlter Beschäftigung hinzog. Die geheimen Kosten für Freizeit und Hausarbeit stiegen in dem Maße, in dem Produkte der Hausarbeit und der Konsumtionsarbeit durch auf dem Markt produzierte Güter ersetzt (substituiert) werden konnten. Der Triumph dieses Substitutionseffektes über den Einkommenseffekt erklärte so im Prinzip den Widerspruch: während das höhere Einkommen (des Ehemanns) die Frauen im Prinzip zu mehr Freizeit veranlaßte, zogen sie die höheren Löhne (für sie selbst) in der entgegengesetzten Richtung aus der Familie hinaus. Eine wachsende Anzahl Frauen begab sich auf den Arbeitsmarkt, insbesondere nach dem Zweiten Weltkrieg.

Nachdem die Neoklassiker entdeckt hatten, daß der Faktor Zeit neben den Markt- und Freizeitaktivitäten eine entscheidende Einflußgröße war, folgten sie Mincers Beispiel und erweiterten den Blickwinkel ihrer Disziplin, so daß auch Aktivitäten außerhalb des Marktes einbezogen wurden. Da die Neoklassiker ein Problem dann als ein ökonomisches klassifizieren, wenn Knappheit involviert ist und Knappheit Wahlentscheidungen verlangt, wurde "knappe Zeit", die außerhalb des Geldsektors verbracht wurde, ein anerkanntes Feld für ökonomische Untersuchungen. Damit war die neue Disziplin der sogenannten "New Home Economics" geboren und Ehe, Mutterschaft, Scheidung und Tod wurden zu Wasser auf den Mühlen der Nationalökonomen. Unabhängig von der Bedeutung der Familie für den nichtwirtschaftlichen Bereich haben inzwischen die Nationalökonomen aller theoretischen Richtungen Adam Smith in den Haushalt geladen und die dort stattfindende Teilung der

Arbeit untersucht. Neoklassiker und marxistische Theoretiker haben gefragt, warum es die Familie überhaupt gibt.

Folgt man der neoklassischen Theorie, so heiraten Leute, weil es für sie nützlich ist. Der Nutzen der Ehe oder des Zusammenlebens zweier Personen im Vergleich zum Junggesellendasein steht in direkter Relation zu ihrem Einkommen, zu der relativen Differenz ihrer Lohnraten und zu dem Niveau einiger nicht- arbeitsmarkt-relevanter Variablen, wie zum Beispiel Attraktivität. Der Nutzen der Ehe ist umso größer, je mehr sich die Investitionen von Ehemann und Ehefrau gegenseitig ergänzen. Da es eines Spermas und eines Eis bedarf, um ein Baby zu machen und keines durch das andere ersetzt werden kann, ist der Nutzen der Ehe positiv proportional zu der Bedeutung von Kindern (Becker 1973).

Die Teilung der Arbeit innerhalb der Familie ist nach den Lehren der "New Home Economics" vom Arbeitsmarkt abhängig und durch den Grenzwert ihrer Erzeugnisse bestimmt. Ehe wird als eine "Zwei- Personen-Firma" definiert, in der eines der Mitglieder der "Unternehmer" ist, der das andere zu einem bestimmten "Lohn" einstellt und einen handfesten"Profit" bezieht (Becker 1974). Frauen werben Männer als Brotverdiener an, weil Männer auf dem Arbeitsmarkt mehr verdienen als Frauen, da die Verdienstmöglichkeiten der Frauen durch ihre Gebärtätigkeit vermindert sind. Männer werben Frauen als Kindermädchen an, weil Frauen Kinder gebären und den Männern bei der Aufzucht derselben überlegen sind, denn die Kinder-Aufzucht-Kapazitäten der Männer sind durch ihre Arbeitsmarktaktivitäten begrenzt. Dieses Prinzip der Arbeitsteilung, so wird geschlossen, befindet sich in Übereinstimmung mit ökonomischen Maximierungsprinzipien.

Man mag beeindruckt sein von der Genialität, mit der es den neoklassischen Theoretikern gelingt, eine so lupenreine Symmetrie zwischen Modellen des Marktverhaltens und des Verhaltens außerhalb des Marktes zu entwickeln. Man kann auch von deren Absurdität erschlagen sein. Aber die wirkliche Frage, die später diskutiert werden soll, ist doch nicht, ob man Modelle entwickeln kann, sondern, ob diese etwas zur Erkenntnis beitragen: sagt die "New Home Economics" überhaupt irgendetwas über Frauen und die Gesetze über der Hausarbeit aus?

Geschlechtspezifische Unterschiede bei Lohn und Arbeitslosigkeit

Wenn die neoklassische Theorie den Individuen die Freiheit der Wahl beschert, so verlangt sie zugleich von ihnen, daß sie die Verantwortung für ihre Entscheidungen selbst tragen. Für das niedrige Einkommen von Frauen und deren flache Lohnkurven machen die neoklassischen Theoretiker daher auch nicht irgendwelche Ungerechtigkeiten verantwortlich. Lieber schreiben sie es der freiwilligen Entscheidung der Frauen zu, die weniger in "Humankapital" investieren und daher weniger produktiv sind. Die Produktivität zwischen Männern und Frauen desselben Alters und desselben Ausbildungsniveaus unterscheidet sich angeblich aus zwei Gründen. Erstens verbringen Frauen im Durchschnitt verhältnismäßig weniger Jahre auf dem Arbeitsmarkt als Männer. Sie unterbrechen ihre Arbeitsjahre, um Kinder zu gebären und aufzuziehen. Wenn aber Frauen arbeiten, so wählen sie Arbeitsplätze, die ihnen zweitens weniger Gelegenheit zur Qualifizierung bieten. Sie erwerben daher weniger Erfahrung und Ausbildung am Arbeitsplatz als Männer; und ihre Löhne spiegeln das nun einmal wider. Die klassische Ausformulierung dieser Argumentation findet man bei Mincer und Polachek (1980).

Folgt man der Argumentation von Humankapital-Theoretikern wie Mincer und Polachek, und setzt man wie sie voraus, daß Qualifizierung am Arbeitsplatz durch mit ihr verbundenen Einkommensaufschub zunächst kostspielig ist, so maximieren Frauen, die damit rechnen, den Arbeitsmarkt zwischenzeitlich zu verlassen, über den Zeitraum ihres ganzen Lebens gesehen ihr Einkommen dadurch, daß sie Anstellungen vermeiden, in denen solche Qualifizierung angeboten wird. Das Prinzip der Profitmaximierung führt andererseits Unternehmer dazu, die qualifikationssteigernden und einträglichen Jobs mit Männern zu besetzen, da sie davon ausgehen müssen, daß Männer dem Arbeitsmarkt im Durchschnitt dauerhafter zur Verfügung stehen als Frauen. Dadurch kann es natürlich passieren, daß Unternehmer ganz unbeabsichtigt solche Frauen diskriminieren, deren Arbeitsbereitschaft ebenfalls dauerhaft ist. Die Schwierigkeit und die hohen Kosten, die damit verbunden wären, genaue Informationen über eine einzelne Arbeitskraft einzuholen, rechtfertigen solche stereotypisierenden Urteile und lassen sie rational und sinnvoll erscheinen. Diese Art Rationalität firmiert unter "Statistische" Diskriminierung. Die Liebhaber exakter Modelle finden bei Phelbs (1980) ein perfektes Beispiel solcher "statistischer" Diskriminierung.

Ein grundlegendes Problem wird von der Humankapital-Argumentation jedoch nicht gelöst: nämlich die Frage, ob, bzw. bis zu welchem Grad ein niedriges Niveau von Humankapital (Qualifizierung) der Grund oder die Folge schwankender Beteiligung am Arbeitsmarkt ist. Niedrige Löhne als Folge von Diskriminierung - statistischer oder anderer - könnten ja der Grund sein, der Frauen davon abhält, in Humankapital zu investieren; und niedrige Investitionen in Humankapital bewirkten dann wieder niedrige Löhne für Frauen.

Eine zweite Ungereimtheit in der Humankapital-Argumentation ist die folgende: wenn sich die Humankapital-Theorie letztlich darauf verläßt, daß die Familie im Leben von Frauen erstrangige Bedeutung besitzt, so kann sie selbst damit nur erklären, warum Frauen eher an niedrig qualifizierten Arbeitsplätzen zu finden sind. Mit dieser Argumentation können sie jedoch nicht erklären, warum sich Frauen auf eine kleine Zahl von Frauenarbeitsplätzen konzentrieren - auf jeder Qualifikationsstufe. Um diese Konzentration zu erklären, müßte diese theoretische Schule, den "Geschmack" der Frauen an Diskriminierung bemühen (Blau und Jusenius 1976).

Nicht weniger aufschlußreich ist die Tatsache, daß Mincer und Polachek, die bei ihren empirischen Arbeiten den Faktor Berufserfahrung konstant hielten, bei den Löhnen von Männern und Frauen dennoch einen Unterschied von 20% feststellen mußten und dafür keinerlei Erklärung fanden. Eine Reihe nachfolgender Untersuchungen hoffte "bessere" Ergebnisse zu erzielen, da "Berufserfahrung" von Mincer und Polachek nicht direkt gemessen worden war. Cain (1976) erklärt dazu: "Wenn die neoklassische Theorie davon ausgeht, daß Arbeiter mit gleicher Produktivität auch gleiche Löhne bekommen und dies dann nicht der Fall ist, dann müssen die Vertreter dieser Theorie selbstverständlich in Frage stellen, ob die Produktivität wirklich gleich war, bzw. ob alle Faktoren, die die persönliche Produktivität messen sollten, auch wirklich aufgezählt und genau gemessen worden sind."

Einige neoklassische Theoretiker gehen einfach davon aus, daß Diskriminierung existiert und beschränken sich darauf, die Folgen zu untersuchen. Dies würde aber bedeuten, daß im freien Wettbewerb Unternehmer, die nach Geschlecht diskriminieren, niedrige Profite machen als solche, die es nicht tun (Becker 1971; Arrow 1972, 1973). Dies ist eine sehr wichtige Feststellung. Wenn es nämlich für Unternehmer unprofitabel ist zu diskriminieren, wäre es eher unwahrscheinlich, daß sie es tun; der Mechanismus, der eine kapitalistische Ökonomie dazu bringt, immer wieder zu diskriminieren, muß also anderswo gesucht werden. Wenn Unternehmer aktiv oder passiv diskriminieren ohne dafür zu bezahlen, muß die wirtschaftliche Organisation, die dieses möglich macht, ebenfalls untersucht werden. Unglücklicherweise haben neoklassische Theoretiker bisher keines von beidem getan. Wenn Unternehmer diskriminieren, schreiben dies neoklassische Theoretiker ihrem "Geschmack" zu und sagen voraus, daß unter wirklichen Wettbewerbsbedingungen die Diskriminierung verschwinden wird. Frauen verdienen nicht nur weniger als Männer (durchschnittlich), sie haben auch eine höhere Arbeitslosenrate. In nicht weniger als 14 von 6 OECD-Ländern ist die Arbeitslosenrate von Frauen höher als die der Männer; und die offiziellen Arbeitslosenstatistiken unterschätzen in der Regel die Arbeitslosigkeit von Frauen. Offizielle Statistiken werfen in der Regel Leute hinaus, die es aufgegeben haben, nach Arbeit zu suchen. Der Unterschied zwischen männlicher und weiblicher Arbeitslosigkeit tendiert jedoch dazu, sich in Zeiten konjunktureller Rezession zu verringern.

Eine neoklassische Analyse der Unterschiede in der statistischen Arbeitslosigkeit von Männern und Frauen wird von Niemi (1980) vorgelegt. Niemi argumentiert, daß die größere Neigung von Frauen, den Arbeitsmarkt zu verlassen und dann auch wieder Arbeit anzunehmen, der Hauptgrund für ihre höhere Arbeitslosigkeit darstellt. Der Wiedereintritt in den Arbeitsmarkt bringt normalerweise eine Periode der sogenannten "Übergangsarbeitslosigkeit" mit sich, da sich die Frauen nach dem besten für sie erreichbaren Arbeitsplatz umsehen. Diese Suche wird als eine Strategie zur Lohnmaximierung verstanden, bei der Arbeiter zwischen den Kosten und den Vorteilen der Suche abwägen. Weiter erklärt Niemi die Tatsache, daß die Arbeitslosigkeit von Frauen im Vergleich zur männlichen Arbeitslosigkeit in Zeiten wirtschaftlicher Depression geringer wird zum Teil damit, daß der Einsatz der

weiblichen Arbeitskräfte "zyklisch" verläuft: Frauen verlassen den Arbeitsmarkt in Zeiten der Depression und kehren in Zeiten der Prosperität wieder.
Kurz gesagt, neoklassische Theoretiker fassen die Arbeitslosigkeit von Frauen begrifflich so, als sei sie von diesen gewollt.

2. Die Institutionelle Schule

Sowohl in den USA als auch in Großbritannien gibt es eine lange Tradition institutionalistischer Volkswirtschaftslehre. Institutionalistische Theorien über die Arbeitskraft lassen sich in Amerika bis zu den sogenannten Progressiven des späten 19. und des frühen 20. Jahrhunderts zurückverfolgen; von da gehen sie zu den liberalen Technokraten der Nachkriegszeit nach 1945. Die historische Tradition der institutionalistischen Schule in Großbritannien schließt die Forderungen nach gesetzgeberischen Reformen für die Verbesserung der Situation von Frauen und Kindern in den Fabriken ein, welche Reformer im 19. Jahrhundert formuliert haben. Sie schließt außerdem die Webbsters und andere Fabianer des 20. Jahrhunderts mit ein. Beide Traditionen sind sich einig in ihrer Frontstellung gegen den Marxismus. Viele Institutionalisten haben die neoklassische Orthodoxie und die laissez-faire Ökonomie regelmäßig kritisiert, aber sie haben den konventionellen ökonomischen Prinzipien nicht abgeschworen.

Institutionalisten, die heute über die Familie schreiben, können ihre Ideen u.a. auf Thorstein Veblen zurückführen. Sie betrachten die Familie als eine Institution, deren Entscheidungsprozesse und deren strukturelle Veränderungen erforscht werden müssen. Anders als die Neoklassiker, die sich zunächst auf einzelne und getrennte Individuen konzentrieren, um sie dann in einem ehelichen Gleichgewicht zusammenzufügen, konzentrieren die Institutionalisten ihr Augenmerk auf die Verbindung zwischen Mann und Frau. Wenn Institutionalisten die Beziehung zwischen der Lohnarbeit und der Hausarbeit von Frauen untersuchen, so erstreckt sich ihre Analyse jedoch nicht auf die Beziehungen zwischen Familie und Kapitalakkumulationsprozessen wie bei den Marxisten. Valerie Oppenheimers Untersuchung (1970) über die steigende Arbeitsmarktbeteiligung von Frauen kann insofern als institutionalistisch betrachtet werden, als sich ihr Erklärungswert auf die Klassifikation von Arbeitsplätzen und auf das System bezieht, durch das Arbeitsplätze zugewiesen werden. Oppenheimer bringt den stärkeren Zustrom von Frauen in den Arbeitsmarkt mit dem größeren Angebot von "typischen Frauenarbeitsplätzen" in Verbindung.

Die deutlichste Ausprägung des institutionalischen Ansatzes zeigt sich bei der Behandlung von Problemen der geschlechtsspezifischen Arbeitsteilung und des geringeren Frauenlohns. In diesem Zusammenhang sind Institutionalisten Anhänger der geschlechtsspezifischen Arbeitsmarkt-Theorie, die von feststehenden Arbeitsmarktbereichen mit quasi-institutionellem Charakter ausgehen.

Die Bedeutung der geschlechtsspezifischen Teilung des Arbeitsmarkts in der Theorie wie auch in der Praxis, fordert einige einleitende Bemerkungen, ehe die Details behandelt werden können.

Geschlechtsspezifische Arbeitsteilung scheint eine universelle Erscheinung in der menschlichen Geschichte zu sein. Aber es ist keineswegs klar, warum diese Arbeitsteilung typischerweise hierarchisch verlaufen soll und warum die Früchte dieser Spezialisierung in manchen Stadien der ökonomischen Entwicklung gerechter zwischen den Geschlechtern verteilt sind als in anderen. Selbst wenn die größeren physischen Kräfte von Männern zu der untergeordneten Stellung von Frauen beigetragen haben, so wäre doch der Versuch, geschlechtstypische Unterdrückung mit Hilfe von biologischen Begriffen zu erklären, ebenso unsinnig wie der Versuch, Klassenherrschaft mit der Polizei zu begründen. Engels hatte sicher recht, als er im Anti-Dühring mit Blick auf den Kapitalismus schrieb "Gewalt kann nicht Geld heranschaffen", und was die Ungleichheit zwischen den Geschlechtern anbelangt, so geht die Suche nach den systematischen Kräften, die sie immer wieder reproduzieren, weiter.

Anthropologische Untersuchungen haben dazu beigetragen, die Verschlechterung der Situation von Frauen beim Übergang von der Jäger- und Sammler-Gesellschaft zur seßhaften Ackerbauwirtschaft zu erhellen. Anthropologen haben außerdem die Auswirkungen des Anwachsens des Privateigentums, der Herausbildung des Staates, der Intensivierung der Kriege und des Aufkommens von Welthandel auf Frauen in vorkapitalistischen Gesellschaften untersucht (Quinn 1977; Rosaldo und Lamphere 1974; Reiter 1975). Archäologen haben versucht, die frühen Vorläufer der Frauenunterdrückung zu entdecken, und Geschichtswissenschaftler haben versucht zu dokumentieren, wie der Beginn des Kapitalismus sich auf Frauen ausgewirkt hat.

Erst in neuerer Zeit haben Ökonomen versucht, diese Arbeit auch für die heutige Zeit zu leisten, indem sie die Folgen des Spätkapitalismus auf die Hierarchie des geschlechtssepzifischen Arbeitsmarktes in Erfahrung zu bringen trachteten. Natürlich gibt es genügend Belege, sowohl für die geschlechtsspezifische Teilung (die Mann-Frau-Spezialisierung auf dem Arbeitsmarkt ist hoch entwickelt) als auch für die geschlechtsspezifische Ungleichheit (ungleicher Lohn zwischen den Geschlechtern) des Arbeitsmarktes.

Das bei empirischen Untersuchungen übliche Verfahren war, den Teil des Unterschiedes zwischen Männer- und Frauenlöhnen, der Unterschieden in produktivitätsrelevanten Eigenschaften von männlichen und weiblichen Arbeitern (Alter, Länge der Ausbildung, Erfahrung) zugesprochen wurde, zu schätzen. In allen Untersuchungen war jedoch der auf diese Weise nicht erklärbare Rest an Unterschied erheblich.

Neoklassische Ökonomen wie Mincer und Polachek argumentieren, daß dieser nicht erklärbare Rest vermindert werden kann, wenn der Faktor "Erfahrung" als wirklich gleichbleibend vorausgesetzt wird. SLM-Ökonomen dagegen argumentieren, daß dieser Rest auf unterschiedliche Beschäftigungsangebote für Männer und Frauen von gleicher Qualifikation zurückzuführen ist (Strober und Best 1979; Blau 1977). Diskriminierende Einstellungspraktiken drängen Frauen in geschlechtstypische Arbeitsbereiche. Die Häufung einer großen Zahl von Frauen in einer begrenzten Anzahl von Beschäfigungsbereichen wirkt lohndrückend.

Indem Geschlechtsspezifische-Arbeitsmarkt-Ökonomen arguementieren, daß sich die Ungleichheit der Geschlechter eher in Formen von "Jobdiskriminierung" (gleichqualifizierte Gruppen von Arbeitern werden nicht mit gleichattraktiven Stellenangeboten bedacht) als in Formen von "Lohndiskriminierung" (gleichqualifizierte Gruppen von Arbeitern werden für gleiche Arbeit unterschiedlich bezahlt) ausdrücke, schließen sie sich einer alten Tradition von ökonomischer Literatur an (Millicent Fawcett 1918; Beatrice Webb 1919; F.Y. Edgeworth 1922). Diese Autoren gehen ebenfalls davon aus, daß geschlechtsspezifische Diskriminierung auf dem Arbeitsmarkt sich gemeinhin nicht in Form von ungleicher Bezahlung für gleiche Arbeit zeigt, sondern durch die Zuweisung von ungleichen Arbeitsplätzen.

Der Angelpunkt der institutionalistischen Analyse der Segmentierung des Arbeitsmarktes sind technologische Faktoren. Technologischer Wandel, so wird argumentiert, führe im reifen Kapitalismus dazu, daß Qualifikationen stärker firmenspezifisch werden, was bedeutet, daß die Produktivität eines Arbeiters in stärkerem Maße eine Funktion der Ausbildung und der Erfahrung am Arbeitsplatz selbst ist. Um die Früchte dieser Ausbildung einzuheimsen, brauchen die Firmen zuverlässige Arbeitskräfte. Um diese Zuverlässigkeit zu garantieren, werden hohe Löhne, Sondervergünstigungen und Aufstiegschancen angeboten. Die Zahl der "Eintrittspforten" sind jedoch begrenzt, und die Aufstiegsleitern sind an jeden einzelnen Arbeitsplatz gebunden. Die Einschränkungen des Wettbewerbs erlauben es, Löhne zu zahlen, die über dem Preis der Ware Arbeitskraft liegen. Außerdem wird damit argumentiert, daß nicht alle Arbeitsplätze technologischem Wandel unterliegen und daher auch nicht auf Weiterqualifikation am Arbeitsplatz und spezielle Zuverlässigkeit angewiesen sind. Arbeitsplätze, die das nicht sind, bleiben niedrig bezahlt und unsicher. Sie konstituieren den zweitklassigen Arbeitsmarkt. Der Arbeitsmarkt erster Klasse enthält die meisten guten Arbeitsplätze. Aber nur die niedrig rangierenden Jobs innerhalb dieses Sektors werden von Ausländern und von Frauen besetzt. Da Männer dem Arbeitsmarkt häufiger kontinuierlich zur Verfügung stehen als Frauen, können männliche und weibliche Arbeitskräfte nicht immer durch einander ersetzt werden. Dennoch scheint es so zu sein, daß sich die Tendenz der Frauen, sich zeitweilig vom Arbeitsmarkt zurückzuziehen, schneller verändert als die entsprechenden stereotypen Vorstellungen der Unternehmer. Institutionalistische Wirtschaftswissenschaftler verlangen deswegen politische Maßnahmen, um die getrennten Arbeitsmärkte zu integrieren: Arbeitsbeschaffungsprogramme für die weibliche und männliche Jugend, Ausdehnung von öffentlichen Dienstleistungen und Verstärkung staatlicher Unterstützungsprogramme.

Radikale Theorien über Arbeitsmarktsegmentierung unterstreichen ebenfalls die Bedeutung von technologischen Faktoren. Auch hier wird Segmentierung in erster Linie dem Übergang vom Konkurrenz- zum Monopolkapitalismus zugeschrieben und als Antwort auf die Bedürfnisse des Kapitals gesehen, die Arbeiterklasse nach dem Prinzip "teile und herrsche" zu kontrollieren. Ähnlich wie die Marxisten argumentieren auch die Radikalen, daß die Kapitalakkumulation eine zunehmende Homogenisierung der Arbeiterschaft zur Folge hatte: Das Fabriksystem vernichtete viele Arbeitsplätze für gelernte Handwerker. Produktion für den Massenmarkt und steigende Mechanisierung brachte standardisierte Arbeitsbedingungen hervor. Größere Unternehmen zogen mehr Arbeiter in gleichartige Arbeitsbedingungen. Die radikalen Theoretiker gehen weiter und argumentieren, daß eine homogene Arbeiterschaft den Klassenkampf natürlich stärken würde und das Kapital daher zu Reaktionen veranlaßt. Deshalb werden in den eigenen Unternehmen streng aufgeteilte Jobhierarchen (mit vertikaler Befehlsstruktur) geschaffen und Förderungsmöglichkeiten zur Verfügung gestellt, die bei den Arbeitern den Anschein von Karrieremöglichkeiten erwecken. Auf diese Weise ist nach Reich, Edwards und Gordon "die Arbeitsmarktsegmentierung entstanden. Sie wird aufrecht erhalten, weil sie funktional ist - das heißt, weil sie das Funktionieren kapitalistischer Institutionen erleichtert" (1980, S.239). Daraus kann man schließen, daß Diskriminierung gegen abgrenzbare Gruppen wie Frauen und rassische Minderheiten ebenfalls durch dieselbe "divide et impera"-Strategie der Kapitalisten aufrecht erhalten wird.

3. Der Marxistische Ansatz

Die Marxisten operieren mit einer Weltsicht und mit einem Instrumentarium, das sich sehr selbstbewußt von dem der Neoklassiker und der Institutionalisten unterscheidet. Während Neoklassiker die Operationen auf dem Markt betonen, sind Marxisten mehr an der Produktion selbst interessiert. Im Ganzen versuchen Marxisten ein breiteres historisches Verständnis ökonomischer Prozesse zu erlangen und betrachten Variablen wie Preise und Einkommen oder Angebot und Nachfrage als bloß kurzgriffige Reflektionen tieferliegender sozialer Entscheidungen im Prozeß der Kapitalakkumulation. Auch Sitten und Gebräuche, Kultur und Bewußtsein verändern sich nach Ansicht der Marxisten mit der Entwicklung der wirtschaflichen Beziehungen. Marxisten behandeln den "Geschmack" weder als vernachlässigbare Größe noch als etwas, das an unterschiedlichen Orten und zu unterschiedlichen Zeiten als gleich vorausgesetzt werden kann. Marxisten betrachten soziale Kräfte und Ideologien als eine Funktion der Art und Weise, wie Einkommen produziert und verteilt wird. Aber Marxisten argumentieren auch, daß die Produktion und die Verteilung im Gegenzug von sozialen Kräften und Ideologien beeinflußt werden kann.

Ein historischer Ansatz zur Erklärung der weiblichen Präsenz auf dem Arbeitsmarkt

Als ein Beispiel das bisher skizzierte Problem mit einer historischen Herangehensweise zu lösen, möchte ich die Arbeit von Scott und Tilly (1980) anführen, die eine historische Würdigung der weiblichen Beteiligung an der Lohnarbeit im Europa des 19. Jahrhunderts gibt. Sie eignet sich daher gut dazu, die marxistische These zu illustrieren, die besagt, daß jede langandauernde Veränderung der Beteiligung von Frauen an der Lohnarbeit nur in Begriffen der Geschichtswissenschaft und nicht etwa in denen der Logik zu verstehen ist. Ein ausführlicher Bericht über die Arbeit von Scott und Tilly ist nötig, um ihre Argumentation später mit dem Erklärungsmodell, das Mincer entwickelt hat, zu vergleichen.

Nach Scott und Tilly gehörte die überwältigende Mehrheit der Frauen, die im 19. Jahrhundert in Europa gearbeitet hatten, der Arbeiter- und der Bauernklasse an. Außerdem waren sie jung und alleinstehend. "Die traditionelle Rolle einer verheirateten Frau erlaubte dieser nur dann den Weg auf den Arbeitsmarkt, wenn ihr Lohn in der Haushaltskasse gebraucht wurde. Wenn die Einkommen ihres Mannes und ihrer Kinder ausreichten, um die Familie zu ernähren, verließ sie den Arbeitsmarkt. Mütter verließen den Arbeitsmarkt manchmal erst dann, wenn ihr ältestes Kind anfing zu arbeiten" (S. 117). Man achte auf den Unterschied: Heute kehren Mütter auf den Arbeitsmarkt zurück, wenn ihre Kinder alt genug sind zu arbeiten, anstatt ihn zu diesem Zeitpunkt zu verlassen! Dieser wichtige Unterschied kann am besten mit langfristigen Veränderungen in der Eltern-Kind-Beziehung und deren Verpflichtungen erklärt werden. Im 19. Jahrhundert arbeiten Töchter für das Familienbudget: "Ebenso wie Eltern ihre Töchter mit Erwartungen zur Arbeit schickten, die von der Tradition geprägt waren, versuchten Töchter, diese Erwartungen zu erfüllen. Die kontinuierlichen Beiträge zum Unterhalt, die arbeitende Töchter ihren Familien gaben, beweisen den Fortbestand familiärer Werte" (S. 112). Dann allerdings, nach 1914 "behielten mehr und mehr alleinstehende Mädchen mehr und mehr ihres Lohnes für sich selbst zurück" (S. 123) und signalisierten damit den Beginn einer neuen Eltern-Kind-Beziehung: "Diese grundlegende Veränderung ersetzte die Werte der Familie durch ein individualistisches Wertesystem. Dieses förderte ein Bewußtsein, für das ein Individuum weniger als Teil eines sozialen oder moralischen Ganzen, sondern eher als Besitzer seiner - oder ihrer selbst existiert" (S. 121).

Zwar endet die historische Analyse von Scott und Tilly hier was den Zeitraum anbelangt, doch ziehen sie folgende allgemeine Schlußfolgerung: "Die Veränderungen, denen die Lohnarbeit und Familienarbeit von Frauen im späten 19. und 20. Jahrhundert unterlag, könnten losgelöst von dem historischen Kontext, den wir vorgestellt haben, nicht verstanden werden" (S. 124).

Wenn man den argumentativen Rahmen von Scott und Tilly übernimmt, um das Anwachsen der Lohnarbeit von Ehefrauen nach dem Ersten Weltkrieg (und stärker noch nach dem Zweiten Weltkrieg) zu untersuchen, kann man das folgende Bild entwerfen: Die allmähliche Veränderung der Familienstruktur und der wirtschaftlichen Grundordnung der Familie wirkte als starke Kraft, die die verheirateten Frauen in bezahlte Lohnarbeit stießen und drängten. Immer mehr Ehefrauen gingen arbeiten, um das Einkommen zu ersetzen, das ihnen ihr Nachwuchs vorenthielt. Frauen begannen, weniger Kinder in die Welt zu setzen, möglicherweise auch, weil Kinder in zunehmendem Maße dem Familieneinkommen mehr entnahmen als sie ihm zuführten, vor allem im städtischen Milieu. Auch lebten Frauen länger und gebaren ihr letztes Kind in jüngerem Alter. Frauen verloren an finanzieller Unterstützung nicht nur durch weniger Kinder, sondern auch durch eigene längere Lebensdauer. Unter diesen Umständen wurde Lohnarbeit für sie praktischer (das Kinderversorgungsproblem einmal zur Seite geschoben), profitabler (der Erfolg der Arbeiterschaft in ihrem Bemühen, das Eintrittsalter in die Lohnarbeit zu erhöhen, hatte einen positiven Effekt auf die allgemeine Lohnhöhe), und zugleich dringlicher - wenngleich nicht ganz so dringlich wie in der frühen Phase der industriellen Revolution, als der Anteil verheirateter Frauen an der Arbeiterschaft ebenfalls einen sehr hohen Stand erreichte.

Zusammengefaßt können wir davon ausgehen, daß die Argumentation von Scott und Tilly für das 19. Jahrhundert die Hypothese nahelegt, daß der Zusammenbruch der Tradition, in der Kinder zum Familieneinkommen beitrugen, eine Reihe von dramatischen sozialen und ökonomischen Veränderungen auslöste, die unter anderem einen positiven Einfluß auf die Rate der lohnarbeitenden Frauen im 20. Jahrhundert hatten. Wichtig zu bemerken ist, daß, wenn diese Hypothese stimmt, sie keinesfalls in Widerspruch mit einem akzeptablen theoretischen Modell steht. Weiter unten wird allerdings zur Debatte stehen, welcher Ansatz größeren Erklärungswert hat.

Sexismus und die Segmentierung des Arbeitsmarktes

Wohl kein anderes Thema, das Auswirkungen auf Frauen hat, hat soviel Aufmerksamkeit bei Marxisten und radikalen Theoretikern gefunden wie die Familie. Die Familie wird als die Crux der Frauenunterdrückung gesehen, und geschlechtsspezifische Diskriminierung auf dem Arbeitsmarkt wird als Folge der geschlechtsspezifischen Ungleichheit zu Hause verstanden. Humphries (1980) bringt die Unterschiede zwischen dem marxistischen Verständnis von Familie und dem der Neoklassiker, der institutionalistischen Schule und der radikalen Ökonomen auf den Punkt. Sie geht bei ihrer Untersuchung von der Frage aus, warum die Arbeiterfamilie überdauert hat (wenngleich zu verschiedenen Stadien der ökonomischen Entwicklung mit zunehmender, bzw- abnehmender Stärke). Ihr Ziel ist es, da anzufangen, wo Marx und Engels aufgehört haben zu argumentieren, und wo beide fälschlicherweise angenommen haben, die Arbeiterfamilie würde in dem Maße zugrunde gehen, wie sich der Kapitalismus und die Proletarisierung der Bevölkerung ausbreite.

Die radikale Theorie unterstreicht die materiellen und politischen Vorteile, die die Kapitalisten von der Familie haben. Familiäres Konsumverhalten und der Kult des Heimes fördern den kapitalistischen Absatz. Familienorientierung bringt unterwürfige Arbeiter hervor, und ein Arbeiter, so wird argumentiert, der Familie und finanzielle Verpflichtungen hat, wird mit großer Wahrscheinlichkeit montags zur Arbeit erscheinen und die Woche durchhalten.

Humphries streitet diese Vorteile, die die Familie den Kapitalisten bietet, nicht ab. Aber sie verwirft die radikale Auffassung, insofern diese die Kapitalisten mit unbeschränkter Macht über das Schicksal der Familie ausstattet. Der Tenor ihrer Arbeit ist daher, daß die Überlebenskraft der britischen Arbeiterfamilie im 19. Jahrhundert "zum Teil aus dem Bemühen der Arbeiter selber resultiert, eine Institution zu verteidigen, die ihren Lebensstandard, ihre Klassenzusammengehörigkeit und ihre Fähigkeit, den Klassenkampf auszuhalten, wesentlich beeinflußte" (S. 140).

Preise und Löhne sind in Humphries Untersuchung ebenso wichtig für die Familie wie für die "New Home Economics". Aber die Neoklassiker setzen Preise und Löhne voraus und untersuchen, wie sie die Entscheidung der Individuen, zu heiraten oder alleinstehend zu bleiben, beeinflussen. Dann schließen sie daraus, daß die geschlechtsspezifische Teilung des Arbeitsmarktes vernünftig sei. Humphries dagegen untersucht, in welcher Weise die Arbeiterklasse die Familie als Instrument benutzt hat, um das Niveau der Löhne und Preise zu beeinflussen. Diese Art der Fragestellung erlaubt ihr, daran anschließend zu untersuchen, wie sich die sexistische Teilung des Arbeitsmarktes festsetzen konnte.

Wenn die englischen Arbeiter des 19. Jahrhunderts für einen Familienlohn kämpften, für einen Lohn also, der es einem Mann erlaubte, seine nicht-arbeitende Frau und seine schulpflichtigen Kinder zu unterhalten, so hatten sie nach Humphries dabei gleichzeitig ihr Klasseninteresse und den Schutz der Integrität ihrer Familie im Auge. "Sie veranlaßten ihre Ehefrauen, zu Hause zu bleiben und sich um die Familie zu kümmern und beschränkten somit den Wettbewerb für Arbeitsplätze. Im Kampf um höhere Löhne wurden die Frauen vorgeschoben" (S.157). Das Fernbleiben der verheirateten Frauen vom Arbeitsmarkt hatte den Vorteil, das Angebot an Arbeitskräften zu begrenzen und dadurch die Löhne höher zu treiben. Aber es hatte den Nachteil, daß die "auf der Geschlechtszugehörigkeit beruhenden Beziehungen von Herrschaft und Unterordnung verstärkt wurden" (S. 158).

Während institutionalistische Wirtschaftswissenschaftler dem Sexismus in der Dynamik der Familienbeziehungen sehr wohl Rechnung tragen, so sind sie doch blind gegenüber den Auswirkungen, die der Klassenkampf auf eben diese Dynamik ausübte.

Ruberys Untersuchung der geschlechtsspezifischen Segmentierung des Arbeitmarktes (1980), ergänzt Humphries Analyse der Familie. Ihre Ausführungen sind wie die Humphries als Korrektur gegen die theoretischen Fehler der radikalen Ökonomen gerichtet: gegen funktionalistisches Denken. Funktionalismus bedeutet in diesem Fall, die Realität als Ergebnis dessen zu betrachten, was der herrschenden Klasse nützt. So sieht die radikale Theorie auch das Überleben der Familie in den Interessen der Kapitalisten begründet. Und auf ähnliche Weise sieht sie die Segmentierung des Arbeitsmarktes als Resultat der "divide et impera"-Manipulationen der Kapitalisten. Rubery dagegen argumentiert, daß die Kapitalisten, wenngleich sie solche Teilungen und Trennungen innerhalb der Arbeiterklasse sicherlich erwünschten, sie sie doch nicht so einfach herstellen konnten. Die Organisationen der Arbeiterschaft spielten bei der sozialen Strukturierung der Arbeiter ebenfalls eine große Rolle. Rubery geht davon aus, daß "der Fortschritt des Kapitalismus sowohl Qualifikationen zerstört als auch neue schafft" (S. 257). Aber sobald Arbeiter neue Qualifikationen erworben haben, "wird das Management Produktionstechniken so organisieren, daß die betreffenden Arbeiter dequalifiziert werden. Deshalb droht allen Arbeitern die Veralterung ihrer Qualifikation oder das Ersetztwerden durch andere, ebenfalls befähigte Arbeiter, von denen es genügend gibt. Diese Drohung veranlaßt die Arbeiter dazu, defensive Strategien selbst zu entwickeln und Schichtungen innerhalb der Arbeiterschaft selber vorzunehmen, um so den Zugang zu Arbeitsplätzen zu kontrollieren und einen einmal erreichten Qualifikationsstatus selbst dann noch aufrecht zu erhalten, wenn die Zuordnung zu einer speziellen Qualifikationsgruppe längst überholt ist" (S. 257).

Sowohl nach Humphries als nach Rubery wird also die Diskriminierung von Frauen auf dem Arbeitsmarkt durch den Klassenkampf verstärkt: Um das Angebot an Arbeitskräften gering zu halten, üben die Gewerkschaften Druck auf Frauen aus, zu Hause zu bleiben; wenn das nicht geht (weil ein Familienlohn nicht erreichbar ist oder die Ehefrauen nicht gehorchen), werden Frauen beschäftigungsmäßig segregiert. Die Folgerung aus dieser Erkenntnis ist, daß Frauen gleichzeitig gegen Klassenausbeutung und sexistische Unterdrückung kämpfen müssen. Zwei Elemente der marxistischen Theorie über die Segmentierung des Arbeitsmarktes sind besonders bedeutsam für die Arbeit der Frauen: die Theorie der Gewerkschaften und die des langsamen Qualifikationsabbaus durch technologischen Wandel.

Es gibt eine lange marxistische Tradition, die davon ausgeht, daß sich Qualifikationen im Zuge der kapitalistischen Akkumulation zunehmend auflösen. Bravermann (1974) geht davon aus, daß das Ausbildungsniveau in kapitalistischen Ländern zwar langfristig gestiegen ist, die Qualität dieser Ausbildung jedoch so leer ist wie die Arbeit, für die sie die Leute angeblich vorbereitet; und während die Arbeitsplätze selbst einen höheren technologischen Wert verkörpern, hat der wissenschaftliche Fortschritt im Kapitalismus lediglich den Zweck, die Leute, die diese Arbeitsplätze innehaben, zu dequalifizieren. Nach Bravermanns Ansicht ist der Bedarf an "Training am Arbeitsplatz" für die Masse der ungelernten Arbeiter minimal, und ihre Leistungsspitzen erreichen sie schon innerhalb weniger Tage oder Wochen.

Wenn dies tatsächlich so ist, dann geraten die Grundlagen sowohl der Humankapital- als auch der institutionalistischen Theorie geschlechtsspezifischer Lohnunterschiede ins Wanken. Erstere argumentieren, daß die geringere Bezahlung von Frauen in erster Linie eine Folge ihrer geringeren Bereitschaft zur Weiterqualifikation am Arbeitsplatz ist. Die letzteren behaupten, daß Frauen von den Arbeitsplätzen, auf denen Weiterqualifikation möglich ist, ferngehalten werden. Zwar stimmt es sicher, daß Löhne bei längerer Erfahrung an einem Arbeitsplatz tendenziell steigen, aber Jahre der Erfahrung auf einem Arbeitsplatz müssen noch nicht unbedingt etwas mit der Verbesserung der Qualifikationen zu tun haben. Möglicherweise haben höhere Löhne dann nur etwas mit langer Betriebszugehörigkeit zu tun - was den Gewerkschaften zu verdanken ist. Wenn dem so ist, müßte dem Bemühen um Beseitigung weiblicher Armut eher eine Minderung der gewerkschaftlichen Macht als eine Minderung der Produktivität am Herzen liegen.

Die Industrie-dominierten Gewerkschaftsbewegungen in Großbritannien und in den USA scheinen ihre politische Wahl dahingehend getroffen zu haben, Frauen aus bestimmten beruflichen Positionen auszuschließen, um die Einkommenschancen der Männer zu erhöhen, - anstatt Frauen in einen gemeinsamen Kampf um höhere Löhne für alle einzubeziehen. Auch haben es Gewerkschaften sowohl in der Vergangenheit als in der Gegenwart unterlassen, viele der frauenspezifischen Industriezweige überhaupt zu organisieren (Red Rag 1974). Diese Nachlässigkeit mag aus bürokratischen Behinderungen oder aus den Schwierigkeiten resultieren, die die Organisation der Frauenarbeit bietet. Von Frauenarbeit wird angenommen, daß sie aufgrund einer Reihe ungünstiger soziologischer und ökonomischer Fakten schwer zu organisieren ist. Unter erstere wird die Selbsteinschätzung vieler Frauen gerechnet, nach der sie dem Arbeitsmarkt nur vorübergehend, als "white collar"-Arbeiter, in gewisser Weise außerhalb der Arbeiterklasse und im wesentlichen zur Bereitstellung sozialer Dienste (Krankenpflege) angehören. Die negativen ökonomischen Voraussetzungen für die Organisierung der Frauenarbeit schließen Kleinheit der Firmen, hochkompetetive Marktbereiche und andere Variablen ein, die es auf dem großindustriellen Sektor nicht gibt. Dennoch muß man sagen, daß viele der Charakteristika der Frauenarbeit einer rapiden Veränderung unterliegen. Außerdem gibt es Beispiele, die nahelegen, daß historische und politische Faktoren eine ebenso wichtige Rolle spielen wie ökonomische, wenn es darum geht festzustellen, welche Arbeiter gewerkschaftlich organisiert sind und welche nicht. Die amerikanischen Lastwagenfahrer z.B. arbeiten für kleine hochkompetitive Firmen und haben sich trotzdem zu einer sehr mächtigen Gewerkschaft organisiert.

Ohne die potentielle Bedeutung der gewerkschaftlichen Organisation für arbeitende Frauen in Frage stellen zu wollen, mag es sich doch lohnen, die These nochmals zu überprüfen, daß (die US-amerikanische BSH) Gewerkschaften bevorzugt solche Industriezweige organisieren, in denen hohe Löhne bezahlt werden, und nicht etwa die Ursache der hohen Löhne in den Industriezweigen sind, in denen sie vertreten sind.

4. Zusammenfassung

Wenn ich zum Abschluß die verschiedenen theoretischen Ansätze, die ich hier etwas schematischer zu charakterisieren versucht habe, nochmals zusammenfassend bedenke, so stellt sich als wichtigste Frage: Wie gut schneiden sie ab mit dem, was sie zum Verständnis unseres Problems beitragen? Ich denke, daß die neoklassische Theorie keine adäquaten Erklärungsmuster zum Verständnis der Phänomene beisteuert, die im Zusammenhang mit der Lohnarbeit von Hausfrauen auftreten und daß die kritischen Probleme, die für Frauen als Gruppe bedeutsam sind, überhaupt nicht in ihr Blickfeld geraten. Dafür ist die Struktur der neoklassischen Theorie selbst verantwortlich: es handelt sich bei ihr um eine unhistorische und gesellschaftsferne Theorie. Außerdem gibt sie vor, wirtschaftliche Probleme unter Abziehung der Machtverhältnisse klären zu können. Der theoretische Rahmen, den die Neoklassiker benutzen, um das langfristige Ansteigen der Beteiligung von Frauen auf dem Arbeitsmarkt zu analysieren, erklärt gleichzeitig alles und nichts. Es erklärt alles, indem er das Verhalten der Ehefrauen von zwei sich widersprechenden Kräften abhängig macht. Da entweder die eine oder die andere Kraft obsiegt, ist theoretisch jede Verhaltenskonstellation möglich. Solch eine Theorie ist unwiderlegbar, ungeachtet der Schwierigkeiten einer empirischen Überprüfung von Einkommens- und Preisschwankungen.

Eine Theorie muß aber noch nicht einfach deswegen verworfen werden, weil sie viele Konfigurationen zuläßt. Die marxistische Theorie über die Lohnarbeit von Ehefrauen ist sogar noch flexibler als die neoklassische Theorie. Diese entbehrt deswegen jeglichen Erklärungswertes als sie einen im Unklaren darüber beläßt, warum zu einem gegebenen Zeitpunkt der Einkommens- oder aber der Ersatz-Effekt dominiert. Nur eine historische Analyse ist in der Lage, darauf eine Antwort zu geben.

Die Übertragung des Begriffrahmens von Scott und Tilly auf das 20. Jahrhundert begründete den Anstieg der Lohnarbeit verheirateter Frauen mit Veränderungen in der Eltern-Kind-Beziehung. Scott und Tilly schreiben diese veränderte Beziehung der Ablösung familiärer Werte durch individualistische zu. Man könnte nun natürlich weiter argumentieren und den Wertewandel selbst mit Veränderungen in Preisen und Löhnen begründen. Aber selbst wenn Veränderungen in Preisen und Löhnen der Grund eines solchen Wertewandels sind, wird die Verbindung zwischen beiden Bereichen nur durch qualitative Prozesse hergestellt. Diesen Vermittlungsprozeß ernst zu nehmen bedeutet, anzuerkennen, daß Veränderungen in der Preis- und Lohnstruktur nach dem Beginn des neuen Jahrhunderts ein ganzes Muster neuer sozialer und ökonomischer Regeln hervorgebracht hat, aus denen wiederum das Phänomen der lohnarbeitenden Hausfrau entstanden ist. Auf diese Weise versieht die historische Analyse das Skelett der Lohn- und Preiseffekte mit Fleisch und ermöglicht eine überzeugendere Beschreibung der Gründe, warum Frauen unterschiedlicher sozialer Herkunft nach dem Kriege erwerbstätig geworden sind.

Ein anderes Beispiel, das aus Querschnittsuntersuchungen stammt, zeigt ebenfalls, daß Verhalten weitaus komplexer ist, als die einfachen Gewinnmaximierungsmodelle der Volkswirtschaftslehre dies annehmen. In den USA hat der Anteil der lohnarbeitenden verheiratenden Frauen unter den Schwarzen von jeher die der weißen Ehefrauen übertroffen. Nach Goldin (1977) kann ein Teil dieses Unterschiedes ohne weiteres mit der Lohn- und Preisdynamik erklärt werden: Das Vermächtnis der Sklaverei hat den Preis der schwarzen Arbeitskraft vermindert, und diese harte Realität zwang die anderen Familienmitglieder zur Annahme von Lohnarbeit. Aber Goldin argumentiert weiter, daß die Erfahrung der Sklaverei noch eine andere indirekte Auswirkung hatte. Schwarze Frauen waren durch die Sklaverei daran gewöhnt, zu arbeiten, während arme weiße Frauen oft zu stolz waren, Arbeit anzunehmen. Daher: "arbeitenden 1880 nur 14% der weißen Frauen mit niedrigem Familieneinkommen, während mehr als 44% der armen verheirateten schwarzen Frauen Lohnarbeiterinnen waren."

Stigler und Becker (1977) mag es gefallen, von Rasse abhängige Arbeitseinstellung zu Marktvariablen zu reduzieren. Aber selbst wenn diese Akrobatik in ihrem eigenen Begriffssystem Erfolg haben mag, so muß man doch über deren Informationswert Zweifel haben, wenn die soziale und ökonomische Struktur, auf welcher die Marktvariabelen aufsitzen, nicht ausdrücklich in die Analyse mit einbezogen wird.

Die Ausdehnung des Angebots an Arbeitsplätzen für Frauen nach dem Zweiten Weltkrieg kann ebenso durch Lohn- und Preisbeziehungen erklärt werden. Da die Löhne stiegen, stieg die Nachfrage nach Nahrungsmitteln und Wirtschaftsgütern weniger als die nach Dienstleistungen. Umschichtungen in der Wirtschaftsstruktur resultieren in einer Ausdehnung des Dienstleistungsbereiches, was einen Zuwachs an Arbeitsplätzen für Frauen erbrachte. Eine umfassendere Erklärung bekommt man allerdings, wenn man das Lohnargument in seinem historischen Gewand nimmt. Dann kann man den Anstieg der weiblichen Berufstätigkeit in Zusammenhang bringen mit der Entwicklung zum Monopolkapitalismus: mit dem dramatischen Anstieg der Staatsausgaben und den in unregelmäßigen Abständen sich vollziehenden Schüben des technologischen Wandels auf dem Büro- und Dienstleistungssektor nach dem Krieg. Warum nun aber viele Dienstleistungs- und Büroberufe Frauenberufe wurden, widersetzt sich endgültig jedem un-historischen und außergesellschaftlichen Erklärungsversuch. Die "New Home Economics" versucht, die häusliche Arbeitsteilung durch ökonomische Gewinnmaximierungsprinzipien zu erklären. Sawhill (1980) hat jedoch nachgewiesen, daß solche Prinzipien, wenn sie von der sozialen Realität getrennt werden, im Grunde zu Rechtfertigungen für Sexismus verkommen. Sie weist darauf hin, daß in einem bestimmten Stadium der neoklassischen Argumentation die Teilung der Arbeit innerhalb des Haushalts als gegeben vorausgesetzt wird. Frauen werden folglich nicht in der Lage sein, genausoviel Erfahrung und Ausbildung für den Arbeitsmarkt zu erwerben wie Männer. Daraus folgt logischerweise, daß sie auf diesem Arbeitsmarkt weniger verdienen als Männer. In einem anderen

Stadium der Analyse werden jedoch eben diese Lohnunterschiede zwischen Männern und Frauen als gegeben vorausgesetzt: da Frauen weniger verdienen als Männer, scheint nun die Teilung der Arbeit innerhalb des Haushaltes logisch zu sein. In Sawhills Worten: "wir haben uns also einmal um 360 Grad gedreht, und es wird Zeit, zu fragen, ob die Nationalökonomen jemals mehr getan haben, als den Status quo einer Gesellschaft zu beschreiben, in welcher Geschlechtsrollen als Gegebenheiten vorausgesetzt werden, die von der Kultur oder der Biologie oder von anderen Faktoren bestimmt werden, die jedoch in den ökonomischen Denkmodellen nicht weiter spezifiziert werden" (S. 133).

Ähnlich kreisförmige Argumentationen bestimmen die Erklärung, die die "New Home Economics" für die Entstehung der Familie anbietet. Der Gewinn der Ehe, so wird da behauptet, sei umso größer, je größer die Lohndifferenzen zwischen Ehemann und Ehefrau sind. Daraus folgt "logisch", daß Frauen deswegen heiraten, weil sie weniger verdienen als Männer, und sie verdienen deswegen weniger als Männer, weil sie eine Ehe eingehen, in der Geschlechtsrollen vorgegeben sind. Wenn die Diskriminierung der Frauen nicht ausdrücklich, und zwar an zentraler Stelle, zu einem Teil der Theorie wird, dann kann man also weder eine Erklärung für die geschlechtsspezifische Arbeitsteilung in der Familie, noch für die Existenz von Familie überhaupt geben. Natürlich müssen Kinder von Frauen geboren werden. Aber alle Prinzipien der Gewinnmaximierung zusammengenommen können nicht begründen, daß sie sie auch aufziehen müssen, und das in einer Kleinfamilie!

Die neoklassische Theorie trennt das wirtschaftliche Handeln von Machtentscheidungen, indem sie annimmt, daß Individuen freie Wahlentscheidungen treffen. Dies wäre keine ganz und gar unsinnige Annahme, wenn wir von einer Gesellschaft ausgehen könnten, die von völlig voneinander isoliert lebenden Individuen bevölkert wird, welche in etwa gleiche Ausstattung an Ressourcen und Ausbildung haben. Aber in einer Welt, in der Männer und Frauen, so wie Arbeiter und Kapitaleigner, in Hinblick auf Reichtum und Macht völlig ungleich sind, unterscheiden sich deren Möglichkeiten, freie Wahlentscheidungen zu treffen. In einer solchen Welt ist es durchaus möglich, daß alle Frauen diskriminiert werden. Alle können mit der Verantwortung für Kleinkinder beladen sein. Arbeiterfrauen können überhaupt wenig Wahl haben, ob sie arbeiten wollen oder nicht. Die Arbeiterklasse als Ganzes hat kaum eine Wahl. Wenn wir davon ausgehen, daß dies die Welt ist, in der wir leben, dan gewähren die neoklassischen Annahmen einer Freiheit der Wahl keine Aufklärung über wirkliche Probleme von Frauen. Ganz im Gegenteil: Sie mystifizieren sie.

Verglichen mit institutionalistischen und neoklassischen Theoretikern haben Marxisten am wenigsten über die wirtschaftlichen Aspekte gesprochen, die mit der Frauenarbeit verbunden sind. Dies mag damit zusammenhängen, daß Marx "Geschlecht" nicht als Kategorie in seine Theorie des Kapitals einbezogen hat. Daher verbleibt eine ungelöste Spannung zwischen der Analyse von Klassenausbeutung und der der sexuellen Unterdrückung.

Marxisten haben große Anstrengungen unternommen, die unbezahlte Hausarbeit von Frauen in das Analyseschema des "Kapitals" einzubeziehen. Diese Debatte hat eine Menge Licht in die Beziehung zwischen kapitalistischem Gewinnstreben und der Produktion von Gebrauchswerten in der Familie gebracht. (Himmelweit und Mohun 1977 fassen diese Diskussion zusammen.) Jedoch hat diese Literatur die Situation der Frauen selbst wenig erhellt. Der Marxismus hat hier etwas von einer Theorie, die auf der Suche nach einem Problem ist.

Von seiten der Frauen, die sich selbst als marxistische Feministinnen bezeichnen, wurden große Anstrengungen unternommen, eine theoretische Verbindung zwischen Klassenausbeutung und sexueller Unterdrückung herzustellen. Wenn ich alle diese Bemühungen als marxistische bezeichnet habe, so muß man auch sehen, daß mehrere theoretische und politische Nuancen diese Arbeiten voneinander unterscheiden. Einerseits gibt es einige Arbeiten, die ausdrücklich das Ziel haben, Frauenproblemen, die bis dahin in auffälliger Weise vernachlässigt worden waren, Eingang in die klassische marxistische Analyse zu verschaffen. Andererseits hat es Stimmen gegeben, die die Versuche, Marxismus und Feminismus miteinander zu verbinden, als für Feministinnen unbefriedigend darstellen, weil sie den feministischen Kampf dem größeren Kampf gegen den Kapitalismus unterordnen. Solche Feministinnen entscheiden sich dann eher für einen methodischen Ansatz, der die Geschichte als ein System von Beziehungen unter Männern versteht (Patriarchat), welches diese dazu befähigt, über Frauen zu herrschen. In diesem feministischen Ansatz besteht "Marxismus" darin, daß die Wurzeln des Patriarchats nicht in einer psychischen, sondern in einer materiellen Grundlage gesehen werden und daß versucht wird, die Blindheit der marxistischen Kategorien geschlechtsspezifischen Phänomenen gegenüber zu korrigieren (Hartmann 1977).

Die orthodoxe neoklassische Wirtschaftstheorie ist wohl noch nie mit politischen Forderungen zur Verbesserung der wirtschaftlichen Lage von Frauen in Verbindung gebracht worden. Die anti-interventionistische Grundhaltung dieser Schule folgt aus ihrer Annahme, daß Individuen freie Wahlentscheidungen tätigen. Diese Annahme impliziert, daß Frauen freiwillig weniger Ausbildung wählen als Männer, daß sie freiwillig schlechter bezahlte Arbeit annehmen, bei der Berufserfahrung vergleichsweise unwichtig ist und daß sie sich selbst arbeitslos machen. So kann aus der inneren Logik der neoklassischen Theorie selbst abgeleitet werden, daß gesetzgeberische Versuche, die selbstgewählte Lage der Frauen zu verändern, überflüssig und unerwünscht sind. Wenn jedoch diese Annahme falsch ist, wie wir oben angenommen haben, dann heißt dies nichts anderes, als daß die politische Sichtweise des neoklassischen Paradigmas die Probleme von Frauen weginterpretiert und daß das Paradigma daher jegliche Gültigkeit verliert.

Die Grundannahme der institutionalistischen Volkswirtschaftsschule geht davon aus, daß es Ungleichheiten zwischen den Geschlechtern gibt und daß sie durch aktive Staatsintervention beseitigt werden können. Da der Bearf an

Verbesserungen im Bereich der Geschlechterdiskriminierungen überwältigend ist, hat das Interesse vieler institutionalistischer Ökonomen an der Formulierung politischer Maßnahmen manche praktischen Erkenntnisse über die Probleme erbracht, die im Zusammenhang mit Frauenarbeit stehen. Aber diese Forschung ist nicht geeignet, systematisch zu untersuchen, auf welche Weise die kapitalistische Wirtschaftsordnung diese Probleme hervorgebracht hat, noch wie sie sie immer wieder reproduziert. Die Forschungsanstrengungen der institutionalistischen Wirtschaftswissenschaftler ist vielmehr darauf ausgerichtet, das Ausmaß der Probleme in der Absicht zu zeigen, diejenigen Institutionen, die ihrer Meinung nach das Problem verkörpern, zu reformieren.

Marxisten gehen die Frauenprobleme mit einem dynamischen historischen Ansatz an. Sie gehen außerdem davon aus, daß ein kapitalistischer Staat nicht in der Lage sein wird, das auszuführen, was notwendig ist, um geschlechtliche Diskriminierung, sei sie nun in der Familie oder im Arbeitsleben, zu beenden. Denn ihrer Meinung nach sind sehr grundlegende strukturelle Veränderungen der Gesellschaft notwendig, um die Ungerechtigkeiten, unter denen Frauen aller Klassen leiden, zu beseitigen. Das mag schon sein, aber es ist auch richtig, daß Veränderungen zum Guten auf wissenschaftlichen Erkenntnissen aufbauen müssen.

Wir wünschen uns, daß durch diesen Beitrag und diese Sammlung von Aufsätzen weitere Forschung angeregt werden möge.

Aus dem Amerikanischen von Barbara Schaeffer-Hegel

Literatur:

Addison, John T. (1975): "Sex Discrimination: Some Comparative Evidence", in: British Journal of Industrial Relations. Vol. 13, Nr. 2.

Arrow, Kenneth (1972): "Models of Job Discrimination" und "Some Mathematical Models of Race Discrimination in the Labor Market", in: A.H. Pascal (Hrsg.): Racial Discrimination in Economic Life. Lexington Books, D.C. Heath.

ders. (1973): "The Theory of Discrimination", in: O. Ashenfelter und A. Rees (Hrsg.): Discrimination in Labor Markets. Princeton. Princeton University Press.

Barrett, Nancy S. und *Morgenstern, Richard D.* (1974): "Why Do Blacks And Women Have High Unemployment Rates?", in: Journal of Human Rescources. Vol. 9, Nr. 9.

Becker, Gary (1971): The Economics of Discrimination. University of Chicago Press, 1957.

ders. (1973): "A Theory of Marriage: Part 1", in: Journal of Political Economy. Vol. 82, Nr. 2, Pt. 2.

ders. (1974): "A Theory of Marriage", in: Theodore W. Schultz (Hrsg.): Economics of the Family. University of Chicago Press.

Berch, Bettina (1975): Industrialization and Working Women in the 19th Century: England, France, and the United States. Ph.D. Dissertation. University of Wisconsin, Madison.

Blau, Francine (1977): Equal Pay in the Office. Lexington Books, D.C. Heath.

dies. und *Jusenius, Carol* (1976): "Economists' Approaches to Sex Segregation in the Labor Market: An Appraisal". Vol. 1, Nr. 3, Pt. 2, Neuauflage in: Martha Blaxall und Barbara Reagan (Hrsg.): Women and the Workplace. University of Chicago Press.

dies. und *Hendricks, Wallace E.* (1979): "Occupational Segregation by Sex: Trends to Prospects", in: Journal of Human Resources. Vol. 14, Nr. 2.

Bowers, J.K. (1975): "British Activity Rates: A Survey of Research", in: Scottish Journal of Political Economy. Vol. 22, Nr. 1.

Bravermann, Harry (1980): Die Arbeit im modernen Produktionsprozeß. Frankfurt a.M./New York: Campus-Verlag (Labor and Monopoly Capital).

Cain, Glen (1976): "The Challange of Segmented Labor Market Theories to Orthodox Theory: A Survey", in: Journal of Economic Literature. Vol. 14, Nr. 4.

Chiplin, Brian und *Sloane, Peter J.* (1976a): Sex Discrimination in the Labour Market. Macmillan.

ders. und ders. (1976b): "Male/Female Earnings Difference: A Further Analysis", in: British Journal of Industrial Relations. Vol. 14, Nr. 1.

Corcan, Mary (1978): "Work Experience, Work Interruption and Wages", in: Greg Duncan und James Morgan (Hrsg.): Five Thousand American Families - Patterns of Economic Progress. Vol. 6, Survey Research Center, Institute for Social Research, University of Michigan.

Cowan, Ruth Schwarz (1976): "The Industrial Revolution in the Home: Household Technology and Social Change in the 20th Century", in: Technology and Culture. vol. 17, Nr. 1.

Critique of Anthropology (1977): Women's Issue. Vol. 3, Nrs. 9 und 10.

Duncan, Greg und *Hoffman, Saul* (1978): "Training and Earnings", in: Greg Duncan und James N. Morgan (Hrsg.): Five Thousand American Families - Patterns of Economic Progress. Vol. 6. Survey Research Center, Institute for Social Research, University of Michigan.

Edgeworth. F.Y. (1922): "Equal Pay to Men and Women", in: Economic Journal. Vol. 32.

Ehrenreich, Barbara und *English, Deidre* (1975): "The Manufacture of Housework", in: Socialist Revolution. Nr. 26.

Fawcett, Millicent (1918): "Equal Pay for Equal Work", in: Economic Journal. Vol. 28.

Ferber, Marianne A. und *Birnbaum, Bonnie G.* (1977a): "The 'New Home Economics': Retrospects and Prospects", in: Journal of Consumer Reseach. Vol. 4, Nr. 1.

diess. (1977b): "Rejoinder", in: Journal of Consumer Research. Vol. 4, Nr. 3

Goldin, Claudia (1977): "Female Labor Force Participation: The Origin of Black and White Difference, 1870 and 1880", in: Journal of Economic History. Vol. 37, Nr. 1.

Gross, Edward (1968): "'Plus Ca Change...?' The Sexual Structure of Occupations Over The Time", in: Social Problems. Vol. 16, Nr. 2.

Hartmann, Heidi Irmgard (1974): Capitalism and Women's Work in the Home, 1900-1930. Ph.D. Dissertation. Yale University.

dies. (1979). "The Unhappy Marriage of Marxism and Feminism: towards the more progressive Union", in: Capital and Class. Nr. 8.

Himmelweit, Susan und *Mohun, Simon* (1977): "Domestic Labor and Capital", in: Cambridge Journal of Economics. Vol. 1.

Humphries, Jane (1980): "Class Struggle and the Persistence of the Working-Class Family", in: Alice Amsden (Hrsg.): The Economics of Women and Work. New York: St. Martin's Press.

Jevons, Standley (1822): "Married Women in Factories", in: Contemporary Review. Vol. 41.

Kenneally, James J. (1973): "Women and Trade Unions 1870-1929: The Quandry of the Reformer", in: Labor History. Vol. 14, Nr. 1.

Keyserling, Mary (1977): "Women's Stake in Full Employment. Their Disadvantaged Role in the Economy - Challenges to Action", American Women Workers in a Full Employment Economy, A Compendium of Papers Submitted to the Subcommittee on Economic Growth and Stabilization on the Joint Economic Committee of the United States.

Leibowitz, Arlene (1974): "Education and Home Production", in: American Economic Review. Vol. 64, Nr. 2.

Lloyd, Cynthia B. (Hrsg.) (1975): Sex Discrimination and the Division of Labor. Columbia University Press.

Lucas, Robert B. (1974): "The Distribution of Job Characteristics", in: Review of Economics and Statistics. Vol. 56, Nr. 4.

Milkman, Ruth (1976): "Women's Work and the Economic Crisis: Some Lessons from the Great Depression", in: Review of Radical Political Economics. Vol. 8, Nr. 1.

Mincer, Jacob (1980): "Labor Force Participation of Married Women: A Study of Labor Supply", in: Alice Amsden (Hrsg.): The Economics of Women and Work. New York: St. Martin's Press.

ders. und *Polachek, Solomon* (1980): "Family Investments in Human Capital: Earnings of Women", in: Alice Amsden (Hrsg.): The Economics of Women and Work. New York: St. Martin's Press.

Oaxaca, Ronald (1973): "Male-Female Wage Differentials in Urban Labor Markets", in: International Economic Review. Vol. 14, Nr. 3.

Oppenheimer, Valerie (1970): "The Female Force in the United States: Demographic and Economic Factors Govering its Growth and Changing Composition", in: Population Monograph Series. Nr. 5. Berkeley, University of California.

Phelps, Edmund S. (1980): "The Statistical Theory of Racism and Sexism", in: Alice Amsden (Hrsg.): The Economics of Women and Work. New York: St. Martin's Press.

Quick, Paddy (1975): "Rosie the River: Myths and Realities", in: Radical America. Vol. 9, Nrs. 4 und 5.

Quinn, Naomi (1977): "Anthropological Studies on Women's Status", in: Annual Review of Anthropology. Vol. 6.

Reagan, Barbara B. (1978): "De facto Job Segregation", American Women Workers in a Full Employment Economy. A Compendium of Papers Submitted to the Subcommittee on Economic Growth and Stabilization of the Joint Economic Committee Congress of the United States.

Red Rag. (1974): Vol. 2.

Reich, Marcel Gordon David M. und *Edwards, Richard C.* (1980). "A Theory of Labor Market Segmentation", in: Alice Amsden (Hrsg.): The Economics of Women and Work. New York: St. Martin's Press.

Reid, Margaret G. (1977): "How New is the 'New Home Economics'?", in: Journal of Consumer Research. Vol. 4, Nr. 3.

Reiter, Rayna Rapp (Hrsg.) (1975): Towards an Anthropology of Women. Monthly Review Press.

Robinson, John P. (1977): "The 'New Home Economics': Sexist, Unrealistic, or Simply Irrelevant?", in: Journal of Consumer Research. Vol. 4, Nr. 3.

Rosaldo, Michelle und *Lamphere, Louise* (Hrsg.) (1974): Woman, Culture and Society. Stanford University Press.

Ruberly, Jill (1980): "Structured Labour Markets, Worker Organization and Low Pay", in: Alice Amsden (Hrsg.): The Economics of Women and Work. New York: St. Martin's Press.

Sawhill, Isabel V. (1973): "The Economics of Discrimination Against Women: Some New Findings", in: Journal of Human Resources. Vol. 8, Nr. 3.

dies. (1980): "Economic Perspectives on the Family", in: Alice Amsden (Hrsg.): The Economics of Women and Work. New York: St. Martin's Press.
Schultz, Theodore W. (1974): Economics of the Family. University of Chicago Press.
Scott, Joan W. und *Tilly, Louise A.* (1980): "Women's Work and the Family in the 19th-Century Europe", in: Alice Amsden (Hrsg.): The Economics of Women and Work. New York: St. Martin's Press.
Simeral, Margaret H. (1978): "Women and the Reserve Army of Labor", in: Olivia Clark, Jerry Lembke, und Bob Marotto Jr. (Hrsg.): Essays on the Social Relations of Work and Labor: A Special Issue of the Insurgent Sociologist. Vol. 8, Nrs. 2 und 3.
Smith, Ralph E. (1977): "The Impact of Macroeconomic Conditions on Employment Opportunities for Women". A Study Prepared for the Use of the Joint Economic Committee Congress of the United States.
Sorrentino, Constance (1976): Methodical and Conceptual Problems of Measuring Unemployment in O.E.C.D. Countries (mimeograph). Organisation for Economic Cooperation and Development.
Stigler, G.J. und *Becker G.S.* (1977): "De Gustibus Non Est Disputandum", in: American Economic Review. Vol. 67, Nr. 2.
Strober, Myra H. und *Weinberg, Charles B.* (1977): "Working Wives and Major Family Expenditures", in: Journal of Consumer Research. Vol. 4, Nr. 3.
dies. und *Reagan, Barbara B.* (1978): Sense and Nonsense in the Residual Method of Measuring Discrimination as Illustrated by an Analysis of Sex Differences in Economists' Incomes. Working Paper, Graduate School of Business, Stanford: Stanford University Press.
Treas, Judith und *Walter, Robin Jane* (1978): "Family Structure and the Distribution of Family Income", in: Social Forces. Vol. 56, Nr. 3.
U.K. Department of Employment (1974): Women and Work: A Statistical View. Manpower Paper, Nr. 9.
U.S. Bureau of the Census (1976): Historical Statistics of the United States: Colonial Times to 1970.
Vickery, Clair (1979): "The Work of Married Women and the Living Standards of Their Families", in: Ralph E. Smith (Hrsg.): The Subtle Revolution: Women at Work. Urban Institute.
Webb, Beatrice (1919): The Wages of Men of Women: Should They Be Equal?. George Allen and Unwin.

Die Kehrseite des Lohnstreifens
Konsumtionsarbeit im Spätkapitalismus

Batya Weinbaum und Amy Bridges

I.

Für das Verständnis der Stellung der Frau in kapitalistischen Gesellschaften ist die Hausfrau von zentraler Bedeutung. Die Marxisten gingen davon aus, daß die Herauslösung der Produktion aus dem Haushalt seine soziale Bedeutung radikal vermindern würde.[1] Angesichts der anhaltenden Bedeutung des Haushalts haben Marxist/inn/en nunmehr versucht, ihn durch Anwendung von Konzepten zu verstehen, die beim Studium der Produktion[2] entwickelt worden sind. Doch offensichtlich funktioniert der Haushalt weder wie eine Fabrik, noch sind Hausfrauen auf dieselbe Weise organisiert wie Lohnarbeiter.

Wie Eli Zaretsky geschrieben hat, sind Hausfrauen und Proletarier die typischen Erwachsenen in fortgeschrittenen kapitalistischen Gesellschaften (Zaretsky 1973). Haushalte und Betriebe sind deren typische ökonomische Organisationen. Genausowenig wie die Hausfrau durch die Vergesellschaftung der Produktion abgeschafft wurde, hat die Akkumulation des Kapitals die ökonomische Funktion des Haushaltes abgeschafft. Harry Braverman hat gezeigt, wie der Akkumulationsprozeß neue Beschäftigungen erzeugt, und er hat die Ausdehnung der Aktivität des Kapitals auf neue Bereiche dokumentiert. Wir werden ausführen, daß diese Entwicklungen auch die sozialen Beziehungen der Konsumtion verändern, eine ökonomische Funktion, die weiterhin durch den Haushalt strukturiert ist und von Frauen als Hausfrauen geleistet wird. Wir werden außerdem zeigen, wie das Kapital die Konsum-

---

1   Marx, Engels, Lenin und Bebel z.B. haben erkannt, daß Frauen in der Familie unterdrückt waren. Sie nahmen an, die Befreiung der Frauen und die Möglichkeit gesunder Verhältnisse zwischen Männern und Frauen würden sich ergeben, wenn die Familie aufhörte, die grundlegende ökonomische Einheit der Gesellschaft zu sein. Im Kapitalismus würden sowohl Männer als auch Frauen Lohnarbeiter werden, da die Produktionsaufgaben des Haushalts vergesellschaftet werden. Mit der Aufhebung von Privatbesitz könnten auch Dienstleistungen vergesellschaftet werden und Männer und Frauen frei sein, persönliche Beziehungen frei von ökonomischen Aufgaben zu haben.
2   Mit ihrer Betonung der Hausarbeit, verstanden als "Produktion", fallen die meisten marxistisch-feministischen Autorinnen hierunter: Paddy Quick, Peggy Morton, Mariarosa dalla Costa, Margaret Benston, Juliet Mitchel, etc. Auch wir gehen davon aus, daß Frauen Güter für den Gebrauch der Familienmitglieder bereiten, wir legen aber das Gewicht nicht auf die Hausarbeit als eine Art von "Produktion". Wir argumentieren vielmehr, daß die Aktivitäten der Hausfrau weitgehend darauf zurückzuführen sind, daß die Fabrikation von Gütern und die Bereitstellung von Dientsleistungen durch das Kapital geschieht.

tionsarbeit für Hausfrauen organisiert, indem es sie aus dem Haushalt heraus auf den Markt zieht. Die sich wandelnden Beziehungen der Konsumtionsarbeit erfordern mehr außerhalb des Hauses zugebrachte Zeit und erzeugen einen Kontext, in dem Hausfrauen eigene Perspektiven auf die kapitalistische Gesellschaft entwickeln. Vor allem werden wir den Kontext des politischen Bewußtseins der Hausfrauen aus den Widersprüchen zwischen ihrer Arbeit auf dem Markt und ihrer Rolle im Haus entwickeln. Wir meinen, daß dieser Aspekt der Tätigkeit von Frauen einen Ansatz bietet, der sowohl die Arbeit von Hausfrauen als auch die von Lohnarbeiterinnen umfaßt. Wir werden ausführen, daß das Kapital an die Energie der Frauen widersprüchliche Forderungen stellt, welche Konflikte sowohl für die einzelne Frau, als auch zwischen Hausfrauen und Lohnarbeiterinnen auf dem Markt vorprogrammieren. Unsere Argumentation stützt sich auf ein Verständnis von Kapitalismus, das uns befähigt, "Konsumtion" zu lokalisieren. Dieses soll daher im nächsten Abschnitt entwickelt werden.

II.

In jeder Gesellschaft brauchen die Menschen um zu leben Nahrung, Kleidung und Unterkunft. In der kapitalistischen Gesellschaft ist die Produktion dieser Notwendigkeiten durch den privaten Profit organisiert, und die Menschen müssen die Dinge, die sie zum Überleben brauchen, durch den Kauf von Waren erwerben. Daher erweitert das Kapital die Marktverhältnisse, indem es die Produktion aus den Haushalten herauslöst. Diese sind, wie die Produktionsverhältnisse, "bestimmte, notwendige, von (unserem) Willen unabhängige Verhältnisse" (Marx, MEW, S. 8). Die offensichtliche Konsequenz des Monopolbesitzes an Produktionsmitteln ist Monopolbesitz an Waren und die Notwendigkeit zum *Kauf* der Lebens-Mittel.

Solange sich die kapitalistische Produktion im Einklang mit den gesellschaftlichen Bedürfnissen befindet, geschieht dies auf dem Marktplatz. In früheren Gesellschaften von kleinen, unabhängigen Produzenten brachten die Verkäufer ihre Produkte zum Austausch auf den Markt. Erst auf dem Markt konnten sie herausfinden, ob ihr Produkt auf einen gesellschaftlichen Bedarf stieß. Da die Produzenten eher unabhängig voneinander arbeiteten, als ihre Aktivitäten zu koordinieren, war das Ergebnis ungewiß. War das Produkt verkäuflich, so begrenzte sein Preis (Geld für die Tasche des Produzenten) die Möglichkeit des Produzenten, solchen Bedarf und eigene Bedürfnisse zu erfüllen. Auf diese Weise zeigt sich der gesellschaftliche Charakter dieser "Privatarbeiten" nur "innerhalb dieses Austausches" (Marx, KAP, S. 78) und der Markt war der Ort, an dem private Produktion und gesellschaftlich bestimmte Bedürfnisse - mehr oder weniger - vermittelt wurden.

In der fortgeschrittenen kapitalistischen Gesellschaft erhält die Organisation der Produktion als Ganzes anarchische Züge, aber die Großproduktion macht den gesellschaftlichen Charakter der Produktion am Arbeitsplatz offensichtlich. "Märkte" sind nicht für die Individuen zum Austausch ihrer Produkte organisiert. Eher ist das Verkaufen eine Tätigkeit, die vom Kapital organisiert wird - zunehmend durch Großkapital, welches die kleinen "Tante-Emma"-Läden ersetzt. Doch gerade so wie der kleine Produzent den "gesellschaftlichen Wert" seines Produktes an dessen Preiß maß, messen Lohnarbeiter ihren gesellschaftlichen Wert am Umfang ihrer Lohnabrechnung (Marx, GR, S. 90; und KAP, S. 99). Und genau so wie der Preis, den kleine Produzenten für ihre Produkte erzielten, die Möglichkeit zur Erfüllung eigener Bedürfnisse beschränkte, bestimmt das Einkommen den Zugang zu Waren. Somit bleibt das Verhältnis von privater Produktion zu gesellschaftlichem Bedarf im Markt evident: Die Konsumtion via Markt ist die Kehrseite der Lohnabrechnung. In allen Gesellschaften produzieren Menschen Güter für den Gebrauch - sie arbeiten (englisch: *to work*). Aber nur in kapitalistischen Gesellschaften produzieren sie Wahren für den anonymen Markt (englisch: *to labor*; Engels, KAP, S. 52). In gleicher Weise reproduzieren sich Menschen in allen Gesellschaften, während sie nur in kapitalistischen *konsumieren*. In kapitalistischen Gesellschaften dient der anonyme Markt als Brücke zwischen Produktion von Dingen und der Reproduktion von Menschen.

Die Reproduktion der Menschen geschieht im Haushalt. Damit meinen wir einfach, daß der Haushalt der Ort ist, an dem die Bedürfnisse der Menschen nach Nahrung, Ruhe, Unterkunft, etc. befriedigt werden. Natürlich ist der Haushalt keine selbstversorgende Einheit, welche die Ressourcen enthielte, die diese Bedürfnisse abdeckten. Haushaltsmitglieder müssen auf den Arbeits(labor-)markt gehen, um ihre Arbeitskraft (labor) gegen Lohn einzutauschen, und sie müssen ebenfalls hingehen, um ihren Lohn gegen benötigte Güter einzutauschen. Die meisten Haushalte bestehen aus Familien, in denen Männer die wesentlichen Lohnverdiener und Frauen für die Konsumtion verantwortlich sind. Den Männern steht das Kapital auf dem Arbeitsmarkt in Form ihrer Arbeitgeber gegenüber, - den Frauen auf dem Markt für Güter und Dienstleistungen in Form von Waren.

Die geschlechtliche Teilung der Arbeit (labor) ist nicht absolut: eine steigende Zahl von Frauen arbeitet für Lohn, und viele Männer haben teil an der Konsumtionsarbeit. Wie auch immer ihre Rollen verteilt sind, das Überleben des Haushalts erfordert die Teilnahme an diesen Austauschbeziehungen.

Dennoch bleibt der Widerspruch zwischen privater Produktion und gesellschaftlichen Bedürfnissen bestehen. Die kapitalistische Akkumulation erzeugt ihre eigenen Notwendigkeiten: Die Arbeitslosigkeit ist der deutlichste Ausdruck von Bedürfnissen des Kapitals, die den Bedürfnissen der Menschen nach eigener Reproduktion widersprechen und Vorrang über diese gewinnen. Indem wir sagen, der Markt sei die Brücke zwischen privater Produktion und gesellschaftlichem Bedarf, lenken wir die Aufmerksamkeit auf die Tatsache, daß Menschen "wirkungsvolle Nachfrage" ausdrücken müssen, um zu bekommen, was sie brauchen, - sie müssen Geld haben! Natürlich ist wirkungsvolle Nachfrage keine Sache der Wahl, denn das Einkommen ist bestimmt durch die Position in der Klassenstruktur. Somit ist Konsumtion immer eine

Funktion der Klasse, und wenn wir sagen, daß die kapitalistische Produktion mit den gesellschaftlichen Bedürfnissen vermittelt wird, geschieht dies immer in der Erkenntnis, daß diese Vermittlung unter dem Kapitalismus unvollständig ist.

Wenn der Markt den Rahmen für die Vermittlung von privater Produktion und gesellschaftlich bestimmten Bedürfnissen abgibt, ist diese Vermittlung im wesentlichen die Arbeit (work) von Frauen. Frauen sind verantwortlich für "Hege und Pflege", und während dies viele Arten von Tätigkeiten erfordert, kann es in seinen konkreten Aspekten nur durch die sorgfältige Verwaltung von Einkommen erreicht werden. Konsumtion (der Kauf von Gütern und Dienstleistungen für Haushaltmitglieder) ist der erste Schritt bei dieser Aufgabe. Es ist die Zuständigkeit der Hausfrau für Hege und Pflege, die ihre Konfrontation mit dem Kapital in Form von Waren bedingt. Obzwar dem Kapital unterworfen und von ihm strukturiert, beinhaltet Konsumtionsarbeit daher die Befriedigung jener Bedürfnisse - materieller und nicht-materieller - und steht im krassesten Gegensatz zur kapitalistischen Produktionsweise. Der Widerspruch zwischen privater Produktion und gesellschaftlich vermittelten Bedrüfnissen ist also ein wesentliches Merkmal der Tätigkeiten von Hausfrauen.

III.

Konsumption ist die Arbeit des Erwerbs von Gütern und Dienstleistungen. Diese Arbeit ist der ökonomische Aspekt der Arbeit von Frauen außerhalb der bezahlten Lohnarbeit, und wir bezeichnen Personen, die diese Arbeit tun, als "KonsumtionsarbeiterInnen". Diese Bezeichnung soll nicht implizieren, daß Frauen in dieser Rolle *Lohnarbeit* (labor) verrichten, sie wird vielmehr verwendet, um zu betonen, daß das, was sie tun, *Arbeit* (work) ist. Wie schon ausgeführt, ist unter der Voraussetzung, daß die Zuständigkeit für den Haushalt bei der Hausfrau liegt, Konsumtionsarbeit Teil des Versuchs, profitorientierte Produktion mit gesellschaftlichen Bedürfnissen zu vermitteln. Darüber hinaus beinhaltet Konsumtionsarbeit eine Reihe von Beziehungen zwischen Hausfrauen als Konsumtionsarbeiterinnen (worker) auf der einen und Lohnarbeiterinnen (laborers) in Geschäften und Dienstleistungszentren auf der anderen Seite. Wir werden Konsumtionsarbeit vom Standpunkt der Hausfrau aus untersuchen und dann die Beziehungen zwischen KonsumtionsarbeiterInnen und LohnarbeiterInnen auf dem Markt betrachten.

Elli Willis war die erste Linke, die über "Konsumzwang" als vom Kapital erzwungener Arbeit geschrieben und darauf bestanden hat, daß ein Verständnis von Konsumzwang als weiblicher Neurose reiner Sexismus wäre (Willis 1972, S. 658ff.). Andere Autoren waren eher geneigt, Frauen als Konsumenten anzusehen, die durch den Kauf von Dingen die Tatsache zu "kompensieren" versuchen, daß sie von der gesellschaftlich organisierten Arbeit abgeschnitten sind (dalla Costa 1973, S. 51f.)! In dem Maße, indem die Produktionsmittel fortschreitend aus dem Haushalt abgezogen worden sind und indem Kapitalisten Waren produzieren, die billiger gekauft als im Haushalt selbst hergestellt werden können (Braverman 1977, S. 214 und Kap. 13 und 16), dehnt sich der Bereich des Marktes und die Notwendigkeit, die Dinge, die wir brauchen, dort zu finden, aus. Der wichtigste Antrieb zur Konsumtionsarbeit ist nicht das psychische Bedürfnis, Kreativität durch Kauf auszudrücken. (Obwohl es selbstverständlich eine kreative Unternehmung ist und auch entsprechende Befriedigung verschafft, eine Familie mit dem zu erhalten, was die meisten Menschen verdienen!) Die Triebkraft hinter der Konsumtionsarbeit ist die Notwendigkeit, Konsumtionsbedürfnisse und Warenproduktion in Einklang zu bringen.

Hausfrauenarbeit kann daher nicht verstanden werden, wenn wir davon ausgehen, daß Frauen einfach "jahrhundertelang ... die wenigen immer gleichen Quadratmeter der Küche mit dem gleichen Besen ... kehren" (dalla Costa 1973, S. 37). Und während Männer gewöhnlich sagen, daß ihre Frauen "ihr eigener Herr seien" und ihre Arbeit einrichten könnten wie sie wollen, zeigt eine sorgfältige Untersuchung der Arbeit von Hausfrauen, daß Kapital und Staat für sie einen Stundenplan vorschreiben, der es in sich hat. Ganz abgesehen von der Tatsache, daß kleine Kinder anspruchsvolle und beharrliche Arbeitgeber sind, werden die Arbeitszeiten des Ehemanns, die Zeit, zu der die Kinder in der Schule sein müssen, und die Öffnungszeiten der Geschäfte nicht von den Frauen selbst bestimmt. Hausfrauen müssen nach Zeitplänen arbeiten, die anderswo entwickelt werden, und diese Pläne sind nicht aufeinander abgestimmt. Von Hausfrauen wird verlangt, daß sie wochenlang auf Installationen und Reparaturen warten, daß sie in Kassenschlangen stehen, daß sie am Telephon warten. Veränderungen im Verteilungsnetz und die Expansion von Dienstleistungen erfordern physische Mobilität innerhalb dieser vielen weniger-als-flexiblen Zeitpläne. Die Zunahme der Anzahl von Dienstleistungen wie auch von Einkaufszentren bedeutet, daß Hausfrauen mehr Zeit damit zubringen, sich zwischen Zentren zu bewegen, als sie auf die eigene Produktion von Gütern und Dienstleistungen verwenden. Die Zentralisierung von Einkaufszentren und Dienstleistungen mag die Verteilung effizienter machen, allerdings auf Kosten der Zeit der Hausfrauen.[3] Die KonsumtionsarbeiterInnen haben, anders als die LohnarbeiterInnen, nicht einen einzelnen, leicht identifizierbaren Kontrahenten, sondern viele Gegenüber: den Staat, den Supermarkt, den Hauswirt, etc.

Die Analyse der Konsumtionsarbeit verlangt auch eine Analyse der Arbeitsteilung zwischen bezahlter und unbezahlter Arbeit in Einkaufszentren.

---

3 Die Zentralisierung von Dienstleistungen ist zwar für den Staat und für das Kapital rentabel, aber sicher nicht der beste Weg, um sie den Menschen verfügbarer zu machen. Durch Zentralisierung werden Dienstleistungen schwerer zugänglich. Als die Woodlawn Organisation ihre Pläne für die Woodlawnstädte entwarf, waren Nachbarschaftsdienstleistungszentren, die leicht erreichbar sein und alle Dienstleistungen anbieten sollten, ein wesentlicher Bestandteil des Konzeptes. Lediglich Krankenhauseinrichtungen sollten zentral plaziert werden.

Produktionsbeziehungen in diesen Bereichen spiegeln sich in entsprechenden Strukturen der Konsumtionsarbeit wider. Hier spielt die KonsumtionsarbeiterIn häufig eine wichtige Rolle, da sie die Produktivität beeinflußt. Ben Seligman illustriert diesen Mechanismus am Beispiel der 'retail food centers':

> "Ein weiteres Argument ist, daß die Gewinnspannen seit den 50er Jahren zugenommen haben, weil die modernen Supermärkte die Last der Dienstleistungen den Frauen zuschieben. Es steht kein Verkäufer mehr bereit, der ihr rät, welches Produkt den besseren Kauf darstellt; der Verkäufer ist in einen "Material-Behandler" verwandelt worden, der Preise auf Konserven stempelt, und die einzige Information, die er weiterzugeben in der Lage ist, betrifft den Standort der Bohnenbüchsen. In der Tat führt die Hausfrau nun Dienstleistungen aus, die einmal vom Kleinhändler bezahlt werden mußten. In der Schweiz hat man sogar versucht, Supermarktkunden die Registrierkasse selbst bedienen zu lassen. (Ohne Erfolg.) Die Hausfrau führt mehr und mehr Aufgaben durch - die Regale absuchen, den Kaffee mahlen, den Korb füllen - und trägt zur Aufwärtsdrift der Gewinne bei, weil sie für ihre Dienstleistung nicht entschädigt wird. Natürlich müßte sie in Form von niedrigeren Preisen bezahlt werden, aber beim gegenwärtigen Gang der Dinge ist das unwahrscheinlich" (Seligman 1968, S. 229).

Dasselbe gilt für Kleinhandel, Gesundheit, Erziehung und andere Dienstleistungsindustrien:

> "Im Supermarkt und im Waschsalon arbeiten die Konsumenten de facto; und in der Arztpraxis kann die Qualität der Krankengeschichte, die der Patient gibt, bedeutenden Einfluß auf die Leistung des Arztes haben. Die Produktivität im Bankwesen ändert sich je nachdem, ob der Angestellte oder der Kunde den Buchungsfehler ausfindig machen muß - und ob das korrekt geschieht oder nicht. Somit wirken sich Wissen, Erfahrung, Aufrichtigkeit und Motivation des Konsumenten auf die Dienstleistungsproduktion aus" (Fuchs 1968).

Das Kapital zeigt die Fähigkeit, seinen eigenen Profit durch die Neuordnung von Arbeitsprozessen und Arbeitsbedingungen in den Einkaufs- und Dienstleistungszentren zu erhöhen. Die dort Angestellten sehen ihre Arbeit zunehmend auf Zu-Arbeit reduziert; die Dienstleistungskundschaft ist es, die das Laufen besorgt, das Einschätzen, das Vergleichen und manchmal sogar die Dienstleistung selbst (wenn beispielsweise Autofahrer die eigenen Tanks füllen). Jedes Center hat seine eigenen Verhaltens- und Betriebsregeln. Beide, sowohl die Angestellten wie die, die einkaufen oder Dienstleistungen suchen, sind Opfer einer Produktionssteigerung.

Wie wir angedeutet haben, ist Konsumtionsarbeit nicht nur der Kauf von "Dingen", sondern auch der Kauf von Dienstleistungen. Ebenso wie der Kauf vieler Dinge rentabler geworden ist als ihre Herstellung (Brot, Kleidung, Hühnersuppe), so "ist die Sorge der Menschen umeinander zunehmend institutionalisiert worden" (Braverman 1977, S. 213), und die Haushalte sind immer abhängiger davon geworden, sich Dienstleistungen vom Staat und durch den Markt zu sichern. Die Expansion von Dienstleistungen ist sowohl vom Staat (Erziehung, Wohlfahrt, Gefängnisse, Altersheime) als auch vom Kapital (einige medizinische Dienste, einige Altersheime, Versicherungen, Banken, Imbißketten, Waschsalons, Frisöre) betrieben worden. Zusammen und durch das Fehlen vernünftiger Alternativen bringen sie die Haushalte in immer größere Abhängigkeit von den weiter wuchernden Einkaufszentren.

Die Veränderung wird in der Neuorganisation medizinischer Dienstleistungen besonders deutlich. In einer früheren Phase des Kapitalismus konnten Ärzte ihre Hausbesuche mit einer Instrumententasche machen. Der Arzt, der sich auf die heute angebotene Diagnosetechnik stützen möchte, kann medizinische Versorgung nur in Krankenhäusern und Kliniken bereitstellen - und Hausfrauen müssen die Familienmitglieder dorthin bringen. Allerdings ist hier die Hausfrau, wie in anderen Dienstleistungszentren, wenig mehr als nur eine Zu-Arbeiterin, der es an Erfahrung mangelt, um die Qualität dessen, was sie bekommt, zu beurteilen, wie auch an der Fähigkeit, die Dienstleistung durch ein selbst organisiertes Gegenstück zu ersetzen. Selbst das Women's Health Movement hat, obwohl es viele Arten von Routineversorgung liefern kann, kaum angefangen, sich das Expertenwissen der ärztlichen Berufe anzueignen und die Medizin-Wissenschaften so zu überarbeiten, daß sie für Frauen von größerem Nutzen wären.

Zeitweise ziehen einzelne Entwicklungen im Akkumulationsprozeß mehr Frauen in die bezahlte Arbeiterschaft. Die Expansion des Dienstleistungsbereichs und der Büroarbeiten (Braverman 1977, Kap. 15 und 16) treibt in Zusammenhang mit dem Rückgang der Reallöhne bei Männern gegenwärtig eine steigende Zahl von Frauen auf den Arbeitsmarkt. Gerade weil die Konsumtionsarbeit mehr und mehr Zeit und Energie erfordert (Hartmann 1974; Walker 1969, S. 621f.), sind weniger Frauen in der Lage, diese Zeit und Energie aufzubringen. Während das Kapital neue Arenen der Betätigung betritt, bleibt es dabei, diese in einer eher anarchischen als gesellschaftlich bestimmten Weise zu organisieren. Die Bedürfnisse des Kapitals und seine Ansprüche an die Zeit von Frauen sind daher widersprüchlich. Darüber hinaus nehmen in einer Rezession die öffentlichen Mittel für Dienstleistungen ab, wodurch Arbeit, für die wir zunehmend schlechter vorbereitet sind, wieder ins Haus zurückgedrängt wird.

Kindertagestätten schließen und Schulen gehen über zu Nachmittagsunterricht, was es schwieriger macht, die Schulstunden der Kinder mit den Arbeitsstunden der Eltern abzustimmen. Da Frauen gewöhnlich beides, Konsumtionsarbeiterinnen und Lohnarbeiterinnen im Verteilungs- und Dienstleistungsbereich sind, ist es besonders deutlich, daß das Kapital zwischen Bezahlung und Nicht-Bezahlung der gleichen Arbeit wechselt. Die LohnarbeiterInnen in kaufmännischen und Dienstleistungsbereichen haben fortwährend StreikbrecherInnen an ihrer Tür. Die kapitalistische Organisation setzt KassiererInnen gegen KundInnen, Schwestern gegen PatientInnen und Mütter gegen LehrerInnen ein.

Natürlich gibt es Klassenunterschiede bei der Arbeit von "Hausfrauen". Frauen der herrschenden Klasse müssen sich nicht direkt mit der täglichen Reproduktion befassen, obwohl sie doch eine wichtige Rolle bei der Reproduktion kapitalistischer Klassenverhältnisse spielen. Wohltätige Unternehmungen z.B. ebnen die groben Kanten des Kapitalismus und helfen dabei, das soziale System als Ganzes zu rechtfertigen (Domhoff 1971, Kap. 2).

Wir meinen, daß unsere Skizzierung der Arbeit von Hausfrauen am ehesten typisch ist für Frauen der Arbeiterklasse und der sogenannten Mittelklasse. Wir können jedoch einige Unterscheidungen zwischen ihnen machen. Größeres Einkommen macht die Frauen der Mittelklasse frei von eher erniedrigenden Aspekten der Konsumtionsarbeit (sie können ihre Waren geliefert bekommen). Auch können diese Frauen Konsumtion zu einer "kreativen" Tätigkeit machen und zum Mittel, sich selbst zu verwirklichen. Ohne Zweifel ist das die Ausgangsbasis für die These, *alle* Frauen würden sich wegen des psychischen Nutzens an der Konsumtion beteiligen. Hausfrauen der Arbeiterklasse gehören häufiger der Lohnarbeiterschaft an, womit sie einen zweiten Beruf ergreifen.[4] Geringeres Einkommen macht die Konsumtion zu einer komplexen Überlebensaufgabe. Frauen, die auf staatliche Unterstützung angewiesen sind, verbringen einleuchtenderweise mehr Zeit als andere Frauen damit, Güter wie auch Dienstleistungen von den Sozialämtern entgegen zu nehmen; darüber hinaus sind die für sie erschwinglichen Waren, wegen der Gegenden in denen sie leben, überteuert und qualitativ schlecht (Caplovitz 1962). So konstruiert das Kapital die Konsumtionsarbeit für Frauen auf komplexe Weise: Es organisiert die Verteilung von Einkommen an die Haushalte und bestimmt dadurch die Verteilung der Haushalte auf die Wohngegenden; zugleich organisiert das Kapital die Verteilung bestimmter Güter und Dienstleistungen in bestimmten Gegenden.

Wir haben ausgeführt, daß Staat und Kapital die Konsumtionsarbeit strukturieren und daß diese Arbeit entfremdend und ermüdend ist. Die Reproduktion der Arbeitskraft verlangt in *kapitalistischen* Gesellschaften, daß die Produkte und Dienstleistungen, die mit Blick auf Profit produziert worden sind, gesammelt und transformiert werden, damit sie gesellschaftliche Bedürfnisse decken können. Gegenwärtig ist nicht klar, welche Arten von Neuorganisation noch stattfinden werden. Gewiß gibt es schon seit langer Zeit Ideen für die Neuordnung der Konsumtionsarbeit auf einer sozialen Basis (Gilman 1901). Gleichwohl kann vor der Reorganisation der Konsumtionsarbeit und der Dienstleistungen durch das Kapital und/oder den Staat schwerlich eine Humanisierung der sozialen Dienste erwartet werden. Erfahrungen mit der staatlich geführten Kinderbetreuung sind ein Paradebeispiel dafür, daß die Zunahme von Gütern und Dienstleistungen unter dem Kapitalismus eine Zunahme der Entmenschlichung zum Ergebnis hat.

---

4   Es sollte klar sein, daß wir nicht behaupten wollen, alle Frauen wären politisch aktiv oder gar revolutionär. Genau wie LohnarbeiterInnen sich "inadäquat" fühlen mögen, weil ihr Verdienst niedrig ist oder weil sie nicht befördert werden, so mögen Hausfrauen Widersprüche verinnerlichen, die strukturell angelegt sind. Unser Nachdruck richtet sich gegen die weitverbreitete Annahme, daß Hausfrauen durch die Natur ihres sozialen Ortes bedingt konservativ seien.

Beim Einkaufen oder bei der Beschaffung von Krankenversorgung oder Erziehung gibt es nichts, was per se entfremdend oder ermüdend sein müßte. Schließlich war der Markttag über Jahrhunderte der Ort gesellschaftlicher Kontakte und die Zeit des Feierns. Die Zuständigkeit der Hausfrauen für "Hege und Pflege" einerseits und auf der anderen Seite die Unmöglichkeit, denen, für die man Verantwortung trägt, unter den Zwängen des gegenwärtigen Systems dabei zu helfen, gesund und kreativ zu sein, erzeugen die ungeheuren Belastungen der tatsächlichen Konsumtionsarbeit. Roz Petchesky sagte in einem Gespräch mit den Autorinnen:

> "Das Entscheidende ist die Diskrepanz zwischen dem Mist, den die Privatwirtschaft auf den Markt bringt, und den Wundern, die Frauen damit zuwege bringen sollen. In der Konsumptionsarbeit geht es nicht darum, ob etwas zu beschaffen ist, sondern ob etwas Anständiges daraus zu machen ist - es geht um den Versuch, Güter zu erhalten, die für den Verschleiß entworfen sind, den Versuch, nahrhafte Mahlzeiten aus vitaminlosen, überbehandelten Nahrungsmitteln zu bereiten ... den Versuch, Kindern Mut zuzusprechen und Nachhilfe zu geben, die von den Schulen zum Versagen gestempelt werden.
> Bei allen Anstrengungen fehlt der Hausfrau die soziale Macht, das zu beschaffen, was ihrem Gefühl nach das beste für ihre Familie ist. Die Konsumtionsarbeit und die Zwecke, denen sie letztlich dienen soll, bilden jedoch den Hintergrund, auf dem Hausfrauen ihr Bild von der Gesellschaft entwickeln."

IV.

Wie ist dieses Bild in der politischen Praxis zum Ausdruck gekommen (Thomas 1966)? Konsumtionsarbeit führt in ganz spezielle Gebiete der politischen Aktivität: z.B. die des Wohnens. Die Organisatorin einer Bostoner Mietergemeinschaft erklärte: "Die Mehrheit der Arbeiter in der Mieterbewegung sind Frauen. Eine Erklärung hierfür ist, daß Mietergemeinschaften ein Bereich sind, in dem Frauen aggressiv sein und eine aktive Führungsrolle übernehmen können, weil wir viel Zeit dort zubringen, wo wir wohnen, und die Leute kennen, mit denen wir leben" (Brodsky 1975, S. 41).

Auf ähnliche Weise sind Boykott-Aktivitäten, militante Reaktionen auf die Inflation (besonders von Lebensmittelpreisen) und kommunale Kämpfe Bereiche, in denen Frauen immer wieder eine wichtige, wenn nicht vorherrschende Rolle spielen (Petersen 1973; Piven und Cloward 1977).

Während des Streiks der Brookside Bergarbeiter unterstützten ihre Frauen nicht nur die Forderungen der Männer, sondern stellten selbst noch radikalere und weitreichendere Forderungen auf. Sie bestanden auf Essensmarken, boykottierten Läden und besetzten sie mit Streikposten, protestierten gegen Anti-Streikpropaganda und prangerten die Belästigung der Kinder von Streikenden in den Schulen an. Ihre Praxis zeigte ihnen, daß die Minenbesitzer nicht nur die Arbeitsplätze, sondern die ganze Stadt beherrschten, und durch ihr politisches Handeln zeigten sie dies der ganzen Gemeinde.

Die Aktivität von Frauen in revolutionären Zeiten kann sich aus ganz gewöhnlichen Betätigungen ergeben, die dann in Zeiten politischer Umbrüche politische Bedeutung erlangen (Thomas 1966, S. 14). Nach dem Sturz des faschistischen Regimes haben in Portugal Frauen aus Arbeitergegenden Mieterkomitees gebildet, um Gebäude zur Nutzung als Wohnungen und für kommunale Dienstleistungseinrichtungen zu übernehmen. Diese Komitees haben ihre anfänglichen Ziele überlebt und sind noch immer eine grundlegende Organisationsform in städtischen Gemeinden. Auf ähnliche Weise waren chilenische Frauen vor dem Staatstreich bei der Errichtung von Verteilernetzen aktiv. Während der Regierung der Unidad Popular waren Schwierigkeiten in der Lebensmittelverteilung eines der schwerwiegendsten Probleme. Diese Probleme waren zum Teil von rebellierenden Kleinhändlern verursacht, die sich vom Sozialismus bedroht fühlten, und von Viehzüchtern, die ihre Herden eher schlachteten, als sie den Kooperativen zu übergeben. Die so herbeigeführten Verknappungen und Verteilungsschwierigkeiten führten zur Bildung von Juntas de Abastecimientos (JAPs), Preis- und Versorgungskomitees, welche die Notwendigkeit von Rationierung erfolgreich zu verringern halfen. Ihre Aufgabe war, die gerechte Verteilung von Verbrauchsgütern zu sichern. Im ersten Monat ihres Bestehens wurden in Santiago de Chile 450 JAPs gebildet. Die Komitees hatten 100.000 Haushalte und mehr als 600.000 Menschen als Mitglieder. Innerhalb weniger Monate wurden 20% des Rindfleischverbrauchs des Landes durch die Komitees verteilt (Zammit und Palma 1973, S. 89). Kämpfe auf kommunaler Basis wurden voreilig als reformistisch abgewertet. Eine Kampfform ist aber nicht nur deshalb progressiv, weil sie innerhalb einer Fabrik, und reformistisch, weil sie außerhalb stattfindet. ... Schließlich kann, wie im Falle der Brookside-Frauen, die politische Aktivität von Hausfrauen aus der Erkenntnis entstehen, daß sich nicht nur idiosynkratische Fehlfunktionen, sondern die Organisation der Gesellschaft insgesamt antagonistisch zu ihren eigenen Bedürfnissen und Interessen verhält. Eine kapitalistische Gesellschaft erzeugt viele soziale Orte, von denen aus die Herrschaft des Kapitals betrachtet werden kann, und diese 'Herrschaft' können wir nur beurteilen, wenn unsere Analyse nicht nur die kapitalistische Produktion selbst umfaßt, sondern auch erkennt, wie die kapitalistische Produktion die Gesellschaft insgesamt und damit zugleich die Praxis der Menschen an diesen einzelnen Orten gestaltet.

Aus dem Amerikanischen von Bernd Bayer

Literatur:

Braverman, Harry (1977): Die Arbeit im modernen Produktionsprozeß. Frankfurt a.M.: Campus Verlag.
Brodsky, Barry (1975): "Tenants First: FHA Tenants Organize in Massachusetts", in: Radical America 9, Nr. 2.
Caplovitz, David (1962): The Poor Pay More. New York: Free Press.
dalla Costa, Mariarosa und *Selma, James* (1973): Die Macht der Frauen und der Umsturz der Gesellschaft. Berlin: Merve Verlag.
Domhoff, G. William (1971): The Higher Circles. New York: Ramdom House.
Fuchs, Victor (1968): The Service Economy. New York: Columbia University Press.
Gilman, Charlotte P. (1901): Mann und Frau. Dresden.
Hartmann, H. (1974): Capitalism and Women's Work in the Home: 1900-1930. Ph.D. Dissertation. Yale University.
Marx, Karl (1981): (GR) Grundrisse der Kritik der politischen Ökonomie 1. und 2. Teil, in: Ökonomische Manuskripte 1857/58 in Marx, Engels, Gesamtausgabe, 2. Abtlg., Band 1. Berlin: Dietz Verlag.
ders. (1951): (KAP) Das Kapital. Berlin: Dietz Verlag.
ders. (1969): (MEW) Zur Kritik der politischen Ökonomie, 1. Heft, in: Marx, Engels, Werke, Band 13. Berlin: Dietz Verlag.
Petersen, Paul E. und *Greenstone, J.D.* (1973): Race and Authority in Urban Politics. New York: Russell Sage.
Piven, Frances und *Cloward, Richard* (1977): Regulierung der Armut: Die Politik der öffentlichen Wohlfahrt. Frankfurt a.M.: Suhrkamp.
Seligmann, B. (1968): "The Higher Cost of Eating", in: Economics of Dissent. New York: Quadrangle.
Thomas, Edith (1966): The Women Incendiaries. New York: George Braziller.
Walker (1969): "Homemaking Still Takes Time", in: Journal of Home Economics 61.
Willis, Ellen (1972): 'Consumerism' and Women, in: Notes from the Third Year. Nochmals abgedruckt in: Vivian Gornick und Barbara K. Moran (Hrsg.): Woman in Sexist Society. New York: New American Library.
Zammit, J. Ann und *Palma, Gabriel* (1973): The Chilean Road to Socialism. Austin, Texas: University of Texas Press.
Zaretsky, Eli (1973): "Capitalism, the Family, and Personal Life", in: Socialist Revolution, 1, 2, 3, Nrs. 13, 14 und 15.

Soziologie

Wissenschaftliche Verarbeitungen des Geschlechterverhältnisses und die Mutter-Familie
Eine Kritik der modernen Familiensoziologie

Janet Kohen

Der Glaube, daß das Geschlecht ein konstantes, unveränderliches Merkmal sei, war eine der "versteckten Annahmen"[1], die in die Theorien und Konzepte der Soziologie eingebaut waren. Frauen sind als von Männern verschieden und durch die Mutterschaft bestimmt definiert worden. Ausgehend von dieser Prämisse, ist aus der Analyse männlicher Beschäftigungen eine soziale Ordnung entwickelt worden, in der Frauen in den Ehe- und Familienkontext verbannt sind. Das Versäumnis, Geschlecht als eine sozial konstruierte Variable zu behandeln, hat zu einer ahistorischen, verzerrten Sicht der Gesellschaft geführt. Traditionelle Theorien und Konzepte des Familienlebens haben ihren Anteil an dieser Verzerrung. Gleichzeitig haben diese Theorien bedenkliche ideologische Unterstützung geliefert. Durch die theoretische Fesselung der Frauen an die private Sphäre des Heims haben Modelle des Familienlebens eine Soziologie ermöglicht, in der die Abwesenheit von Frauen in den Analysen nicht-häuslicher Institutionen natürlich verordnet scheint.

Diese Einschränkungen haben die Familiensoziologie außerstande gesetzt, Frauen als soziale Agenten zu begreifen, deren Aktivitäten in der Familie sich auf andere Institutionen auswirken und auch von diesen bestimmt werden. Außerdem haben sie die Analysen der familiären Aktivitäten auf eine Reihe von Privatangelegenheiten reduziert, die außer durch die Tätigkeit des Ehemanns/Vaters nicht mit dem öffentlichen Bereich verbunden sind. Daher sind die Analysen aller Familienformen, einschließlich der traditionellen Kern-Familie, schon recht armselig; für ein Verständnis der Abläufe innerhalb der Mutterfamilie werden jedoch die Konsequenzen geradezu dramatisch. Erläuterungen zur Struktur und Dynamik jener Familienform sind in der Regel auf die Feststellung beschränkt, daß der Vater abwesend und nicht etwa daß die Mutter anwesend ist (Brandwein, Brown und Fox 1974).

Die Auswirkungen werden im weiteren Verlauf dieses Aufsatzes diskutiert. Sie werden im Rahmen einer generellen Kritik an den Familien- und Geschlechterkonzepten vorgetragen, wie sie die traditionelle Soziologie entwickelt hat.

---

1   Eine umfassende Diskussion versteckter Voraussetzungen und ihrer Auswirkungen auf Theorie und Forschung in der Soziologie findet sich in *Die westliche Soziologie in der Krise* von Alvin Gouldner (1976). Geschlechtsorientierte Unterstellungen sind so gut versteckt, daß Gouldner sie innerhalb der Fragestellungen seines Buches nicht bemerkte.

Die heilige Familie

Die Absicht der Familiensoziologie ist es, die Struktur und die innere Dynamik des Familienlebens durch ihre Darstellung und Interpretation transparent zu machen. Gleichwohl war das Maß, bis zu dem Soziologen entweder die Muster der Familienbeziehungen oder ihre ursächlichen Korrelate zutreffend geschildert haben, durch die Kurzsichtigkeit ihres theoretischen Blicks beschränkt. Familiensoziologie ist auf einer monolithischen Definition von Familienstruktur entwickelt worden. Die isolierte Kern-Familie hält einen geradezu heiligen Platz in den Köpfen der Hauptvertreter der Disziplin.

Wenn der Begriff "Familie" in einem Aufsatz oder Buch verwandt wird, so haben Autor wie Leser teil an der Vorstellung eines vollzeit-beschäftigten Vaters, einer Nur-Hausfrau als Mutter und eines oder zweier nicht-erwachsener Kinder, die allein zusammen im eigenen Heim leben. Nach in erster Linie Talcott Parsons' Theorie werden instrumentelle (d.h. Geschäfts-) Funktionen als natürliche Domäne des Vaters betrachtet, während expressive (d.h. emotionale) Funktionen als natürliche Domäne der Mutter gelten (Parsons 1968; Parsons und Bales 1955). Diese Unterteilung von Funktionen basiert auf der unbewiesenen Prämisse, daß innere Unterschiede zwischen Männern und Frauen existieren. Aus der vorausgesetzten Natürlichkeit dieser elementaren Teilung der Arbeit folgt, daß die Kern-Familie, vor jeder anderen Familienform, als einzig wünschenswerte und dem Fortschritt der industrialisierten Gesellschaft angemessene vorgesehen ist (Goode 1963). Beweismaterial, das nahelegt, der Idealtyp der Kern-Familie könnte in einer weiter fortgeschrittenen Marktgesellschaft disfunktional sein, wird weitgehend ignoriert (Zaretsky 1978: Feldberg und Kohen 1976).

Die Vorstellung von der isolierten Kern-Familie als einzig natürlicher und normaler Form des Familienlebens ist nicht allein aus der soziologischen Einbildung entstanden. Sie ist Teil der dominanten Ideologie der Gesellschaften, in denen die meisten Soziologen erzogen und ausgebildet worden sind (Janeway 1971). Früh gelernt und laufend verstärkt, wird sie so sehr Teil des Alltagslebens, daß sie für selbstverständlich gehalten und unbewußt in die Disziplin aufgenommen wird.

Männliche Soziologen, die die große Mehrheit in der Disziplin bilden, erfahren den entscheidenden Wert der Kern-Familie im Lauf ihrer wissenschaftlichen Arbeit auch persönlich. Um innerhalb der Disziplin Erfolg zu haben, muß man in der Lage sein, zu studieren, zu forschen, zu lernen, sich zu konzentrieren ohne Unterbrechung durch Alltagsprobleme - wie Kinder füttern, Lebensmittel einkaufen, sauber machen, Gesundheitspflege oder das Tippen und Korrigieren von Manuskripten (Hochschild 1971). Die Kern-Familie scheint diese Eventualitäten abzudecken. Ausgehend von der Annahme einer natürlichen Unterteilung der Arbeit zwischen den Geschlechtern, erlaubt sie dem Ehemann, seine Arbeit zu verfolgen - ohne aufhören zu müssen, um ein Hemd zu bügeln oder eine Windel zu wechseln -, denn seine Frau ist dafür verantwortlich, sich um jene weltlichen Probleme der alltäglichen

Existenz zu kümmern. Der laufenden Verpflichtungen entledigt, die in einer Familie mit Kindern auftreten, befähigt sie den Ehemann dazu, das meiste seiner Energie dem eigenen Erfolg zu widmen.[2] Daher unterstützt die Kern-Familie bei Männern die Berufstätigkeit und wird für männliche Soziologen zu einem unabdingbaren eigenen Anliegen.

Der Vorteil, den die Kern-Familie männlichen Soziologen für die Ausübung ihrer wissenschaftlichen Tätigkeit bietet, liefert zusammen mit ihrer Verinnerlichung der herrschenden Ideologie das psychologische Fundament für ihren Glauben daran, daß die Kern-Familie das einzige funktionale Modell des Familienlebens in ihrer Gesellschaft ist.[3] Erklärtermaßen enthält dieser Glaube die Ideologie natürlicher Unterschiede der Geschlechter, und daraus ist jenes Modell abgeleitet. So ergibt sich eine Soziologie, die Frauen als Ehefrauen und Mütter bestätigt, während Männer in den Theorien als Schöpfer und Herrscher behandelt werden. Geschlecht wird zum Produkt der Natur und nicht zu einer sozialen Konstruktion, womit Theorie und Praxis übereinstimmen. Die Praxis unterstützt eine Theorie, die Frauen als Akteure außerhalb der Familie ausschließt. Die Theorie rechtfertigt das Fehlen einer gleichen Beteiligung von Frauen innerhalb der Profession. Im Ergebnis stehen Frauen, die Soziologie betreiben, sowohl in der soziologischen Praxis vor Schwierigkeiten als auch im Einbringen ihrer Person in soziologische Theorien (Smith 1974). Ihre Beiträge werden weniger umfangreich sein und eher als nebensächlich angesehen werden als die der Männer.

Die Implikationen des Kern-Familienmodells betreffen jedoch nicht nur diejenigen, die Soziologie betreiben. Ironischerweise hat das Modell der Kern-Familie nur beschränkte Bedeutung für die Mehrzahl der Familien, die es darstellen soll. Die Mehrheit der Menschen befindet sich in Familienverhältnissen, die aus dem Kern-Familienmodell herausfallen. Die laufenden US-Statistiken zeigen an, daß nur 16% der amerikanischen Familien einen Vater als einzigen Brötchengeber, eine Mutter als Nur-Hausfrau und ein oder zwei im Hause lebende Kinder umfassen (US-Department of Commerce 1977). Die Anzahl der von Frauen geführten Familien, die also dem Modell widersprechen, ist fast gleich der Anzahl der Familien, die ihm wirklich entsprechen (Bane und Weiss 1980).

---

2   Eine Studie des akademischen Lehrkörpers von Colleges und Universitäten in den USA zeigt, daß verheiratete weibliche und unverheiratete männliche Mitglieder des Lehrkörpers mehr Stress und weniger Befriedigung im Beruf erfahren als jene in anderem ehelichen Stand. Beide kommen nicht in den Genuß einer "Kollegenfrau", die die Hausarbeiten übernimmt und ihnen bei der Entwicklung ihrer Karriere zur Seite steht (Fields 1980).

3   Dieses Modell erzeugt Probleme nicht nur beim Studium der Mutter-Familien. Wenn Frauen nicht als soziale Agenten angesehen werden und wenn ihr Beitrag zur Gestaltung der Familie unterschlagen wird, kann ein frauenbestimmtes oder matrilineares System der Familienorganisation kaum verstanden werden, vorausgesetzt, es wird überhaupt untersucht. Die traditionelle Erforschung matrilinearer Systeme leugnet oder ignoriert oft deren Bedeutung. Ganze Systeme, die von Frauen ausgehen, passen einfach weder in die traditionellen Theorien der Familie noch in die des sozialen Systems.

Sogar jene Familien, die in die Kern-Form passen, können nicht vollständig durch das Modell erklärt werden. Seine Erklärungskraft ist dadurch beschränkt, daß es die Familienorganisation als vom Rest der Gesellschaft getrennt und autonom definiert. Zum Beispiel wird die Eheschließung als notwendiger Ritus des Übergangs nicht von der Betrachtung der Familie getrennt. Folgreich zentriert sich das Forschungsinteresse eher auf den Prozeß der Paarbildung oder auf die Verträglichkeit von Partnern als auf die Heirat als separate Institution mit einer Reihe von sozial sanktionierten Anforderungen, die mit den Plänen und Entscheidungen einzelner Familienmitglieder vereinbar sein können oder auch nicht. Weiterhin wird die Familie selbst als Ansammlung privater Beziehungen behandelt, die auf das Heim beschränkt sind. Das Einkommen und der Status des Ehemanns/Vaters mag als Variable angesehen werden, die die Rollenerfüllung der Familienmitglieder modifizieren kann, doch die Rollen selbst werden nie angezweifelt. Eher werden sie innerhalb der Familie durch eine unterstellte Teilung der Arbeit nach Geschlechterrollen verordnet. Persönlichkeit, Eigeninteressen und interpersonelle Interaktion erlangen vorrangige Forschungsaufmerksamkeit bei der Analyse familiärer Dynamik. Dies führt zu einer eher sozialpsychologischen Sicht der Familie als zu einer soziologischen (Glazer-Malben 1976).

Eine solche Sicht verzerrt durch ihre Abstraktheit. Abgetrennt vom sozialen System, in dem sie operiert und das ihre legitimen Formen und angemessenen Verhaltensnormen definiert, verliert die Betrachtung der Familie ihren realen Bezug. In einer Soziologie der Familie darf die Familie nicht als autonom oder privat konzipiert werden. Familienbeziehungen können nicht von der sozialen Ordnung getrennt werden, da sie sowohl von sozialen Institutionen bestimmt werden als auch zu ihnen beisteuern (Zaretsky 1982). Zum Beispiel sind Heirat und Scheidung Institutionen, die von der Gesellschaft erzeugt werden. Sie sind gesetzlich kodifiziert und mit Sanktionen versehen, auf denen letztlich der Staat besteht, um Familienbeziehungen kontrollieren zu können. Eine zunehmende Zahl von Paaren, die eher zusammen leben als formal heiraten wollen, bekommen deren Bedeutung und Folgewirkungen zu spüren, ebenso wie der große Teil der Bevölkerung, der sich mit den vielen Konsequenzen einer Scheidung und legalen Trennung herumschlägt.

Das Kern-Familienmodell kann der Transaktion zwischen der sozialen Ordnung und den Familienmitgliedern nicht Rechnung tragen, weil, seinem Verständnis zufolge, die Familienorganisation nicht sozial hergeleitet ist. Familienrollen sind eher durch unterstellte Geschlechterunterschiede bestimmt als durch die Wirksamkeit öffentlicher Institutionen und artikulierter sozialer Einstellungen. Dies hindert Männer wie Frauen daran, als vollwertige soziale Agenten innerhalb der Familie angesehen zu werden. Gleichwohl macht es diese verordnete Teilung der Arbeit Männern möglich, zu sozialen Agenten in allen öffentlichen Institutionen zu werden, da Männer zu den natürlichen Gruppenführern der Familie ernannt sind. Frauen werden die "Anderen" innerhalb der Gesellschaftsmodelle. Aus allen diesen Gründen haben sie keinen Stand unabhängig von der Familie (Acker 1973). Außer bei solch eng begrenzten Fragestellungen wie Fortpflanzungsverhalten, **Kindererziehung oder** familiärer Entscheidungsfindung werden ihre Erfahrungen als unerheblich für das Verständnis der Familie erachtet. Diese Themen werden dann wieder derart separat als Provinz des Frauenlebens definiert, daß die Forschung es für gewöhnlich versäumt, den Ehemann/Vater als Informanten über diese Bereiche des Familienlebens und als einen, der zu ihnen beiträgt, mit einzuschließen (Levine 1976).

Diese Trennung der Familie von anderen Institutionen hat nicht nur unser Verständnis der Familiendynamik und der Beiträge von Frauen zur Gesellschaft eingeschränkt, sondern sie hat auch ein Modell zur Analyse öffentlicher Institutionen begünstigt, das die Auswirkungen dieser Institutionen auf Familien vernachlässigt. Erniedrigende und entfremdende Jobs mögen Alkoholismus fördern, doch Alkoholismus wird als privates, familiäres Problem behandelt. Niedriger Lohn, aussichtslose Jobs mögen Arbeitsplatzwechsel bei Frauen begünstigen, aber häufiger Arbeitsplatzwechsel wird der stärkeren Bindung von Frauen an Familienbedürfnisse zugeschrieben (Feldberg und Glenn 1979). Die Probleme, die öffentliche Institutionen für solche Frauen erzeugen, die ihre Familien allein anführen, werden als Faktoren, die die Dynamik und Struktur der Mutter-Familien mitbestimmen, ignoriert.

Geschlecht und Mutter-Familie

Obwohl es in der Geschichte schon immer von Frauen geführte Haushalte gegeben hat, haben sie in der zweiten Hälfte des 20. Jahrhunderts, als die Scheidungsrate in industrialisierten Ländern stieg, mehr öffentliche und akademische Aufmerksamkeit erhalten. Sowie sie entdeckt wurden, wurden sie definiert. Gewöhnlich wurden sie durch Mangel definiert - durch den Mangel an einem Vater (Lynn 1974). Diese Definition ist logisch, wenn das Kern-Modell als die einzig lebensfähige und legitime Familienform vorausgesetzt wird.

Da jenes Modell jedem Elternteil spezifische familiäre Funktionen dem Geschlecht nach zuweist, erlaubt es keine Gemeinsamkeit, keinen Austausch oder einzelelterliche Verantwortung für notwendige Familienfunktionen. Jenem Modell gemäß, fehlt der Mutter-Familie ohne Ehemann/Vater ein instrumenteller Führer; sie steht ohne Mann da, der ihren ökonomischen Status aufbaut und als Autorität über sie agiert. Per Definition kann sie nur eine abweichende Familienform sein. Die Mitglieder funktionierender Mutter-Familien finden so ihre Familien für gewöhnlich als unvollständige beschrieben, also als desorganisierte oder sich auflösende Familie. Während für eine Ein-Elter-Familie möglicherweise gleich viel Zeit aufgebracht wird wie für eine Zwei-Eltern-Familie, gelten alleinerziehende Mütter als Menschen, die sich in befehlsmäßigen Lebensumständen befinden, welche lediglich als Übergangsstadium zwischen einer Ehe und der nächsten toleriert werden. Probleme wie Armut oder strafbare Vergehen, die man in Mutter-Familien findet, werden der Abwesenheit eines Vaters zugeschrieben, die Unfähigkeit der Mutter unterstellt, ihre Familie allein führen zu können (Brandwein, Brown und Fox 1974). Die Art und Weise, in der die Gesellschaft einer Familie nach dem Zerbrechen der Ehe die Unterstützung entzieht, und die Art, in der die soziale Ordnung den Status von Frauen strukturiert, werden nicht als Faktoren beachtet, die die Mutter-Familie berühren und ihr Funktionieren beeinflussen. Würde die Mutter-Familie jedoch als lebensfähige Familienform untersucht, so würden die wechselseitigen Beziehungen zwischen der Familie und anderen Aspekten des Lebens einer Person offensichtlich. Zusätzlich zeigte eine solche Untersuchung, wie gesellschaftliche Institutionen eine Geschlechterrolle für Frauen kreieren, die die Bedingungen erzeugt, unter denen sie ihre Familien führen.

Heute werden die meisten Frauen durch Scheidung zum Familienvorstand. Scheidung bezeichnet einen Zusammenbruch des ehelichen Vertrags, nicht zwingenderweise des familiären Funktionierens. In Fällen von Gewalttätigkeit, Alkoholismus, zwanghaftem Glücksspiel oder häufiger Abwesenheit eines Gatten mag die Familie nach einer Scheidung sogar wesentlich besser funktionieren. Nichtsdestoweniger bleiben Sozialwissenschaftler dabei, sich auf die Mutter-Familie als zerrüttete Familie zu beziehen, obgleich sie sich besser auf die frühere Ehe als zerrüttete Ehe beziehen sollten.

Scheidung führt zur Mutter-Familie als Produkt rechtlicher und politischer Institutionen. Durch die Entscheidungen der Gerichte werden spezifische Verletzungen des ehelichen Vertrages bestimmt (ob mit oder ohne Schuldzuweisung), Verpflichtungen gegenüber der vorher bestehenden Ehe aufgestellt und weiterbestehende Verantwortlichkeiten gegenüber der Familie festgesetzt. Somit "wird die Institution 'Scheidung' durch gewisse Aspekte der Ehe nicht nur besser verständlich. Weitaus bedenkenswerter ist, daß diese Aspekte in die Scheidung hinübergetragen und dort verewigt werden" (Delphy 1976, S. 77).

Der wohl entscheidenste Aspekt der Scheidung ist die Bestimmung über das Sorgerecht der Kinder und über damit zusammenhängende Verpflichtungen ihnen gegenüber. Während des größten Teiles der westlichen Geschichte wurde der Vater als der gesetzliche Vormund seiner rechtmäßigen Kinder angesehen, sowohl in der Ehe als auch, wenn die Ehe endete. Seit Kinder wegen der Kinderarbeitsgesetze und des Verschwindens der Heimarbeit nicht mehr viel zu den familiären Finanzen beitrugen und zu einer ökonomischen Belastung wurden, begann man damit, im Falle einer Scheidung das Sorgerecht für die Kinder der Frau zu übertragen. Die These, daß Kinder in zartem Alter zur Mutter gehörten, rechtfertigte solche Sorgerechtsentscheidungen. Sie rechtfertigte auch den Ausschluß verheirateter Mütter von der Arbeiterschaft, da diese für die Kinder sorgen und sie aufziehen sollten; und sie rechtfertigte höhere Löhne für Männer, denen unterstellt wurde, sie unterstützten eine Familie (Brown 1981). Somit war der Übergang des Sorgerechts für Kinder von den Vätern auf die Mütter einfach eine Auswirkung des Wandels der Elternrollen, der innerhalb der bestehenden Ehen stattgefunden hatte. Andererseits gab es keine vergleichbare Anwendung des Prinzips 'Familieneinkommen' für das neue weibliche Familienoberhaupt, weder durch entsprechende Unterhaltszahlungen der Ex-Gatten noch durch die Zahlung des höheren 'Familienlohnes' an die erwerbstätige, geschiedene Mutter.

Derzeitig erhalten bei Scheidungsfällen in den USA Frauen in der Regel das Sorgerecht für die Kinder wie auch die Auflage, für ihr emotionales, soziales und ökonomisches Wohlergehen zu sorgen. Die meisten dieser Frauen sind erwerbstätig, erhalten aber nicht die höheren Löhne, die Männer bekommen. Vielmehr beginnen sie ihre eigene Familie zumeist in Armut (Bane und Weiss 1980). Väter werden für gewöhnlich von den Gerichten verpflichtet, im Ausgleich zu gewissen Anrechten auf ihre Kinder zu deren Unterstützung beizutragen, obwohl der von den Gerichten festgesetzte Betrag nicht den Lebenshaltungskosten für die Kinder entspricht, noch, in den meisten Fällen, auf regelmäßige und verläßliche Weise geleistet wird (Gates 1977). Väter werden selten verpflichtet, die Mutter für die Zeiten zu entschädigen, die sie damit verbracht hat, die Kinder aufzuziehen, ihren Ehemann beim beruflichen Ein- und Aufstieg zu unterstützen, bzw. die er in den Erwerb von Qualifikationen und Fertigkeiten für den Arbeitsmarkt investieren konnte. Ist Zugewinngemeinschaft vereinbart, so erhalten Mütter zwar die Hälfte des angesammelten Vermögens, aber das befähigt sie nicht dazu, in den Arbeitsmarkt mit dem gleichen Lohnpotential einzutreten, welches ihr Ehemann während der Ehe erworben hat. Falls die Familie durch ein Zusammenleben ohne legale Heirat gebildet wurde, vervielfachen sich die gesetzlichen Komplikationen. Der Familienstatus von Mutter und Kind wird in Frage gestellt, und die Anerkennung ihrer Rechte ist insbesondere dann unwahrscheinlich, wenn sie nicht das Geld haben, sich auf einen langwierigen Streit mit den Gerichten einzulassen.[4]

Genausowenig wie die Arbeit einer Mutter für die Familie, weder während der Ehe noch in der Scheidung, ausgeglichen wird, erkennen die Gerichte ihre fortdauernde Hausarbeit und Verantwortung für die Familienführung nach der Scheidung als entschädigenswert an. Auf dem Arbeitsmarkt wird sie nicht anders behandelt als irgendeine alleinstehende Person ohne Familienverpflichtungen, während ihr Ex-Ehemann üblicherweise die Vorteile weiter erhält, die für Männer erzielt wurden, welche ihre Familien versorgen. Ironischerweise würde die geschiedene Mutter selbst bei gleich hoher Bezahlung wie ihr Ex-Ehemann keinen Ausgleich für den Marktwert der Zeit und Energie bekommen, die sie in die Familie einbringt. Geschiedene Väter mit Sorgerecht erfahren oft ein Sinken des Einkommens und beruflicher Aufstiegs-

---

4   Die Gerichte der Vereinigten Staaten haben Sorgerechts- und Unterhaltsfragen, die aus der Trennung von Paaren entstanden sind, die ohne Trauschein zusammen lebten, von Fall zu Fall unterschiedlich beschieden. Ob eine Frau in der Lage ist, irgendeinen Anteil ihres Beitrages zu einer solchen Beziehung erstattet zu bekommen, scheint davon abzuhängen, inwieweit sie einen teuren und langwierigen Rechtsstreit finanzieren kann. Die meisten Frauen sind dazu nicht in der Lage. Die, die es sind, sehen sich für gewöhnlich mit einem besser finanzierten Antrag ihres Partners konfrontiert.

chancen, sowie ein Steigen der Haushaltskosten (George und Wilding 1972). Scheidung wie Ehe institutionalisieren Hausarbeit und Kinderversorgung als Frauenarbeit und als unbezahlte Arbeit.

Das Kern-Familienmodell ignoriert, was die Institution der Scheidung klar macht. Die Teilung der Arbeit in der Familie wird gesetzlich definiert und erzwungen. Der Status der Frau ist qua Gesetz bestimmt. Frauenarbeit wird von der Familie und vom Vater angeeignet, anstatt eine Tätigkeit zu sein, über die die Frau Kontrolle hat (Delphy 1976). Die Scheidung setzt die Aneignung der Arbeit der Mutter seitens der Familie fort und verlangt gleichzeitig von der Mutter, nach ökonomischen Ressourcen zu suchen, welche die Hausarbeit ermöglicht.

Neben den gesetzlichen Institutionen bestimmen noch andere die Mutter-Familie und beeinflussen ihre Form und ihr Funktionieren. Die Wirtschaft definiert Frauen als Mit-Verdiener, auch wenn auf ihren Schultern die Verantwortung für das ökonomische Wohl der Familie ruht. Sie treten in einen Arbeitsmarkt ein, der mit niedrigen Löhnen und nur wenigen Vorteilen geschlechtsspezifisch segmentiert ist. Diese Bedingungen bestimmen das Einkommen der Mutter-Familie. Geschlechtlich definierte Arbeitsschulungs- und Umschulungsprogramme beschränken die ökonomischen Möglichkeiten von Frauen auf randständige, zeitlich begrenzte und schlecht bezahlte Jobs ohne Aufstiegschancen (Sokoloff 1980).

Wenn das Geld knapp ist, steht das weibliche Familienoberhaupt ohne Mittel da, durch die ihre Entscheidungen über die eigenen und familiären Bedürfnisse verwirklicht werden könnten. Die Folge sind dürftige Wohnverhältnisse, schlechte Wohngegenden und ungeeignete Schulen. Solche Bedingungen können Leistungs- und Verhaltensprobleme bei Kindern hervorrufen, unabhängig davon, ob sie mit einem Elternteil leben oder mit zweien. Diese Probleme werden der weiblichen Familienführung angelastet, während sie bei genauerer Betrachtung dem niedrigen sozio-ökonomischen Status zugeschrieben werden müßten (Herzog und Sudia 1973). Nichtsdestoweniger leben viele weibliche Familienvorstände under diesen Bedingungen und müssen mit den Folgeproblemen fertig werden, ohne über die Mittel zu verfügen, sie in den Griff zu bekommen.

Eine weitere Erschwernis ist die Notwendigkeit, materielle Unterstützung beanspruchen zu müssen, die Einschränkungen mit sich bringt. Ex-Ehemänner, die Unterhaltszahlungen leisten, Freunde oder Verwandte, die Geld leihen, Wohlfahrtseinrichtungen, die für Beistand sorgen, gewinnen im Austausch gegen die angebotene Hilfe einigen Einfluß auf das Leben einer Frau, die Familienvorstand ist. So führt mangelnder Zugang zu einem angemessenen, unabhängigen Familieneinkommen direkt und indirekt zu verminderter Gewalt über das eigene Leben, sowie das der Familie. Die alleinerziehende Mutter hat nur geringe Ressourcen, mit denen sie ihre Lebensbedingungen direkt beeinflussen könnte, und ihre Anstrengungen, diese Ressourcen zu vergrößern, erlegen ihr noch mehr Beschränkungen auf.

Den ökonomischen Grenzen ihrer Macht, das zu fordern, was sie für sich und ihre Familie braucht, entsprechen die Einschränkungen ihres Rechtes, für die eigene Familie zu sprechen. Das Gericht mag der Mutter offiziell das Entscheidungsrecht über ihre Familie zugestehen, doch muß Recht anerkannt werden, um wirksam zu sein. Öffentliche Institutionen behandeln Frauen gewöhnlich nicht als im Besitz der Entscheidungsgewalt über ihr eigenes Leben und folglich auch nicht als im Besitz der Entscheidungsmacht über das Leben ihrer Kinder. Sie setzen voraus, daß sich die Interessen von Frauen in der Hand des Ehemannes befinden. Gesetze, die Ehemännern die alleinige Entscheidungsgewalt über Familieneigentum geben, und Gesetze, die die Selbstbestimmung von Frauen über ihre eigene Sexualität einschränken, sind Beispiele für soziale Übereinkünfte, die Frauen den sozialen Status der Eigenverantwortlichkeit und Selbstbestimmtheit verweigern. Als von ihren Ehemännern Abhängige, werden ihre Rechte je nach Rassen- oder Klassenposition des Ehemannes eher verletzt oder eher geschützt.

Wenn eine Frau zum Familienvorstand avanciert, nimmt dadurch die öffentliche Anerkennung ihres Selbstbestimmungsrechtes nicht etwa zu. Ihr Status verschlechtert sich oft, weil sie ohne Ehemann als verwundbar angesehen wird. Das Klischee von der "fröhlichen Scheidungswitwe" ist das einer sexuell verfügbaren Frau. Als Vorstellung, die die alltäglichen Beziehungen und Interaktionen beeinflußt, unterminiert dieses Klischee die Bemühungen des weiblichen Familienoberhaupts, ihre Lage und die Lage ihrer Familie zu verbessern.

Mangel an Macht und Mangel an Respekt im öffentlichen Bereich haben Konsequenzen für die Autorität des weiblichen Familienoberhaupts auch innerhalb des privaten Bereichs der Familie. Wenn sie als Familienvorstand von Hausbesitzern, Gläubigern, Wohlfahrtsbeamten, Arbeitgebern und sogar Freunden herumgestoßen wird, ist es eher wahrscheinlich, daß sie auch von den Familienmitgliedern nicht einmal in Familienangelegenheiten als glaubwürdige Autorität angesehen wird.

Implikationen für eine soziologische Theorie der Familie

Wird die Arbeitsteilung innerhalb der Familie als Produkt der gesellschaftlichen Geschlechterkonstruktion analysiert, so wird auch die Familie eher als gesellschaftliche Institution denn als private Organisation auf natürlicher Grundlage verstanden. Eine Soziologie der Familie muß davon ausgehen, daß Familienmodelle weitgehend das Resultat dessen sind, was Staat, Ökonomie und andere gesellschaftliche Institutionen den verschiedenen Familienmitgliedern zuschreiben und/oder wie sie auf ihn/sie reagieren. Die Analyse der Mutter-Familie macht die Überschneidungen zwischen gesellschaftlichen Organisationen und der privaten Dynamik des Familienlebens offensichtlich.

Die Art und Weise, wie die Gesellschaft das Geschlechterverhältnis bestimmt und strukturiert, bedeutet, daß Männer Zugang zu und Kontrolle über

Ressourcen haben, welche ihre Position als Brötchengeber und Familienautorität unterstützen, während sie für Frauen den Zugang zu jenen Ressourcen beschränkt. Das bedeutet, daß die typischen Probleme der Mutter-Familie nicht so sehr eine Folge der Abwesenheit eines instrumentellen Führers als vielmehr dem Mangel an Zugang zu instrumentellen Ressourcen zu verdanken sind, die zur Führung befähigen würden. Da sich die Gesellschaft darüber hinaus die Hausarbeit und Kinderbetreuung der Frauen als kostenlose Arbeit für die Familie aneignet, wird diese Arbeit, wenn Frauen zum Familienoberhaupt werden, weder entschädigt noch als Rechtsanspruch auf Zeit und Energie anerkannt. Diese Auswirkungen verspüren auch alleinerziehende Väter, doch anders als weibliche Familienvorstände haben sie ein höheres Einkommen, so daß sie Stellvertreter für die Erledigung der Arbeit bezahlen können, und sie erhalten Sympathie und Anerkennung für die Zeit, die sie solchen Aufgaben widmen.

Die Einbeziehung von Auswirkungen der Geschlechterkonstrukte auf die Organisation von Mutter-Familien ermöglicht nicht nur Einsicht in die Beschränkungen, die die öffentlichen Institutionen diesen Familien auferlegen. Sie macht auch die Beschränkungen von Familienbeziehungen augenfällig, die aus der Wirksamkeit traditioneller Geschlechterrollen entstehen. Frauen, die ihre Kinder allein erziehen, erfahren gewisse Vorteile aus dem Fehlen traditioneller, geschlechtsorientierter Familienorganisation. Ist da kein Ehemann, dessen Stellung als Familienautorität von sozio-politischen Institutionen gefördert wird, die ihm das Recht geben, seiner Frau Entscheidungen aufzuerlegen, entdeckt die Frau, die Oberhaupt ihrer Familie geworden ist, daß sie das Entscheidungsrecht über eine Vielfalt von Aspekten familiärer und persönlicher Aktivitäten zurückgewinnt. Sie erreicht größere Entscheidungsfreiheit über die materiellen Ressourcen der Familie, über ihre Erziehungspraxis, darüber, wie sie ihre Zeit verbringt, und über ihre Freundschaften. Ihr Verhältnis zu ihren Kindern ist direkter, da es nicht mehr um die Eingriffsmöglichkeiten eines anderen Erwachsenen herum angelegt ist, der, was Fürsorge und Zuwendung anbelangt, Vorrang vor den Kindern fordern kann und der verlangen kann, daß sie die Kinder eher nach seinen als nach ihren eigenen Wertvorstellungen erzieht (Kohen, Brown und Feldberg 1979).

Die vorgetragene Analyse der Mutter-Familie ist keinesfalls vollständig. Die angeführten Beobachtungen wurden ausgesucht, um die Unangemessenheit der vorhandenen Familien-Theorie vorzuführen. Das geltende Paradigma "Kern-Familie" schränkt das soziologische Verständnis der Realität des Familienlebens selbst für diejenigen ein, die in Kern-Familien leben. Seine Implikationen erstrecken sich jedoch weit über die Familie hinaus. Den meisten Familien-Theorien liegt die unbewiesene Annahme zugrunde, die Natur präge das Geschlecht eines Menschen. Die Übernahme dieser Unterstellung ist verantwortlich für eine verzerrte Ansicht über Männer und Frauen als soziale Agenten. Sie reduziert das Familienleben auf eine Reihe von vorbestimmten Beziehungen und präformiert damit die Interaktionen zwischen Familienmitgliedern und anderen sozialen Institutionen. Zwar hat diese unbewiesene Annahme ihren eigentlichen Verankerungspunkt in den Theorien der Familie gefunden, doch ist sie auch in alle anderen Theorien, die das Unternehmen Soziologie ausmachen, eingebettet. Wird jedoch erst einmal akzeptiert, daß das Geschlecht eine soziale Konstruktion ist, so kann die Familienstruktur als Variable untersucht werden, die andere soziale Institutionen beeinflußt und auch auf sie reagiert. Was verschiedene Kritiker "Familienkrise" genannt und auf eine Angelegenheit der Ehemann-Ehefrau-Beziehung reduziert haben, kann dann als Folgehandlung und Konsequenz von Gesellschaftspolitik und sozialem Wandel erforscht werden. Das Geschlecht als gesellschaftlich bestimmt und reguliert zu akzeptieren, verspricht den Bereich der Soziologie zu erweitern, aber es fordert auch bestehende Vorstellungen über die Natur der Geschlechter heraus, die noch von vielen, die Soziologie praktizieren, wertgeschätzt werden und die nach wie vor wesentlicher Bestandteil sowohl von Familien-Theorien als auch von Theorien über die sonstige Gesellschaftsordnung sind.

Aus dem Amerikanischen von Bernd Bayer und Barbara Schaeffer-Hegel

Literatur:

Acker, Joan (1973): "Women and social stratification: A case of intellectual sexism", in: American Journal of Sociology, 78, S. 936-945.
Bane, Mary Joe und *Weiss, Robert S.* (1980): "Alone together", in: American Demographics, 2, S. 11-16.
Brandwein, Ruth; Brown, Carol und *Fox, Elizabeth* (1974): "The social situation of divorced mothers and their families", in: Journal of Marriage and the Family, 36, S. 498-514.
Brown, Carol (1981): "Mothers, fathers, and children: From private to public patriarchy", in: Lydia Sargent (Hrsg.): Women and Revolution. Boston, Mass.: South End Press.
Delphy, Christine (1976): "Continuities and discontinuities in marriage and divorce", in: Diane Leonard Burker and Sheila Allen (Hrsg.): Sexual Divisions in Society: Process and Change. London: Tavistock Publications.
Feldberg, Roslyn und *Glenn, Evelyn N.* (1974): "Male and Female: Job versus gender models in the Sociology of work", in: Social Problems, 26, S. 524-538.
dies. und *Kohen, Janet* (1976): "Family life in an antifamily setting: A critique of marriage and divorce", in: The Family Coordinator, S. 151-159.
Fields, Cheryl M. (1980): "Facultystress is found to be highest among married women, single men", in: The Chronical of Higher Education, September 8.
Gates, Margaret (1977): "Homemaker into widows and divorcees: Can the law provide economic protection?", in: Jane Roberts Chapman und Margaret Gates (Hrsg.): Women Into Wives: The Legal and Economic Impact of Marriage. Beverly Hills, Calif.: Save Publications, Inc.
George, V. und *Wilding, P.* (1972): Motherless Families. London: Routledge and Kegal Paul.
Glazer-Malben, Nona (1976): "Housework", in: Signs: Journal of Women in Culture and Society, 1, S. 905-934.
Goode, William J. (1963): World Revolution and Family Patterns. New York: Free Press.

Gouldner, Alvin (1974): Die westliche Soziologie in der Krise. Reinbek bei Hamburg: Rowohlt, 2. Aufl.

Herzog, E. und *Sudia, C.E.* (1973): "Children in fatherless families", in: B.M. Caldwell and H.N. Ricciuti (Hrsg.): Review of Child Development (Vol. 2). Chicago: University of Chicago Press.

Hochschild, Arlie (1971): "Inside the clockwork of male carers", in: Florence Howe (Hrsg.): Women and the Power to Change. New York: McGraw-Hill.

Janeway, Elizabeth (1971): Man's World, Women's Place. New York: William Morrow and Co.

Kohen, Janet; Brown, Carol und *Feldberg, Roslyn* (1979): "Divorced mothers: Costs and benefits of female family control", in: George Levinger and Oliver C. Moles (Hrsg.): Divorce and Separation: Context, Causes, and Consequences. New York: Basic Books.

Levine, James A. (1976): Who Will Raise the Children: New Options for Fathers (and Mothers). Philadelphia, Pa.: J.P. Lippincott and Co.

Lynn, David B. (1974): The Father: His Role in Child Development. Monterey, Calif.: Brookes/Cole.

Parsons, Talcott (1968): Sozialstruktur und Persönlichkeit. Frankfurt a.M.: Europäische Verlagsanstalt.

ders. und *Bales, Robert F.* (1955): Family Socialization and Interaction Process. New York: Free Press.

Smith, Dorothy (1974): "Women's perspectives as a radical critique of Sociology", in: Sociological Inquiry, 4, S. 7-13.

Sokoloff, Natalie J. (1980): Between Money and Love: The Dialectics of Women's Home and Market Work. New York: Praeger.

U.S. Department of Commerce, Bureau of the Census (1977): Statistical Abstract of the United States. Washington, D.C.: U.S. Government Printing Office.

Zaretsky, Eli (1978): Die Zukunft der Familie: Über Emanzipation und Entfaltung der Persönlichkeit. Frankfurt a.M./New York: Campus Verlag.

ders. (1982): "The place of the family in the origins of the welfare state", in: B. Thorne and M. Yalom (Hrsg.): Rethinking the Family: Some Feminist Questions. New York: Longman, Inc.

Frauen in Untersuchungen zur Sozialen Schichtung

Christine Delphy

Seit den letzten zehn Jahren wird der Stellung von Frauen in der sozialen Schichtung und in Untersuchungen zur sozialen Stratifikation zunehmend Beachtung geschenkt.

Watson und Barth (1964) sowie Archer und Giner (1971) haben darauf aufmerksam gemacht, daß die Familie in Untersuchungen zur Stratifikation als "solidarische, gleichrangige Einheit" angesehen wird und daß zur Bestimmung der Klassenzugehörigkeit der Familie die sozioökonomische Position des Familienoberhaupts als notwendiges und ausreichendes Kriterium gilt.

Acker wies 1973 auf vier weitere implizite Annahmen in diesen Studien hin. Hier die beiden wichtigsten:

1. Der Status der Frau ist angeblich dem ihres Mannes gleich, zumindest was ihre Position im Klassensystem anbelangt, da die Familie eine gleichrangige Einheit bildet.

2. Die Tatsache, daß Frauen den Männern in vieler Hinsicht nicht gleichgestellt sind, ist für die Struktur der Stratifikationssysteme irrelevant.

Dem wäre hinzufügen, daß die zweite Annahme ihrerseits ein Doppeltes impliziert: Zum einen, daß die grundsätzliche Ungleichheit der Eheleute keinen Einfluß auf ihre (angebliche) Gleichrangigkeit hat und daß andererseits aber Beziehungen in der Ehe nicht als Ursache für die grundsätzliche Ungleichheit der Eheleute angesehen werden können, da diese als gleichrangig gelten.

Archer und Giner kritisieren, daß der Beruf der Frau nicht in Betracht gezogen wird, obwohl er die ökonomischen Chancen der Familie erhöht; sie behalten damit jedoch die Familie als Stratifikationseinheit bei. Acker geht darüber hinaus und entlarvt zweierlei:

- die Widersprüchlichkeit der Praxis, eine Frau nach ihrem Beruf einzuordnen, solange sie unverheiratet ist, und dieses Kriterium mit dem Tag ihrer Heirat fallenzulassen;

- die Prämisse der "Rangeinheit" der Familie, also ihrer sozialen Homogenität, selbst wenn die Frau nicht berufstätig ist.

Acker schlägt vor, den Beruf der Frau unabhängig von ihrem Ehestatus für ihre Klassifizierung in Betracht zu ziehen und andererseits die Rolle der nicht berufstätigen Frau - also der Hausfrau - als Arbeit, d.h. als Beruf zu betrachten und diesem Beruf einen bestimmten Rang auf der Beschäftigungsskala beizumessen.

Wenn wir untersuchen, wie die französischen Stratifikationstheorien mit den Frauen verfahren, so treffen wir auf dieselben Implikationen und stimmen daher in diesem Punkt mit den zitierten Autoren voll und ganz überein. Wir denken jedoch, daß es nicht genügt, diese implizierten Annahmen wie methodologische Irrtümer oder ideologische Vorurteile zu behandeln, die es einfach zu kritisieren und zu korrigieren gälte. Sie können unserer Ansicht nach ebenso als unfreiwillige Indikatoren (im Gegensatz zu Analysen) einer verborgenen sozialen Struktur angesehen und analysiert werden. Zwar haben die oben genannten Autoren auf die Inkohärenz der Kriterien für die Klassifizierung von Frauen hingewiesen und insbesondere auf die doppelbödige Anwendung dieser Kriterien - die Einbeziehung des Berufs bei unverheirateten Frauen und seine Nichtbeachtung bei verheirateten Frauen -, aber die Bedeutung dieser Inkohärenz haben sie nicht beachtet. Sie ist nämlich Resultat der Anwendung von zweierlei Maß bei der Bestimmung der Klassenzugehörigkeit. Der Beruf, der universelle Maßstab für die Bestimmung der Klassenzugehörigkeit eines Individuums, wird im Fall der Frauen - und nur der Frauen - durch ein gänzlich anderes Kriterium ersetzt: den Ehestand.

Hieraus geht folgendes hervor: die Einbeziehung der Frauen in die Beschreibung der sozialen Struktur geschieht nicht aufgrund der *Anwendung* der konstitutiven Regeln des Konzepts der sozialen Stratifikation, sondern vielmehr aufgrund der *Nichtbeachtung* dieser Regeln. Hierin besteht unserer Meinung nach der Hauptwiderspruch, dessen Analyse sich als entsprechend fruchtbar erweisen wird.

Das Konzept der Stratifikation gründet sich wesentlich auf zwei Prämissen:

1. Jede moderne Gesellschaft besteht aus hierarchisch gegliederten Gruppen, gleichgültig wie diese Hierarchie konzipiert wird: ob als dichotomisches Prinzip (marxistische Theorie, von nicht-marxistischen Autoren übernommen (Bottomore 1965)) oder als kontinuierliche Skala (amerikanische Soziologie).

2. Das Prinzip, nach dem die Hierarchisierung der Gruppen untereinander und die Zuordnung der Individuen zu diesen Gruppen vorgenommen wird, ist die Stellung im Produktionsprozeß im weitesten Sinne, wobei nicht nur die technische Funktion, sondern auch die Produktionsverhältnisse im amerikanischen Sinne, sowie der Status als Kombination beider eine Rolle spielen.

Diese drei Kriterien finden sich alle in der Berufstätigkeit vereint, bzw. jeder Beruf läßt sich nach diesen drei Dimensionen bestimmen. Der Beruf dient folglich als Indikator für die individuelle Zugehörigkeit zu den hierarchisch gegliederten sozioökonomischen Gruppen. Die Gruppen werden gewöhnlich zu umfassenden Kategorien zusammengefügt, für die von marxistischen wie nicht-marxistischen Autoren der Terminus "Klassen" verwendet wird.

Wir werden also im folgenden "Beruf" als Indikator für die Position des Individuums innerhalb der Hierarchie verwenden - und "Klassen" als Bezeichnung für die hierarchischen Gruppen, die die soziale Stuktur begründen und die in ihrer Gesamtheit das System der sozialen Schichtung oder das Klassensystem ausmachen.

Wir werden außerdem den Begriff "Produktionsverhältnis" verwenden, da er sich ausdrücklich auf ein Klassensystem innerhalb eines bestimmten ökonomischen Systems bezieht, während der Begriff "Position" zunächst nur einen bestimmten Grad auf einer kontinuierlichen Prestige- und Einkommensskala bezeichnet.

Der allgemeine Indikator für die soziale Klassifizierung von Individuen und die Bestimmung ihrer Klassenzugehörigkeit ist der Beruf. Zur Klassifizierung von männlichen Individuen wird nur dieser eine Indikator verwendet, denn die Ausgangshypothese lautet, daß alle Männer irgendein Platz in der Produktion einnehmen. Gut die Hälfte der Frauen in allen modernen Gesellschaften "arbeitet nicht", d.h. ist nicht berufstätig. Solche Frauen werden als "berufslos" registriert. Diese Kategorie taucht zwar in Untersuchungen zum Beschäftigungsgrad der Bevölkerung auf, nicht aber in Untersuchungen zur sozialen Schichtung.

Wie nehmen diese Untersuchungen also auf Frauen Bezug und wie erscheinen Frauen in ihnen?

Laut P. Naville (1971) ist die berufliche Gliederung ausschließlich des aktiven Teils der Bevölkerung gleichbedeutend mit dem Klassensystem, und folglich sind alle nicht berufstätigen Individuen, also alle Hausfrauen, aus dem Klassensystem ausgeschlossen.

A. Girard (1961) geht noch weiter: er setzt das Klassensystem ausschließlich mit der beruflichen Gliederung des aktiven, männlichen Teils der Bevölkerung gleich und schließt damit nicht nur die erwerbslosen Individuen und Hausfrauen, sondern sämtliche Frauen aus. Naville beschreibt die aktive Bevölkerung ohne Hinweis auf die Geschlechtszugehörigkeit, mit dem Effekt, daß beruflich "aktive" Frauen, ob verheiratet oder nicht, ihren männlichen Kollegen gleichgestellt werden. Hingegen verfährt die Praxis der überwiegenden Mehrheit sozialwissenschaftlicher Untersuchungen gerade umgekehrt: der Beruf der Frauen, nicht aber ihr Ehestatus wird außer acht gelassen. Die eigene soziale Position der Frauen, d.h. die Tatsache, daß sie einen - bestimmten - Beruf oder aber keinen Beruf haben, wird für die Bestimmung ihrer Klassenzugehörigkeit nicht in Betracht gezogen.

Wir wollen diese Praxis durch zwei exemplarische Untersuchungen verdeutlichen. Die eine der beiden ist uns besonders gut bekannt, da wir an ihrer Durchführung teilgenommen haben, und die andere ist ein Klassiker in der französischen Literatur zum Thema soziale Schichtung.

Die erste, deren Hauptzweck es war, den Familienbesitz einer repräsentativen Gruppe von "Selbständigen" zu messen, verfolgte als weiteres Untersuchungsziel die Messung der sozialen Homogenität von Ehepaaren und von Geschwistern und hierbei insbesondere die relative soziale Mobilität von Brüdern und Schwestern. Die dabei angewandten beruflichen Kategorien entstammen den zehn großen Kategorien des INSEE (Nationales Institut für Statistik und Wirtschaftsforschung), die zum Zweck der Analyse in drei große "Klassen" zusammengefaßt sind: in eine obere, eine mittlere und eine untere. Die befragte Bevölkerungsgruppe besteht aus Ehepaaren und enthält 10% Frauen. Demnach sind 90% der Ehepartner der Befragten Frauen und 10% Männer.

Die 10% Frauen unter den Befragten wurden nach ihrem Beruf eingestuft, genau wie die Männer. Ihre Ehemänner - die männlichen 10% der Ehepartner - wurden ebenfalls nach ihrem Beruf eingestuft. Bei den Ehefrauen der Befragten hingegen wurde die Klassenzugehörigkeit nach zwei verschiedenen Kriterien bestimmt, die jedoch nicht gemeinsam, sondern alternativ angewandt wurden: die berufstätigen Frauen wurden nach ihrem Beruf eingestuft, die nicht berufstätigen dagegen nach dem Beruf ihres Mannes.

Klassifiziert wurden außerdem die Brüder und Schwestern der Befragten sowie die Brüder und Schwestern der Ehepartner, um die individuelle Mobilität von Geschwistern vergleichen zu können. Die Brüder - die der Befragten sowie die von deren Ehepartnern - wurden nach ihrem Beruf eingestuft. Doch bei den Schwestern - bei denen der Befragten sowie denen der Ehepartner - wechselte das Einstufungskriterium je nachdem, ob sie ledig oder verheiratet waren. Ihre Klasse wurde durch ihren Beruf bestimmt, wenn sie ledig, doch durch den Beruf ihres Mannes, wenn sie verheiratet waren.

Hier drängen sich bereits zwei Bemerkungen auf:

- bei den Frauen dieser Untersuchung wurden zwei verschiedene Kriterien angelegt (berufstätig: ja-nein; und verheiratet: ja-nein);
- aber nicht bei allen Frauen der Untersuchung wurden die gleichen zwei Kriterien angelegt.

Es sind folglich drei Probleme zu beachten:

- die Dualität der Kriterien, die auf einen Teil der weiblichen Bevölkerung angewandt wird;
- die Dualität der Kriterien, die auf den anderen Teil der weiblichen Bevölkerung angewandt wird;
- das Verhältnis zwischen diesen beiden dualen Systemen.

Wenn wir mit letzterem - dem vielleicht unbedeutendsten dieser Probleme - beginnen, erhebt sich folgende Frage: zu welchem Gesamtbild in der Stratifikation führt diese doppelte Dualität der Kriterien, d.h. der Vergleich einer nach zwei heterogenen Kriterien eingestuften Bevölkerungsgruppe mit einer ebenfalls nach zwei heterogenen, jedoch denen der ersten abweichenden Kriterien eingestuften anderen Bevölkerungsgruppe? Um der Deutlichkeit willen beschränke ich mich im folgenden auf die Geschwister der Frauen.

- *Geschwister der in der Untersuchung selbst befragten Frauen:* Die eigene soziale (berufliche) Position der befragten Frauen wird verglichen mit: a) der eigenen sozialen Position ihrer Brüder; b) der eigenen sozialen Position ihrer ledigen Schwestern; c) der ehelichen Position (Beruf des Ehemannes) ihrer verheirateten Schwestern.

- *Geschwister der Ehefrauen der befragten Männer:* Die verschiedenen sozialen Positionen ihrer Brüder und Schwestern (gemäß a), b), c) wie oben) werden verglichen mit: ihrer eigenen sozialen Position, wenn sie berufstätig sind, aber mit ihrer ehelichen Position, also der Position ihres Mannes, wenn sie nicht berufstätig sind.

Wir können uns fragen, welchen Sinn diese sozialen Homogenitätsgrade von Geschwistern und die damit errechneten Mobilitätsindikatoren haben mögen. Eine Beschreibung ist nur so gut wie ihre Ausgangsdefinitionen - und auch das nur, solange sie sich tatsächlich an diese hält: man sollte vergleichbare Dinge miteinander vergleichen und nicht Kohlköpfe und Mohrrüben addieren!

Doch hätte es die Umfrage gerettet, wenn für die Gruppe der befragten Frauen und der Ehefrau die gleichen Kategorien verwendet worden wären wie für die Gruppe der Schwestern? Nein, denn von einer doppelten wäre man dann lediglich nur zu einer einfachen Dualität gelangt. Genau betrachtet fällt die Behandlung der Schwestern unter die Kritik von Acker: nur die ledigen Frauen unter ihnen werden nach ihrem Beruf eingestuft, während die verheirateten, berufstätig oder nicht, nach dem Beruf ihres Mannes eingestuft werden. Die Frauen der befragten Männer hingegen würden nach Ackers Kriterien zufriedenstellend behandelt, da ihr Beruf, soweit sie berufstätig sind, in Betracht gezogen wird. Die beiden Hauptpunkte von Ackers Kritik sind nämlich folgende:

1. Da viele Frauen keinen Ehemann haben (von dem sie ihre Klassenzugehörigkeit beziehen könnten), muß ihr eigener Beruf unbedingt in Betracht gezogen werden.

2. Wenn so verfahren würde, wäre es unlogisch, bei ledigen Frauen den Beruf in Betracht zu ziehen, es nach ihrer Heirat aber nicht mehr zu tun. Ackers Kritik schließt aber nicht aus, daß es berechtigt, wenn nicht gar legitim wäre, Frauen in die soziale Klasse ihres Mannes einzuordnen, wenn sie *alle* berufslos wären.

Was jedoch die Kohärenz der Beschreibung betrifft, so ist das Problem nicht damit gelöst, daß der Beruf der verheirateten Frauen in Betracht gezogen wird. Zwar entfällt damit *ein* Unterschied in der Behandlung der weiblichen Bevölkerung: die verheirateten Frauen werden wie die ledigen nach ihrem Beruf eingestuft - doch damit sind noch nicht alle Unterschiede aufgehoben. In dieser Untersuchung erfährt nämlich die Gruppe der mit den befragten Selbständigen verheirateten Frauen, deren Beruf in Betracht gezogen wird, dennoch keine kohärente Behandlung: Einige von ihnen (die berufstätigen) werden nach ihrer eigenen sozialen Position eingestuft, die anderen (nicht berufstätigen) dagegen nach der sozialen Position ihres Mannes.

So werden nicht nur die mit den befragten Selbständigen verheirateten Frauen uneinheitlich klassifiziert, sondern die weibliche Bevölkerung insgesamt wird nach Maßgabe zweier verschiedener Kriterien und somit anders behandelt als die männliche Bevölkerung, auf die nur ein einziges Kriterium - das ihrer eigenen sozialen Position - angewandt wird. Da die Familie die Stratifikationseinheit bildet, werden nur selten Vergleiche zwischen Ehegatten angestellt: solche Vergleiche gelten als unnötig. Wenn wir sie dennoch anstellen wollten, würden sie sich als unmöglich erweisen, weil eben die Frau aufgrund des Dogmas von der Ranghomogenität der Familie automatisch den Klassenstatus ihres Mannes enthält und weil Positionen, die laut Definition gleich sind, nicht miteinander verglichen werden können.

Dennoch bemühen sich bestimmte Untersuchungen um diesen Vergleich - zumindest in der Theorie. Das Konzept der Homogamie zum Beispiel beinhaltet laut Definition die Messung der sozioökonomischen Entfernung zwischen Ehegatten. Um diese Messung vornehmen zu können, scheint es allerdings unabdingbar, zunächst die zu vergleichenden Positionen festzustellen: die der Frau und die ihres Mannes. Aber selbst diese Notwendigkeit läßt sich umgehen!

In *Le choix du conjoint* ("Die Wahl des Ehepartners", 1964) mißt A. Girard die Homogamie der sozialen Herkunft des Ehepaares an der Distanz zwischen der sozialen Klasse des Vaters des Ehemannes und der sozialen Klasse des Vaters der Ehefrau. Doch um die Homogamie im Augenblick der Heirat zu ermitteln, also die Distanz zwischen den jeweils eigenen sozialen Positionen der Ehegatten, vergleicht er die Klassenposition des Mannes mit der des *Vaters* der Frau. Wie er selbst zugibt, "müßte man, da die soziale Situation durch den Beruf bestimmt wird, um der Genauigkeit willen, die Berufe der beiden Ehegatten miteinander vergleichen." Aber, fügt er hinzu, "eine große Anzahl von Frauen übt keinen Beruf aus oder ist bis zur Heirat nur provisorisch berufstätig. Daher ist es *günstiger* (Hervorhebung von Delphy), den Beruf ihres Vaters in Betracht zu ziehen."

Wir können uns fragen, was hier "günstiger" bedeutet. Wenn ein Merkmal - in diesem Fall der Beruf - kein guter Indikator für die Dimension ist, die gemessen werden soll - in diesem Fall die eigene soziale Position der Frau -, heißt das dann, daß man zu Recht die Dimension fallen lassen kann, um den Indikator zu retten, selbst wenn man dazu einen Personenaustausch vornehmen muß und statt der Frau ihren Vater klassifiziert? Genau besehen, handelt es sich hier allerdings nicht um einen methodologischen Irrtum, sondern um eine theoretische Entscheidung, "da das Milieu, aus dem eine Frau stammt, *bedeutsamer* (Hervorhebung von Delphy) ist als ihr Beruf." Aber welche Theorie diese Entscheidung begründet und welcher Maßstab den Beruf des Vaters "bedeutsamer" macht, wird verschwiegen. Für den Ehemann gilt die soziale Position seines Vaters nicht als "bedeutsamer" als seine eigene Position. Irgendetwas bewirkt, daß in den Augen von A. Girard für die Frau die soziale Herkunft bedeutsamer ist, während es für den Mann die eigene soziale Position ist. Dieser Unterschied hätte eine Diskussion oder wenigstens eine Erwähnung verdient. Wenn der "bedeutsame" Indikator für Männer und Frauen nicht derselbe ist, dann heißt das, daß sie nicht demselben Signifikationsbereich angehören. Doch wir erhalten weder eine Begründung für diese unterschiedliche Indikatorenwahl, noch eine Erläuterung der Signifikationsbereiche, auf die dabei implizit Bezug genommen wird. Die heterogenen Indikatoren werden im Gegenteil so hingestellt, als würden sie dasselbe messen. Die Distanz zwischen Ehemann und Schwiegervater wird als die Distanz zwischen Ehemann und Ehefrau ausgegeben.

Nicht nur wird so die Distanz zwischen den Ehegatten gar nicht gemessen, sondern die Wahl der angewandten Indikatoren verhindert obendrein jeglichen Vergleich ihrer sozialen Positionen. Für die eigene soziale Position der Frau existiert nicht einmal ein praktikables Konzept. Das vorgegebene theoretische Ziel der Untersuchung ist es, Frauen als Mitglieder sozialer Gruppen und als Subjekte ihrer Beziehungen zu studieren. Aber um der Praktikabilität willen werden die sozialen Gruppen als ausschließlich aus Männern bestehende Gruppen definiert, und die Frauen werden um der Praktikabilität willen nicht als Subjekte definiert, sondern als Mittlerinnen der sozialen Beziehungen unter Männern.

Dies Problem findet sich nicht allein in Alain Girards Untersuchung. So wie bei ihm die Ehemänner mit ihren Schwiegervätern verglichen werden, werden in der zuerst besprochenen Untersuchung die Brüder mit ihren Vätern statt mit ihren Schwestern verglichen, und genauso werden in Untersuchungen zur sozialen Mobilität die Väter nicht mit ihren Töchtern verglichen, sondern mit ihren Schwiegersöhnen.

Die beiden letzten Vergleichsweisen führen uns zu dem entscheidenden Problem: zu den Prinzipien, nach welchen Frauen den sozialen Gruppen zugeordnet werden, und den theoretischen Implikationen der Bestimmungskriterien für die Klassenzugehörigkeit von Frauen. Aber bevor wir auf diesen Punkt gesondert eingehen, müssen wir noch untersuchen, welche Konsequenzen er für die Messung der sozialen Distanz zwischen Ehegatten hat.

Kritiker dieser Verfahrensweise finden die Einordnung der Frau in die soziale Klasse des Ehemannes im wesentlichen nur dann ungerechtfertigt, wenn die Frau einen Beruf ausübt, da dann Vergleiche zwischen Frauen untereinander und zwischen Ehegatten entstellt würden. Weiter oben haben wir aber bereits gesehen, daß es bei Vergleichen zwischen Frauen zu keiner Lösung führt, wenn man bei berufstätigen Frauen den Beruf in Betracht zieht. Dasselbe gilt für Vergleiche zwischen Ehegatten. So werden in der erstzitierten

Untersuchung - im Unterschied zu der von Alain Girard - bestimmte Frauen nach ihrer eigenen sozialen Position eingestuft, was die Messung ihrer sozialen Distanz zu ihrem Mann erlaubt. Da aber die nicht berufstätigen Frauen der sozialen Klasse ihres Mannes zugeordnet werden, folgt daraus: die Tatsache, daß eine Frau *wie ihr Mann* einen Beruf ausübt, entfernt sie auf der sozialen Rangskala von ihm, während sie ihm durch die Tatsache, daß sie *im Unterschied zu ihrem Mann* keinen Beruf ausübt, rangmäßig angenähert wird. Somit wird selbst im Fall der Einbeziehung des Berufs der Frau der Vergleich zwischen Ehegatten durch die Einstufung der nicht- berufstätigen Frau in die soziale Klasse ihres Mannes verfälscht.

Indem man der nicht berufstätigen Frau systematisch den Beruf ihres Mannes zuschreibt, läßt man eine wesentliche dichotome Variable - nämlich die ökonomische Abhängigkeit, bzw. Unabhängigkeit - im Dunkeln. Dies folgt aus der Tatsache, daß eine Frau, die gewöhnlich einen rangniedrigeren Beruf ausübt als ihr Mann, in eine niedrigere Klasse eingestuft wird als eine nicht berufstätige Frau (die in die Klasse ihres Mannes eingestuft wird), obwohl ihre Männer ranggleich sind. Vor allem aber wird eine berufstätige Frau, deren Beruf gewöhnlich unter dem ihres Mannes steht, als ihrem Mann sozial ferner stehend angesehen als eine nicht berufstätige Frau. Die Vergleichbarkeit mit ihrem Mann in puncto ökonomischer Unabhängigkeit bedeutet für eine Frau folglich ihre soziale Entfernung von ihm. Also bewirkt die Einstufung nicht berufstätiger Frauen in die soziale Klasse ihres Mannes nicht nur die Verdunklung dieses Faktors, sondern verkehrt dessen Bedeutung geradezu in sein Gegenteil.

Was also von Grund auf in Frage steht, ist bei der Klassifizierung von nicht berufstätigen und manchmal sogar von berufstätigen verheirateten Frauen die Anwendung eines Kriterium, das der Theorie der sozialen Schichtung völlig fremd ist: das Kriterium der Zuordnung mittels Ehestand.

Kritiker haben beklagt, daß der Beruf der verheirateten Frau nicht in Betracht gezogen wird. Diese Kritik impliziert die Prämisse der Entsprechung von Beruf und eigener sozialer Position. Wenn man diese Prämisse akzeptiert, muß man daraus folgern, daß nicht berufstätige Individuen keine eigene soziale Position haben und daher in das System der sozialen Schichtung nicht eingefügt werden können. Da man aber unmöglich behaupten kann, daß ein Teil der Bevölkerung keine soziale Existenz besitzt, muß man im Gegenteil zu dem Schluß kommen, daß die Berufslosigkeit als solche eine spezifische Position ausmacht, die eben die eigene soziale Position des Individuums in dieser Situation ist.

Die Kritik an der Behandlung der berufstätigen Frauen - die Nichtbeachtung ihrer eigenen sozialen Position - gilt infolgedessen genauso für die nicht berufstätigen Frauen.

Die eigene soziale Position der nicht berufstätigen Frauen wird nicht in Betracht gezogen, das heißt, sie wird nicht als ökonomische Situation betrachtet. Wie wird auch nicht als fehlende soziale Position betrachtet, weil dadurch streng genommen die Einstufung in eine soziale Gruppe unmöglich wäre.

Entgegen jeder Logik gilt dies als notwendiger und ausreichender Grund, um diesen Frauen ohne weitere Überprüfung die soziale Klasse eines anderen Menschen zuzuschreiben.

Wir haben gesehen, daß das Klassensystem meist mit der sozialen Gliederung des beruflich aktiven männlichen Teils der Bevölkerung gleichgesetzt wird, bestenfalls aber mit der der gesamten beruflich aktiven Bevölkerung. Im ersten Fall wird keine Frau und im zweiten keine Hausfrau zu dieser sozialen Struktur gezählt. Um der Praktikabilität willen enthalten die Klassen also nur wenige, respektive gar keine Frauen.

Es wird jedoch sowohl von Laien als auch von Wissenschaftlern zugegeben, daß die Frauen, die dem Klassensystem eigentlich gar nicht angehören. kaum irgendwo anders sein können. Das Konzept des Klassensystems oder das der sozialen Schichtung ist insofern erschöpfend, als es die Gesamtpopulation einer gegebenen Gesellschaft zu erfassen hat. Dieser Anspruch wird niemals in Frage gestellt, selbst nicht von denen, die bestimmte Züge des Konzepts oder die dabei verwandten Kriterien kritisieren. Jackson (1968) zum Beispiel erwähnt die Probleme bei der Kategorisierung der "abhängigen Bevölkerungsgruppen wie Alte, Jugendliche und verheiratete Frauen". Für ihn "ist es schwierig, diejenigen, die nicht in den Arbeitsmarkt integriert sind, in ein Stratifikationssystem einzuordnen, das auf industrieberuflichen Kategorien basiert." Aber es besteht kein Zweifel daran, daß er diese Schwierigkeit als rein technische begreift, denn ihre Kenntnisnahme führt ihn nicht dazu, ein Stratifikationssystem vorzuschlagen, das auf die gesamte Bevölkerung anwendbare Kriterien enthielte. Ebensowenig weist er den Globalitätsanspruch eines offenkundig partiellen Klassifizierungssystems zurück, das laut eigenem Eingeständnis eben nur einen Teil der Bevölkerung erfaßt.

Zum Amschluß dieser Analyse zeichnen sich mehrere implizite Prämissen in der Theorie der sozialen Schichtung ab, die noch zu den beiden anfangs zitierten hinzukommen:

- Fehlende Berufstätigkeit wird mit dem Fehlen einer eigenen sozialen Position gleichgesetzt.
- Der Ehestand wird als gültiges Kriterium für die Bestimmung der Klassenzugehörigkeit betrachtet, wenn es um Frauen - und *nur* wenn es um Frauen - geht. (Kein Mann wird nach dem Beruf seiner Frau eingestuft, selbst wenn er arbeitslos ist.)
- Das Kriterium des Ehestandes wird - wieder nur für Frauen - dem des Berufes übergeordnet, da selbst berufstätige Frauen in die soziale Klasse ihres Mannes eingeordnet werden.
- Durch die Ehe hat eine Frau am Produktionsverhältnis ihres Mannes teil.
- Die Bestimmung der Klassenzugehörigkeit durch die eigene soziale Position und durch die Ehe gelten als gleichwertig.
- Der indirekte und der direkte Klassenbezug gelten als gleichwertig.

Doch wenn es in der sozialen Realität eine spezifische Situation schafft, keinen Beruf auszuüben, so schafft im wissenschaftlichen Verständnis die Tatsache, keinen direkten Klassenbezug zu haben, genauso eine spezifische Situation. Diese Situation ist charakteristisch für Frauen - und zwar ausschließlich für sie. Hierdurch konstituiert sich eine soziologische Klassenteilung: die soziologische Klasse der Frauen wird als diejenige Kategorie definiert, deren Klassenzugehörigkeit indirekt bestimmt wird und die soziologische Klasse der Männer als diejenige Kategorie, deren Klassenzugehörigkeit direkt bestimmt wird. Die eigene soziale Position der Frauen in der Soziologie besteht darin, in einem System der sozialen Schichtung einen Platz einzunehmen, der durch eine persönliche Bindung (den Ehestand) vermittelt und bedingt wird.

Diese soziologische Klasse reflektiert und reproduziert auf der Ebene der Wissenschaft eine soziale Klasse; so wie die Position, die die Zugehörigkeit zu dieser soziologischen Klasse bestimmt, eine tatsächliche ökonomische Situation reflektiert und reproduziert. Nicht berufstätige Frauen haben in der Tat keine direkte, sondern nur eine vermittelte Beziehung zur ökonomischen Welt. Sie gehören nicht zur ökonomischen Welt, deren Funktionsweise bestimmend ist für die Kriterien der sozialen Schichtung, für den Arbeitsmarkt und für das industrielle Lohnarbeitsverhältnis. Die nicht berufstätigen Frauen stehen jedoch durch ihre Art, sich ihren Lebensunterhalt zu verdienen, sehr wohl in einem Produktionsverhältnis. Aber die Produktionsform, an der sie teilhaben, ist nicht die der klassischen oder vielmehr der als klassisch definierten Ökonomie. Weder verkaufen sie ihre Erzeugnisse für Geld, noch ihre Arbeit für einen Lohn. Sie geben ihre Arbeitskraft für ihren Lebensunterhalt. Auf diese Weise werden sie sowohl konkret vom Arbeitsmarkt ausgeschlossen, als auch aus den theoretischen Konzepten des klassischen Produktionsprozesses (kapitalistische oder sozialistische Lohnarbeit). Ihr spezifisches Produktionsverhältnis kann nicht auf die analytischen Kategorien der klassischen Ökonomie zurückgeführt werden. Es ist Teil einer besonderen Produktionsform, die unterschiedlich und parallel zur industriellen Lohnarbeit verläuft. Die Existenz dieser Produktionsform, von Delphy (1970) als patriarchal beschrieben, bis dahin ignoriert und anschließend negiert, gewinnt erst jetzt allmählich Anerkennung.

Das spezifische Produktionsverhältnis verheirateter Frauen, gleichgültig, ob sie anderweitig (z.B. durch eine bezahlte Arbeit) in einem klassischen Produktionsverhältnis stehen oder nicht, wird durch *Abhängigkeit* charakterisiert.

Diese Abhängigkeit ist die Grundlage für die Zuordnung der Frauen zur sozialen Klasse ihres Mannes. Mehr noch, *nur* als Abhängige gelten Frauen als Angehörige der sozialen Klasse ihres Mannes. Nachdem die Soziologie diesen Abhängigkeitsstatus einmal benutzt hatte, um Frauen in die soziale Klasse ihres Mannes einzuordnen, hat sie ihn aber schleunigst wieder vergessen - und damit vergessen, daß gerade diese Abhängigkeit das für sie entscheidende Kriterium war, das es ihr erlaubte, Frauen überhaupt einer sozioökonomischen Klasse zuzuordnen. Die Soziologie benutzt diese Bedingung der Abhängigkeit und *muß* sie benutzen, um eine gemeinsame Klassenzugehörigkeit von Ehegatten konstatieren zu können. Aber dann verschleiert sie die Voraussetzung ihrer eigenen Verfahrensweise, zieht nur das Resultat in Betracht und behandelt die gemeinsame Klassenzugehörigkeit als einen entscheidenden Faktor in der Beziehung des Ehepaares, bzw. die angebliche Gemeinsamkeit der Klassenzugehörigkeit dient dazu, das Abhängigkeitsverhältnis in der Paarbeziehung zu verharmlosen. Das Verhältnis zwischen den Ehegatten, insbesondere das ökonomische Abhängigkeitsverhältnis, wird immer als zweitrangig behandelt, da die Gemeinsamkeit des sozialen Status als globaler und damit über die individuelle Situation entscheidender Faktor grösseres Gewicht erhält als die internen Unterschiede. Unglücklicherweise gründet sich diese "Statusgleichheit" *notwendigerweise* und *ausschließlich* auf die Abhängigkeit der Frau. Die wirkliche Priorität ist folglich gerade umgekehrt als die postulierte Priorität: die Produktionsbeziehungen, die Ehemänner und ihre Frauen antagonistischen, *patriarchalen* Klassen zuweisen, sind der angeblichen Gemeinsamkeit ihrer Zugehörigkeit zu *sozioökonomischen* Klassen nicht nur übergeordnet, da sie diesen chronologisch wie auch logisch vorausgehen, sondern sie setzen diese schlichtweg außer Kraft, da nicht berufstätige Frauen laut Definition außerhalb des sozioökonomischen Klassensystem stehen. Einige Frauen gehören zwar dem industriellen Klassensystem an, aber nur insofern sie berufstätig sind. Die Tatsache, daß die Abhängigkeit von ihrem Ehemann häufiger als Kriterium für die Klassenzugehörigkeit von Frauen gewählt wird als ihr Beruf, ist jedoch ein Zeichen dafür - und nicht das einzige! -, daß die patriarchale Klasse die industrielle an Bedeutung übertrifft.

Somit enthüllen die zur Bestimmung der Klassenzugehörigkeit angewandten Kriterien bei korrekter Analyse sehr wohl die reale Situation der Frau. Aber indem die Soziologie in ihrem wissenschaftlichen Verständnis die soziale Realität reproduziert, untersagt sie sich *ipso facto* ihre eigene Analyse und Klarstellung dieser Situation. Sie benutzt stattdessen die Abhängigkeit der Frauen, um sie in das klassische System der sozialen Schichtung einzuordnen. Die Folge davon ist die Verschleierung der Tatsache, daß Frauen einer anderen Produktionsform unterstehen. Die Soziologie stützt sich somit auf ein spezifisches Produktionsverhältnis, das Ehegatten in ein antagonistisches Verhältnis zueinander stellt, um dieses Verhältnis nicht nur zu leugnen, sondern es in sein Gegenteil zu verwandeln: in ein Verhältnis zwischen Gleichen.

Aus dem Französischen von Renate Stendhal

Literatur:

Acker, Joan (1973): "Women and social stratification: A case of intellectual sexism", in: American Journal of Sociology, Nr. 78, S. 936-945.
Archer, M. Scotford und *Giner, Salvador* (Hrsg.) (1971): Class, Status and Power. London: Weidenfeld and Nicolson.
Bottomore, T.B. (1967): Die sozialen Klassen in der modernen Gesellschaft. München: Nymphenburger Verlagsbuchhandlung.
Delphy, Christine (1970): "L'ennemi principal". Partisans, November, Paris: Maspero. Übersetzt von Diane Leonard: The Main Enemy: A Materialist Analysis of Women's Oppression. London: WRRC Publications, 1977.
Girard, Alain (1961): La Réussite sociale en France. Paris: Presses Universitaires de France.
ders. (1964): Le Choix du Conjoint. Paris: Presses Universitaires de France.
Jackson, J.A. (Hrsg.) (1968): Social Stratification. Cambridge University Press.
Naville, P. (1971): "France", in: M. Scotford Archer and Salvador Giner (Hrsg.): Class, Status and Power. London: Weidenfeld and Nicolson.
Parkin, F. (1972): Class Inequality and Political Order. London: Paladin.
Watson, Walter B. und *Barth, Ernest A.* (1964): "Questionable Assumptions in the Theory of Social Stratification", in: Pacific Sociological Review, Nr. 7, S. 10-16.

Psychologie

Frauenpsyche und Männerpsychologie
Über anfechtbare Beweise und männliche Imaginationen von Weiblichkeit

Naomi Weisstein

Es gilt als stillschweigend akzeptiert, daß jenem Bereich der Psychologie, der sich mit der Persönlichkeit befaßt, die lästige aber notwendige Aufgabe zukommt, die Grenzen der menschlichen Möglichkeiten zu beschreiben. Wenn wir uns also mit der Befreiung der Frauen beschäftigen, wenden wir uns ganz selbstverständlich an die Psychologie, um zu erfahren, worin die "wahre" Befreiung besteht und was genau es den Frauen ermöglichen würde, die ihnen innewohnende Natur zu verwirklichen. Mit einer Sicherheit und einem Unfehlbarkeitsanspruch, wie sie selten im nicht religiösen Bereich anzutreffen sind, haben sich die Psychologen daran gemacht, die wahre Natur der Frauen zu beschreiben. Bruno Bettelheim (1965) von der Universität Chicago sagt uns: " ... wir müssen von der Erkenntnis ausgehen, daß die Frauen, so sehr sie auch gute Wissenschaftlerinnen oder Ingenieurinnen sein wollen, doch vor allem anderen frauliche Gefährtinnen der Männer und Mütter zu sein begehren." Erik Erikson (1964) von der Harvard Universität, dem aufgefallen war, daß junge Frauen häufig fragen, ob sie "eine Identität haben können ehe sie wissen, wen sie heiraten und für wen sie ein Zuhause schaffen werden", erklärt ein wenig elegisch: "Vieles von der Identität einer jungen Frau ist bereits durch die Art ihrer Attraktivität festgelegt, sowie dadurch, wie sie ihre Auswahl in der Suche nach dem Mann (oder den Männern) trifft, von denen sie gefunden werden möchte ..." Ausgereifte weibliche Erfüllung beruht für Erikson auf der Tatsache, daß bei der Frau "die somatische Anlage einen inneren Raum enthält, der dazu bestimmt ist, die Nachkommenschaft erwählter Männer zu tragen, und damit zugleich ein biologisches, psychologisches und ethisches Engagement, sich des Bereichs der frühen Kindheit anzunehmen." Einige Psychologen sehen im Einverständnis der Frauen mit ihrer weiblichen Rolle gar die Lösung für gesellschaftliche Probleme: "Frau sein bedeutet nährende Zuwendung ..." schreibt Joseph Rheingold (1964), Psychiater an der medizinischen Fakultät von Harvard, " ... die Anatomie bestimmt das Leben einer Frau ... Wenn Frauen ohne Angst vor ihren biologischen Funktionen aufwachsen und ohne Unterwanderung durch feministische Doktrin, wenn sie daher die Mutterschaft mit Empfindungen von Erfülltsein und mit altruistischen Einstellungen angehen, dann werden wir das Ziel des guten Lebens und eine sichere Welt erreichen" (S. 714).

Diese Ansichten von Männern, die als Experten gelten, spiegeln in überraschend durchsichtiger Weise den kulturellen Konsens wider. Sie bestätigen, daß eine Frau über ihre Fähigkeit definiert wird, attraktiv auf Männer zu wirken, und geben darüber hinaus keinerlei alternative Definitionen. Sie denken, daß die vom männlichen Standpunkt ausgehende Wesensbestimmung der Frau die allgemein gültige ist, und bekräftigen dies mit psychosexuellen Beschwörungen und rituellen, biologisch getönten Verfluchungen. Eine Frau hat dann eine Identität, wenn sie attraktiv genug ist, einen Mann und damit eine Familie zu erobern. Dies nämlich ermöglicht es ihr, ihrer Lebensaufgabe des "frohen Altruismus und der nährenden Zuwendung" nachzugeben.

Die Wirtschaftswelt hat dagegen natürlich nichts einzuwenden. Wenn Ansichten wie die von Bettelheim und Erikson wirklich etwas mit der wahren Befreiung der Frauen zu tun haben, dann ist in der Tat noch selten zuvor in der Geschichte der Menschheit soviel Geld und Mühe aufgewendet worden, um eine gesellschaftliche Gruppe bei der Erfüllung ihres wahren Potentials zu unterstützen. Kleidung, Kosmetik, Möbel sind Wirtschaftsbereiche mit vielen Millionen Dollar Umsatz: Wenn man also nicht so gerne in der Waffenindustrie oder bei den Ölkonzernen investieren möchte, so ist doch auch eine Menge Geld im "inneren Raum" zu holen. Die Bettwäschehersteller sind bemüht, diesen inneren Raum zu gestalten:

> Mutter, heute morgen dachte ich eine Weile, ich sei nicht für die Ehe gemacht. Hank war spät dran, zur Arbeit zu kommen, vergaß seinen Aprikosensaft und ging weg, ohne mich zu küssen. Als ich dann ganz alleine war, fing ich an zu weinen. Doch dann kam der Postbote mit der Bettwäsche und den Handtüchern, die du geschickt hast und die wie große bunte Taschentücher aussehen. Und weißt du, was mir da in den Sinn kam? Daß diese großen roten und blauen Taschentücher gerade das Richtige sind für Mädchen wie mich, um damit die Augen zu trocknen und dann an die Arbeit zu gehen, wie es einer Hausfrau ansteht. Die Fenster aufreißen, das Haus in Ordnung bringen und das Essen bereiten, vielleicht das Silber putzen und neue Geranien in den Kasten stecken. *Damit alles bereit ist für ihn, wenn er durch diese Tür hereinkommt.* (Fieldcrest-Werbung 1965, Hervorhebung N.W.)

Natürlich sind es nicht nur die Bettwäschehersteller, die Kosmetikindustrie und die Möbelhändler, die von den kulturellen Definitionen von Mann und Frau profitieren und sie sich zunutze machen. Das Beispiel oben spricht für sich und ist in eklatanter Weise auf eine spezielle Variante des sexuellen Stereotyps ausgerichtet: das der kindlichen Nymphe. Fast alle Aspekte der Medien sind normativ, haben also mit der Art und Weise zu tun, in der "wunderbare Menschen" oder einfach "Leute" oder gewöhnliche oder außergewöhnliche Amerikaner ihr Leben gestalten sollen. Sie definieren, was möglich ist, und die Möglichkeiten bewegen sich für gewöhnlich im Rahmen dessen, was männlich und was weiblich ist. Männer und Frauen warten gleichermaßen auf Hank, den Mann von Silva Thins, daß er durch diese Tür nach Hause komme.

Es ist eine interessante aber auch traurige Angelegenheit nachzuweisen, wie sich die Psychologen und Psychiater die sexistischen Normen unserer Kultur zu eigen gemacht haben, wie sie oftmals nicht über die oberflächlichsten und dümmlichsten Medienansichten von der weiblichen Natur hinausblicken und wie ihre Vorstellungen von der weiblichen Natur der Industrie und dem Handel so gute Dienste leisten. Allerdings braucht etwas noch nicht falsch zu sein, nur weil es gut für's Geschäft ist. Ich werde aber zeigen, daß es doch falsch ist: Es gibt nicht den geringsten Beweis dafür, daß solche Fantasien über die Dienstbarkeit und kindliche Abhängigkeit von Frauen irgend etwas mit derem wahren Potential zu tun haben. Eine Vorstellung von der Natur der menschlichen Möglichkeiten, die sich von den Zufällen der individuellen Entwicklung oder der Genitalien abhängig macht, die weiterhin davon ausgeht, daß heute nur möglich ist, was gestern schon gewesen ist, und die sich auf den fundamentalistischen Mythos von der Kausalität der Geschlechtsteile beruft, genau diese Vorstellung hat die Psychologie erstickt und verbogen, so daß sie ziemlich unfähig geworden ist, die Menschen und ihr Verhalten zu beschreiben, zu erklären oder vorauszusagen. Daraus ergibt sich fraglos, daß die gegenwärtige Psychologie weniger als nutzlos ist, wenn es darum geht, zu einer Vision beizutragen, die sowohl Männer als auch Frauen wirklich befreien könnte.

Hieraus ergibt sich auch das <u>Hauptargument meines Artikels: Die Psychologie ist nicht imstande, eine zutreffende Aussage darüber zu machen, wie Frauen wirklich sind, was sie brauchen und was sie wünschen;</u> einfach deshalb nicht, weil die Psychologie es nicht weiß. Ich möchte betonen, daß sich dieses Versagen nicht auf die Frauen beschränkt; vielmehr hat die Sorte Psychologie, die sich dazu geäußert hat, wie Menschen handeln und was sie überhaupt sind, bis jetzt nicht einmal verstanden, warum Menschen so handeln, wie sie es tun. Und sie hat es mit Sicherheit nicht geschafft, herauszufinden, was Menschen dazu bringen könnte, ihr Verhalten zu ändern.

Die Art von Psychologie, die sich dieser Fragen angenommen hat, wird in zwei Fachgebiete aufgeteilt: in die Persönlichkeitsforschung und die klinische Psychologie und Psychiatrie. Der Hauptgrund für das Versagen ist in beiden Gebieten die Annahme der meisten Persönlichkeitspsychologen, daß das menschliche Verhalten auf einer individuellen inneren Dynamik beruht, die in der frühen Kindheit oder durch die Geschlechtszugehörigkeit festgelegt oder aber durch ein recht unbewegliches kognitives Netzwerk vorprogrammiert wird. Diese Annahme verliert jedoch zunehmend an Boden, da es dem Persönlichkeitspsychologen einfach nicht schaffen, den behaupteten Persönlichkeitsstrukturen ihrer Versuchspersonen Konsistenz zu verleihen (Block 1968). Mittlerweile mehren sich die Beweise dafür, daß das, was eine Person tut und zu sein glaubt, gewöhnlich davon abhängt, was die Umgebung von ihr erwartet und was die Gesamtsituation, in der sie handelt, von ihr verlangt. Verglichen mit der Bedeutung des sozialen Gefüges, in dem eine Person lebt, sind seine oder ihre Geschichte und Charakterzüge sowie auch die biologische Ausstattung lediglich zufällige Varianten, "Geräusche", die dem wahren Signal, wodurch das Verhalten bestimmt wird, lediglich aufgesetzt sind.

Einige Persönlichkeitspsychologen schenken diesen Gegenbeweisen inzwischen zumindest Beachtung und stellen ihre Theorien in Frage. Dieses Korrektiv gibt es jedoch in der klinischen Psychologie und Psychiatrie nicht. Die Freudianer und Neo-Freudianer, Adlerianer und Neo-Adlerianer, die Anhänger der klassischen Analyse und die Vertreter modischer Tendenzen, die Kliniker und Psychiater weigern sich schlicht, die Gegenbeweise gegen ihre Theorien und ihre Praxis zur Kenntnis zu nehmen. Dabei untermauern sie ihre Theorie und Praxis mit Material, das so offensichtlich auf Voreingenommenheit gründet, daß es als empirischer Beweis keinerlei Aussagekraft hat.

Fassen wir zusammen: Der Hauptgrund für die Unfähigkeit der Psychologie, ein Verständnis für die Natur und das Handeln der Menschen zu entwickeln, ist der, daß sie nach inneren Anlagen gesucht hat, wo sie nach dem sozialen Zusammenhang hätte suchen sollen. Ein weiterer Grund für das Versagen der Psychologie ist, daß die Persönlichkeitstheoretiker normalerweise Kliniker und Psychiater gewesen sind und es niemals für nötig erachtet haben, ihre Theorien durch Belege zu unterstützen.

Theorie ohne Belege

Wenden wir uns zunächst dem letzteren Grund für das Versagen zu: Die Psychiater und die klinischen Psychologen vertreten unbewiesene Theorien. Wenn wir die Literatur zur Persönlichkeitspsychologie durchsehen, wird sofort klar, daß sie in der Hauptsache von Klinikern und Psychiatern verfaßt worden ist und daß die Hauptsache dieser Theorien aus "Jahren intensiver klinischer Erfahrung" besteht. Dies ist eine Tradition, die durch Freud begründet wurde. Er hatte seine "Einsichten" während der Arbeit mit seinen Patienten. Gegen einen solchen Ansatz ist im Grunde nichts einzuwenden, solange eine Theorie lediglich *formuliert* wird; jeder Mensch hat die Freiheit, Theorien aufzustellen und sich dabei jedweder Inspiration zu bedienen, die funktioniert: göttliche Eingebung, intensive klinische Praxis, eine zufällige Zahlentabelle. Jedoch hat er nicht das Recht, Gültigkeit für seine Theorie zu beanspruchen, ehe sie nicht getestet und bestätigt worden ist. Die klinische Praxis jedoch verfährt gewöhnlich keineswegs so umsichtig mit ihren Theorien. Nehmen wir z.B. Freud. Was er für erwiesene Tatsachen hielt, genügt nicht einmal den minimalsten Anforderungen an wissenschaftliche Korrektheit. In *Zur sexuellen Aufklärung der Kinder* (1972), dem klassischen Dokument, das angeblich den empirischen Nachweis eines Kastrationskomplexes und dessen Verbindung zu einer Phobie erbringt, legt Freud seiner Analyse nicht den kleinen Jungen zugrunde, der die Phobie hatte, sondern Berichte von dessen Vater, der ebenfalls in Behandlung und ein eifriger Anhänger der Freudschen Theorie war. Ich brauche wirklich nicht weiter auf die Fragwürdigkeit dieser Art von Beweisen einzugehen. Bemerkenswerterweise ist erst in jüngster Zeit Freuds klassische Theorie von der weiblichen Sexualität - die

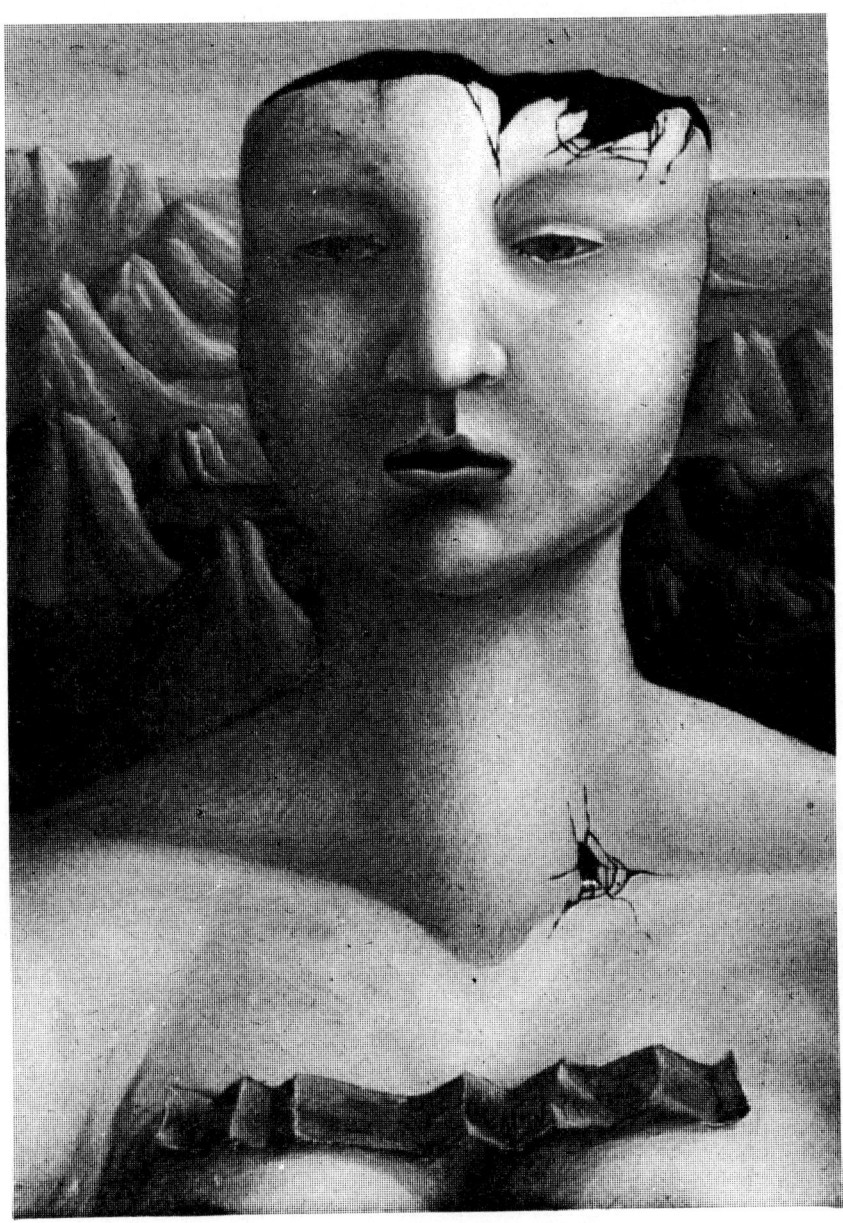

Gisela Breitling, Eine Puppe des Älteren Reichs, 1974

Dorothea Tanning, Plaisirs angéliques

Dorothea Tanning, Jeux d'enfants

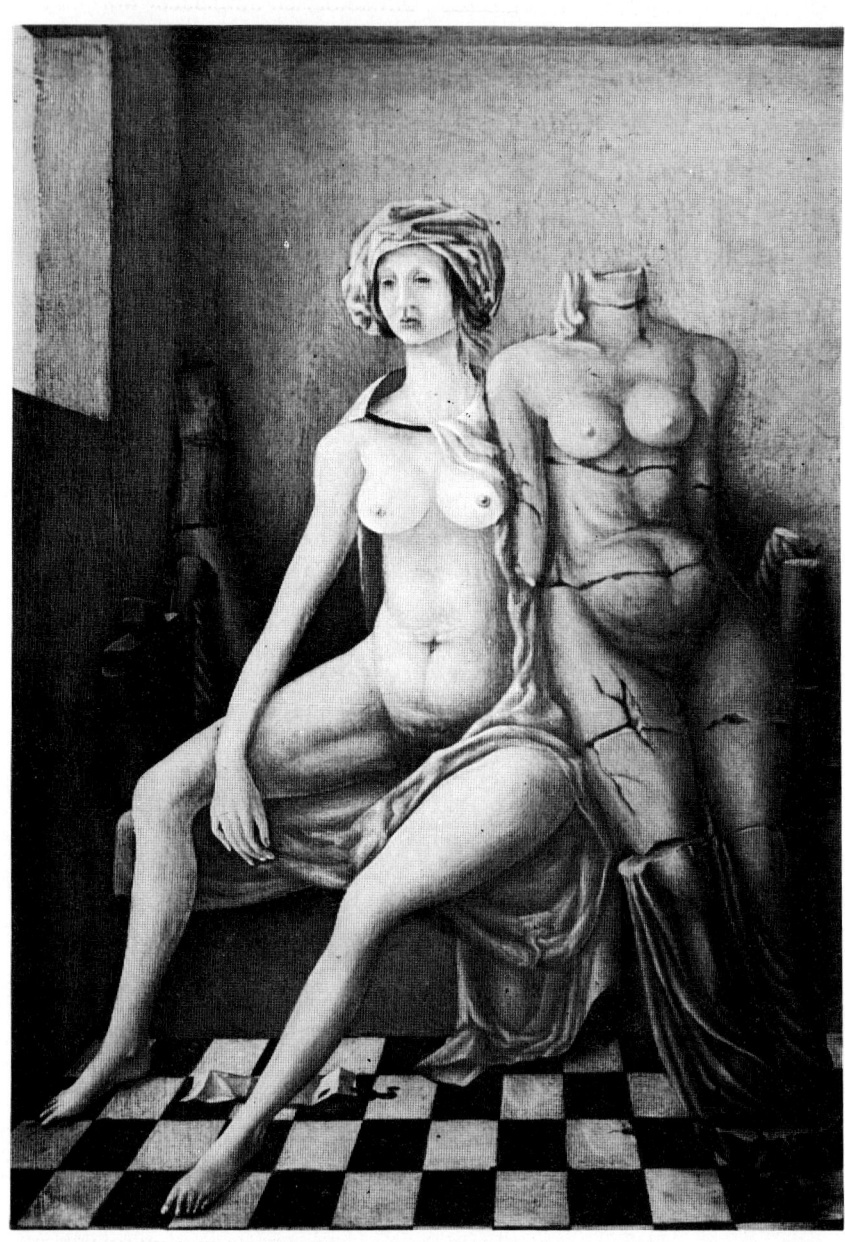

Gisela Breitling, Hommage à Olympe de Gouges, 1973

Vorstellung vom doppelten Orgasmus - physiologisch untersucht worden und hat sich als völlig falsch erwiesen. Jene nun, die behaupten, fünfzig Jahre psychoanalytischer Erfahrung hätten ausgereicht, die grundsätzliche Wahrheit der Theorie Freuds genügend zu untermauern, sollten über die robuste Gesundheit des doppelten Orgasmus nachdenken. Glaubten denn die Frauen bis zur Veröffentlichung von Masters und Johnson (1966) wirklich, daß sie zwei verschiedene Arten von Orgasmus spürten? Hatten ihre Psychiater sie durch Einschüchterung dazu gebracht, etwas zu erzählen, was nicht stimmte? Falls das zutrifft, waren dann auch andere Dinge, die sie erzählten, unwahr? Haben die Psychiater jemals etwas anderes erfahren als das, was ihre Theorien sie glauben machten? Wenn klinische Erfahrung überhaupt irgend etwas bedeutet, dann hätten wir den Mythos vom doppelten Orgasmus schon lange vor den Studien von Masters und Johnson beruhigt vergessen können.

Jedenfalls sind doch aber, so werden Sie vielleicht einwenden, "Jahre intensiver klinischer Erfahrung" der einzige verläßliche Maßstab in einer Disziplin, deren Befunde von Einsicht, Sensibilität und Intuition abhängen. Das Problem mit Einsicht, Sensibilität und Intuition ist, daß sie für alle Zeiten die Vorurteile bestätigen können, mit denen man angefangen hat. Früher waren die Leute völlig überzeugt davon, daß sie diejenigen ihrer Mitmenschen identifizieren konnten, die sich der Hexenkunst verschrieben hatten. Alles, was sie dazu benötigen, war ein gewisses Maß an Sensibilität für das Wirken des Teufels.

Jahre intensiver klinischer Erfahrung sind nicht identisch mit empirischen Beweisen. Das erste, was ein Forscher, dessen Experimente Menschen einbeziehen, lernt, ist das Konzept des "Doppelblindversuchs". Der Begriff stammt aus der Praxis des medizinischen Experimentierens: Eine Gruppe von Versuchspersonen erhält ein Medikament, von dem man glaubt, daß es das Verhalten in bestimmter Weise ändert; eine Kontrollgruppe erhält ein Plazebo. Wenn die Beobachter oder die Versuchspersonen wissen, welche Gruppe welche Substanz eingenommen hat, dann ist das Ergebnis in jedem Fall positiv für das neue Medikament. Nur wenn niemand weiß, welche Personen welche Pillen geschluckt haben, kann das Ergebnis annähernd als gültig angesehen werden. Zudem ist es bei der Beurteilung menschlichen Verhaltens außerordentlich schwierig, exakt zu bestimmen, welches Verhalten gerade stattfindet, geschweige denn, welches Verhalten erwartet werden kann, so daß die Verläßlichkeit solcher Urteile immer wieder überprüft werden muß. Wie viele Urteilende kommen, unabhängig voneinander, zu denselben Beobachtungen? Können sie ihre eigenen Urteile zu einem späterem Zeitpunkt noch nachvollziehen? Wenn in der tatsächlichen Praxis diese Urteilskriterien für klinische Urteile getestet werden, dann stellen wir fest, daß die Urteilenden weder verläßlich noch übereinstimmend urteilen können: Sie erzielen lediglich Zufallstreffer, wenn sie bestimmen sollen, welche aus einer gegebenen Anzahl von Geschichten von Männern und welche von Frauen geschrieben worden sind; welche aus einer ganzen Serie klinischer Testergebnisse die Produkte homosexueller und welche die von heterosexuellen Menschen sind

(Hooker 1957); und welche aus einer Serie klinischer Testergebnisse *und* Interviews (in denen Fragen gestellt werden wie "Haben Sie Wahnvorstellungen?" - Little und Schneidmann 1959), die Produkte von Psychotikern, Neurotikern, Psychosomatikern oder gesunden Menschen sind. Damit diese Zusammenfassung nicht Ihrer Aufmerksamkeit entgeht, lassen Sie mich die Implikationen dieser Befunde betonen. Die Treffquote der Beurteiler, die aufgrund ihrer klinischen Erfahrung ausgewählt worden waren, war bei der Aufgabe, anhand dreier häufig benutzter Projektionstests - Rorschach, TAT und MAP - männliche Heterosexuelle von männliche Homosexuellen zu unterscheiden, *nicht besser als zufällig*. Das Niederschmetternde an dieser Nachricht ist natürlich, daß doch angeblich die Sexualität von so grundlegender Bedeutung für die Tiefendynamik der Persönlichkeit ist. Wenn etwas, das als grobe sexuelle Abartigkeit betrachtet wird, nicht faßbar ist, was meinen dann die Psychologen, wenn sie behaupten, daß die Basis einer paranoiden Psychose "latente homosexuelle Panik" sei? Sie können ja nicht einmal Homosexualität als solche identifizieren, geschweige denn "latente homosexuelle Panik".

Noch erschreckender an den klinischen Experten ist ihr Mangel an Konsistenz, was die diagnostische Zuordnung einer gegebenen Person betrifft, und das wiederum auf der Grundlage sowohl von Test- als auch von Interviewmaterial: In der Studie von Little und Schneidmann wurde eine Anzahl Gesunder als Psychotiker beschrieben, mit Kategorien wie "schizophren mit homosexuellen Tendenzen" oder "schizoider Charakter mit depressiven Anlagen". Aber noch entmutigender war es dann, als die Beurteiler einige Wochen später aufgefordert wurden, die Testprotokolle noch einmal zu beurteilen, und ihre Diagnosen derselben Personen auf der Basis derselben Protokolle deutlich von den zuvor gefaßten Urteilen abwichen. Offensichtlich können selbst simple Beschreibungskonventionen in der klinischen Psychologie nicht konsistent angewandt werden; es steht daher außer Frage, daß diese Beschreibungskonventionen nicht die geringste erklärende Bedeutung haben.

Vor einigen Jahren nahm ich als Doktorandin in Harvard an einem Seminar teil, in dem wir zu bestimmen hatten, welcher von zwei Stapeln eines klinischen Tests, dem TAT, von Männern und welcher von Frauen geschrieben worden war. Von zwanzig Studenten ordneten lediglich vier die Stapel korrekt zu, und dies nach eineinhalb Monaten intensiver Studien über die Unterschiede zwischen Mann und Frau. Da dieses Ergebnis schlechter als der Zufall ist, können wir folgern, daß es sich hier um eine tatsächliche und dauerhafte Grundkonstellation handelt; die Studenten urteilen in Kenntnis und im Kontext der psychologischen Lehren bezüglich der Unterschiede zwischen Mann und Frau; die Lehren selbst sind einfach irreführend.

Vielleicht werden Sie nun einwenden, die Theorie mag ja wissenschaftlich "unsolide" sein, doch heile sie zumindest die Menschen. Es ist aber nicht nachgewiesen, daß sie das tut. 1952 veröffentlichte Eysenck die Ergebnisse einer sogenannten "Therapieergebnis"-Studie von Neurotikern. Sie zeigte, daß bei den Patienten, die eine Psychoanalyse erhalten hatten, eine Besserungsquote von 44% vorlag; bei den Patienten mit Psychotherapie betrug sie 64%. Die Besserungsquote der Patienten, die gar keine Behandlung bekommen hatten, betrug 72%. Diese Ergebnisse sind niemals widerlegt worden; nachfolgende Studien haben die negativen Ergebnisse der Eysenckstudie bestätigt (Barron und Leary 1955; Bergin 1963; Cartwright und Vogel 1960; Truax 1963; Powers und Witmer 1951). Wie können Kliniker und Psychiater, die über ein Gewissen verfügen, dann noch weiter praktizieren? Hauptsächlich dadurch, daß sie diese Ergebnisse ignorieren und darauf achten, keine Therapieergebnisstudien zu machen. Diese Haltung wird von Rotter (1960, zitiert von Astin 1961) sehr schön zusammengefaßt: "Forschungsstudien in der Psychotherapie haben die Tendenz, sich mit dem psychotherapeutischen Verfahren zu befassen und nicht so sehr mit den Ergebnissen ... in gewissem Maß zeigt sich darin ein Interesse für die psychotherapeutische Situation als einer Art Persönlichkeitslabor." Welch ein Labor!

Der soziale Zusammenhang

Nachdem sich also gezeigt hat, daß die klinische Erfahrung und die klinischen Werkzeuge schlechter als nutzlos sind, wenn sie auf Konsistenz, Effizienz, Übereinstimmung und Verläßlichkeit hin überprüft werden, können wir getrost folgern, daß die klinischen Theorien über Frauen ebenfalls schlechter als nutzlos sind. Ich möchte nun zum zweiten Hauptargument meines Artikels kommen: Selbst dann, wenn eine psychologische Theorie testbar ist, und selbst, wenn strenge Maßstäbe der Überprüfbarkeit gelten, wird mehr und mehr deutlich, daß die Psychologen, wenn sie verstehen wollen, warum die Leute tun was sie tun, und vor allem, wenn es darum geht zu verändern, was die Leute tun, von der Theorie der kausalen Natur der inneren Dynamik Abstand nehmen und sich mit dem sozialen Kontext, in dem die Individuen leben, auseinandersetzen müssen.

Bevor ich die Relevanz dieses Ansatzes für die Frauenfrage untersuche, lassen Sie mich zunächst die Grundlagen für diese These skizzieren.

Zunächst ist klar (Block 1968), daß Persönlichkeitstests niemals konsistente Voraussagen zulassen; ein nach dem einen Maßstab starrer Autoritätsgläubiger kann nach einem anderen Maßstab nicht-autoritär sein. Doch der Grund für diese Inkonsistenz wird erst langsam klar; er scheint sehr viel mehr mit dem sozialen Kontext eines Individuums zu tun zu haben als mit dem Individuum selbst.

In einer Serie von brillanten Experimenten haben Rosenthal und seine Mitarbeiter (Rosenthal und Jacobson 1968; Rosenthal 1966) folgendes gezeigt: Wenn eine Gruppe von Forschern eine bestimmte Hypothese für die Ergebnisse eines Experiments und eine andere Gruppe die gegenteilige Hypothese hat, dann werden beide Gruppen Resultate erzielen, die mit ihren Hypothesen übereinstimmen. Dabei kommen diese Ergebnisse nicht dadurch zustande, daß die Forscher aufgrund ihrer Vorurteile die Daten verfälschen;

vielmehr schafft das Vorurteil des Experimentators ein anderes Umfeld, in dem die Versuchspersonen tatsächlich anders handeln. So sollten z.B. im Rahmen eines Experiments die Versuchungspersonen Bildern von Männergesichtern Nummern zuordnen, wobei hohe Zahlen die Einschätzung der Versuchsperson zum Ausdruck brachten, daß der dargestellte Mann eine erfolgreiche Persönlichkeit ist, wohingegen niedere Zahlen den Dargestellten als nicht erfolgreich markieren sollten. Einer Gruppe von Experimentatoren wurde erzählt, ihre Versuchsgruppe tendiere dazu, die Gesichter hoch einzustufen, einer anderen Gruppe von Experimentatoren wurde mitgeteilt, die Versuchspersonen stuften gewöhnlich die Gesichter niedrig ein. Alle Forscher wurden aufgefordert, nach exakt denselben Regeln vorzugehen: sie sollten den Versuchspersonen eine Liste mit Instruktionen vorlesen, und *sonst nichts sagen*. Bei den 375 Durchgängen zeigten die Ergebnisse deutlich, daß solche Versuchspersonen, die mit Experimentatoren zusammenarbeiteten, die von ihnen hohe Zahlenzuweisungen erwarteten, hohe Zuweisungen gaben. Die Versuchspersonen, die ihre Aufgaben von Experimentatoren erhielten, die niedrige Quoten erwarteten, werteten entsprechend niedrig. Wie konnte das geschehen? Alle Experimentatoren benutzten dieselben Worte; es gab offenbar etwas in ihrem Verhalten, das die einen Versuchspersonen so und die anderen anders handeln ließ.

Die Existenz durch Erwartung erzeugter veränderter Bedingungen ist ein Sachverhalt, eine Realität, sogar bei Versuchstieren: In zwei verschiedenen Studien (Rosenthal und Fode 1960; Rosenthal und Lawson 1961), erhielten die Experimentatoren, denen man gesagt hatte, ihre Ratten, die das Labyrinth erlernen sollten, seien im Hinblick auf Intelligenz gezüchtet worden, bessere Ergebnisse als diejenigen Forscher, denen gesagt worden war, ihre Ratten seien eine schwerfällige Züchtung. In einer kürzlich erschienenen Studie erweiterten Rosenthal und Jacobson (1968) ihre Untersuchungen auf die normale Situation im Klassenzimmer. Sie testeten eine Gruppe von Schülern und berichteten dann den Lehrern, daß einige dieser Schüler "sehr vielversprechend" seien. Tatsächlich waren diese Schüler nach dem Zufallsprinzip ausgewählt worden. Einige Zeit später führten die Forscher mit der Schülergruppe einen neuen Test durch: diejenigen Schüler, die den Lehrern als "vielversprechend" genannt worden waren, zeigten im Vergleich zu den restlichen Schülern eine wirkliche und dramatische Zunahme ihrer Intelligenzquotienten. Irgend etwas im Verhalten der Lehrer denjenigen Schülern gegenüber, die sie für "klug" hielten, hatte diese Schüler klüger gemacht.

Das heißt, daß selbst in sorgfältig kontrollierten Versuchsanordnungen und mit keinem äußeren oder bewußten Unterschied im Verhalten, unsere vorgefaßten Meinungen das Verhalten eines anderen Organismus enorm beeinflussen. Diese Experimente sind außerordentlich wichtig, wenn es darum geht, die Gültigkeit psychologischer Studien in Bezug auf Frauen zu bewerten. Es steht außer Zweifel, daß die meisten von uns Vorstellungen über die Natur von Männern und Frauen haben. Deshalb ist die Gültigkeit einer Reihe von Beobachtungen zu Geschlechtsuntersuchungen fragwürdig, selbst wenn diese

Frauenpsyche und Männerpsychologie 213

Beobachtungen unter sorgfältig kontrollierten Bedingungen zustande gekommen sind. Zweitens, und dies ist noch wichtiger, weisen die Experimente Rosenthals ganz eindeutig auf den Einfluß der sozialen Erwartung hin. In mancher sehr wichtigen Hinsicht *sind* die Leute tatsächlich das, was von ihnen erwartet wird, oder verhalten sich zumindest so, wie man es von ihnen erwartet. Wenn demnach also Frauen laut Bettelheim nichts sehnlicher wünschen als gute Ehefrauen und Mütter zu sein, ist es höchst wahrscheinlich, daß Bruno Bettelheim wie auch der Rest der Gesellschaft genau dies von ihnen erhofft.

Es gibt eine andere Serie von eindrucksvollen psychologischen Experimenten, die auf den überwältigenden Einfluß des sozialen Umfeldes hinweisen, nämlich die Gehorsamkeitsexperimente von Stanley Milgram (1965). Bei diesen Experimenten wurden Versuchspersonen aufgefordert, den Befehlen unbekannter Experimentatoren zu gehorchen, Befehlen, die jede Versuchsperson in die deutliche Nähe der Möglichkeit brachte, einen Menschen zu töten.

In Milgrams Experimenten wird den Versuchspersonen erzählt, daß sie ein Lernexperiment durchführen und daß sie jedesmal dann elektrische Schocks auszuteilen haben, wenn die "Versuchsperson" (die in Wirklichkeit ein Verbündeter des Versuchsleiters ist) eine falsche Antwort gibt. Die Ausrüstung scheint abgestufte Schocks zwischen 15 und 450 Volt zu ermöglichen; für jede von vier fortlaufenden Spannungseinheiten gibt es wörtliche Beschreibungen wie "milder Schock", "Gefahr, starker Schock", und schlußendlich, für die 435 und 450 Voltschalter, ein rotes XXX über den Schaltern. Jedes Mal, wenn die angebliche Versuchsperson falsch antwortet, soll die wirkliche Versuchsperson die Voltspannung erhöhen. Mit zunehmender Spannung schreit der Komplize des Versuchsleiters vor Schmerzen; er fordert, das Experiment zu beenden, schließlich weigert er sich, überhaupt noch zu antworten. Wenn er aufhört zu reagieren, fordert der Leiter die Versuchsperson auf, die Spannung zu erhöhen; bei jedem zugeteilten Schock schreit der Komplize wie unter Qualen. Unter diesen Bedingungen teilten etwa 62,5% der Versuchsperonen Schocks aus, von denen sie annahmen, daß sie tödlich sein könnten.

Es gab keine Tests über Unterschiede zwischen den Versuchspersonen, die vorausgesagt hätten, wie viele von ihnen bis zuletzt gehorchen und welche das Experiment abbrechen würden. Als vierzig Psychiater Voraussagen machten, wie viele aus einer Gruppe von hundert Testpersonen weitermachen und den tödlichen Schock austeilen würden, blieben ihre Voraussagen unter dem tatsächlichen Prozentsatz zurück. Die meisten vermuteten, daß lediglich ein Zehntel Prozent der Testpersonen bis zuletzt gehorchen würde.

Somit haben zwar die *Psychiater* keine Vorstellung, wie Menschen sich in dieser Situation verhalten werden, und auch individuelle Unterschiede erlauben keine Voraussage, welche Personen gehorchen werden und welche nicht, jedoch ist leicht anzugeben, wann Versuchspersonen gehorsam sein werden und wann widerspenstig. Der Versuchsleiter braucht nur die soziale Situation zu verändern. In einer Variante des Experiments hatte Milgram zusätzlich zum "Opfer" noch zwei weitere Komplizen dabei; diese arbeiteten neben der

Versuchsperson am Verabreichen elektrischer Schocks. Nachdem diese beiden Komplizen sich geweigert hatten, das Experiment fortzusetzen, machten lediglich zehn Prozent der Testpersonen bis zur maximalen Spannung weiter. Dieses Ergebnis ist verhängnisvoll für die Persönlichkeitstheorie, denn es zeigt, daß Verhalten aus Gründen der sozialen Situation heraus vorhersagbar ist, nicht jedoch aus Gründen der individuellen Geschichte des Einzelnen.

Schließlich zeigte ein geniales Experiment von Schachter und Singer (1962) folgendes: Testpersonen wurde Adrenalin injiziert, was einen Zustand von Erregtheit hervorruft, der bis auf geringe Unterschiede identisch mit dem Zustand ist, der bei großer Angst auftritt. Diese Personen wurden euphorisch, wenn sie sich im selben Raum mit einem Komplizen des Leiters befanden, der euphorisch agierte, und sie wurden äußerst zornig, als sie in einen Raum gebracht wurden, in dem ein Komplize außerordentlich zornig agierte.

Fassen wir zusammen: Wenn Testpersonen unter ganz harmlosen sozialen Bedingungen und ohne Zwang dazu gebracht werden können, andere Testpersonen zu töten, während sie dies unter anderen sozialen Bedingungen eindeutig ablehnen; wenn Testpersonen in einem physiologisch bedingtem Angstzustand mit Euphorie reagierten, weil noch jemand da ist, der euphorisch ist, oder wenn sie zornig reagieren, weil sich da ein Zorniger befindet; wenn Schüler intelligent werden, weil Lehrer sie für intelligent halten, und wenn Ratten leichter durch Labyrinthe rennen, weil Forscher sie für klug halten, dann ist es klar, daß ein Verständnis menschlichen Verhaltens zuerst und in erster Linie die Analyse der sozialen Zusammenhänge erfordert, in denen sich diese Menschen bewegen, die Analyse der Erwartungen, die ihrem Verhalten entgegengebracht werden und die Analyse der Autoritäten, die ihnen sagen, wer sie sind und wie sie sich zu verhalten haben.

Theorien auf biologischer Grundlage

Auch Biologen haben zuweilen angenommen, sie seien dazu berufen, die Bestimmung des Menschlichen zu definieren, indem sie von Beobachtungen an Tieren statt an Menschen ausgegangen sind. Hier hat, wie in der Psychologie, ein endloses Theoretisieren über die Geschlechter stattgefunden, wiederum, wie bei den Psychologen, mit dem Anspruch absoluter Gewißheit. Diese Theorien fallen in zwei Hauptkategorien.

Die eine der Theorien über die Unterschiede in der Natur argumentiert so: Da sich weibliche und männliche Wesen in ihren Geschlechtshormonen unterscheiden und Geschlechtshormone das Gehirn beeinflussen (Hamburg und Lunde in Macoby 1966), muß es angeborene Verhaltensunterschiede geben. Doch dieses Argument vermittelt uns lediglich, daß es Unterschiede in der physiologischen Erscheinung gibt. Die Frage ist, ob diese Unterschiede überhaupt für das Verhalten relevant sind.

Betrachten wir z.B. die Unterschiede in den Testosteronspiegeln. Ein Mann, der sich selbst Tiger nennt, hat kürzlich (1970) behauptet, die größeren Mengen an Testosteron in menschlichen Männchen, verglichen mit menschlichen Weibchen einer bestimmten Altersgruppe bringe angeborene Unterschiede in Aggressivität, Konkurrenzverhalten, Dominanz, Fähigkeit zu jagen, Fähigkeit, ein öffentlichen Amt zu bekleiden, usw. hervor. Doch Tiger demonstriert in diesem Argument dieselbe männliche und tapfere Weigerung, sich durch Beweise einschüchtern zu lassen, die wir schon in unserer Betrachtung der klinischen und psychiatrischen Traditionen vorgefunden haben. Das Belegmaterial unterstützt seine Argumente nicht, und in einigen Fällen widerspricht es ihnen sogar. Der Testosteronspiegel verändert sich weder proportional zur Jagdfähigkeit oder zur Dominanz, noch zur Aggressivität oder zum Konkurrenzverhalten. Wie Storch gezeigt hat (1970) produzieren alle normalen männlichen Säugetiere in der reproduktiven Altersgruppe größere Mengen an Testosteron als weibliche. Aber viele dieser männlichen Säugetiere sind weder Jäger noch sind sie aggressiv. Unter den Beutejägern, wie etwa den großen Katzen, ist es so, daß die weiblichen mehr als die männlichen Tieren jagen. Und es gibt Primatenarten, bei denen die weibliche Tiere deutlich aggressiver, konkurrenzbewußter und dominanter sind als die männlichen (Mitchell 1969). Demnach heißt für einige Arten, weiblich zu sein und damit weniger Testosteron zur Verfügung zu haben als die männlichen Artgenossen, gleichzeitig mehr zu jagen oder aggressiver oder dominanter zu sein. Und der Besitz von *mehr* Testosteron schließt auch nicht ein Verhalten aus, das gewöhnlich als "weiblich" gilt: es gibt Primatenarten, bei denen die weiblichen Tiere ihre Jungen nur zum Füttern berühren; die männlichen Tiere besorgen die restliche Brutpflege (Mitchell 1969; ausführliche Diskussion unten). Es ist demnach überhaupt nicht klar, was Testosteron- oder andere Unterschiede in den Geschlechtshormonen für das Geschlechtsrollenverhalten in der Natur bedeuten.

In anderen Worten, wir können dasselbe Geschlechtsrollenverhalten (z.B. "bemuttern") bei männlichen wie bei weiblichen Tieren beobachten, trotz bekannter Unterschiede in der physiologischen Verfassung, das heißt in den Geschlechtshormonen. Wie steht es mit dem Gegenbeweis dazu? Kann es Unterschiede im Verhalten geben, wenn nur eine einzige physiologische Verfassung gegeben ist? Die Antwort ist eindeutig, ja, nicht nur, was die nicht- geschlechtsspezifischen Hormone betrifft (wie im oben zitierten Experiment von Schachter und Singer 1962), sondern auch, was das Geschlecht selbst anbelangt. Studien über Hermaphroditen mit derselben Diagnose (die genetische Situation, Keimdrüsen, Geschlechtshormone, die inneren reproduktiven Organe und die zweideutige Erscheinung der äußeren Geschlechtsmerkmale waren identisch) haben gezeigt, daß Menschen sich schlicht als männlich oder weiblich empfinden, je nachdem ob sie als männlich oder weiblich definiert und erzogen worden sind (Money 1970; Hampton und Hampton 1961): "Es gibt keinen überzeugenderen Beweis für die große Macht der sozialen Interaktionen auf die Differenzierung der Geschlechtsidentität als die Fälle von kongenitalen Hermaphroditen, die dieselbe Diagnose und ähnliche Grade von Hermaphrodismus aufweisen, jedoch verschieden zugeordnet sind und eine unterschiedliche nachgeburtliche Medizin- und Lebensgeschichte haben" (Money 1970, S. 432).

Wenn also z.B. von zwei Individuen mit der Diagnose eines androgenitalen Syndroms mit weiblichem Hermaphrodismus das eine als Mädchen und das andere als Junge erzogen wird, so wird jede/r der beiden sich entsprechend identifizieren. Das Individuum, das als Mädchen herangewachsen ist, wird sich für ein Mädchen halten; dasjenige, das als Junge herangewachsen ist, wird sich für einen Jungen halten; und jede/r wird sich mit Erfolg ihrer/seiner Selbstdefinition entsprechend verhalten.

Demnach kommt identisches Verhalten bei gegebenen unterschiedlichen physiologischen Bedingungen, sowie unterschiedliches Verhalten bei gegebenem identischem physiologischem Ausgangspunkt vor. Es ist also nicht klar, ob Unterschiede in den Geschlechtshormonen überhaupt für das Verhalten relevant sind.

Es gibt eine zweite Kategorie von Theorien im Bereich der Biologie, eine Reduktionstheorie. Sie sieht folgendermaßen aus: Es wird das Geschlechtsrollenverhalten in einigen Primatenarten beschrieben, und daraus wird geschlossen, daß dies das normale Verhalten bei Menschen darstellt. Abgesehen vom nicht unbedeutenden Problem der vorgefaßten Meinung beim Betrachter, bringt dieser Ansatz eine Reihe von Problemen mit sich.

Das ganz grundlegende und schwerwiegendste Problem dabei ist, daß es keinen Grund zu der Annahme gibt, irgend etwas, was Primaten tun, sei für die Menschen nötig, natürlich oder wünschenswert. Aus dem ganz einfachen Grund, weil Menschen keine Nicht-Menschen sind. So wird z.B. festgestellt, daß männliche Schimpansen, die mit Nachwuchs alleingelassen werden, diesen nicht "bemuttern". Die Forscher springen von diesen harten Tatsachen zu ihren ideologischen Spekulationen und schlußfolgern, daß *menschliche* Weibchen für das sichere Wachstum des menschlichen Nachwuchses unabdingbar sind. Folgten wir einer solchen Logik, wäre es ganz konsequent zu beschließen, daß es ganz unsinnig ist, menschlichen Kindern das Sprechen beizubringen, denn man hat es mit Schimpansen versucht, und es funktionierte nicht.

Eine der Strategien besteht darin, vom Primatenverhalten auf "angeborene" menschliche Eigenschaften zu schließen, indem man auf gewisse Entwicklungslinien im Primatenverhalten verweist, die zu beobachten sind, wenn man sich phylogenetisch dem Menschen nähert. Doch dieser Ansatz ist sehr problematisch. Wenn Verhaltensweisen von niederen Primaten denen höherer Primaten direkt entgegengesetzt sind, oder zu denen im Widerspruch stehen, die man vom Menschen erwartet, bleiben sie aus evolutionären Gründen unbeachtet - die höheren Primaten und/oder die Menschen seien längst aus diesem Kinderzeug herausgewachsen. Wenn andererseits jedoch das Verhalten der *höheren* Primaten dem Verhalten zuwiderläuft, wie es für Menschen als natürlich gilt, während das Verhalten einiger niederer Primaten als das natürliche für Menschen angesehen wird, kann nunmehr das Verhalten der höheren Primaten unbeachtet bleiben mit der Begründung, daß es von einem älteren, prototypischen Muster abgewichen ist. So kann man also in jedem Fall dasjenige Verhalten auswählen, von dem man nachweisen möchte, das es den Menschen angeboren ist. Außerdem weiß man nicht sicher, ob das beobachtete Geschlechtsrollenverhalten seinen Ursprung auf der phylogentischen Ebene hat, oder durch die Umwelteinflüsse bedingt ist (physisch und sozial), in denen die verschiedenen Arten leben.

Hat es dann überhaupt einen Sinn, das Verhalten von Primaten daraufhin zu observieren, inwiefern es mit dem von menschlichen Männern und Frauen verwandt ist? Es hat einen Sinn, aber er ist beschränkt: er kann lediglich die Funktion haben, jetzt existierende Beispiele von verschiedenem Geschlechtsrollenverhalten zu dokumentieren. Das jetzt existierende Verhalten beschreibt aber nicht einmal im Ansatz das *mögliche* Verhaltensspektrum, weder für nicht-menschliche Primaten noch für Menschen. Wenn wir diese Einschränkungen im Blick behalten, ist es in der Tat interessant zu sehen, wie das so stark eingeschränkte Angebot an Geschlechtsrollenverhalten bei nicht-menschlichen Primaten dennoch ein breiteres Spektrum an Variationen beinhaltet als normalerweise angenommen wird. "Die Biologie" scheint da sehr wenig Grenzen zu setzen; die Tatsache, daß ein Weibchen gebiert, heißt noch nicht, nicht einmal bei Nicht-Menschen, daß es sich notwendigerweise um die Jungen kümmert. Bei den Krallenaffen zum Beispiel, trägt das Männchen das Junge zu allen Zeiten, außer wenn es gestillt wird (Mitchell 1969); "natürliches" weibliches und männliches Verhalten nimmt die ganze Bandbreite ein, von Weibchen, die viel mehr Aggressions- und Konkurrenzverhalten zeigen als Männchen (z.B. die Tamarine, vgl. Mitchell 1969), und männlichen "Müttern" (z.B. Titiaffen, Nachtaffen und Krallenaffen, vgl. Mitchell 1969) bis zu unterwürfigen und passiven Weibchen und männlichen Angreifern (z.B. Rhesusaffen).

Doch selbst in Anbetracht der begrenzten Verwendbarkeit der Primatenargumente sind die Ergebnisse mißbraucht worden. Ausnahmslos wurden lediglich solche Primaten angeführt, die genau die Art von Verhalten zeigen, von dem die Befürworter der biologischen Basis des weiblichen Verhaltens wünschen, daß sie für die Menschen zuträfen. So werden gewöhnlich Rhesusaffen und Paviane zitiert: Die Männchen in diesen Gruppen zeigen einige der reizbarsten und aggressivsten Verhaltensweisen, die überhaupt bei Primaten anzutreffen sind, und wenn man nachweisen möchte, daß Frauen natürlicherweise passiv und unterwürfig sind, liefern diese Primaten anschauliche Beispiele. Gegenbeispiele, so wie die oben erwähnten (Mitchell 1969), liegen reichlich vor; tatsächlich läßt sich für jedes zitierte geschlechtsspezifische Verhalten ein Gegenbeispiel finden, einschließlich der männlichen "Mütter" wie bei den Krallenaffen.

Doch die Existenz von Gegenbeispielen hat die blumigen und überspannten Theorien von einer natürlichen oder biologischen Basis der männlichen Privilegien nicht von ihren wilden Wucherungen abhalten können. Da gibt es z.B. eine Anzahl von Theorien, die sich mit der angeborenen Unfähigkeit der Männer zur Monogamie befaßt hat. Dabei dienten, wie meist bei diesem Typus des Theoretisierens, die Paviane als beliebtes Beispiel, möglicherweise weil sie anregende Phantasien inspirieren: Die Familieneinheit der Hamadryaspaviane besteht z.b. ziemlich durchgängig aus einem Männchen und einer Anzahl von Weibchen mit ihren Jungen. Und wieder werden die Gegenbeispiele dazu, wie z.B. der beständig monogame Gibbon, ignoriert.

Kurz gesagt haben die Primatenargumente gewöhnlich ihr Belegmaterial mißbraucht; Primatenstudien haben an sich schon nur sehr beschränkte Funktionen in der Beschreibung von möglichem geschlechtstypischen Verhalten; und heute gibt es erst so wenige Primatenbeobachtungen, daß das Spektrum möglichen geschlechtstypischen Verhaltens bei nicht-menschlichen Primaten unbekannt ist. Es muß unbekannt sein, weil es kaum Beobachtungen darüber gibt, was mit dem Verhalten geschieht, wenn die physische oder soziale Umgebung geändert wird. Es gibt eine Studie (Itani 1963), in der verschiedene Banden von japanischen Makaken beobachtet wurden. Dabei schien es kulturell bedingte Unterschiede zu geben: die Männchen in 3 von den 18 observierten Gruppen unterschieden sich durch ihren Grad an Aggressivität und Brutpflegeverhalten. In diesem Fall war das Argument einer divergierendenden Evolution nicht anwendbar; die Unterschiede schienen hauptsächlich durch die Sozialisation des Nachwuchses übertragen zu sein. So weist das sehr beschränkte Beweismaterial auf einige Plastizität im geschlechtstypischen Verhalten nicht-menschlicher Primaten hin; wenn wir imstande sind, Experimente zu entwickeln, bei denen die soziale Organisation von Primatengruppen drastisch geändert sind, dann wird es uns vielleicht möglich sein, große Veränderungen im Verhalten zu beobachten. Zur Zeit jedoch müssen wir schließen, daß bei einem konstanten physischen Umfeld nicht-menschliche Primaten ihre sozialen Bedingungen nicht von sich aus zu verändern scheinen, und somit ist das "Angeborene" und Fixierte in ihrem Verhalten eine unbekannte Größe. Selbst wenn es demnach irgendeine Möglichkeit gäbe, die es allerdings nicht gibt, sich auf das Verhalten einer bestimmten Primatenart als auf das für den Menschen "naturgemäße" Verhalten zu einigen, selbst dann wüßten wir nicht, ob dieses Verhalten nicht vielleicht nur eine Funktion der augenblicklichen sozialen Organisation dieser Spezies ist. Und schließlich muß noch einmal betont werden: Selbst wenn es sich herausstellen sollte, daß das Verhalten nicht-menschlicher Primaten relativ stabil ist, würde dies sehr wenig über unser Verhalten aussagen. Direkte und relevante Belege, nämlich die Ergebnisse der Sozialpsychologie, weisen auf die enorme Plastizität des menschlichen Verhaltens hin, nicht nur von einer Kultur zur nächsten, sondern auch von einer Versuchsgruppe zur nächsten. Einer der herausragendsten Züge der menschlichen Sozialorganisation ist ihre Vielseitigkeit; es gibt eine Reihe von Kulturen, in denen zumindest eine annähernde Gleichberechtigung zwischen Männern und Frauen besteht. Zusammenfassend können Argumente mit Primaten sehr wenig über unser "angeborenes" geschlechtstypisches Verhalten aussagen; wenn sie uns überhaupt etwas sagen, dann lediglich, daß es kein biologisch "natürliches" weibliches oder männliches Verhalten gibt und daß geschlechtstypisches Verhalten bei nicht-menschlichen Primaten sehr viel abwechslungsreicher ist als gewöhnlich angenommen wird.

Schlußfolgerung

Um es kurz zu machen, die Feststellung der Unergiebigkeit der gegenwärtigen psychologischen (und biologischen) Literatur, was die Psyche der Frauen anbelangt, ist nur der Spezialfall einer allgemeinen Schlußfolgerung: Man muß die sozialen Bedingungen verstehen, unter denen Frauen leben, wenn man versuchen will, ihr Verhalten zu verstehen. Und um die sozialen Bedingungen zu verstehen, unter denen Frauen leben, muß man Kenntnis über die sozialen Erwartungen haben, die Frauen entgegengebracht werden.

Wie werden die Frauen in unserer Kultur und in der Psychologie charakterisiert? Sie sind unbeständig, gefühlsmäßig instabil, ohne starkes Gewissen oder Über-Ich, schwächer, eher "nährend" als produktiv, eher "intuitiv" als intelligent, und, wenn sie überhaupt "normal" sind, geeignet für Haus und Familie. Kurz, die Liste addiert sich zum Bild des typischen Minderwertigkeitsstereotyps einer Randgruppe (Hacker 1951): Wenn sie wissen, wo sie hingehören, nämlich ins Haus, dann sind sie eigentlich ganz liebenswerte, glückliche, kindliche und liebevolle Geschöpfe. In einer Untersuchung über die intellektuellen Unterschiede zwischen kleinen Jungen und kleinen Mädchen hat Eleanor Maccoby (1966) gezeigt, daß es bis etwa zum Übertritt in die weiterführenden Schulen keine intellektuellen Unterschiede gibt, bzw. sofern doch einer existiert, sind die Mädchen den Jungen leicht voraus. In der höheren Schule beginnen die Mädchen bei einigen intellektuellen Aufgaben, wie z.B. beim arithmetischen Denken, schlechter abzuschneiden, und nach der Schule fällt die Leistung von Frauen, gemessen an Produktivität und Ausführung, immer rapider ab. Es gibt eine Reihe von weiteren, nicht-intellektuellen Tests, die Geschlechtsunterschiede deutlich machen; ich habe die intellektuellen Unterschiede gewählt, weil hier deutlich sichtbar wird, daß Frauen irgendwann anfangen, minderwertig zu sein. Es hilft nicht zu sagen, Frauen seien zwar anders aber gleichwertig; alle Tests, die mir einfallen, haben ein "gutes" und ein "schlechtes" Ergebnis. Frauen landen gewöhnlich beim "schlechten" Ergebnis. Angesichts der sozialen Erwartungen für die Frauen ist es nicht erstaunlich, daß sie dort landen, wo die Gesellschaft es von ihnen erwartet. Erstaunlich ist jedoch, daß die kleinen Mädchen erst verstehen, daß sie dumm zu sein haben, wenn sie in den höheren Klassen der Schule sind. Und noch erstaunlicher ist, daß manche Frauen dieser gesellschaftlichen Botschaft sogar noch länger standhalten, über die höhere Schule, das Studium und den akademischen Titel hinaus.

Am Anfang meines Artikels sprach ich über die Aufgabe, die Grenzen der menschlichen Möglichkeiten zu entdecken. Die Psychologen müssen einsehen, daß sie selbst es sind, die die Entdeckung des menschlichen Potentials verhindern. Wenn sie klinische Psychologen sind, weigern sie sich, Beweismaterial wahrzunehmen, oder, wenn sie ganz radikal sind, setzen sie voraus, daß die Menschen in einem kontextfreien Äther wandeln, in dem lediglich ihre angeborenen Dispositionen und ihre persönlichen Merkmale bestimmen, was sie tun werden. Solange die Psychologen Beweise nicht anerkennen und die sozialen Zusammenhänge, in denen die Menschen sich bewegen, nicht einbeziehen, solange wird die Psychologie, was diese Aufgaben der Entdeckung betrifft, nichts von Bedeutung zu bieten haben. Ich weiß nicht, welche unveränderlichen Unterschiede zwischen Mann und Frau außer ihren Genitalien bestehen; vielleicht gibt es einige Unterschiede; möglicherweise gibt es eine Reihe von irrelevanten Unterschieden. Bis jedoch die sozialen Erwartungen für Männer und Frauen gleich sind, bis wir Männer und Frauen gleichermaßen respektieren, bis dahin werden unsere Antworten auf diese Frage lediglich unsere Vorurteile widerspiegeln.

Aus dem Amerikanischen von Angela Lorent

Literatur:

Astin, A.W. (1961): "The Functional Autonomy of Psychotherapy", in: American Psychologist, S. 75-78.
Barron, F. und *Leary, T.* (1955): "Changes in Psychoneurotic Patients with and without Psychotherapy", in: Journal of Consulting Psychology, 19, S. 239-245.
Bergin, A.E. (1963): "The Effects of Psychotherapy: Negative Results Revisited", in: Journal of Consulting Psychology, 10, S. 244-250.
Bettelheim, B. (1965): "The Commitment Required of a Woman Entering a Scientific Profession in Present-Day American Society",in: Women and the Scientific Professions. The MIT Symposium on American Women in Science and Engeneering.
Block, J. (1968): "Some Reasons for the Apparent Inconsistency of Personality", in: Psychological Bulletin, 70, S. 210-212.
Cartwright, R.D. und *Vogel, J.L.* (1960): "A Comparison of Changes in Psychoneurotic Patients during Matched Periods of Therapy and No-therapy", in: Journal of Consulting Psychology, 24, S. 121-127.
Erikson, E. (1964): "Inner and Outer Space: Reflections of Womanhood", in: Daedalus, 93, S. 582-606.
Eysenck, H.J. (1952): "The Effects of Psychotherapy: an Evaluation", in: Journal of Consulting Psychology, 16, S. 319-324.
Fieldcrest (1965): Werbung im New Yorker.
Freud, S. (1972): Zur sexuellen Aufklärung der Kinder. Freud, Studienausgabe, Band V. Frankfurt a.M.: Fischer.
Goldstein, A.P. und *Dean, S.J.* (1966): The Investigation of Psychotherapy: Commentaries and Readings. New York: John Wiley and Sons.
Hamburg, D.A. und *Lunde, D.T.* (1966): "Sex Hormones in the Development of Sex Differences in Human Behavior", in: Macoby (Hrsg.): The Development of Sex Differences. Stanford: Stanford University Press, S. 1-24.
Hacker, H.M. (1951): "Women as a Minority Group", in: Social Forces, 30, S. 60-69.

Hampton, J.L. und *Hampton, J.C.* (1961): "The Ontogenesis of Sexual Behavior in Man", in: W.C. Young (Hrsg.): Sex and Internal Secretions, S. 1401-1432.
Harlow, H.F. (1962): "The Heterosexual Affectional System in Monkeys", in: The American Psychologist, 17, S. 1-9.
Hooker, E. (1957): "Male Homosexuality in the Rorschach", in: Journal of Projective Techniques, 21, S. 18-31.
Itani, J. (1963): "Paternal Care in the Wild Japanese Monkeys, Macaca Fuscata", in: C.H. Southwick (Hrsg.): Primate Social Behavior. Princeton: Van Nostrand.
Little, K.B. und *Schneidmann, E.S.* (1959): "Congruences among Interpretations of Psychological and Anamnestic Data", in: Psychological Monographs, 73, S. 1-42.
Macoby, Eleanor E. (1966): "Sex Differences in Intellectual Functioning", in: Macoby (Hrsg.): The Development of Sex Differences. Stanford: Stanford University Press, S. 25-55.
Masters, W.H. und *Johnson, V.E.* (1980): Die sexuelle Reaktion. Reinbek bei Hamburg: Rowohlt.
Mead, M. (1954): Mann und Weib. Das Verhältnis der Geschlechter in einer sich wandelnden Welt. Zürich: Diana Verlag.
Milgram, S. (1965a): "Some Conditions of Obedience and Disobedience to Authority", in: Human Relations, 18, S. 57-76.
ders. (1965b): "Liberating Effects of Group Pressure", in: Journal of Personality and Social Psychology, 1, S. 127-134.
Mitchell, G.D. (1969): "Paternalistic Behavior in Primates", in: Psychological Bulletin, 71, S. 339-417.
Money, J. (1970): "Sexual Dimorphism and Homosexual Gender Identity", in: Psychological Bulletin, 74, S. 425-440.
Powers, E. und *Witmer, H.* (1951): An Experiment in the Prevention of Delinquency. New York: Columbia University Press.
Rheingold, J. (1964): The Fear of Being a Woman. New York: Grune and Stratton.
Rosenthal, R. (1963): "On the Social Psychology of the Psychological Experiment: The Experimenter's Hypothesis as Unintended Determinant of Experimental Results", in: American Scientist, 51, S. 268-283.
ders. (1966): Experimenter Effects in Behavioral Research. New York: Appleton-Century-Crofts.
ders. (1976): Pygmalion im Unterricht. Lehrererwartungen und Intelligenzentwicklung der Schüler. Weinheim/Basel: Beltz. 3. Auflage.
ders. und *Lawson, R.* (1961): "A Longitudinal Study of the Effects of Experimenter Bias on the Operant Learning of Laboratory Rats". Unveröffentlichtes Manuskript, Harvard University.
ders. und *Fode, K.L.* (1960): "The Effect of Experimenter Bias on the Performance of the Albino Rat". Unveröffentlichtes Manuskript, Harvard University.
Rotter, J.B. (1960): "Psychotherapy", in: Annual Review of Psychology, 11, S. 381-414.
Schachter, S. und *Singer, J.E.* (1962): "Cognitive, Social and Psychological Determinants of Emotional State", in: Psychological Review, 69, S. 379-399.
Tiger, L. (1969): Men in Groups. New York: Random House.
ders. (1970): "Male Dominance? Yes. Alas. A Sexist Plot? No." New York Times Magazine, Section N, 25. Oktober 1970.
Truax, C.B. (1963): "Effective Ingredients in Psychotherapy: an Approach to Unraveling the Patient-Therapist Interaction", in: Journal of Counseling Psychology, 10, S. 256-263.

Philosophie

Männliche Erfahrungen und die Normen sozialwissenschaftlicher Erkenntnis

Sandra Harding

1. Naturalisten gegen Intentionalisten[1]: Gibt es einen Ausweg aus der Sackgasse?

Seit über einem Jahrhundert streiten sich Sozialwissenschaftler und Erkenntnistheoretiker darüber, ob Ontologie und Methodik der Naturwissenschaft geeignet sind, den Gesetzmäßigkeiten des gesellschaftlichen Lebens und deren kausalen Zusammenhängen gerecht zu werden. Die Frage ergibt sich aus der Tatsache, daß menschliche Handlungen offensichtlich nicht nur durch die Gesetze, die die physikalische Materie bestimmen, sondern auch durch "intentionale" Systeme beeinflußt werden, d.h. durch die in einer Kultur verbreiteten Vorstellungen, Regeln, Konventionen und Überzeugungen, sowie durch individuelle Systeme der Wahrnehmung, Motivation und Zielsetzung, die sich im Rahmen kultureller Systeme entwickeln. Folglich können menschliche Handlungen weder beschrieben noch bewertet werden, ohne diese *intentionale* Dimension zu berücksichtigen. Der Kernpunkt der Kontroverse ist also die Frage, ob, und wenn ja, in welcher Weise, der spezifische Charakter der sozialwissenschaftlichen Forschungsgegenstände eine Abweichung von der naturwissenschaftlichen Logik erforderlich macht.

Zur Zeit gibt es drei Fragen, die keine der streitenden Parteien zufriedenstellend beantworten kann:

---

1 Um deutlich zu machen, was ich unter dem "naturalistischen" (d.h. an naturwissenschaftlichen Gesetzlichkeiten orientierten B.S-H.) und dem "intentionalistischen" Ansatz verstehe, möchte ich darauf verweisen, daß es für den "intentionalistischen" Ansatz bisher keine geeignete und allgemein übliche Bezeichnung gibt, und zwar aus folgendem Gründen. Einerseits gibt es in der philosophischen Auseinandersetzung überhaupt keine einheitliche Sprachregelung; und andererseits gibt es zwei Schulen der Analyse, die sowohl naturalistische als auch intentionalistische Ansätze verwenden: die Anhänger einer funktionalistischen Theorie des Denkens und diejenigen, die davon ausgehen, daß die Gesellschaftswissenschaften letztlich beide Begriffssprachen verwenden, sowohl die intentionale, d.h. auf Bedeutung und inneren Sinn gerichtete, als auch eine, die sich auf beobachtbares äußeres Verhalten beschränkt (extensional language). Als "intentionalistisch" bezeichne ich daher alle Ansätze, die davon ausgehen, oder sich unwissentlich so verhalten, als ob die Ontologie und Methodologie der Naturwissenschaften nicht allein oder überhaupt nicht in der Lage sei, den Sozialwissenschaften gerecht zu werden.

1. In welcher Beziehung können und sollen die *Beschreibung* und die *Erklärung* sozialer Zusammenhänge zueinander stehen?
2. Welche Rollen soll die sozialwissenschaftliche Theorie hierbei spielen?
3. Wie sollen "irrationale" soziale Phänomene erklärt werden (Rolle der "Critique"[2])?

Die naturalistische und die intentionalistische Herangehensweise an diese Probleme werden üblicherweise als einander widersprechende und entgegengesetzte betrachtet; wobei Moon darauf hinweist, daß sich die beiden Ansätze so umformulieren lassen, daß sie sich als vereinbarlich erweisen und sich ihre Ergebnisse ergänzen würden (Fay Moon 1977, S. 227). Die feministische Kritik zeigt jedoch einen tieferliegenden Zusammenhang auf, der den naturalistischen und den intentionalistischen Ansatz miteinander verbindet: Beide sind in der gleichen, unverkennbar männlichen Weise einseitig. Sie sind in der Tat miteinander vereinbarlich, und ihre Ergebnisse ergänzen sich schon von vornherein. Aus der Perspektive dieser Kritik ist daher keine Umformulierung nötig, die die beiden Positionen zusammenbringen könnte, sondern vielmehr die Formulierung einer ganz neuen Erkenntnistheorie, in der die beiden Ansätzen zugrundeliegenden dualistischen Annahmen überwunden werden.

2. Die Problematik der Naturalisten

In bezug auf die oben formulierte erste Frage, den richtigen Zusammenhang zwischen Beschreibung und Erklärung betreffend, entwickelten Naturalisten aus dem Lager der analytischen Philosophie der Sozialwissenschaften in den letzten Jahrzehnten den sogenannten "definitionsorientierten Behaviorismus" (definitional behaviorism) und den "eliminativen Materialismus" (eliminative materialism). Beide Ansätze lehnen die Einbeziehung intentionalistischer Konzepte als Mittel zur wissenschaftlichen Erklärung gesellschaftlicher Phänomene ab. Das Programm des "eliminativen Materialismus" geht überhaupt nicht von inneren Vorstellungen aus, sondern strebt statt dessen eine wissenschaftliche Erklärung sozialen Verhaltens an, die sich rein extentional auf äußeres Verhalten bezieht und deren Terminologie fast gänzlich aus den Naturwissenschaften übernommen wurde. "Definitorische Behavioristen" gehen dagegen zwar von Begriffen wie "Handeln" und "Bedeutung" aus, versuchen diese jedoch auf rein empirischer Basis zu analysieren, um sie in "gereinigter" Form in ihre Sozialwissenschaft einordnen zu können. Nach einigen Jahrzehnten der Arbeit mit diesen beiden naturalistischen Modellen hat sich kei-

---

2 Unter der Bezeichnung "Critique" wurde in der amerikanischen philosophischen Diskussion ein Diskurs aufgenommen, der an die Marxistische Ideologiekritik und an die auf Aufdeckung von Herrschaftsbezügen gerichtete Reflexion der Frankfurter Schule anknüpft, allerdings in weitgehend entpolitisierter Form und eher auf die formal-logischen Dimensionen der beobachteten Widersprüche konzentriert (**B.S-H.**).

nes von ihnen in der sozialwissenschaftlichen Praxis bewährt, und es scheint, als wären sie nicht nur in der Anwendung fehlerhaft, sondern auch in ihrer gedanklichen und prinzipiellen Struktur.

Es ist hier leider nicht möglich, ausführlich auf die Argumente einzugehen, die viele SozialwissenschaftlerInnen und PhilosophInnen zu dem Schluß geführt haben, jene naturalistischen Ansätze seien wenig ergiebig und nicht überzeugend. Ihre Schlußfolgerungen sind: Es ist dem Behaviorismus nicht gelungen, innere (intentionale) Vorstellungen so in veranlagungsbedingte Größen umzudefinieren, daß sie als beobachtbare Gründe angesehen werden könnten, die die Individuen zu erkennbaren Bewegungen veranlassen. Was den Materialismus anbelangt, so gibt sich dieser z.Z. rein programmatisch und strebt Erklärungen an, die sich von den Zielen der heutigen Sozialwissenschaften stark unterscheiden. Der Materialismus beschäftigt sich mit der Mechanik, bzw. der Neurophysiologie des Verhaltens, während sich die Sozialwissenschaften zunehmend der gesellschaftlichen Bedeutung des menschlichen Verhaltens zuwenden.

Zur Frage Nr. 2: Während sich die Naturalisten mit der allgemeinen Natur wissenschaftlicher Theorien auseinandersetzen, achten sie wenig auf die speziellen Probleme bei der Bildung von Theorien über gesellschaftliches Leben. Fasziniert von der Allgemeingültigkeit naturwissenschaftlicher Hypothesen und ausgehend von der Annahme, daß die z.T. noch unausgegorenen Theorien der Sozialwissenschaften auf einen mangelhaften, bzw. infantilen Stand dieser Wissenschaft überhaupt schließen lassen, scheint ihre Devise zu sein, daß etwas, was sich in der Physik nicht als Problem erweist, auch nicht als Problem für gesellschaftswissenschaftliche Theorien gelten kann. Der intentionale Charakter gesellschaftlicher Phänomene stellt jedoch eine Reihe spezieller Anforderungen an die Theoriebildung in den Sozialwissenschaften, z.B. die nach einer angemessenen Verwendung von Kompetenz- und Verhaltenstheorien, wobei die ersteren zur Konstruktion eines idealisierten, vollkommen rationalen Wesens, die letzteren für die Erklärung des tatsächlichen Verhaltens von realen Menschen zuständig wären. Worin besteht der Zusammenhang zwischen beiden? Wie stehen die Vorstellungen und Prinzipien, die die Handlungen und Überzeugungen tätiger Menschen bestimmen, in Beziehung zu den Vorstellungen und Prinzipien, die von den WissenschaftlerInnen zur Beschreibung und zur Erklärung sozialen Handelns angewandt werden? Inwiefern erfordert die intentionale Natur gesellschaftlicher Phänomene besondere Forschungsprogramme in den Sozialwissenschaften? Naturalisten messen den speziellen Problemen und der potentiellen Erklärungskraft spezifisch sozialwissenschaftlicher Theorien wenig Wert zu.

Und schließlich ist da noch die Frage nach den Ursachen irrationalen gesellschaftlichen Verhaltens, bzw. nach der Bedeutung der "Critique" (siehe Fn. 2). "Irrationale" gesellschaftliche Phänomene sind solche, die zu den expliziten bzw. allgemeinen Zielen einer Gesellschaft in Widerspruch stehen, wobei die Widersprüche selbst zur Aufrechterhaltung des betreffenden gesellschaftlichen Zusammenhangs beitragen. Viele SozialwissenschaftlerInnen haben darauf hingewiesen, daß das Verhalten und die Überzeugung eines Individuums, ja sogar gesamter Gesellschaftsformationen, nur durch die Beibehaltung systematischer Selbst-Mißverständnisse und Selbst-Widersprüche stabil bleiben können. Marx, Freud und Habermas sind nur drei unter vielen TheoretikerInnen, die auf die weitverbreitete Existenz dieses Phänomens im gesellschaftlichen Leben hingewiesen haben. Da es in den Naturwissenschaften keine Analogie zu den "Graden" von Rationalität eines Glaubenssystems, einer Institution oder eines Systems von Handlungen gibt, und auch nicht zu Erklärungsmodellen, die nur auf der Grundlage solcher Gradunterschiede möglich sind, können Naturalisten nichts über solche selbstwidersprüchliche Phänomene aussagen. Sie können sie höchstens mit dem Etikett "irrational" versehen und sie aus dem Zuständigkeitsbereich der Wissenschaften verbannen.

3. Die Problematik der Intentionalisten

Die Intentionalisten haben die Tatsache anerkannt, daß es im gesellschaftlichen Leben eine nicht auf anderes zurückzuführende intentionale Dimension gibt. Sie versuchen daher, wissenschaftliche Interpretationen zu geben, die die Systeme der Vorstellungen, Regeln, Konventionen und Glaubenssätze, sowie die individuellen Wahrnehmungen, Motivationen und Ziele, die das gesellschaftliche Leben ausmachen, aus der Sicht der jeweils betroffenen Menschen beschreiben. Intentionalisten versuchen, ursprünglich rätselhafte gesellschaftliche Phänomene aus der Sicht derjenigen, die beobachtet werden, widerspruchslos, bzw. sinnvoll erscheinen zu lassen. Folgerichtig können die Sozialwissenschaften, wie Intentionalisten sie verstehen, keine kausalen Erklärungen für Verhalten anbieten. Unterscheiden sich doch die Gründe und Motive, die eine Person für ihr bestimmtes Verhalten angeben mag, grundlegend von solchen Ursachen und Gründen, die in physikalisch-wissenschaftlicher Sichtweise als Erklärungen anerkannt werden können. So ist es z.B. klar, daß Brutus' Wunsch, Caesar zu töten, bzw. die Gründe, die er für diese Tat hatte, nicht die Ursache für den Tod des Caesars sein können, doch ebenso klar ist, daß die Tatsache, daß Brutus diesen Wunsch hatte, mit Sicherheit einen Teil der kausalen Erklärung des Gesamtgeschehens ausmacht. Außerdem wollen wir ja weitaus mehr erklären, als lediglich individuelle Verhaltensweisen. Wir möchten auch erklären können, warum Menschen diese oder jene Überzeugungen und Wünsche haben und warum überhaupt gewisse gesellschaftliche Praktiken und Regeln entstehen, bzw. warum sie sich zu gewissen Zeiten ändern. Solche wissenschaftlichen Bestandsaufnahmen können nicht nur beschreibend sein; sie enthalten immer auch kausale Erklärungen. Deswegen ist die Beschränkung der wissenschaftlichen Darstellung auf Beschreibungen durch die Intentionalisten unzureichend, wenn es darum gehen soll, das, was uns an Menschen interessiert, angemessen zu erfassen.

Gehen wir noch einmal zurück zu der zweiten Frage, zu der Frage nach der Rolle, die die Theorie in den Sozialwissenschaften spielen soll. Von der richtigen Einschätzung, daß sozialwissenschaftliche Darstellungen mit der Beschreibung intentionaler gesellschaftlicher Gegebenheiten beginnen müssen, gelangen die Intentionalisten zu dem ungerechtfertigten Schluß, daß sozialwissenschaftliche Forschung legitimerweise aus nichts anderem als aus beschreibenden Interpretationen bestehen könne. Das führt sie dazu, die Rolle der Theorie als Leitfaden wissenschaftlicher Untersuchungen zu unterschätzen. Sozialwissenschaftliche Forschung, die sich ausschließlich auf die Beschreibung der untersuchten Gruppe bezieht, findet oft keine Erklärung für die in der Gruppe gültigen Institutionen; sie kann nicht erklären, warum dieser oder jener Prozeß gesellschaftlichen Wandels stattfindet, oder warum das gesellschaftliche Leben durch bestimmte offensichtliche, oder auch weniger offensichtliche Gesetzmäßigkeiten bestimmt ist. Die Suche nach einer adäquaten Erklärung für gesellschaftliche Phänomene macht es notwendig, sich u.a. auch außerhalb des Selbstverständnisses einer Gesellschaft, oder eines bestimmten Individuums, zu begeben. Sicher darüber Rechenschaft zu geben, was die verborgenen Gesetzmäßigkeiten des gesellschaftlichen Lebens, bzw. die sie bestimmenden kausalen Tendenzen, sind, ist für die Gruppe selbst oft uninteressant, - oder gar unmöglich. Da es in den Sozialwissenschaften sehr prominente Erklärungsansätze und kausale Theorien gibt, läßt diese antitheoretische Einstellung des intentionalistischen Ansatzes ihn als "offenkundig unzulänglich und sogar bedeutungslos erscheinen für diejenigen, die engagierte sozialwissenschaftliche Arbeit leisten" (Fay Moon 1977, S. 217). Dies ist einer der Gründe, weswegen sich SozialwissenschaftlerInnen, die selbst im Bereich der Forschung tätig sind, haüfig im Lager der Naturalisten aufhalten.

Was die Bedeutung der "Critique", also die Widersprüchlichkeit sozialer Phänomene anbelangt, so können Intentionalisten, da sie ihre Darstellungen auf die von den betroffenen sozialen Agenten gelieferten Interpretationen sozialen Lebens beschränken, weder das als irrational betrachten, was die Betroffenen über sich und ihre Gesellschaft momentan nicht verstehen, noch aber auch solche Zusammenhänge, die sie erst nach einer radikalen Änderung ihrer eigenen Sicht, bzw. ihrer Teilhabe an den Institutionen ihrer Gesellschaft verstehen könnten. Eine Beschreibung und Erklärung der Widersprüche zwischen Sichtweise und Verhalten eines Individuums, bzw. einer Gesellschaft, ist mit der intentionalistischen Betrachtungsweise daher nicht möglich.

4. Gemeinsame Annahmen über die Normen sozialwissenschaftlicher Erkenntnis bei Naturalisten und Intentionalisten

Trotz aller Unterschiede zwischen den beiden Ansätzen sind ihnen gewisse normative Grundvorstellungen über Ziele, Inhalte und Formen sozialwissenschaftlicher Erkenntnis über die Methoden und die "Ethik", die den Erwerb dieser Erkenntnis bestimmen sollte, gemeinsam, die durchaus in Frage gestellt werden müssen. Die besagten Annahmen sind deswegen problematisch, da sie in der gleichen Art und Weise voreingenommen und geprägt sind, wie die Gesellschaft, zu deren Verständnis sie beitragen sollen.

Beide, Naturalisten und Intentionalisten, sehen das Ziel sozialwissenschaftlicher Untersuchungen darin, die Regelmäßigkeiten des gesellschaftlichen Lebens von "anderen" zu beschreiben und nachzuweisen, daß diese Regelmäßigkeiten nicht zufällig sind: entweder sind sie gesetzmäßig (bei den Naturalisten) oder regelhaft (bei den Intentionalisten). Beschreibungen und Erklärungen/Interpretationen dieser Art sind das, was man braucht, wenn es darum geht, das gesellschaftliche Leben, welches Gegenstand der Untersuchungen ist, vorherzusagen und zu kontrollieren.[3] Das Ziel sozialwissenschaftlicher Untersuchungen ist hierbei nicht, die Motive oder die Bedeutung der Absichten der *untersuchenden Person* - ihre persönlichen oder wissenschaftlichen Projektionen - aufzudecken oder zu erklären, bzw. denjenigen, die die Gegenstände der Untersuchung sind, solche Fähigkeiten und Kenntnisse zu vermitteln, die sie in die Lage versetzen würden, ihre eigenen Absichten und Ziele besser zu verfolgen. Die Inhalte dieser sozialwissenschaftlichen Erkenntnisse sind "Informationen", d.h. Beschreibungen/Erklärungen/Interpretationen der *anderen*, die das Objekt der Erkenntnis sind.

Der Form nach präsentiert sich wissenschaftliche Erkenntnis in unpersönlicher, wertfreier Sprache. Die Naturalisten gehen davon aus, daß die Mathematik und die Logik die Sprache anbieten, die am wenigsten an die konkreten sozialen oder physikalischen Bedingungen der Forscher oder ihrer Objekte gebunden ist. Logik und Mathematik gelten daher als die Sprachen, die für eine universelle Anwendung am besten geeignet sind, d.h. die am wenigsten persönliche Form der Kommunikation darstellen. Aber auch die Intentionalisten sind darum bemüht, eine Sprache zu vermeiden, die ihre eigene partikuläre, persönliche Einschätzung der gesellschaftlichen Phänomene, die sie untersuchen, ausdrücken würde. Ihr eigenes Wertsystem müssen sie als persönlich und unerheblich ausklammern; sie müssen sich verhalten, als ob sie ein unablöslicher Teil der Lebensform ihrer Untersuchungsobjekte seien, - dies jedoch nur im Kontext der Untersuchungssituation. Wenn sie das Leben in einer Nervenklinik oder in einem afrikanischen Dorf untersuchen, dürfen

---

[3] Smith (1974, 1977, 1979) hat auf einige der Implikationen hingewiesen, die für die Sozialwissenschaften daraus resultieren, daß Personen, deren Handlungen man zu verstehen trachtet, als potentielle "Objekte des Wissens" und nicht als potentielle "Wissensträger" behandelt werden.

sie ihre eigene Alltagseinschätzung dieses Lebens nicht ins Spiel bringen, andererseits dürfen sie aber auch nicht zu geistig kranken Patienten" oder zu afrikanischen Dorfbewohnern werden; sie sind nur "Schauspieler" in dem wirklichen Drama, dem sie sich angeschlossen haben, und die Regeln dieses Dramas sind auf sie selbst nicht anwendbar. Die Form ihrer sozialwissenschaftlichen Erkenntnis soll sie befähigen, die eingesammelten Informationen an die eigene Heimat-Gesellschaft zu vermitteln.

Methodisch gesehen, müssen der Forscher und seine Objekte durch eine rationale, kontrollierende, theoretische und methodologische Wand voneinander getrennt bleiben. Der Forscher muß ein aktiver Agent der Wissenschaft sein, der die zu untersuchende Situation definiert, und also kontrolliert, und damit zugleich die Menschen, die Gegenstände seiner Untersuchung sind. Die letzteren hingegen dürfen lediglich passiv diejenigen Ziele und Projekte unterstützen, die er gewählt hat. Es kommt ihnen nicht zu, kritisch zu beobachten und zu interpretieren oder dem Forscher sein eigenes Verhalten zu erklären. Die Aufgabe des Wissenschaftlers ist es, die Unternehmungen derjenigen, die er beobachtet, unter erkenntnis-theoretische Herrschaftsregeln zu bringen (englisch: *to rule* bedeutet zugleich "regulieren". B.S-H.). Die Ergebnisse der Untersuchung gehören selbstverständlich dem forschenden Wissenschaftler (und seinen Geldgebern); sie gehören nicht denjenigen, die die Gegenstände seiner Untersuchung waren und auch nicht ihnen und ihm gemeinschaftlich.

Die "Ethik" der Untersuchungssituation beschränkt sich auf Verfahren, welche strittige "Rechte" zwischen Forschern und den von ihnen Beforschten klärt; sie kennt keine Verfahren, die zwischen strittigen Verantwortlichkeiten schlichten würden.[4] Die untersuchten Personen werden als getrennte autonome Andere gesehen. Der Forscher hat das Recht auf bestimmte Verfahren und Informationen; die Erforschten haben das Recht, diese Verfahren und den Zugang zu Informationen in kulturell vorgeschriebener Weise zu beschränken. Aber der Forscher hat als Forscher keinerlei Verantwortlichkeit für das Leben derer, die er untersucht. Es wird nicht daran gedacht, daß sie in irgendeiner Weise von ihm abhängig sein könnten. Als Forscher hat er z.B. keinerlei Pflichten, in soziale Konflikte, die er beobachtet, einzugreifen; noch kann er wegen der Art und Weise, wie seine Untersuchung benutzt wird, zur Verantwortung gezogen werden. Seine Anwesenheit als Wissenschaftler und die Tatsache, daß diese Anwesenheit im Einsammeln von Informationen, die gegen die Untersuchten gewandt werden können, resultiert, begründet in keiner Weise irgendeine Verantwortlichkeit den untersuchten Personen gegenüber.

Es zeigt sich also, daß die Annahmen, die Naturalisten und Intentionalisten über Ziele, Inhalte, Formen, Methoden und über die Ethik sozialwissenschaftlicher Erkenntnis gemeinsam haben, eine bestimmte Auffassung über

---

4 Gilligan (1979) behandelt die sozialen Voraussetzungen unterschiedlicher Moralsysteme. Siehe die Ausführungen weiter unten im Text.

die politischen Beziehungen zwischen Untersucher und Untersuchten widerspiegeln. Der aktive, kreative Forscher ist ein Agent des Wissens, dessen Aufgabe es ist, eine Untersuchungssituation zu entwerfen und zu kontrollieren, was ihm das Recht auf Informationen über andere gibt, die geeignet sind, deren Handlungen vorauszusagen und zu kontrollieren. Die Informationen, die er erhält, gehören ihm (und seinen Geldgebern); sie müssen in einer Weise präsentiert werden, die sie als wertneutral kennzeichnen und daher alle moralischen und politischen Restriktionen über ihre Verwendung ausschließen. Sie können von all denjenigen benutzt werden, deren gesellschaftliche Position ihnen ermöglicht, sie zu nutzen und dies für jedweden Zweck, für den sie gesellschaftliche und politische Unterstützung bekommen.

5. Warum männliche Erfahrungen einen epistemologischen Sonderstatus innehaben

Die feministische Kritik an den eben skizzierten erkenntnis-theoretischen Grundannahmen entstand bei der Analyse der Schwierigkeiten, die diejenigen Wissenschaftler hatten, welche versuchten, Frauen als Gegenstände der Erkenntnis dem bereits bestehenden Stand der Forschung hinzuzufügen, wenn sie dabei angeblich "wertneutrale" Normen des sozialwissenschaftlichen Erkennens in Anwendung brachten. In den letzten 10 Jahren hat es einen enormen Zuwachs an sozialwissenschaftlichen Kenntnissen über das Leben und die sozialen Aktivitäten von Frauen der westlichen Industriegesellschaften, aber auch anderer Kulturen und anderer historischer Epochen gegeben. Das Ausmaß der Ignoranz und der Kenntnislosigkeit über die Hälfte der Menschheit konnte man sich vor 10 Jahren noch kaum vorstellen. Noch überraschender war jedoch die Erkenntnis, die sich bei feministischen Wissenschaftlerinnen allmählich durchsetzte, daß wir zwar in der Lage sind, Informationen über Frauen als fehlende Gegenstände des Wissens herbeizuschaffen, daß aber auch eine große Menge solcher Informationen nicht in der Lage ist, ein verläßliches oder vollständiges Verstehen der Regelhaftigkeiten und Bestimmungsfaktoren des Lebens von Frauen zu ermöglichen. Es wird immer deutlicher, daß nicht nur die Inhalte, sondern auch die Ziele, Formen, Methoden und die Ethik sozialwissenschaflicher Untersuchungen eindeutig Produkte der Gesellschaft und daher so konstruiert sind, daß sie in erster Linie männliche "Natur", männliche Handlungsmuster und die Beziehungen zwischen Männern und Natur ergründen können, und zwar nur in der Weise, wie Männer selbst sie erfahren. All unser Wissen über die Gesellschaft ist daher dadurch entstellt, daß es sich auf Theorien, methodische Ansätze und Untersuchungsnormen bezieht, die objektiv und rational nur im Bezug auf die Erfahrung der Männer sind, die die Gesetze der Sozialwissenschaften entworfen haben; dies jedoch aus der Perspektive weiblicher Erfahrung ganz und gar nicht sind. Es gibt keinen erkennbaren Grund, warum die Erfahrung der Männer diese erkenntnistheoretischen Privilegien gegenüber den Erfahrungen der Frauen haben sollte. Zwar ist die Erfahrung der Männer aus historischen Gründen mit diesem Vorteil ausgestattet worden; diese Tatsache ist jedoch ein Strukturmerkmal unseres gesellschaftlichen Lebens, das selbst einer Erklärung bedarf.

Da die wissenschaftliche Literatur über das Leben der Frauen inzwischen sehr umfangreich und auch leicht zugänglich ist, werde ich nicht versuchen, sie hier wiederzugeben.[5] Ich möchte jedoch drei der Quellen vorstellen, aus denen sich die zunehmende Skepsis über die Wertneutralität wissenschaftlicher Erkenntnis speist und die zu dem Schluß führen, daß es nicht möglich ist, Frauen als Objekte der Erkenntnis dieser einfach hinzuzufügen (...).[6]

Moderne SoziologInnen haben die Merkmale der unterschiedlichen Erfahrungswelten von Männern und Frauen in unserer Gesellschaft beschrieben (z.B. Bernard 1971, Gilligan 1979, Smith 1974, 1977, 1979, Westkott 1979). Diese "Welten" sind nicht zu verwechseln mit den beiden Bereichen des "Öffentlichen" und des "Privaten", auf die frühere TheoretikerInnen hingewiesen haben. Die "Erfahrungswelten" koexistieren in beiden raum-zeitlichen Bereichen: Beide durchdringen sowohl das öffentliche wie das private Leben. Innerhalb derselben "objektiv existierenden" gesellschaftlichen Interaktionen - einem Gespräch, einem Familientreffen, einer geschäftlichen Zusammenkunft - haben Frauen und Männer sehr verschiedene Erfahrungen über das, was passiert. Was sie so unterschiedlich erfahren, existiert wirklich: Aus ihrer jeweiligen Perspektive, die durch die offenbar universelle und ungleich bewertete geschlechtsspezifische Arbeitsteilung geprägt wird, sehen sie unterschiedliche Realitäten.

Sowohl die geschlechtsspezifische Arbeitsteilung als auch ihre asymmetrische Bewertung scheinen Bestimmungsmerkmale einer jeden uns bekannten Kultur zu sein; es handelt sich hier offenbar um ein kulturelles Universale (Rosaldo 1980). Obwohl sich die Art der geschlechtsspezifischen Arbeitsteilung von Gesellschaft zu Gesellschaft unterscheidet, gibt es eine solche praktisch in jeder Gesellschaft. In allen bekannten Gesellschaften sind Männer mehr als Frauen für das Regieren verantwortlich und Frauen mehr als Männer für die Versorgung kleiner Kinder und für die alltägliche physische und emotionale Versorgung. Da das Geschäft des "Regierens" immer gesellschaftlich höher bewertet wird als das Geschäft der Kinderaufzucht und der Fürsorge für Andere, fällt die Bewertung der Arbeit ebenfalls nach Geschlecht unterschiedlich aus (...).

Die meisten SoziologInnen gehen davon aus, daß diese asymmetrisch bewertete geschlechtsspezifische Arbeitsteilung der Eckpfeiler der nach Ge-

---

5   Die beste Quelle für ein Verständnis der wichtigsten Anliegen und Ergebnisse dieser neuen wissenschaftlichen Disziplin sind die zusammenfassenden Aufsätze, die seit 1975 jedes Jahr und für jede einzelne Disziplin in der Zeitschrift "SIGNS: Journal of Women in Culture and Society" erscheinen.

6   Die Ausführungen Hardings über die marxistische Ideologiekritik und ihren nachhaltigen Einfluß auf den feministischen Diskurs ist in der vorliegenden deutschen Fassung ausgelassen worden.

schlechtern unterschiedenen Welterfahrung in unserer Gesellschaft ist und in erster Linie für deren Entstehung verantwortlich gemacht werden muß.

1) Das Selbstwertgefühl der meisten Männer gründet sich auf ihrer Wahrnehmung von Erfolg oder Mißerfolg im öffentlichen Leben, unabhängig von ihrem Erfolg oder Versagen in häuslichen oder emotionalen Beziehungen. Das Selbstwertgefühl der Frauen orientiert sich dagegen an dem, was sie als Erfolg oder Mißerfolg in häuslichen und emotionalen Beziehungen betrachten und ist relativ unabhängig von ihrer Erfahrung, von Erfolg oder Mißerfolg, im öffentlichen Leben.

2) Grob gesehen, verrichten Frauen und Männer immer die gleiche Art von Arbeit, einerlei, ob im öffentlichen oder im privaten Leben. Zu Hause und im Beruf wird davon ausgegangen, daß es weitaus weniger in die Zuständigkeit der Männer als in die der Frauen gehört, für das eigene physische und psychische Wohl und das von anderen zu sorgen und entspannte, gut funktionierende, alltägliche Sozialbeziehungen herzustellen. Die "Verwaltung" bereits gut funktionierender Individuen und sozialer Beziehung wird vorwiegend als die Aufgabe von Männern angesehen und ist es auch.

3) Was Sichtbarkeit und Macht anbetrifft, sind die Erfahrungswelten von Männern und Frauen keineswegs gleich. Die Produktivität der männlichen Arbeit setzt vielfältige bereits abgeschlossene Transformationen voraus, durch welche einzelne physische und partikuläre soziale Bedürfnisse in reibungslos funktionierende Individuen und Beziehungen gebracht werden.

Diese Transformationsprozesse - und die Arbeit von Frauen besteht fast ausschließlich aus Arbeit an solchen Transformationsprozessen - verschwindet in den dann gut funktionierenden Individuen und Sozialprozessen und wird unsichtbar, ebenso wie die Frauen, deren Arbeit diese hervorgebracht hat. Außerdem ist die Form und die Quantität der Transformationsarbeit von Frauen weitgehend durch die rationalen Einteilungen des Lebens der Männer bestimmt. Daher "regiert" Männerarbeit die Art und die Quantität der Arbeit von Frauen sowohl im öffentlichen als auch im privaten Leben (Smith 1974).
Zwei Sachen sollten in diesem Zusammenhang erwähnt werden. Erstens wird die Arbeit von Männern und Frauen hier so beschrieben, als ob sie nur nach Geschlecht unterschieden, ansonsten aber quer durch alle kulturellen Unterscheidungen gleichförmig sei. Dies ist sie natürlich nicht. Klasse, Rasse, Alter und ethnische Zugehörigkeit sind ebenfalls wichtige Bestimmungsfaktoren darüber, wie menschliche Arbeit verteilt wird. Doch gibt es quer durch alle diese Unterscheidungen typische Merkmale für Männer- und Frauenarbeit, was leichter erkennbar wird, wenn man die oben beschriebenen Besonderheiten auf die genannten Variablen anwendet. Zweitens sind in unserem

Kontext die Gesetzmäßigkeiten einer bestimmten klassenspezifischen Welt - der Welt der Experten und Manager - aus mehreren Gründen besonders bedeutsam. Einmal resultieren die Richtlinien, die das gesellschaftliche Leben bestimmen und legitimieren, aus deren Arbeit, wie auch das System von Glaubenssätzen (einschließlich der Normen wissenschaftlicher Erkenntnis), welches sozialpolitischen Maßnahmen Ziel und Richtung und sozialen Erfahrungen Natürlichkeit und Selbstverständlichkeit verleiht. Weiterhin werden Frauen gerade von dieser professionellen Experten- und Managerarbeit am gründlichsten ausgeschlossen. Und wegen der in der gesamten Kultur gültigen Abwertung von Handarbeit gegenüber Kopfarbeit sind es außerdem die Strukturmerkmale dieser Arbeit, welche die Hoffnungen und Phantasien der meisten Männer formen.

Schließlich, darauf wurde schon hingewiesen, weisen die Erfahrungen aller Männer entscheidende Gemeinsamkeiten mit der der Experten und Manager auf, die sie mit Frauen nicht haben.

Aus der Perspektive dieser nach Geschlechtern getrennten Erfahrungswelten scheint die Erfahrung der Männer in mehrfacher Hinsicht und in verwirrender Art und Weise von den realen gesellschaftlichen Kräften, durch die sie selbst erst produziert wird, abstrahiert: ab-gezogen; was für die Erfahrung von Frauen nicht zutrifft. Außerdem scheinen sich die Erfahrungsweisen der Männer in einer Weise mit den Normen sozialwissenschaftlicher Erkenntnis, wie sowohl Naturalisten als auch Intentionalisten sie sehen, in Übereinstimmung zu befinden, wie dies für weibliche Erfahrungsweisen nicht zutrifft. Zunächst einmal bewegen sich Männer in einer Welt, in der die Individuen und die sozialen Beziehungen, mit denen sie es zu tun haben, nicht mehr in ihrer unmittelbaren physisch und sozial konkreten, einmaligen und unvorhersehbaren Form existieren, sondern aus dieser unmittelbaren Lebensform bereits herausgelöst, in Gleichklang gebracht und Regeln unterworfen sind. Die Erfahrung von Frauen stammt aus einem sozialen Kontext, in dem diese Transformationen stattfinden und überwiegend von ihnen selbst vollbracht werden. Das Ergebnis der Arbeit der Frauen ist nämlich zunächst die Herstellung austauschbarer "Personen", die physischen Normen entsprechen und soziale Rollen erfüllen können; und darüber hinaus die Herstellung von relativ reibungslosen physischen Interaktionen, sowie von Rollenbeziehungen, die sich bestehenden Regeln unterordnen (...). Zweitens sind die Modalitäten des Handelns in öffentlichen Einrichtungen, in denen Männer ihr Selbstbewußtsein vermittelt bekommen, an der rationalen, regelbestimmten Vorhersage und Kontrolle von Natur und Sozialbezügen orientiert. Zwar macht die Arbeit der Frauen diese Regelorientierung und diese Modalitäten des Handelns erst möglich, aber ihre Erfahrung stammt aus einer Welt, die weniger vorhersehbar ist, die weniger rational kontrolliert werden kann und die in geringerer Weise Regeln unterworfen ist. Drittens sind die männliche Erfahrung und das Wissen und die Informationen von Männern über sich selbst, über das gesellschaftliche Leben und über die Natur in stärkerem Maße über Bücher, Vorträge, schriftliche Dokumente und andere unpersönliche und universelle

Formen der Kommunikation vermittelt als die der Frauen. Frauen sind weitgehend von dem Teil des öffentlichen Lebens ausgeschlossen, der Zugang zu formalem Wissen und zu den Kanälen, über die dieses vermittelt wird, eröffnet. Ihr Wissen und ihre Informationen stammen überwiegend aus persönlichen Gesprächen, aus konkreten physischen und sozialen Interaktionen mit ganz bestimmten Anderen und der konkreten, körperlichen Natur. Und schließlich unterliegt die Arbeit von Männern und Frauen notwendigerweise sehr verschiedenen moralischen Standards (Gilligan 1979). Die Moral, die die Interaktionen von Männern bestimmt, dreht sich um die Ausarbeitung von Regeln für Entscheidungsverfahren über konkurrierende Rechte sozial und physisch körperlos, abstrakt und autonom gedachter Einzelner. Die Arbeit von Frauen dagegen verlangt immer wieder Entscheidungen über widerstreitende Verantwortlichkeiten gegenüber bestimmten, konkret anwesenden und abhängigen Anderen. Männer tendieren daher dazu, durch ihre moralischen Entscheidungen den Bereich der Zuständigkeit von Moral einzuschränken, wie auch die Entscheidung selbst als absolut und vollständig zu begreifen. Anders als die moralischen Entscheidungen der Männer tendieren die der Frauen dazu, beziehungsbezogen und inhaltlich zu sein und sich der Unvollkommenheit jeder bestimmten Konfliktlösung bewußt zu bleiben.

Psychologen und Psychologinnen dokumentieren nun, daß es kein Zufall ist, wenn erwachsene Frauen und Männer sich in ihrer jeweiligen Erfahrungswelt bequem und wohl fühlen, und daß es ihnen Unbehagen bereitet und sie in Konflikt mit sich selbst geraten, wenn ihnen abverlangt wird, sich in die Rolle des anderen Geschlechtes hineinzuversetzen. Die Kategorie Geschlecht selbst, deren Aufbau mit der Entwicklung eines Neugeborenen zu einem gesellschaftlichen Wesen, einer Person, einhergeht, ist ja nichts anderes als die Schaffung von Persönlichkeiten, die dazu neigen, sich selbst, andere und die Natur selbst auf geschlechtsspezifische Weise wahrzunehmen (Chodorow 1978, Dinnerstein 1976, Flax 1978, Person 1980). Männliche und weibliche Säuglinge erhalten in der Tat unterschiedliche Formen mütterlicher Betreuung von den sozial abgewerteten Frauen, mit denen sie während der Zeit, in der sie sich von einem menschlichen "Tierchen" in ein soziales Wesen verwandeln, in Kontakt sind. Die Phase der Trennung und Ablösung von der mütterlichen Welt und der eigenen Ich-Bildung erleben sie auf unterschiedliche Weise, und gerade diese Unterschiede und Erfahrungen schaffen das "Geschlecht".

Die angeführten Psychologinnen beziehen sich auf die nachfreudianische psychoanalytische "Objekt-Beziehungs-Theorie", welche die sozialen und physischen Prozesse beschreibt, durch die erwachsene Männer und Frauen lernen, ihr Verhältnis zur Welt zu beobachten und zu spezifizieren - also zu "objektivieren". Die psychische Geburt eines sozialen Wesens ist mehr als nur die biologische Geburt eines Säuglings. Die letztere ist ein kurzfristiges, von gesellschaftlichen Faktoren weitgehend unbeeinflußtes Ereignis, während die erstere ein Prozeß von etwa drei Jahren Dauer ist und in hervorragender Weise von der sozialen Umgebung beeinflußt wird, in welcher dieser Prozeß stattfindet. Die psychische Geburt ist die erste wirklich wahrnehmbare menschliche Arbeitsleistung. Der Säugling ist alles andere als ein passiver Empfänger äußerer Stimuli; er/sie kämpft darum, sich von der ursprünglichen Einheit mit der psycho-physischen Umwelt der ersten Bezugsperson zu lösen, - in Gesellschaften mit unserer asymmetrisch bewerteten geschlechtsspezifischen Arbeitsleitung also von der Welt der Mutter. Diese erste menschliche Arbeitsleistung des Säuglings ist überaus anstrengend und schmerzhaft, weil das Kind einerseits in der Einheit mit der mütterlichen Welt verbleiben oder in sie zurückkehren möchte, gleichzeitig jedoch bestrebt ist, eine eigene getrennte Persönlichkeit zu werden. Für Kinder beiderlei Geschlechtes ist die "Welt", von der sie sich trennen müssen, in Auseinandersetzung mit welcher sie ihre eigene, autonome Identität entdecken und entwikkeln müssen, in gewisser Hinsicht die gleiche, nämlich die Lebenswelt der Mutter. In anderer Hinsicht dagegen ist sie für Mädchen und Jungen eine durchaus verschiedene: Der Aufbau der nach Geschlechtern geschiedenen Erfahrungswelten beginnt mit der Geburt. Die männliche Persönlichkeit entwickelt sich durch Individuation und Trennung von einer Person, einer wertminderen Frau, der man zwar biologisch nicht gleich werden kann, zu deren Minderwertigkeit man aber nur durch Willensanstrengung und Kontrolle auch die notwendige innere und soziale Distanz entwickeln kann. Der Leib der Mutter, der aus der Sicht und in der Erfahrung des Knaben die gesamte mütterliche Welt "verkörpert", wird zum Vorbild und Modell für die Körper und Welten aller "anderen", die er als von ihm verschieden wahrzunehmen lernen, und gegenüber denen er, bei Strafe seine eigene Identität zu verlieren, ein ausgeprägtes Abtrennungsbewußtsein und Beherrschungsbedürfnis entwickeln und aufrechterhalten muß. Seine Ich-Grenzen werden vergleichsweise starr. Die weibliche Persönlichkeit entwickelt sich dagegen aus dem Bemühen um Individuation und Trennung von einer Person, der man nichtsdestotrotz einmal gleich werden wird: einer Frau. Die Ich-Grenzen des jungen Mädchens bleiben vergleichsweise flexibel.

Dazu kommt, daß Jungen und Mädchen jeweils spezifische Mütterlichkeit erfahren. "Mütter neigen dazu, ihre Töchter als sich selbst ähnlicher und als kontinuierlicher zu erleben. Dementsprechend neigen Mädchen dazu, Teil der diadischen, primären Mutter-Kind-Beziehung zu bleiben. Das bedeutet, daß auch das Mädchen fortgesetzt mit Fragen der Verschmolzenheit und Loslösung konfrontiert bleibt, in einer Beziehung, die durch primäre Identifikation und Verschmelzung von Identifikation und Objektwahl charakterisiert ist" (Chodorow 1985, S. 217). Ihre Söhne hingegen erleben die Mütter als männliches Gegenstück; folglich "werden Knaben mit größerer Wahrscheinlichkeit von der Mutter aus der präödipalen Beziehung hinausgedrängt und gezwungen, ihre primäre Liebe und das Gefühl der empathischen Verbindung mit der Mutter stärker zu beschneiden" (Chodorow 1985, S. 217). Die Entwicklung der Knaben durchläuft daher eine "heftigere Individuation und ist stärker mit der Errichtung abwehrender erkennbarer Ich-Grenzen beschäftigt" (Chodorow 1978, S. 166). Für Knaben, nicht jedoch für Mädchen, ist daher "der Prozeß der Ablösung sexuell getönt" (Chodorow 1978, S. 167).[7] Wenn in Chodorows Analysen Männlichkeit durch Trennung und Weiblichkeit durch Anlehnungsbereitschaft und Zuneigung beschrieben wird, wird sich die männliche Geschlechtsidentität durch Intimität oder durch zu enge Identifizierung mit den Bedürfnissen und Interessen von Anderen bedroht fühlen, während diese Bedrohung für die weibliche Geschlechtsidentität durch zu ausgeprägte Individuation bzw. durch zu wenig Identifikation mit den Bedürfnissen und Interessen Anderer entsteht. Für Knaben ist es wichtig, daß durch die Ausarbeitung von Beziehungsregeln harmonisch funktionierende Beziehungen gewährleistet werden, ohne daß ihnen persönliches Engagement bei der Aufrechterhaltung der Beziehung oder der anderen abverlangt würde.

Die mit der Entwicklung der weiblichen Persönlichkeit verbundenen Eigenschaften, die sich von den männlichen unterscheiden, wurden in früheren Entwicklungstheorien abgewertet und zum abweichenden Verhalten erklärt, weil jene Theorien die männliche Persönlichkeitsbildung als für die Entwicklung einer allgemein menschlichen Persönlichkeit allein maßgeblich ansahen (Gilligan 1979). Von daher ist zu verstehen, daß die moralischen Normen und die Ethik abendländischer Kultur und westlicher Gesellschaften, die sich in den Normen sozialwissenschaftlicher Erkenntnis widerspiegeln, durchgehend auf persönliche Unabhängigkeit und Autonomie setzen, vor sozialer Bindung und Abhängigkeit; auf ausgeklügelte Regelsysteme zur Lösung sozialer Konflikte, vor der Entwicklung emotionaler Einfühlung bei der Entscheidung über widerstreitende Verantwortlichkeiten; sowie auf der Errichtung politischer Beziehungen, die sicherstellen, daß diejenigen, die sie errichtet haben, das bedrohliche Verhalten der Anderen kontrollieren, wie auch das Ausmaß, in welchem sie sich auf deren Bedürfnisse und Interessen einlassen, begrenzen können.

Wissenschaftshistoriker haben damit begonnen, die speziellen gesellschaftlichen Erfahrungen zu erforschen, die die Neufassung der Begriffe von Natur und Wissenschaft, welche die Geburt der modernen Naturwissenschaften kennzeichnen, möglich machen. Diese Erfahrungen sind nicht nur geprägt durch die Lebensbedingungen und Hoffnungen der aufsteigenden Klasse von Kaufleuten, wie Marxisten es sehen, sondern sie spiegeln auch eine typisch männliche Verarbeitung typisch männliche Erfahrungen wider.[8] Das sollte uns natürlich nicht überraschen, da diejenigen, die die Pläne und Projekte der aufsteigenden Handelsklasse entwarfen - aber eben auch die der modernen

---

[7] In der deutschen Übersetzung des Buches von Chodorow wurde hier u.a. das wichtigste Wort "emphatic" falsch übersetzt. Des besseren Verständnisses wegen sind die beiden letzten Zitate daher in eigener Übersetzung wiedergegeben.

[8] Die Untersuchung von Merchant (1987) enthält die umfassendste und gründlichste Analyse der Geschlechterbeziehungen, deren unverkennbar männliche Version über die entsprechenden Metaphern in die Neuformulierung des Natur- und Wissenschaftsverständnisses des 15.-17. Jhdts. eingegangen ist. Dinnerstein (1976), Keller (1978), Leiss (1972) u.a. haben jedoch schon früher auf diesen Zusammenhang hingewiesen.

Naturwissenschaften und ihrer philosophischen Reflexion - alles Männer waren.

Um den Weg für die modernen Naturwissenschaften frei zu machen, mußten die Natur- und Wissenschaftsbegriffe neu formuliert werden, denn die damals herrschenden organizistischen Vorstellungen von der Natur als einem lebendigen Wesen und als Teil des Göttlichen paßten weder zu den neuen experimentellen Methoden der Wissenschaft noch zu einer technologischen Anwendung ihrer Forschungsergebnisse. Mary Hesse (1966) hat gezeigt, wie Metaphern dazu dienen, das Untersuchungsfeld einer neu aufkommenden wissenschaftlichen Theorie neu zu fassen. Solche Metaphern sind weder einfache heuristische Hilfsmittel, wie z.B. ein Rahmen, durch den man die Natur betrachtet, von dem man sich aber jederzeit wieder trennen könnte, noch liefern sie lediglich Vergleichspunkte, die man durch eine genaue Bestimmung der Ähnlichkeiten zwischen den zwei durch die Metapher zusammengebrachten Systeme ohne Rest ersetzen könnte. Statt dessen, so Hesse, scheinen sich die Systeme umso ähnlicher zu werden, je verbreiteter die Akzeptanz der neuen Theorie wird; die Theorie bleibt nur solange für die empirische Anwendung fruchtbar, solange die Metapher bzw. das Konzept in der Theorie fortwirkt; außerdem bringt nicht jede beliebige Metapher die Neufassung eines Forschungsbereiches zuwege. Um empirisch wirksam sein zu können, muß sich die Metapher explizit oder stillschweigend auf allgemein akzeptierte soziale Bedeutungen beziehen.

Wenden wir Hesses Analyse der Bedeutung von Metaphern in wissenschaftlichen Theorien auf die Rolle der Metapher in der Metatheorie der Naturwissenschaften während der Zeit der Herausbildung der naturwissenschaftlichen Betrachtungsweise selbst an, so können wir verstehen, was die Wissenschaftshistoriker meinen. Die Metaphern, mit Hilfe derer Natur und Wissenschaft neu gefaßt wurden, waren Metaphern, die aus dem Verhältnis der Geschlechter entnommen und von einer männlichen Perspektive aus formuliert waren. Der zunehmende Erfolg der wissenschaftlichen Betrachtungsweise erhöhte die soziale Akzeptanz eines Umganges mit der Natur, welchen Männer, dem vorherrschenden Geschlechterverhältnis zufolge, widerspenstigen Frauen gegenüber praktizieren sollten; gleichzeitig wurde dadurch dieses Geschlechterverhältnis natürlich "gemacht" - eine alte Gesellschaftspolitik erhielt eine neue Legitimation! Der zunehmende Erfolg der wissenschaftlichen Weltsicht war der kontinuierlichen, expliziten und stillschweigenden Beigabe der Mann-Frau-Metapher geschuldet. Die Geschlechterbeziehungen lieferten deshalb eine fruchtbare Metapher für die Neufassung von Natur- und Wissenschaftsbegriff, weil diese sich auf folgende weitverbreitete und allgemein gültige gesellschaftliche Ansichten bezog: Es kann nicht falsch sein, mit der Natur in wissenschaftlicher Weise zu experimentieren und sie zu kontrollieren; die Natur ist wild, unkontrollierbar und weiblich; die wissenschaftliche Methodik verlangt lediglich einen Umgang mit der Natur, den wir gegenüber wilden, unkontrollierbaren Frauen bereits kennen und für moralisch richtig halten. Wir sind gezwungen, mit der Natur so und nicht

anders zu verkehren, da sie sonst, wie eine widerspenstige Frau unsere menschlichen, unsere humanen Vorhaben und Pläne durchkreuzen wird.
Zwischen dem 15. und dem 17. Jhdt. lassen sich fünf Veränderungen in den gesellschaftlichen Grunderfahrungen ausmachen, die zu dem unverwechselbar männlichen Charakter der neuen wissenschaftlichen Natur- und Weltsicht beigetragen haben.

Erstens wurde mit der kopernikanischen Wende von einem erdbezogenen zu einem sonnenbezogenen, auch ein weibliches gegen ein männliches Universum ausgetauscht. Für das Denken der Renaissance, wie für das viel frühere, auf einem organischen Naturbegriff beruhende Denken, galt die Sonne als dem männlichen und die Erde als den zwei widersprüchlichen Aspekten des weiblichen Prinzips zugeordnet. Einerseits wurde die Natur, und besonders die Erde, mit einer fürsorglichen und nährenden Mutter verglichen, mit: "... einem freundlich - wohltätigem weiblichen Wesen, das in einem planvoll geordneten Universum für die Bedürfnisse der Menschheit sorgte" (Merchant 1987), S. 17). Andererseits stellte man sie sich als eine "... wilde unbezähmbare Natur, die Gewalt und Aufruhr, Stürme, Trockenzeiten und allgemeine Auflösung bringen könnte", vor (Merchant 1987, S. 17f.). In der neuen kopernikanischen Theorie wurde die weibliche Erde, die einstige fürsorgliche Schöpfung Gottes zur Erhaltung der Menschen, zu einem winzigen, fremdgesteuerten Planeten, der in seinem bescheidenen Umlauf die männliche Sonne umkreist.

Während für den Organizismus Platons die aktive Kraft des Universums mit der lebendigen nährenden Mutter Erde verbunden war, assoziierte zweitens der aristotelische Organizismus Aktivität mit Männlichkeit und Passivität mit Weiblichkeit. Diese für Aristoteles' biologische Theorie zentrale Vorstellung erlebte eine Renaissance in den Kosmostheorien des 16. Jhdts, in denen "... es gang und gäbe (war), die biologische Fortpflanzung in der Natur als die Vermählung und Schwängerung der weiblichen Erde durch die höheren männlichen Himmel zu beschreiben" (Merchant 1987, S. 29). Kopernikus selbst bezog sich auf die folgende Metapher: "Indessen empfängt die Erde von der Sonne und wird schwanger mit jährlicher Geburt" (Kopernikus 1939, S. 28). Widerstand gegen diesen Wandel der gesellschaftlichen Bedeutung des Weiblichen war im 16. Jhdt. deutlich spürbar, z.B. in dem Streit darüber, ob es moralisch erlaubt sei, so mit Mutter Erde umzugehen, wie es z.B. die Aktivitäten des Bergbaus verlangten (Merchant 1987, Kap. 1). Je mehr allerdings im Zuge der Entwicklung moderner Wissenschaft und Technologie die Praxis der "Schändung" von Mutter Erde zunahm und zur alltäglichen Erfahrung wurde, verschwanden die moralischen Sanktionen der älteren organischen Weltanschauung gegen solche Aktivitäten. Gleichzeitig schärfte sich das Bewußtsein über die Unterschiede zwischen belebter und unbelebter Natur, - und wenn Mutter Erde weiblich war, so konnte sie nur passive, träge Materie sein und ungerührt durch die Erforschung und Ausbeutung ihres Inneren.

Drittens war das von den Naturwissenschaften erschlossene Universum eines, in dem Veränderungen, welche mit Korruption, Verfall und Unordnung assoziiert wurden, nicht nur auf der Erde stattfinden, wie die Zweiweltentheorie annahm, sondern auch in den Himmelskörpern. Für die Denker der Renaissance und des elisabethanischen Zeitalters deutete die Entdeckung von Veränderungen im Universum darauf hin, daß die Ordnung der Natur zusammenbrechen und der Mensch dem Chaos ausgeliefert werden könnte (Merchant 1987, S. 142f.). Renaissance-Denker, wie z.B. Machiavelli, sahen die Natur als eine wilde und ungeregelte Kraft an, die sich dem Versuch des Menschen, sein Schicksal selbst zu beherrschen, widersetzte. In eindeutig sexuellen Bildern sprachen sie sich dafür aus, daß diese potentielle Gewalt gebändigt werden müsse: "... denn Fortuna ist ein Weib, und wer sie bezwingen will, muß sie schlagen und stoßen. Auch zeigt die Erfahrung, daß sie sich leichter von solchen besiegen läßt, als von denen, die kalt zu Werke gehen. Und als Weib ist sie stets den Jünglingen hold, weil sie unbedenklicher und gewalttätiger sind und ihr dreister befehlen" (Machiavelli 1961, S. 138).

Viertens schien das Los der Menschen nicht nur wegen des Mangels an Ordnung im physikalischen Universum schwer zu beherrschen, sondern auch wegen Zügellosigkeiten und Unordnung im sozialen Leben. Während des Zeitraums, in dem sich die naturwissenschaftliche Weltanschauung entwickelte, brachte der Zusammenbruch der alten feudalistischen Gesellschaftsordnung weit verbreitetes gesellschaftliches Chaos mit sich. Eingestimmt durch die organizistische Weltsicht, die die wilde und gewalttätige Natur mit einem Aspekt des Weiblichen in Verbindung brachte, und unterstützt durch das Fehlen klarer Trennungslinien zwischen dem physischen und dem sozialen Leben, bedurfte es keines großen Gedankensprunges für die Vorstellungskraft der Renaissance, jedwede Unordnung, sei es die natürliche oder die gesellschaftliche, mit dem Weiblichen in eins zu setzen. Am Ende des 15. Jhdts. war diese Verbindung zwischen Frauen und gesellschaftlichem Chaos in den Schriften über das Hexenwesen endgültig festgeschrieben. Den Frauen wurden diejenigen "Mittel der Rache und Machtausübung" zugeschrieben, die "in einer Welt, die fast allen Menschen als lebendiger Organismus galt ... den Schwachen und Entrechteten" offenstanden (Merchant 1987, S. 154).

Als letztes sei darauf hingewiesen, daß die politischen und rechtlichen Metaphern der neuen wissenschaftlichen Methode ihre Überzeugungskraft zumindest teilweise aus den Hexenprozessen der Ära Bacons bezogen. Bacons Mäzen war James I. von England, ein führender Verfechter der gerichtlichen Hexenverfolgung in England und Schottland. In dreister sexueller Bildsprache beschrieb Bacon die zentralen Merkmale der neuen experimentellen wissenschaftlichen Methode unter dem Titel *Die Inquisition der Natur*:

> "Denn bei dieser Sache hat man nichts mehreres zu tun, als daß man die Spuren der Natur emsig nachspüre, wenn solche von selbst verirret, um sie an den Ort zu bringen, wohin man sie haben will. ... Auch ist wahrhaftig nicht an dem Eintritt und dem Durchdringen in diese verschloßene Plätze, so wie an der Rückkunft zu zweifeln, wenn man sich einzig die Untersuchung der Wahrheit vornimmt; welches auch Eure Majestät mit eignem Beispiel bestätigt hat" (Bacon 1783, S. 176ff.).

Die "hochnotpeinliche" Überprüfung einer Hypothese durch gezielte Manipulation der Natur und die Notwendigkeit solcher gezielter Manipulationen, wenn gewährleistet werden soll, daß Experimente wiederholbar sind, werden hier vom Vater der wissenschaftliche Methode in eindeutig sexuellen und sexistischen Metaphern beschrieben. Die aufkommenden modernen Naturwissenschaften nahmen die Natur in Kategorien des Geschlechterverhältnisses wahr und brachten die neu entdeckte Unbelebtheit der Materie mit dem spezifisch Weiblichen in Verbindung. Sie entwickelten ihre Methode zur besseren Kontrolle der regellosen und widerspenstigen Natur nach dem Vorbild der vertrauten Methoden zur Kontrolle - ja zur Vergewaltigung - widerspenstiger "gesetzloser" Frauen.

6. Auswirkungen auf die Kontroverse zwischen Naturalisten und Intentionalisten

Aus der Sicht der hier referierten Untersuchungsergebnisse von Wissenschaftssoziologen, Wissenschaftspsychologen und Wissenschaftshistorikern erscheinen die gemeinsam normativen Grundvorstellungen von Naturalisten und Intentionalisten über die Ziele, Inhalte und Formen sozialwissenschaftlicher Erkenntnis, sowie über die ihr angemessenen Methoden und über die Moral, die den Erwerb ihrer Erkenntnisse begleiten soll, unverkennbar männlich und im Hinblick auf die Form der Erkenntnisgewinnung regressiv. Die männliche Version des frühkindlichen und des erwachsenen Erlebens der asymmetrisch bewerteten geschlechtsspezifischen Arbeitsteilung taucht hier wieder auf und wird durch die Normen wissenschaftlicher Erkenntnis, die bei der Entstehung der modernen Naturwissenschaften entwickelt wurden, rationalisiert und legitimiert. Die Naturwissenschaften selbst mögen sehr wohl geschlechtsneutral vorgehen, die "rationale Rekonstruktion" (Kuhn 1967) der Normen, die ihre Untersuchungen leiten, erweist sich jedoch als durch und durch männlich. Dies bedeutet, und so kann man Kuhns Untersuchungen über wissenschaftliche Revolutionen begreifen, daß die tatsächlichen Prozesse, die bei der Formierung und Akzeptanz einer Theorie von Bedeutung und in der Geschichte der Wissenschaften für den Zuwachs an Wissen verantwortlich sind, nicht mit den super-männlichen Normen und Kriterien, die die positivistische Logik für die Legitimierung einer Theorie vorschreibt, übereinstimmen (Harding 1983).

Abschließend soll daher gefragt werden, auf welche Weise der soziale bias ihrer Grundannahmen Naturalisten und Intentionalisten daran hindert, angemessene Lösungen für die oben beschriebenen Probleme der "Beziehung zwischen Beschreibung und Erklärung", der "Rolle der Theorie" in sozialwissenschaftlichen Untersuchungen und der "Rolle der Critique" zu finden.

Sowohl die Beschränkungen auf kausale Erklärungen, welche die Einbeziehung intentionaler Bedeutungssysteme vermeidet, wie auch die Beschränkung von Erhebungen über soziale Tatbestände auf die Beschreibung der intentionalen Bedeutungssysteme von anderen belassen diejenigen, die wissenschaftlich untersucht werden, im Hinblick auf das Wissen des Forschers im Status reiner Objekte. Beide wissenschaftliche Vorgehensweisen sind entwickelt worden, um zu überprüfen inwiefern die Bedeutungswelt derer, die untersucht werden, auf die Bedeutungswelt des Forschers einzuwirken, bzw. sie zu informieren vermag. Die vorgeschriebenen methodischen Regeln beider Schulen, der Naturalisten und der Intentionalisten, verhindern den wechselweisen Austausch von Wissen und Erfahrung, der allen Beteiligten bessere Erkenntnisse und zu gesellschaftlichem Handeln befähigende Kräfte erschließen würde. Beide Ansätze entschärfen die kritische Selbstbetrachtung von Forschern und Beforschten. Der Forscher, der darauf bedacht sein muß, die Untersuchungssituation zu definieren und zu kontrollieren, wird mit dem Verlust seiner Identität als Wissenschaftler bedroht, wenn er es zuläßt, daß sich entweder sein Untersuchungsobjekt oder sein eigenes Leben für kritische Betrachtungen durch diejenigen, die er untersucht, öffnet. Und dennoch könnten z.B. gerade Frauen auf der Grundlage ihrer spezifischen Form der Erfahrungen sich selbst und den Männern eine Vielzahl von Erkenntnissen über die Beschränktheit männlicher Theorien, Modelle und Methoden zugänglich machen. Solange Frauen darauf beschränkt werden, von sich selbst und von anderen mit solchen Normen "verstanden" zu werden, die sie zu bloßen Objekten des Wissens anderer reduzieren, können sie dies allerdings nicht leisten.

Der gleiche erkenntnis-logische Mangel herrscht immer dann, wenn zwischen der stärkeren gesellschaftlichen Macht des Forschers und seiner symbolischen Welt und der schwächeren seiner Untersuchungsobjekte und ihrer symbolischen Welt ein zu großer Abstand besteht. Was das zweite Problem anbelangt, so muß zunächst davon ausgegangen werden, daß sozialwissenschaftliche Theorien, die geeignet sein sollen, unser Verständnis von bedeutsamen sozialen Erscheinungen zu verbessern, anders als naturwissenschaftliche Theorien, immer einen kritischen Rückblick auf die eigenen Bedeutungssysteme und Projektionen des Untersuchers oder Lesers mit einschließen. Die jeweils spezifische Art, in der Naturalisten und Intentionalisten den Einfluß und den Wert sozialer Theorien unterschätzen, schränkt die Möglichkeit ein, ihre Forschungsergebnisse auch auf ihre oder unsere soziale Vorstellungen anzuwenden: Sie beschränkt die Untersuchung immer nur auf die Vorstellungen anderer. Und dies, obwohl wir wissen, daß solche theoretischen Entwürfe immer auch ein besseres und verläßlicheres Verstehen des eigenen Selbst und des gesellschaftlichen Lebens überhaupt zur Folge haben. Nur fordern uns z.B. die marxistische und die feministische Gesellschaftstheorie, die besonders zu dem Zweck entworfen wurden, ursächliche Erklärungen über die Phänomene von Klasse und Geschlecht zu ermöglichen, dazu auf, nicht nur den Gegenstand eines bestimmten Forschungsprojektes, sondern auch die Klassen- bzw. Geschlechtslage des Untersuchenden selbst und seiner LeserInnen kritisch zu befragen. Diese Theorien drängen uns Fragen auf wie: "Aus welcher klassen- oder geschlechterpolitischen Erfahrung heraus erscheint diese wissenschaftliche Beschreibung mehr oder weniger plausibel? Entspricht diese Erfahrung meiner eigenen? Warum, oder warum nicht?" Behavioristische Theorien dagegen fordern uns nicht auf, darüber nachzudenken, ob Behavioristen eine spezielle menschliche Erfahrung besitzen, die dazu führt, daß ihre Untersuchungen und unser Verständnis von der Überzeugungskraft ihrer Theorien als der konditionierte Reflex eines vorausgegangenen äußeren Stimulus anzusehen sind. Solche Fragen, an die LeserInnen selbst oder an den Sozialwissenschaftler gestellt, sind absurd. Die wissenschaftlichen Beschreibungen der Intentionalisten bringen die untersuchten Phänomene auf ähnliche Weise in sichere Entfernung. Das Selbstverständnis von geisteskranken Patienten oder afrikanischen Dorfbewohnern über ihr eigenes Leben bleiben Geschichten, die über andere erzählt werden und wenig Bedeutung für uns selbst und für das Verständnis der Lebensführung von Sozialwissenschaftlern oder von Menschen wie Du und ich haben. Die Bedeutung der Forschung für die ForscherInnen und LeserInnen wird durch die Unterbewertung der sozialwissenschaftlichen Theorie unsichtbar gehalten.

Und schließlich sei als letztes angeführt, daß keine der beiden Ansätze in der Lage ist, dem Irrationalismens gesellschaftlicher Systeme gerecht zu werden, welcher, wie oben gesagt, darin besteht, daß es Widersprüche gibt zwischen dem expliziten und allgemeinen Selbstverständnis eines gesellschaftlichen Komplexes einerseits und einzelner seiner Erscheinungen andererseits, wobei diese Widersprüche gerade die Bedingung zur Aufrechterhaltung des "irrationalen" Systems sind. Die Begründungen, die ich dafür gebe, daß die Glaubenssätze und Praktiken eines geisteskranken Patienten oder eines Erkenntnistheoretikers irrational sind, setzen voraus, daß ich die Kriterien meines eigenen Bedeutungssystemes beschreibe, aus denen heraus das Verhalten und die Glaubenssätze anderer irrational erscheinen. Damit setze ich mich aber dem Vorwurf aus, meine Forschung sei durch meine eigenen kulturspezifischen, psychologischen, politischen und wirtschaftlichen Ziele geprägt und daher nicht wie gefordert wertfrei. Weiterhin brächte ich mich in die Situation, meine eigenen Ziele und mein "Selbst" gegenüber anderen zu rechtfertigen, die a priori die gleiche Chance haben, mich davon zu überzeugen, daß meine sozialen Ziele und mein Verhalten als Bürger und als Wissenschaftler irrational sind. In jedem Falle aber muß die von den rationalistischen und von den naturalistischen wissenschaftlichen Normen nahegelegte Beziehung zu den anderen aufgegeben werden, sowie das diese Beziehung unterstützende Konstrukt der Relation zwischen Selbst und anderen. Angemessene Erklärungen von irrationalen sozialen Phänomenen eröffnen die Möglichkeit, daß diese Erklärungen auch für eine Reihe wissenschaftlicher Aktivitäten zutrifft. Damit bringen sie aber die Einzigartigkeit der rationalen Selbst-Identität, die die normative Beziehung des Forschers zu den von ihm untersuchten anderen rechtfertigt, in Gefahr.

7. Zusammenfassung und Schlußfolgerung

Ich habe versucht zu beweisen, daß die unverhältnismäßig starke Bezugnahme auf ausgesprochen männliche Sozialerfahrungen den für Naturalisten und Intentionalisten gemeinsam gültigen Annahmen über die richtigen Ziele, Inhalte, Formen, Methoden und moralischen Standards sozialwissenschaftlicher Erkenntnis eine falsche Plausibilität verleiht. Nur auf dem Hintergrund eindeutig männlicher Sozialerfahrungen ist es plausibel, auf Forschungsnormen zu beharren, die die Wahrnehmung der Forschungsgegenstände als potentiell gefährliche andere festschreibt, deren Bedeutungswelt die des Forschers überfluten könnte, es sei denn, Forscher und Forschungsgegenstände seien durch die Schranken einer rational gesteuerten Theorie und Methodik voneinander getrennt. Indem sie die Aktivierung von Erfahrungs- und Wissensressourcen der Objekte ihrer Forschungen verhindern, bewirken Naturalisten und Intentionalisten, daß ihrer beider Ansätze weder in der Lage sind, der Beziehung zwischen Beschreibung und Erklärung angemessen Rechnung zu tragen, noch der sozialwissenschaftlichen Theorie eine eigenständige Rolle zuzubilligen oder sogenannte Irrationalismen des gesellschaftlichen Lebens angemessen zu erklären. Der Ausweg aus dieser Sackgasse besteht nun aber nicht darin, beide Ansätze miteinander zu verbinden, wie gelegentlich vorgeschlagen wird, sondern eine neue Erkenntnistheorie zu entwickeln, die die in beiden Ansätzen vorhandenen dualistischen Annahmen überwindet (Harding und Hintikka 1983; Hartsock 1983). Die besonderen Sozialerfahrungen von Frauen werden bei diesem Unternehmen eine wichtige Rolle spielen.

Aus dem Amerikanischen von Lilian Friedberg und Barbara Schaeffer-Hegel

Literatur:

Bacon, Sir Francis (1783): Über die Würde und den Fortgang der Wissenschaften. Verdeutscht von D. Johann Hermann Pfingsten. Pest: Weingang und Köpf.
Bernard, Jesse (1971): "The Paradox of the Happy Marriage", in: V. Gornick und B.K. Moran (Hrsg.): Women in Sexist Society. New York: Basic Books, S. 145-162.
Chodorow, Nancy (1985): Das Erbe der Mütter. München: Verlag Frauenoffensive.
Dinnerstein, Dorothy (1979): Das Arrangement der Geschlechter. Stuttgart: Deutsche Verlagsanstalt.
Fay, B. und *Moon, J.D.* (1977): "What Would an Adequate Philosophy of Social Science Look Like?", in: Philosophy of Social Sciences 7. Waterloo: Laurier, S. 209-227.
Flax, Jane (1978): "The Conflict Between Nurturance and Autonomy in Mother-Daughter Relationships and Within Feminism", in: Feminist Studies 4. Maryland, College Park: University of Maryland, S. 171-189.
Gilligan, Carol (1979): "Woman's Place in Man's Life Cycle", in: Harvard Educational Review 49. Cambridge/Massachusetts: Graduate School of Education, Harvard University, S. 431-446.

Harding, Sandra und *Hintikka, Merill* (Hrsg.) (1983): Discovering Reality: Feminist Perspectives on Epistemology, Metaphysics, Methodology and the Philosophy of Science. Dordrecht: Reidel.
Hartsock, Nancy (1983): "The Feminist Standpoint: Developing the Ground for a Specifically Feminist Historical Materialism", in: Harding und Hintikka (Hrsg.), S. 283-310.
Hesse, Mary (1966): Models and the Analogies in Science. Notre Dame: University Press.
Keller, Evelyn F. (1978): "Gender and Science", in: Psychoanalysis and Contemporary Science 1. New York: MacMillan, S. 409-433.
Kopernikus, Nikolaus (1939): Über die Kreisbewegungen der Weltkörper. Aus dem Lateinischen von Dr. C.L. Menzzler. Leipzig: Akademische Verlagsgesellschaft m.B.H.
Kuhn, Thomas (1967): Die Struktur wissenschaftlicher Revolutionen. Frankfurt a.M.: Suhrkamp.
Leiss, William (1972): The Domination of Nature. Boston: Beacon.
Machiavelli, Niccolo (1961): Der Fürst. Aus dem Italienischen von Ernst Marian-Genast. Stuttgart: Reclam.
Merchant, Carolyn (1987): Der Tod der Natur. Ökologie, Frauen und neuzeitliche Naturwissenschaft. München: C.H. Beck.
Person, E.S. (1980): "Sexuality as the Mainstay of Identity: Psychoanalytic Perspectives", in: Signs. Vol. 5, Heft 4, S. 605-630.
Rosaldo, M. (1980): "The Use and Abuse of Anthropology: Reflections on Feminism and Cross-Cultural Understanding!", in: Signs. Vol. 5, Heft 3, S. 389-417.
Signs (1975): Journal of Women in Culture and Society. Chicago: University Press.
Smith, Dorothy (1974): "Women's Perspective as a Radical of Sociology", in: Sociological Inquiry 44. Toronto/Ontario: National Sociology Honour Society, S. 7-13.
dies. (1977): "Some Implications of a Sociology for Women", in: N. Glazer-Mablin und H. Waehrer (Hrsg.): Woman in a Man-Made World: A Socio-economic Handbook. Chicago: Rand-McNally, S. 15-29.
dies. (1979): "A Sociology for Women", in: J. Sherman und E. Beck (Hrsg.): The Prism of Sex: Essays in the Sociology of Knowledge. Maddison: University of Wisconsin Press, S. 135-187.
Westkott, Marcia (1979): "Feminist Criticism of the Social Sciences", in: Harvard Educational Review 49. Cambridge/Massachusetts: Graduate School of Education, Harvard University, S. 422-430.

Geschlechterdifferenzierung und dichotomes Denken

Nancy Jay

Sowohl Logiker als auch Soziologen übersehen in der Regel die gesellschaftlichen Bedingungen und die Folgen einer radikalen Anwendung der logischen Dichotomie. Für Logiker stellt dies Versäumnis kein Risiko dar, doch bei den Gesellschaftstheoretikern ist das anders. Ich werde in diesem Aufsatz untersuchen, welche Zusammenhänge zwischen logischer Dichotomie und radikaler Geschlechter-Differenzierung bestehen, welche Folgen es haben kann, wenn Geschlechtsunterschiede formal als dichotom verstanden werden, und warum diese Auffassung der Geschlechterdifferenzierung im Interesse bestimmter gesellschaftlicher Gruppen liegt. Ich gehe dabei von Emile Durkheims "Die elementaren Formen religiösen Lebens" aus. Am Beispiel dieses Werks will ich exemplarisch aufzeigen, wie man die Zusammenhänge zwischen Konzepten des Denkens und sozialen Kategorien deutlich machen kann. Zugleich dient es als warnendes Beispiel, da Durkheims unkritische Anwendung der Dichotomie, wie zu zeigen sein wird, gewisse Probleme schafft; unter anderem führt seine brillante Soziologie des Wissens, folgt man ihren Gedankengängen genau, direkt zu dem Schluß, daß Frauen nicht denken können.

Durkheim sah in den primitiven Religionen vor allem Material für eine Erkenntnistheorie. Er wollte den Ursprung jener Ur-Begriffe finden, die "die Philosophen seit Aristoteles die Kategorien des Urteilsvermögens nennen: Zeit, Ort, Substanz, Quantität, Qualität, Relation" ... etc. Diese Begriffe "sind die festen Regeln, die den Gedanken erzeugen; der Gedanke kann sich nicht davon lösen, ohne sich selbst zu zerstören, denn es scheint nicht möglich zu sein, von Dingen anzunehmen, daß sie außerhalb von Zeit und Raum oder unzählbar seien" (Durkheim 1981, S. 27f.).

Empiriker, die alles bewußte Denken aus den sinnlichen Eindrücken des einzelnen Menschen ableiten, seien, so meint Durkheim, nicht in der Lage, den Ursprung dieser Kategorien zu erklären, und Idealisten sähen sie einfach als a priori in der Natur des menschlichen Geistes vorhanden. Durkheim hingegen will die empirische Realität der Kategorien in der Gesellschaft ansiedeln, und als Quelle benutzt er die Religion. Die Kategorien, so sagt er, "sind in der Religion und aus der Religion heraus entstanden; sie sind ein Produkt des religiösen Denkens" (ebd., S. 28). Durkheim machte die australische Religion zur Grundlage seiner Untersuchungen, weil sie gut belegt war und weil man sie zu seiner Zeit für eine wirklich primitive, d.h. "elementare" Religion hielt. Er stellte die These auf, die australischen Männer würden sich in ihren Ritualen ihre eigene Gesellschaft vorführen und sich damit Aspekte derselben als Begriffe bewußt machen. Diese Darstellung und begriffliche Erfassung wiederum verstärke die sich im Ritual spiegelnde gesellschaftliche

Struktur, bringe sie eigentlich erst hervor und schaffe sie immer wieder neu. Aus diesen "kollektiven Darstellungen" erst seien die Kategorien des Denkens entstanden. So bilde sich z.B. die Kategorie der Qualität (englisch: class) aus den totemistischen Ritualen, welche die Einteilung der Gesellschaft in Klane und Phratrien symbolisieren.

Das Ritual ist das Medium, das, indem es gesellschaftliche Unterscheidungen symbolisiert, diese in Begriffe überträgt und sie damit wiederum erschafft. "Die Phratrien haben als Gattung und die Klane als Arten gedient. Weil die Menschen in Gruppen eingeteilt waren, konnten sie die Dinge gruppieren" (ebd., S. 202).

Nur vermittels der Darstellung im Ritual entstehen die Kategorien überhaupt im Bewußtsein. Das Ritual ist jedoch nicht nur entscheidend für die Entstehung der Kategorien, sondern auch für deren Erhaltung, und dafür, daß die Gesellschaft sich selbst und die Welt kontinuierlich und begrifflich erfassen kann. Dies ist eine Grundfunktion der Religion und die Ursache, warum sie nach wie vor existiert. Eine säkulare Gesellschaft ist erst dann möglich, wenn Naturwissenschaft und Philosophie einen Grad der Entwicklung erreicht haben, in dem sie die ursprünglich nur in der rituellen Handlung geleistete Aufgabe der Erkenntnisgewinnung übernehmen können.

Durkheims Wissenssoziologie, in der die Religion nicht nur als *eine* Möglichkeit, sondern als die ursprünglich *einzige* Möglichkeit, Erkenntnis zu gewinnen, postuliert wird, ist mit einer ganz und gar dichotomen Auffassung von Religion verbunden. Das entscheidende Kriterium, das für Durkheim eine Religion erst zur Religion macht, und mit dessen Hilfe er Religionen identifiziert, ist nämlich die radikale Trennung und der grundsätzliche Gegensatz zwischen dem Heiligen und dem Profanen. "Die Aufteilung der Welt in zwei Bereiche, von denen der eine alles umfaßt, was heilig ist, und der andere alles, was profan ist; das ist Unterscheidungsmerkmal religiösen Denkens ..." (ebd., S. 62).

Den Ursprung dieser Trennung in Heiliges und Profanes sah Durkheim in gesellschaftlichen Gegebenheiten, doch bleibt er hier merkwürdig vage und subjektiv, ganz anders als bei jenen Ursachen von "empirischer Realität", die er für die Kategorien fand. Irgendwie entsteht der Eindruck von rein moralischen Kräften in der Gesellschaft: "Andererseits sind die Gefühle, die sie in uns erwecken, von denen verschieden, die wir für die einfachen, sinnhaften Dinge haben ... Wir haben folglich den Eindruck, daß wir mit zwei Arten von ebenfalls unterschiedlichen Wirklichkeiten in Beziehung stehen, und daß eine deutliche Trennungslinie sie voneinander scheidet: auf der einen Seite die Welt der profanen Dinge und auf der anderen die Welt der heiligen Dinge" (ebd., S. 292f.).

Diese Unterscheidung können wir sicher in der Reflexion nachvollziehen, doch fällt es schwer, die gleiche Form von Dichotomie auszumachen, wie Durkheim sie fand. Selbst er hatte Schwierigkeiten, den Charakter des Heiligen präziser zu definieren. Er versuchte zu beschreiben, auf welche Weise es sich vom Profanen unterscheidet. Nachdem er eine Reihe von Möglichkeiten ausgeschlossen hatte, folgerte er: "... dann bleibt nur mehr ihre Andersartigkeit übrig, um den Unterschied zwischen Heiligem und Profanem zu definieren." Er nahm also die hergestellte Unterscheidung als Begründung.

> "Diese Andersartigkeit genügt aber, um die Klassifizierung der Dinge erschöpfend zu charakterisieren: Denn *sie ist absolut*. In der Geschichte des menschlichen Denkens gibt es kein Beispiel zweier Kategorien von Dingen, die so tief verschieden und einander so radikal entgegengesetzt sind. Der traditionelle Gegensatz zwischen Gut und Böse ist nichts dagegen; denn das Gute und das Böse sind zwei entgegengesetzte Gattungen einer und derselben Art, nämlich der Moral, so wie die Gesundheit und die Krankheit nur zwei verschiedene Seiten einer gleichen Ordnung sind, nämlich des Lebens, während das Heilige und das Profane von den Menschen immer getrennt gedacht wurde, wie zwei Welten, zwischen denen es nichts Gemeinsames gibt" (ebd., S. 64).

Soweit Durkheim. Das Heilige ist jedoch durch keinerlei objektive Merkmale zwingend vom Profanen unterschieden; im Gegenteil: gerät es nur in die Nähe des Profanen, so hebt sich die Unterscheidung auf. Die Dichotomie ist nur mit ständiger Anstrengung aufrechtzuerhalten (ähnlich wie in Teilen des Alten Testament die Notwendigkeit beschworen wird, "die Trennung zwischen rein und unrein" einzuhalten). Doch Durkheim fragt nicht nach den Gründen. Er bietet keine funktionale Analyse für die Dichotomie Heilig/Profan an, er fragt nie, welchem Zweck sie dient. Im Gegensatz zu anderen, von ihm in ihrer vollen Problematik erkannten Aspekten der Religion, dient ihm die Dichotomie nicht als eine Quelle für die Entstehung der Kategorien des Denkens.

Nach Durkheim führt die radikale Trennung des Heiligen und des Profanen auf direktem Wege und mit zwingender Notwendigkeit zu einer radikalen Trennung von Männern und Frauen im religiösen Leben. Weil Frauen im Vergleich zu Männern profan sind, werden sie laut Durkheim von allen Ritualen, sogar vom Wissen um die Rituale, ausgeschlossen.[1] Nein, Frauen sollen auf keinerlei Weise an dem Prozeß, in dem sich begriffliches Denken konstituiert, teilhaben (ebd., S. 168, 175, 192, 412ff.).

Wiederholt weist Durkheim auf ihren Ausschluß hin. Für ihn wird die Frage, ob Frauen ausgeschlossen sind oder nicht, sogar zum Unterscheidungsmerkmal wahrer religiöser Praxis im Gegensatz zur lediglich magischen. Religion erfüllt ihre entscheidende Aufgabe - nämlich begriffliches Denken zu installieren - nur für Männer. Falls sie auch für Frauen irgendeine Funktion hat, so versäumt Durkheim, dies mitzuteilen.

---

[1] Tatsächlich nehmen australische Frauen auch peripher an einigen Ritualen der Männer teil, und außerdem haben sie eigene Rituale, von denen die Männer ausgeschlossen sind (Kaberry 1939). Die männlichen Ethnologen, auf die sich Durkheim bezieht, haben allerdings über die Rituale der Frauen nicht berichtet und der marginalen Rolle der Frauen bei den Männerritualen maß Durkheim keine große Bedeutung zu. (Siehe auch Watson-Franke und Rohrlich-Leavitt u.a. in diesem Band, d. Hrsg.) Doch sollen hier nicht Durkheims Genauigkeit bei der Beschreibung der australischen Religion, sondern einige seiner Theorien zur Diskussion gestellt werden.

Wenn wir die in seinem frühen Werk *Über die Teilung der sozialen Arbeit* dargelegten Ansichten kennen, können wir verstehen, warum für Durkheim solche Anomalien wie denkende Frauen kein Thema waren: "Man könnte sagen, daß sich die beiden großen Funktionen des psychischen Lebens getrennt haben, daß eines der Geschlechter (das weibliche) die Gemütsfunktionen und das andere die Verstandesfunktionen an sich gerissen hat" (Durkheim 1977, S. 100). Doch bringt diese Erklärung ihre Probleme, denn nach Durkheim nimmt die Trennung mit dem Fortschreiten der Zivilisation zu:

> "Die Frau dieser entfernten Zeiten war keineswegs das schwache Wesen, das sie mit dem Fortschreiten der Moralität geworden ist... Dr. Le Bon hat direkt und mit mathematischer Genauigkeit die ursprüngliche Ähnlichkeit der beiden Geschlechter für das Organ aufstellen können, das für das physische und psychische Leben überragend ist, für das Gehirn. Nachdem er eine große Anzahl von Schädeln der verschiedensten Rassen und Gesellschaften verglichen hatte, kam er zu folgendem Schluß: "Das Gehirnvolumen zeigt, wenn man Menschen gleichen Alters, gleicher Größe und gleichen Gewichts vergleicht, bedeutende Unterschiede zugunsten des Mannes, und diese Ungleichheit wird mit der Zivilisation immer größer, so daß sich die Frau mit dem Gehirngewicht und folglich mit der Intelligenz immer mehr vom Mann unterscheidet. Der Unterschied z.B. zwischen dem mittleren Gehirn der heutigen Pariser und Pariserinnen ist fast das doppelte des Mittels zwischen dem männlichen und weiblichen Gehirnen des alten Ägyptens!" (ebd., S. 97f.).

Damit ist jedoch nur erklärt, warum Frauen aufgehört haben zu denken, nicht aber, warum sie ursprünglich dazu in der Lage waren. Wenn die Fähigkeit zum begrifflichen Denken dem Menschen nicht angeboren ist, sondern vielmehr nur durch die Teilnahme an einem Prozeß, an dem Frauen ausdrücklich nicht teilnehmen dürfen, erworben wird, wieso ist es dann möglich, daß Frauen überhaupt denken? Wenn wir uns streng an Durkheims Analyse halten, so gibt es dafür keinerlei Erklärung. Diese Frage erhebt sich natürlich nur dann, wenn jemand darauf besteht: sie *können* denken. Ebenso wird die Tendenz bestimmter Religionen, die Welt in gut, rechts, männlich, hell, Geist etc. versus: böse, links, weiblich, dunkel, Leib etc. einzuteilen, nur dann problematisch, wenn festgestellt wird, daß Frauen nicht böser, sterblicher, dunkler oder linkshändiger sind als die Männer. Durkheim jedoch setzte sexistische, dualistische Religionen als weiterhin schiere Selbstverständlichkeit voraus (und schuf, wie wir sehen werden, mit seiner Dichotomie Heilig/Profan sogar seine eigene Form der dualistischen Religion). Hätte er diese in Frage stellen wollen, so hätte ihm seine eigene Methode das mühelos ermöglicht; er hätte eine funktionale Erklärung für seine Heilig/Profan-Dichotomie geben und zugleich die Denkfähigkeit von Frauen gelten lassen können.

Nehmen wir an, sein Forschungsziel sei nicht der Ursprung der Kategorien des Urteilens, sondern der Ursprung von etwas sehr ähnlichem, nämlich der Grundregeln des formalen logischen Denkens, gewesen.[2] Auch diese fanden

---

[2] Durkheims Beweisführung befaßt sich intensiv damit, den Ursprung der Logik und des logischen Denkens aus der Religion herzuleiten, doch beschränkt er sich darauf, logisches

ihre erste klassische Formulierung durch Aristoteles und sie umfassen (was Durkheim von den Kategorien sagt) "eine bestimmte Anzahl von wesentlichen Begriffen, die unser ganzes intellektuelles Leben beherrschen" (Durkheim 1981, S. 27). Und auch sie sind, wie die Kategorien, "unausweichlich gegeben, denn jeder Versuch sie zu umgehen, reduziert unsere Gedanken und Worte auf chaotisches Geschwätz" (M. R. Cohen/E. Nagel 1934, S. 187).

Die wichtigsten der logischen Grundregeln sind die folgenden drei: der Satz der Identität (wenn etwas A ist, dann ist es A), der Satz des Widerspruchs (nichts kann zugleich A und Nicht-A sein) und der Satz vom ausgeschlossenen Dritten (alles muß *entweder* A *oder* Nicht-A sein). Wie Durkheim es für die Kategorien in Anspruch nimmt, kann auch der Ursprung dieser Prinzipien weder von den Empirikern noch von den Idealisten erklärt werden. Sie sind nicht in der empirischen Welt vertreten, sie sind Ordnungsprinzipien. In der empirischen Welt befindet sich fast alles in einem sich wandelnden Zustand: es wächst und vergeht, Wasser gefriert und Eis wird zu Wasser. Da die logischen Gesetze nicht direkt auf etwas sich Wandelndes anzuwenden sind, kann ihr Ursprung nicht in den Sinneseindrücken des Menschen liegen. Der idealistische Philosoph wiederum kann sie nur auf eine in der Natur des Geistes a priori liegende Gegebenheit zurückführen. Folgen wir jedoch Durkheim und versuchen, ihren Ursprung in der Gesellschaft, wie sie sich in Religionen ausdrückt, aufzusuchen, so können wir feststellen, daß dieser fast alle Arbeit für uns erledigt hat.

In seiner Dichotomie Heilig/Profan finden wir eine klare religiöse Repräsentation der genannten Gesetze. Die Dichotomie schafft, wie er sagt, "... eine zweiseitige Teilung des bekannten und erkennbaren Universums in zwei Arten ..., die alles Existierende umfaßt, die sich aber **gegenseitig radikal** ausschließen. Heilige Dinge sind die, die die Verbote schützen und isolieren [A]. Profane Dinge sind, worauf sich diese Verbote beziehen und die von den heiligen Dingen Abstand halten müssen [Nicht-A]" (Durkheim 1981, S. 67). Durkheim hielt die Unterscheidung zwischen dem Heiligen und dem Profanen für einzigartig: "In der Geschichte des menschlichen Denkens gibt es kein Beispiel zweier Kategorien von Dingen, die so tief verschieden und einander radikal entgegengesetzt sind" (ebd., S. 64). Diese Art von dichotomer Unterscheidung ist jedoch keineswegs einzigartig, es handelt sich vielmehr um dasselbe Prinzip, nach dem die Logiker seit jeher alle Sätze als *entweder* wahr *oder* nicht wahr einstufen wollten, als eines von beidem, jedoch nicht als beides, und als durch das ausgeschlossene Dritte getrennt. Wenn Durkheim die Gegensätze von gut und böse, krank und gesund, von dieser diskontinuierlichen Trennung unterscheidet, so kehrt er damit in die empirische Welt zu-

---

Denken als "begriffliches Denken" zu verstehen und läßt dabei die Probleme der Identität, des Widerspruches und des ausgeschlossenen Dritten außer acht.

rück, wo die Dinge sich tatsächlich in einem Kontinuum vorfinden und nicht in rigide entweder/oder Unterscheidungen zu pressen sind.[3]

Zur Trennung zwischen dem Heiligen und dem Profanen sagt Durkheim: "Weil der Begriff des Profanen von dem des Heiligen getrennt ist, weil wir zwischen ihnen gewissermaßen ein logisches Loch feststellen, widerstrebt es dem Geist, daß die entsprechenden Dinge verwechselt werden oder auch nur in Kontakt kommen. Denn eine derartige Vermischung oder zu direkte Annäherung widerspricht zu heftig dem Zustand der Unvereinbarkeit, den diese Ideen im Bewußtsein haben" (ebd., S. 66).

All dies gilt in gleicher Weise für A, für Nicht-A und für das ausgeschlossene Dritte, wie auch für das Heilige und das Profane. Durkheim verwendet den Ausdruck "das ausgeschlossene Dritte" nicht, sondern spricht von der Notwendigkeit, "zwischen ihnen gewissermaßen ein Vakuum herzustellen" (ebd., S. 413).

Nun gibt es in jeder Gesellschaft eine gleichlautende dichotome Unterscheidung: die zwischen männlich und weiblich. Obgleich diese Dichotomie nicht unbedingt als A und Nicht-A ausgedrückt werden muß, ist sie doch besonders anfällig für eine solche Definition. In allen Gesellschaften der Welt ist jeder *Mensch* entweder weiblich oder männlich, das eine oder das andere, jedoch nie beides. Auch gibt es keine dritte Möglichkeit (tertium non datur): weder wir noch die Australier teilen die Menschen in weiblich, männlich und "andere" ein. Obgleich das Geschlecht biologisch gesehen ein Kontinuum ist, so gilt das doch nicht für die gesellschaftliche Dimension. Ein moderner Transsexueller legt nicht eine bestimmte Strecke entlang eines Kontinuums zurück; er oder sie macht einen völligen Sprung von einer Kategorie in die andere (Martin und Voorhies 1975, Kap.4; Garfinkel 1967, S. 116-185).

Immer noch Durkheim folgend können wir also sagen: Weil die Gesellschaft dichotom organisiert war, konnten die Menschen die Welt dichotom organisieren. Diese Formulierung löst auch das Problem der denkenden Frauen: Sie sind weiblich und profan, sind also dasjenige, was ausgeschlossen werden muß, also Nicht-A, haben aber dennoch eine genauso unmittelbare soziale Erfahrung von der A/Nicht-A-Dichotomie wie sie die Männer in ihrer Eigenschaft, als A also, haben. Den Frauen sind daher die Regeln der Identität, des Widerspruchs und des ausgeschlossenen Dritten voll zugänglich, oder, im Sinne von Durkheim, sie haben durchaus die gesellschaftlichen Voraussetzungen für die Fähigkeit zu formalem, logischem Denken. Doch Durkheim selbst konnte diese Analyse nicht vornehmen, da er von einer strikten dichotomen Geschlechterdifferenzierung ausging, von einer biologisch vorgegebene Größe, die er nie soziologisch hinterfragt hat.

Der religiöse Dualismus eignet sich gut als Beispiel für den von Durkheim beschriebenen Prozeß: Die formale Darstellung gesellschaftlicher Unter-

---

[3] Die A/Nicht-A-Dichotomie kann auch nicht auf Aussagen angewandt werden, da deren Wahrheitsgehalt sich ändern kann, wie z.B. die Aussage "Ich bin hungrig", die manchmal wahr und manchmal eben nicht wahr ist.

schiede bewirkt wiederum die ständige Neuschöpfung und damit Erhaltung eben dieser Unterschiede. Böte dieser Prozeß jedoch eine ausreichende Erklärung für die in allen Gesellschaften vorhandene Geschlechterdifferenzierung, dann müßten alle Gesellschaften sie gleich rigide vornehmen, alle Religionen müßten dualistisch sein und alle Denker müßten sich gleichermaßen auf die formale Logik stützen. Tatsächlich gibt es jedoch in all diesen Bereichen eine große Variationsbreite. Hier müssen wir also Durkheim unsere Gefolgschaft verweigern. Und wir sparen uns manch verwirrendes Henne und Ei-Problem, wenn wir den Ursprung sozialer Institutionen nicht mehr im Rückblick auf eine linear evolutionäre Entwicklung bei den Australiern suchen. Wir können einfach feststellen, daß unsere gesellschaftlichen Institutionen unser Denken bestimmen, und dies wiederum unsere Gesellschaft. In dieser sehr allgemeinen Weise möchte ich im folgenden einige Beziehungen zwischen Denkformen und der Form der Geschlechterdifferenzierungen untersuchen.

Obgleich Geschlechterdifferenzierungen im allgemeinen dichotom sind, erfüllen sie nicht immer die volle Implikation der formalen A/Nicht-A-Struktur. Werden sie dennoch in dieser Form definiert, dann liegt dem eine Wahrnehmung von Männern und Frauen zugrunde, die nicht allein auf eine begriffliche Festlegung empirischer Unterschiede zurückzuführen ist. Hier spielen Vorstellungen von Männlichkeit und Weiblichkeit hinein, die überhaupt nichts mit menschlichen Geschlechtsunterschieden zu tun haben, sondern einzig aus der Denkstruktur sich widersprechender Dichotomien entspringen. Ich will zunächst untersuchen, um welche Vorstellungen es sich hier handelt, um zu erklären, warum es im Interesse einiger gesellschaftlicher Gruppen sein könnte, eine derart verzerrende Darstellung menschlicher Geschlechtsunterschiede zu geben.

Zunächst einmal: Nicht alle dichotomen Unterscheidungen müssen notwendigerweise als A/Nicht-A ausgedrückt werden. Betrachten wir einige Unterschiede zwischen den Ausdrücken A/B und A/Nicht-A. A und B sind lediglich Gegensätze, keine logischen Widersprüche, und man kann zwischen ihnen einen Zusammenhang feststellen, ohne den Unterschied aufheben zu müssen. (Durkheims gut/böse- und krank/gesund-Unterscheidungen sind A/B-Unterscheidungen.) Es ist jedoch logisch unmöglich, zwischen Begriffen, die als Widersprüche, also als A/Nicht-A ausgedrückt werden, eine Beziehung herzustellen. Männer und Frauen können daher entweder als Männer und Nicht-Männer, bzw. als Frauen und Nicht-Frauen - zwischen denen jeweils keine logische Beziehung besteht - oder aber als zwei Formen (A und B) der Klasse "Mensch", von denen man annehmen kann, daß sie eine Reihe von Gemeinsamkeiten haben, aufgefaßt werden. In der A/B-Unterscheidung haben beide Begriffe eine positive Realität. In den A/Nicht-A-Dichotomien hat nur ein Begriff eine positive Realität, denn Nicht-A ist lediglich die Negation oder Abwesenheit von A. A/B-Unterscheidungen sind notwendigerweise begrenzt; sie umfassen nicht C, D etc. Anderseits schließen sie die Erwägung von C (einer dritten Möglichkeit) keineswegs zwingend aus. In diesem

Falle würde die Unterscheidung eben A/B/C lauten. Mit anderen Worten: Gegensatz-Untersuchungen sind nicht unbedingt an dichotome Strukturen gebunden, in der Form von Dichotomien ist ihr Anwendungsbereich jedoch begrenzt. Die Struktur von A/Nicht-A schließt ein Drittes aus: Alles und jedes muß entweder A oder Nicht-A sein. Derartige Unterscheidungen sind allumfassend. Sie können nicht nur jeden möglichen Fall in der jeweiligen Kategorie (Geschlecht, Urteile usw.) abdecken, sondern ebenso "das ganze Universum" ordnen - was sie in der Logik auch tun.

Die Fähigkeit, alles einzuschließen, ist Folge einer Qualität von Nicht-A, der "Unendlichkeit der Negation". John Dewey hat gesagt "wenn beispielsweise 'Tugend' zu A erhoben wird, dann schließt Nicht-A nicht nur das Laster ein, sondern ebenso Dreiecke, Pferderennen, Symphonien und die Tagundnachtgleiche (Dewey 1938, S. 192). Die Unendlichkeit des Negativen, das Fehlen also von eigenen Grenzen in Nicht-A ist die logische Struktur, die hinter der "Ansteckungsgefahr" der Unreinheit steht, wie z.B. hinter der Vorstellung der Mosaischen Gesetze, daß ein Mann, der eine menstruierende Frau oder irgend etwas in ihrem persönlichen Umkreis berührt, selbst unrein wird. Nur das ausgeschlossene Dritte, der notwendigerweise leere Raum zwischen A und Nicht-A (der "Unterschied", der zwischen Reinem und Unreinem eingehalten werden muß) hält das Chaos von Nicht-A im Zaum. Alles, was mit Nicht-A zu tun hat, ist notwendigerweise selbst Nicht-A.

Die Unendlichkeit des Negativen kann jedoch auch anders benutzt werden. Theologen pflegen manchmal Gott negativ zu "definieren" (die "via negativa"): Gott ist dies und nicht das. Darin besteht die wirkungsvollste Methode, ihm seine Unendlichkeit zu erhalten. Doch ist das eben keine "Definition" im üblichen Sinne. Nicht-A ist *nur nicht A*, ansonsten bleibt es völlig undefiniert.

Wenn die Geschlechter-Dichotomie die Form einer A/Nicht-A-Dichotomie annimmt, wie können wir entscheiden, wer von beiden nun Nicht-A ist und infolgedessen "zur Unendlichkeit neigt"? Auf den ersten Blick scheint bei Gesellschaften mit dualistischen Religionen die Männlichkeit auf die unendliche, die Nicht-A Position verwiesen: Unsterblichkeit, Geist und Transzendenz sind in diesen Religionen männlich. Ein Mann zu werden, bedeutet nach Jane Harrison für die Griechen aufzuhören, eine Frau zu sein. Anthropologen sind übereinstimmend der Meinung, daß es eine der Funktionen männlicher Initiationsriten sei, die Jungen von Frauen und Kindern zu trennen, sie also zu Nicht-Frauen zu machen. Weil die männlichen Kinder sich körperlich als Teil von Frauen erfuhren, brauchten sie nun die Erfahrung einer radikalen Ablösung. Gesellschaften mit betonter Geschlechtertrennung, bei denen jedoch die Kinder beider Geschlechter ihre Zeit fast ausschließlich mit Frauen und anderen Kindern verbringen, neigen folglich dazu, ihre jungen Männer radikalen Ablösungserfahrungen zu unterwerfen. Wir können davon ausgehen, daß Männer in allen Gesellschaften in ihrer Geschlechtsentwicklung ein intensiveres Ablösungsstadium durchmachen als Mädchen. Mädchen bleiben Frauen. Jungen müssen etwas anderes werden (Chodorow 1985).

Bei dem Versuch, Männer als Nicht-Frauen - und damit als zur Unendlichkeit tendierend - zu definieren, scheint alles Endliche in die weibliche, die A-Seite der Dichotomie komprimiert. Doch ist es nicht annähernd so einfach: Dualistische Religionen entziehen sich dieser Formel. Dualistische Religionen definieren die weibliche Seite regelmäßig als Nicht-A, somit als zur Unendlichkeit tendierend: zur Unreinheit, Irrationalität, Unordnung, zu Chaos, Veränderung, Zufälligkeit (die Göttin Fortuna), zu Irrtum und zum Bösen. Das, was definiert, ausgegrenzt, von allem anderen isoliert und rein ist, ist A. Nicht-A ist notwendigerweise unrein, ein zufälliges Sammelsurium, das nur durch A und das Prinzip Ordnung, welches A von Nicht-A trennt, begrenzt ist. Bei eben jenen Griechen, die nach Jane Harrison Männer als Nicht-Frauen ansahen, finden wir die klarsten Aussagen für diese umgekehrte Sichtweise.

Die pythagoreische Tafel der Gegensätze, von Aristoteles anerkennend zitiert, stellt das "Begrenzte [A] auf die männliche, gute, helle, rechte Seite und das "Grenzenlose" auf die weibliche, böse, dunkle, linke Seite. Müßte diese Festsetzung nun eigentlich nicht zu einer Umkehrung der mittels der via negativa erlangten Vorstellung eines unendlichen Gottes führen, der sich dann möglicherweise als weiblich herausstellen würde? Keineswegs. Göttlichkeit und Unsterblichkeit bleiben unangetastet männlich. Platos *Phaidon* z.B. stellt alles, was "göttlich und unsterblich und unbegreiflich und einheitlich und unauflöslich und stets beständig und mit sich selbst in Übereinstimmung" ist, auf die positive, die A-Seite, während alles, was "menschlich und sterblich und vielfältig und nicht unbegrifflich und auseinanderstrebend und weder beständig noch mit sich selbst im Einklang" ist, auf die negative, die Nicht-A-Seite kommt (Lloyd 1966, S. 23). Der ewig perfekten Form wird ihr eigenes Fehlen, ihre Negation oder Abwesenheit gegenübergestellt. Unsterblichkeit und Göttlichkeit sind deshalb begrenzt, also A, weil die vergänglichen Wege des Fleisches, Geburt und Tod, Wachsen und Vergehen, alle gleich unvollkommen sind. So fällt alles Veränderliche notwendigerweise unter Nicht-A.

Aristoteles meinte, daß alle dichotomen Begriffe diese Struktur hätten: die einen eine positive, die anderen eine nur negative (ebd., S. 65). Damit werden alle Gegensätze zu Widersprüchen. Unterscheidet man die Geschlechter entsprechend diesem Schema, so kann es nur *eine* perfekte Form geben, und das ist, keineswegs überraschend, die männliche. Dem kann dann nur Nicht-Männlich, das heißt Nicht-Form gegenüberstehen. Folglich ist die weibliche Form eigentlich gar keine Form, sondern nur eine Deformation des Männlichen. Und die Deformation, der Mangel an Form, ist unbegrenzt wie die Formlosigkeit selbst.

Diese formale Logik bestimmt Aristoteles' berühmte Definition, Frauen seien 'mißlungene Männer', eine Idee, die von Kirchenvätern und Scholastikern übernommen wurde. Eine Frau hat, da selbst ohne positive geschlechtliche Realität, lediglich verfehlt, ein Mann zu werden. Aristoteles behauptet in seiner Embryologie: Da sich alle Form, wie die Seele, im Sperma befinde, und die Mutter nur formlose Materie beitrage, müßten eigentlich alle Schwangerschaften zu männlichen Babies führen. Werden Mädchen geboren, so war irgend etwas mit der Schwangerschaft nicht in Ordnung; wahrscheinlich gab es zu starken Südwind, meint Aristoteles, oder irgend etwas anderes ist schief gelaufen. (Die Möglichkeiten des Irrtums gehören in den Bereich des Unendlichen.)

Man muß sich gar nicht sehr weit von dieser Position entfernen, um den *Anschein* erwecken zu können, man drücke Geschlechterdifferenzierung nicht mehr dichotom aus, wie z.B. Tennysons Verszeile "die Frau ist der geringere Mann". Die Vorstellung von der Frau als dem "geringeren Mann" ist ziemlich verbreitet. Wir finden sie z.B. in Freuds Vorstellung von Frauen als kastrierten Männern und als "sexuell minderwertig". Hinter dieser Vorstellung steht der Gedanke, Weiblichkeit sei lediglich ein Mangel an Männlichkeit, Frauen seien deformierte, verkleinerte Männer, die keine eigene Sexualität haben.

Das Bild vom "geringeren Mann" suggeriert zwar einen Zusammenhang, eine Beziehung, doch dies trügt, denn dahinter steht, verdeckt, immer noch die A/Nicht-A-Geschlechterdifferenzierung. In manchen Gesellschaften gibt es Frauennamen, die verkleinerte "verringerte" und daher feminisierte Männernamen sind (Jacqueline, Henrietta). Daß dies nicht auch umgekehrt stattfindet, deckt die versteckte Dichotomie auf. Männer bekommen nie gesteigerte oder vermännlichte Frauennamen (wie wäre es z.B. mit Annelegrand, Susannissimo; aber die gibt es nicht). Wären Frauen wirklich den Männern ähnlich, doch nur etwas weniger Mann, so müßte auch akzeptiert werden, daß Männer größere Frauen sind.

Versteckte, nichthinterfragte A/Nicht-A-Unterscheidungen sind gefährlich, und da sie eine eigentümliche Affinität zu den Geschlechterdifferenzierungen haben, ist es eine wichtige Aufgabe der feministischen Theorie, sie in ihrem systematischen Zusammenhang zu erkennen. Manchmal sind Unterscheidungen dieser Art offensichtlich, wie z.B. in rein/unrein. Viel häufiger jedoch sind sie verborgen und bleiben unerkannt. Durkheim hat die A/Nicht-A-Struktur seiner eigenen Profan/Heilig-Dichotomie völlig übersehen, und ich kenne unter seinen Kritikern nur einen, der diese Strukturen erkannte. Als er die Verwirrung in der Kategorie "Profan" behandelte, schrieb der Anthropologe W.E.H. Stanner: "So unterschiedliche Dinge können nicht unter einer Kategorie subsumiert werden, es sei denn diese Kategorie wird durch eine Eigenschaft, deren Abwesenheit und ihr Gegenteil bestimmt" (Stanner 1976, S. 232). Stanner erkannte hier die Unendlichkeit der Negation und, daraus folgend, eine innere Ordnung in Nicht-A.

Die feministische Theorie sollte ebenso aufmerksam strukturellen Merkmalen auf der Spur sein, die unausgesprochene A/Nicht-A-Geschlechterdifferenzierungen aufdecken. Ein solches Merkmal wäre die Existenz nur eines positiv definierten Terminus, während der zweite lediglich als Verringerung dieses Positiven beschrieben wird, wie z.B. in dem Bild vom "geringeren Mann". Ein weiterer Anhaltspunkt ist die Unendlichkeit der Negation. Die A/B/C-Unterscheidung "Männer-Frauen-Kinder" ist harmlos, doch ist der Dichotomie "Männer"/"Frauen und Kinder" gegenüber Mißtrauen geboten, denn sie deutet die Unendlichkeit der Negation an, und dahinter könnte sich die Vorstellung verbergen, das gemeinsame Merkmal von Frauen und Kindern sei ihr Nicht-Männer-Sein. In diesem Fall wird durch die logisch unvermeidliche Abwesenheit innerer Grenzen in Nicht-A die Ansicht, Frauen seien unreif und verglichen mit Männern infantil, aufs Kräftigste gestützt. Diese weitverbreitete Verzerrung finden wir in so unterschiedlichen Beispielen wie in dem alten römischen Recht und in der frühen psychoanalytischen Theorie. Ein Beispiel ist Marie Bonaparte, die den Gedanken akzeptierte, "eine Frau ist ein Mann, der in seiner Entwicklung stehengeblieben ist, eine Art Heranwachsender, an dessen Organismus in einer Art Symbiose der Mutterschaftsapparat angehängt wurde, welcher für den Stillstand der Entwicklung verantwortlich ist" (Bonaparte 1966, S. 132 und 136).

Weitere Merkmale einer verborgenen A/Nicht-A-Unterscheidung sind: die Furcht vor Chaos (oder Unreinheit), wenn das ausgeschlossene Dritte nicht beibehalten wird, und das Bestehen auf strikten entweder/oder Unterscheidungen ohne Alternativen (dritten Möglichkeiten).

Als die gefährliche Frau Anne Hutchinson 1638 aus Massachusetts verbannt wurde, war sie angeklagt, die gesellschaftliche Dichotomie verletzt zu haben: "Du hast deinen Platz verlassen, *du warst mehr Ehemann als Ehefrau, mehr Prediger als Zuhörer, mehr Ratsherr als Untertan*" (Hall 1968, S. 383). Die verborgene A/Nicht-A-Struktur dieser Dichotomien zeigt sich in dem erschreckenden sexuellen und gesellschaftlichen Chaos, das ihre Taten und Ansichten angeblich heraufbeschworen. "Dem werden unweigerlich die schmutzige Sünde der Frauengemeinschaft und zügellose, schmutzige Zusammenkünfte von Männern und Frauen ohne Rücksicht auf Standesunterschiede oder eheliche Bindungen folgen. Und obwohl mir nicht zu Ohren gekommen ist und ich auch nicht glaube, daß du deinem Ehemann im Ehebunde untreu geworden bist, *so wird dies doch auch noch kommen...* Und dies wird mehr gefährliche üble und schmutzige Unkeuschheit und andere Sünden nach sich ziehen, als du dir jetzt vorstellen oder begreifen kannst" (ebd., S. 372).

Die Wachsamkeit gegenüber A/Nicht-A-Unterscheidungen ist nicht nur feministischen Theoretikerinnen anzuraten. Als fundamentales Prinzip der formalen Logik ist die A/Nicht-A-Dichotomie wunderbar einfach und herrlich allumfassend. Doch direkt auf die empirische Welt angewandt muß sie verzerrend wirken, denn dort gibt es keine Negationen. Alles, was existiert (einschließlich der Frauen), existiert positiv. Dewey hat vor den Gefahren einer direkten existentiellen Anwendung der A/Nicht-A-Unterscheidung gewarnt: "Die Vorstellung, daß Aussagen - an und für sich - so sind oder sein können, daß das Prinzip des ausgeschlossenen Dritten direkt anzuwenden sei, ist wahrscheinlich die Quelle von mehr Trugschlüssen sowohl im philosophischen Denken, als in der Ethik und in den Gesellschaftswissenschaften, als irgendwelche anderen Irrtümer" (Dewey 1938, S. 346).

Durkheims direkte Anwendung der Heilig/Profan-Dichotomie auf die Religion ist ein guter Beleg für diese These. Für ihn war jede Religion auf dieser Dichotomie begründet, und alles, was ihr Merkmal nicht trug, war eben keine Religion. Doch die meisten guten Ethnologen, die "primitive" Religionen erforscht haben, sind nicht auf diese Dichotomie gestoßen. Evans-Pritchard, Nadel, Lienhardt, Goody, Turner - *keiner* von ihnen entdeckte sie (Goody 1961; Lukes 1972, S. 24-28; Stanner 1967). Das überrascht nicht. Diesen Ethnologen ging es nicht um rein formale Strukturen, die nur im Denken zu finden sind, sondern darum, was wirkliche Menschen in dieser Welt tun. So gesehen besteht eine dauernde Wechselwirkung zwischen religiösen und weltlichen Angelegenheiten, sie sind nie klar voneinander zu trennen. Und was Stanner, ein vorzüglicher Kenner australischer Religion, über Durkheims Heilig/Profan-Dichotomie geschrieben hat, gilt auch für die A/Nicht-A-Geschlechter-Dichotomie: "Die Dichotomie selbst ist nicht anwendbar, das ginge nur mit unzulässigen Eingriffen in die beobachteten Tatsachen (...). Die Dichotomie gebrauchen, heißt die Tatsachen mißachten" (Stanner 1967, S. 229).

Ein anderes Beispiel für den Verzerrungseffekt der direkten Anwendung von A/Nicht-A finden wir im antiken Denken. Indem sie der ewig perfekten Form ihr eigenes Fehlen oder ihre Abwesenheit gegenüberstellten, schufen einige griechische Denker ein Reich des festen und ewigen Seins. Diese vollkommenen und unveränderlichen Formen waren nicht nur Wege zur Erkenntnis, sondern die schlechthin letzte ontologische Realität: das Sein. Das Reich des Seins schloß dann, eben durch diese seine Beschaffenheit, alles was veränderlich, begrenzt und deshalb ontologisch unvollkommen war, aus: Nicht-Sein (was logisch keine reale Existenz hatte). Wissenschaft wurde als ein Prozeß der Reinigung verstanden, der Trennung des Ewigen vom Vergänglichen, der Form von der Materie, des Eigentlichen vom Zufälligen, der Ordnung von der Unordnung. Da der vergänglichen natürlichen Welt als Nicht-Sein jede Möglichkeit der Ordnung abgesprochen wurde, konnte die Wissenschaft nur in der vollkommenen und unveränderlichen Form bestehen, die sie (aus unserer Sicht) erst selbst geschaffen hatte.

Dazu ist zu bemerken, daß die "ewige" Welt des Seins mit der griechischen Zivilisation dahinging, während die vergängliche natürliche Welt noch heute existiert. Der Grund dafür ist, daß sich eine direkte Anwendung von A/Nicht-A auf die wirkliche Welt nicht auf eine natürliche Ordnung stützen kann, da es sich ja um eine gesellschaftliche Schöpfung handelt, an der ständig gearbeitet werden muß, soll sie lebendig bleiben. Diese Arbeit wird bei der direkten Anwendung der A/Nicht-A-Dichotomien in der Geschlechterdifferenzierung mit tödlichem Ernst geleistet. Nach Berichten auch neuerer Ethnologen, wie z.B. Lloyd Warner, wird eine australische Frau auf der Stelle getötet, wenn sie zufällig die Rituale oder geheiligten Gegenstände, die nur die Männer kennen dürfen, gesehen hat. Damit wird eine Anomalie beseitigt und die Dichotomie bleibt unbeschädigt. Johanna von Orleans, die als waffentragende Frau die Klarheit des ausgeschlossenen Dritten trübte, erlitt ein ähnliches Schicksal. Heutzutage sind die Maßnahmen, die in dieser Richtung ergriffen werden, zwar wesentlich weniger extrem, doch sie existieren und sind immer noch eine Quelle von Leid.

Es ist immer wieder überwältigend zu sehen, welch enormer Aufwand gesellschaftlicher Bemühungen getrieben, welche nicht nachlassende Anstrengung von allen Seiten geleistet, wieviel Unterdrückung und Gewalt ausgeübt wird, um solche soziale Dichotomien zu schaffen und zu erhalten. Ist diese ganze Mühe notwendig, nur um logische Kategorien zu schaffen und aufrechtzuerhalten? Wir könnten doch sicher die Schafe von Ziegen, die Toten von den Lebendigen, die Männer von den Frauen und A von Nicht-A unterscheiden, ohne auf traditionelle Formen physischer und geistiger Unterdrükkung zurückzugreifen. Ein unparteiischer Respekt vor der formalen Logik ist noch kein Motiv für Mord. Welchem Zweck dient also die radikale gesellschaftliche Dichotomie *wirklich*?

Diese Frage kann natürlich auf vielerlei Weise beantwortet werden. Meine hier vorgelegte Antwort basiert auf dem Widerstand, den die formale Logik dem Erkennen und Annehmen von Veränderung entgegensetzt. Im Rahmen eines solchen formalen Denkens werden natürliche und soziale Veränderungen als Unordnung, als unbegreiflich erfahren, weil sie in die Kategorie Nicht-A fallen.

Wenn ich hier einige Zusammenhänge zwischen formaler Logik und dem Widerstand gegen Veränderung kurz untersuche, werde ich nacheinander die Gesellschaftstheorie, die Religion und die politische Ideologie betrachten. Das kann natürlich nur ein gedrängter oberflächlicher Überblick sein, doch gibt er vielleicht neue Denkanstöße für ein Phänomen, das die feministische Theorie schon lange erkannt hat: den hartnäckigen Zusammenhang zwischen Konservativismus und strenger Geschlechterdifferenzierung.

Betrachten wir zunächst einige Unterschiede zwischen Durkheims und Max Webers Religionssoziologie. Im Mittelpunkt von Webers Soziologie steht die Rolle der Religion als ein Faktor der sozialen Veränderung. In deutlichem Gegensatz dazu ist Durkheims Religionssoziologie in keiner Weise für das Verständnis von religiösem oder gesellschaftlichem Wandel geeignet. Sie hat sich jedoch für das Studium der Religion als einer Quelle gesellschaftlicher Stabilität als nützlich erwiesen. Beide Männer stützen sich in hohem Maße auf dichotome Unterscheidungen, doch stellte jeder andere Arten von Dichotomien auf und gebrauchte sie anders. Wie wir sahen, stützt sich Durkheims Theorie auf den Gebrauch von A/Nicht-A, und zwar nicht nur als einer Denkmöglichkeit, sondern so, als hätte diese Dichotomie einen direkten existentiellen Bezug, als würden mit ihr die real existierenden Religionen genau beschrieben. Webers Dichotomien waren lediglich gegensätzliche A/B-Unterscheidungen: außerweltlich/innerweltlich, Asketizismus/Mystizismus, usw. Im weiteren Gegensatz zu Durkheim hat Weber diesen Unterscheidungen keinen direkten Bezug zur Realität zugestanden. Sie stellten für ihn lediglich Möglichkeiten dar, wie man über Religionen nachdenken kann; sie sind "Idealtypen", keine realen Formen und lediglich dazu gedacht, Aspekte religiöser Phänomene zu klären, nicht jedoch, diese direkt oder vollständig zu beschreiben. Weber erinnert seine Leser immer wieder daran, daß er nicht den direkten existentiellen Bezug meint, beispielsweise bei der Unterscheidung "Priester" und "Zauberer": "Auch dieser begrifflich klare Gegensatz ist natürlich in der Realität flüssig" (Weber 1933, S. 241).

Der gleiche Unterschied zeigt sich bei Durkheims und Webers Einstellung zum Problem der Definition. Beide Männer beginnen den ersten Absatz ihrer Religionssoziologien mit der Frage nach einer Definition des Religiösen. Durkheim meint, diese Definition müsse zu Beginn einer solchen Arbeit stehen und legt sie in Form seiner Heilig/Profan-Dichotomie vor. Weber sagt, es sei unmöglich, eine solche Definition am Anfang vorzuführen und schreibt daraufhin sein *ganzes* enormes Werk über Religionssoziologie, ohne jemals eine Definition zu geben. Die beiden Männer unterscheiden sich ebenfalls radikal in der Weise, wie sie Geschlechterdifferenzierungen vornehmen. Wenn man Weber auch keinen feministischen Soziologen nennen kann, so ist sein Werk doch ganz sicher nicht von dem monolithischen, unhinterfragten, rigiden und zerstörerischen Sexismus bestimmt, der Durkheims Arbeit entstellt.

In seiner Logik, *The Theory of Inquiry* zeigt Dewey, wie der Versuch, in einer als veränderlich erkannten Welt die aristotelische Logik beizubehalten, zu einer rein formalen Logik führt, die keinerlei Beziehung zur tatsächlich vorhandenen Welt hat. Denker, die nach wie vor versuchen, eine solche Logik direkt auf die Welt anzuwenden, gehen in die gleiche Falle wie Durkheim, denn wenn man die Welt einfriert, um Klarheit über sie zu gewinnen, dann verliert man mehr als man gewinnt. Da wir die Prinzipien der Identität, des Widerspruchs und des ausgeschlossenen Dritten nicht einfach beiseite lassen können, - wir brauchen sie, um unsere Gedanken zu ordnen, - schlägt Dewey einen "funktionalen Gebrauch" vor, den Weberschen Idealtypen vergleichbar, "der ausschließt, daß affirmative und negative Sätze deckungsgleich auf die real existierenden Dinge angewandt werden, der ihnen jedoch die operativen und instrumentalen Wirkungsmöglichkeiten eröffnet, die erlauben, eine ungeklärte und zweifelhafte Situation in eine geklärte, bestimmte zu verwandeln" (Dewey 1938, S. 198).

Doch nehmen wir an, wir wollten nicht nur in unserem Denken, sondern in der gesellschaftlichen Wirklichkeit direkt eine "ungeklärte und zweifelhafte Situation in eine geklärte, eindeutige" verwandeln. Nehmen wir an, es ginge uns nicht um Gesellschaftstheorie, sondern um Gesellschaftsordnung. Mit der direkten gesellschaftlichen Anwendung der A/Nicht-A-Unterscheidung kann dies wirkungsvoll erreicht werden.

Louis Dumont sagt in *Homo hierarchicus. Ein Essay über das Kastensystem in Indien*, die Mitglieder jener konservativsten aller gesellschaftlichen Organisationen, des indischen Kastensystems, begriffen dieses als vollendete gesellschaftliche Ausformung "eines einzigen wahren Prinzips, nämlich des Gegensatzes zwischen dem Reinen und dem Unreinen" (Dumont 1970, S. 43). Diese spezielle Gesellschaftsordnung ist durch Religion legitimiert, und zwar durch eine Religion, die sich auf eine A/Nicht-A-Unterscheidung gründet. In unserer eigenen jüdisch-christlichen Tradition finden wir sowohl Beispiele für das Bestehen auf einer A/Nicht-A-Dichotomie (verbunden mit einem Widerstand gegen Veränderung) als auch für den Versuch, die Dichotomie abzulegen (verbunden mit Bemühen um Veränderung). Stellen wir z.B. die beiden

Propheten Jesaja und Hesekiel (der, wie Weber bemerkt, mehr Priester als Prophet war) gegenüber.

Hesekiel, dessen Mission es war, eine *frühere* Ordnung, die im babylonischen Exil verlorengegangen war, wieder herzustellen, bestand stets darauf: haltet die Dinge getrennt, mischt nicht das Reine mit dem Unreinen (Hesekiel, 22:26; 44:23). Er war zugleich fundamental sexistisch, setzte Sünde mit Weiblichkeit gleich, hatte einen Horror vor menstruierenden Frauen und verdammte Frauen, die einen eigenen Kopf hatten. "Und du, Menschenkind, richte dein Angesicht wider die Töchter in deinem Volk, welche weissagen aus ihrem Herzen und weissage wider sie" spricht der Herr zu Hesekiel (Hesekiel, 13:17).

Jesaja hingegen war berufen, von einem *neuen* Königreich zu künden. "Gedenket nicht an das Alte und achtet nicht auf das Vorige! Denn siehe, ich will ein Neues machen..." spricht der Herr zu Jesaja (Jesaja, 43:18-19). In diesem neuen Königreich wird es keine Dichotomien mehr geben, der Wolf und das Lamm sollen zusammen leben und, so ruft Jesaja aus: "Alle Täler sollen erhöht werden und alle Berge und Hügel sollen erniedrigt werden" (ebd., 40:4). Und: "die Herrlichkeit des Herrn soll offenbar werden und *alles Fleisch miteinander* wird es sehen" (ebd., 40:5). Weder der Herr noch Jesaja kümmerten sich um Geschlechter-Dichotomien: "Ich will euch trösten wie einen seine Mutter tröstet" sagt der Herr zu Jesaja, und - noch verblüffender -: "der Könige Brust soll dich säugen" (ebd., 66:13; 60:16).

Dann gibt es noch eine bemerkenswerte Stelle, wo der Herr in sich selbst die beiden Hälften der dualistischen Spaltung vereinigt, womit er jede klare Geschlechterbestimmung verliert, jedoch das Problem der Theodizee löst: "Der ich das Licht mache und schaffe die Finsternis, der ich Frieden gebe und schaffe das Übel. Ich bin der Herr der solches alles tut... Spricht auch der Ton zu seinem Töpfer: was machst du? ... Weh dem, der zum Vater sagt: Warum hast du mich gezeugt? und zum Weibe: Warum gebierst du? (ebd., 45:7-10). (Bemerkenswert, daß sowohl Finsternis als auch Übel eine positive Realität haben, sie sind nicht lediglich die Abwesenheit des Lichts oder des Guten.)

In den paulinischen Schriften finden wir beide Positionen: dort wird die dichotome gesellschaftliche Trennung und Ordnung betont und zugleich Dichotomie als solche verneint und Veränderung angestrebt. Die Briefe des Paulus haben immer schon sowohl Erzkonservativen als auch religiösen Revolutionären die nötigen Argumente geliefert. Paulus selbst war ein Befürworter radikaler religiöser Veränderung, mußte jedoch zugleich hin und wieder in der jungen Kirche für Ordnung sorgen.

Die Korinther waren die unruhigste, unkonventionellste frühe Gemeinde. Paulus schalt sie wegen Orgien und Inzest ebenso wie wegen frei assoziierender Prophetie und Zungenreden. Für diese Enthusiasten formulierte Paulus seine extremste und am stärksten dichotome Geschlechterdifferenzierung. In Kor. 11:3 setzt er den Unterschied zwischen Mann und Frau mit dem zwischen Mann und Christus, zwischen Christus und Gott gleich. (Obgleich dies nicht offen als A/Nicht-A ausgedrückt wird, macht die Tendenz, allumfassend sein zu wollen, diesen Ausspruch verdächtig.)

Im Gegensatz dazu scheinen die Galater Konservative gewesen zu sein, stets in der Gefahr, die neue Botschaft zu verlassen und zu verfaßter Religion, Gesetz und Ordnung zurückzukehren. Ihnen sagte Paulus deutlich "Denn in Christo Jesu gilt weder Beschneidung noch unbeschnitten sein etwas, sondern eine neue Kreatur" (Gal., 6:15). Und: "Hier ist kein Jude noch Grieche, hier ist kein Knecht noch Freier, hier ist kein Mann noch Weib; denn ihr seid allzumal einer in Christo Jesu" (ebd., 3:28).

Natürlich ändert sich in einer komplexen Gesellschaft das Ausmaß, in dem formale Dichotomien auf den gesellschaftlichen Bereich angewandt werden von Situation zu Situation. Es ist zu fragen in *wessen* Interesse es liegt, soziale Dichotomien beizubehalten, *wer* Veränderung als Unordnung empfindet. Im indischen Kastensystem sind das diejenigen an der Spitze der Hierarchie, die durch Kontakte mit den Unreinen am meisten gefährdet sind, sich zu beschmutzen, und daher das größte Interesse daran haben, die gesellschaftliche Ordnung unverändert beizubehalten. Nicht nur Frauen, sondern alle untergeordneten Personen werden durch diese gesellschaftliche Anwendung der Rein/Unrein-Dichotomie unten gehalten. Weber bemerkte: "Der Religiosität der negativ Privilegierten ist ... die gleichberechtigte Heranziehung der *Frauen* eigen" (Weber 1922, S. 279).

Die Affinität zwischen der Aufgabe starrer Geschlechterdichotomien und dem Streben nach Veränderung zeigt sich besonders deutlich in revolutionären Bewegungen. Dies gilt für die englische (Thomas 1958), und für die französische Revolution ebenso wie für die chinesische, die vielleicht für das Ausmaß an gesellschaftlichem Wandel wie auch für das Zurückstecken von Geschlechterdichotomien das eindrucksvollste Beispiel ist (Stacey 1975). Dabei muß man sich vergegenwärtigen, daß die traditionelle chinesische Gesellschaft in ihrer ganzen Struktur das Prinzip des A/Nicht-A viel stärker verkörperte - wobei Frauen zu Nicht-A gehörten - als die englischen und französischen Aristokratien und Monarchien.

Wenden wir uns unserer eigenen Gesellschaft zu. Hier ist der Zusammenhang zwischen konservativem politischem Denken und dem Festhalten an starren Geschlechterdifferenzierungen klar. Die feministische Bewegung in diesem Lande erwuchs aus dem Versuch, eine andere gesellschaftliche Dichotomie abzuschaffen: aus der Bewegung zur Abschaffung der Sklaverei. In den 60er Jahren lebte sie wieder auf, in Zusammenhang mit dem massiven Widerstand gegen die Rassentrennung und dem Auftreten anderer gesellschaftsverändernder Bewegungen und "alternativer Lebensstile". Und jetzt hat, im Zuge eines neuen Konservativismus (vergleichbar dem Versuch Hesekiels, eine vergangene Gesellschaftsordnung wieder zu etablieren), die republikanische Partei zum ersten Mal seit 40 Jahren das Equal Rights Amendment nicht unterstützt.

Auf den Bezug zwischen Konservativismus und Dichotomien zu achten ist für die feministische Theorie deshalb besonders wichtig, weil die Geschlechterdifferenzierungen so gern in A/Nicht-A-Definitionen ausgedrückt werden. Die ausschließlich binäre Struktur der Geschlechtsunterschiede mag dies formal erklären; warum jedoch ständig die Frauen und nicht die Männer in die Nicht-A-Kategorie eingeordnet werden, ist damit nicht begründet. Wer den "Ursprung" dieser weitverbreiteten Tendenz sucht, sollte sich nicht bei Durkheim Hilfe erhoffen. Vielleicht findet sich die eher in der individuellen Entwicklung, wo sich in dem von Margaret S. Mahler (1968) als "Trennungs-Individuation" bezeichneten Prozeß das Selbst als von der ganzen übrigen Welt unterschieden erfährt und damit eine Ich/Nicht-Ich-Erfahrung vollzieht. Da die Kindheit in undifferenzierter Einheit mit der Mutter beginnt, ist bei fast allen Menschen am Anfang ihrer Entwicklung eine Erfahrung von Weiblichkeit in der Nicht-A-Position. Der Grad an Starrheit, an Undurchlässigkeit der Ich-Schranken und an Intoleranz gegenüber "Vermischungen", der sich in diesem Prozeß entwickelt, ist natürlich von vielen Faktoren, auch von gesellschaftlich-strukturellen, abhängig.

Sicher gibt es andere und vielleicht bessere Wege dahinterzukommen, warum Frauen ständig als Nicht-A eingeordnet werden. Wesentlich leichter zu verstehen ist, warum sich eigentlich jede Ideologie, die auf der A/Nicht-A-Dichotomie basiert, so wirkungsvoll jeder Veränderung widersetzt. Wenn einmal das Verständnis von Gesellschaft durch eine solche Ideologie bestimmt ist, dann ist es schwer, sich andere Möglichkeiten (dritte Möglichkeiten) des Zusammenlebens vorzustellen. Innerhalb des in starrer Weise dichotomen Denkens ist die einzige Alternative zu der *einen* Ordnung: die Unordnung.

Aus dem Amerikanischen von Erika Wisselinck

Literatur:

Bonaparte, Marie (1966): "Passivity, Masochism and Feminity", in: Ruitenbeek, H.M. (Hrsg.): Psychoanalysis and Female Sexuality. New Haven, Conn.: College and University Press.
Chodorow, Nancy (1985): Das Erbe der Mütter. München.
Cohen, Morris R. und *Nagel, Ernest* (1934): An Introduction to Logic and Scientific Method. New York.
Dewey, John (1938): Logic: The Theory of Inquiry. New York: Holt.
Dumont, Louis (1970): Homo Hierarchicus: An Essay on the Caste System. Übers. von Mark Sainsbury. Chicago: University of Chicago Press.
Durkheim, Emile (1981): Die elementaren Formen religiösen Lebens. Frankfurt a.M.
ders. (1977): Über die Teilung der sozialen Arbeit. Frankfurt a.M.
Garfinkel, Harold (1967): Studies in Ethnomethodology. Englewood Cliffs, N.J.: Prentice-Hall.
Goody, Jack (1961): "Religion and Ritual: The Definitional Problem", in: British Journal of Sociology 12, S. 142-164.
Hall, David O. (Hrsg.) (1968): The Antinomian Controversy, 1636-1638: A Documentary History. Middletown, Conn.: Wesleyan University Press.

Kaberry, M. (1939): Aboriginal Woman, Sacred and Profane. New York, Philadelphia: Blackstone.
Lloyd, G.E.R. (1966): Polarity and Analogy: Two Types of Argumentation in Early Greek Thought. Cambridge: Cambridge University Press.
Lukes, Steven (1972): Emile Durkheim. His Life and Work: A Historical and Critical Study. New York: Harper and Row.
Luther: Die Bibel. Altes Testament. Buch Hesekiel, 13:17.
ders.: Die Bibel. Altes Testament. Buch Jesaja, 40:4.
ders.: Die Bibel. Neues Testament. Briefe des Paulus an die Galater, 3:28.
ders.: Die Bibel. Neues Testament. Briefe des Paulus an die Korinther.
Mahler, Margaret S. (1968): in collaboration with Manuel Furer. On Human Symbiosis and the Vicissitudes of Individuation, vol. 1: Infantile Psychosis. New York: International Universities Press.
Martin, M. Kay und *Voorhies, Barbara* (1975): Female of the Species. New York: Columbia University Press, chap. 4, "Supernumary Sexes".
Meyer, Fortes (1953): "The Structure of Unilineal Descent Groups", in: American Anthropologist 55, S. 17-41.
Stacey, Judith (1975): "When Patriarchy Kowtows: The Significance of the Chinese Family Revolution for Feminist Theory", in: Feminist Studies 2, Nr. 2-3, S. 64-112.
Stanner, W.E.H. (1967): "Reflections on Durkheims and Aboriginal Religion", in: Maurice Freedman (Hrsg.): Social Organization: Essay Presented To Raymond Firth. Chicago: Aldine Publishing Co., S. 232.
Thomas, Keith V. (1958): "Women and the Civil War Sects", in: Past and Present 13, S. 42-62.
Walker, William O. jr. (1975): "First Corinthians 11:2-16 and Paul's Views Regarding Women", in: Journal of Biblical Literature 94.
Warner, Lloyd (1937): A Black Civilization: A study of an Australian Tribe, rev. ed. New York: Harper and Row.
Weber, Max (1922): Wirtschaft und Gesellschaft. Tübingen, S. 241.

Quellennachweis

Amsden, Alice H. (Hrsg.) (1980): Einleitung zu Alice Amsden, The Economics of Women and Work. New York: St. Martin's Press.

Bridges, Amy und *Weinbaum, Batya* (1979): "The Other Side of the Paycheck: Monopoly Capital and the Structure of Consumption", in: Eisenstein, Z.: Capitalist Patriarchy and the Case for Socialist Feminism. New York.

Clark, Lorenne M. (1979): "Women and Locke: Who owns the Apples in the Garden of Eden?", in: Clark, Lorenne M. und Lange, Lynda (Hrsg.): The Sexism of Social and Political Theory: Women and Reproduction from Plato to Nietzsche. Toronto (Kanada): University of Toronto Press.

Delphy, Christine (1977): "Les Femmes dans les Études de Stratification", in: Michel, A. (Hrsg.): Femmes, Sexisme et Societé. Paris.

Harding, Sandra (1980): "The Norms of Social Inquiry and the Masculine Experience", in: PSA, Vol.2, S. 305-324.

Jay, Nancy (1981): "Gender and Dichotomy", in: Feminist Studies, Vol. 7, Heft 1. College Park: University of Maryland.

Kelly-Gadol, Joan (1976): "The Social Relation of the Sexes: Methodological Implications of Women's History", in: Signs, Vol.1, Heft 4. Chicago: University Press.

dies. (1977): "Did Women have a Renaissance?", in: Bridenthal, Renate und Koonz, Claudia (Hrsg.): Becoming Visible. Women in European History. Boston, London.

Rohrlich-Leavitt, Ruby, Sykes, Barbara und *Weatherford, Elizabeth* (1975): "Aboriginal Woman: Male and Female Anthropological Perspectives", in: Reiter, Rayna R. (Hrsg.): Toward an Anthropology of Women. New York, London.

Weisstein, Naomi (1976): "Psychology constructs the Female, or the Fantasy Life of the Male Psychologist", in: Sue Cox (Hrsg.): Female Psychology. The Emerging Self. Chicago.

Abbildungsnachweis

S. 45   Agnolo Bronzino, Ritratto di Laura Battiferri
            Agnolo Bronzino, Milano 1973

S. 46   Agnolo Bronzino, Ritratto di Laura Battiferri (Ausschnitt)
            Agnolo Bronzino, Milano 1973

S. 47   Agnolo Bronzino, Ritratto di Ugolino Martelli (Ausschnitt)
            Agnolo Bronzino, Milano 1973

S. 48   Agnolo Bronzino, Ritratto di Ugolino Martelli
            Agnolo Bronzino, Milano 1973

S. 87 - 90   Kakadu Art. Bark Paintings of Arnhelmland, Melbourne 1983

S. 205   Gisela Breitling, Eine Puppe des Älteren Reichs, 1974

S. 206   Dorothea Tanning, Plaisirs angéliques
            Dorothea Tanning, London 1966

S. 207   Dorothea Tanning, Jeux d'enfants
            Dorothea Tanning, London 1966

S. 208   Gisela Breitling, Hommage à Olympe de Gouges, 1973

Feministische Theorie und Politik
Hrsg. von Prof. Dr. Barbara Schaeffer-Hegel

Christine Kulke (Hrsg.)
Rationalität und sinnliche Vernunft
Frauen in der patriarchalen Realität
Feministische Theorie und Politik, Vorband, 1988. 231 Seiten, br., 20,- DM, ISBN 3-89085-235-1
(ehemals publica-Verlag)

In diesem Band wird aus den Erfahrungen und der Perspektive von Frauen die Rationalität, die der Beherrschung von Gesellschaft und Natur zugrunde liegt, nach ihren Widersprüchen und ihren zerstörerischen Folgen befragt. In welcher Weise sind Frauen als Teilhabende und Vereinnahmte, als Einbezogene und gleichzeitig Ausgeschlossene von den Folgen patriarchaler Logik besonders betroffen? Eine Kritik der Rationalität vermeintlichen Fortschritts fordert gerade Frauen dazu heraus, neue und eigene Sichtweisen des Zusammenhangs von Politik, Natur und Lebenswirklichkeit zu entwickeln und zu erproben.

Barbara Schaeffer-Hegel/Barbara Watson-Franke (Hrsg.)
Männer Mythos Wissenschaft
Grundlagentexte zur feministischen Wissenschaftskritik
Feministische Theorie und Politik, Band 1, 1989. 276 Seiten, br., 38,- DM, ISBN 3-89085-214-9

Die Herausgeberinnen stellen hier grundlegende Beiträge anglo-amerikanischer Sozialwissenschaftlerinnen vor, die sich kritisch mit ihren Disziplinen auseinandergesetzt haben. Erkenntnistheoretische Abhandlungen und praktische Beispiele feministischer Wissenschaftskritik veranschaulichen die Einäugigkeit des patriarchalen Denkens und seiner Wissenschaften.

Barbara Schaeffer-Hegel (Hrsg.)
Frauen und Macht
Der alltägliche Beitrag der Frauen zur Politik des Patriarchats
Feministische Theorie und Politik, Band 2, 2. Auflage, 1988. 376 Seiten, br., zahlreiche Abbildungen 32,- DM, ISBN 3-89085-238-6

Die Forderungen der Frauen stellen ein ganzes Gefüge von Macht- und Herrschaftsbeziehungen in Frage, die für die gegebene Gesellschaft grundlegend sind und deren Wurzeln die sogenannte Arbeitsteilung der Geschlechter ist. Die konstitutive Bedeutung der weiblichen Arbeit und der weiblichen Sexualität für die Politik des Patriarchats führt zu der Frage: Was machen Frauen mit ihrer Macht? - Dieser Band vereint die wesentlichen Beiträge eines Symposions, das an der TU Berlin stattgefunden hat.

Centaurus-Verlagsgesellschaft · Pfaffenweiler